U0554666

再读马克思：
文本研究与哲学创新系列 | 郭湛 主编

国家出版基金项目

马克思主义哲学新形态探索

马俊峰 著

中国人民大学出版社
·北京·

再读马克思：
文本研究与哲学创新系列

编 委 会

主　编　郭　湛
副主编　姚新中　聂锦芳
委　员　（以姓氏拼音排序）
　　　　侯　才　李　萍　马俊峰
　　　　仰海峰　臧峰宇　邹广文

总　序

郭　湛

在以往的二百年间，给予世界特别是中国影响最大的思想家，非马克思莫属。用马克思的话说："哲学家们只是用不同的方式**解释**世界，而问题在于**改变**世界。"不同于以往的哲学家，马克思不仅以创新的理论方式解释世界，而且以现实的实践方式改变世界。诉诸实践的马克思主义哲学，以马克思列宁主义等为行动指南的中国共产党及其领导的人民群众的革命、建设、改革的实践，从根本上改变了中国。人们对于这种实践改变的解释可以多种多样，但这种翻天覆地的改变却是不容否认的事实。

哲学是被把握在思想中的它的时代。四十年前，"实践是检验真理的唯一标准"的大讨论，解放思想，实事求是，开启了中国改革开放和现代化建设的新时期。不断发展的马克思主义哲学，深刻影响着人们的精神面貌，不愧为时代精神的精华。在新时代中国的发展中，面对复杂多变的内外部环境，马克思主义哲学的世界观和方法论意义不仅不减，反而日益凸显。哲学是文化的活的灵魂。展望未来，在我们奋力实现中华民族伟大复兴和构建人类命运共同体的实践中，更需要发挥马克思主义哲学这种基本的文化程序和取向的引领作用。

面对新时代的新境遇和新问题，我们在立足实践、关注现实的基础上，必须深入思考、分析、概括、把握国内外发展的方向和道路，审时度势，探索创新，坚定前行。以往中国特色社会主义事业的成功，与马克思主义哲学的指导息息相关；未来中华民族共同体和人类命运共同体的发展，同样离不开马克思主义哲学的世界观和方法论。一个世纪以来的中国历史证明，要能够从思想上引领我们实践的发展，没有任何一种理论学说能够取代马克思主义哲学的核心地位。能够发挥实践引领作用的绝不是凝固僵化的教条，而只能是充满活力的、发展着的马克思主义理论。一部马克思主义哲学发展的历史，始终是在实践中研究和回答时代的迫切问题，同时也不断实现自身创新发展的过程。

"问渠那得清如许，为有源头活水来。"马克思主义哲学理论发展的源头活水，就是马克思主义的经典著作，更是透过这些著作能够感受到的产生这些思想的历史时代。在哲学发展的历史长河中，继承始终是创新的前提，没有充分的理论继承，不可能有真正的理论创新；而不包含理论创新的理论继承，也不可能是真正的理论继承。继承与创新的辩证统一，是文化存在和发展的内在要求。马克思主义哲学的存在和发展也是这样。割裂继承与创新的关系，必然危及哲学的存在和发展。对于马克思主义哲学研究来说，首要的是继承马克思的哲学思想，结合历史时代研究经典文本，解读马克思哲学产生和发展的历史形态；进而要结合当今时代的实践与问题，推进理论和方法的发展，创新马克思主义哲学的当代形态。

马克思逝世之后的一百多年间，中国乃至世界发生了巨大变化，既证明了马克思主义哲学世界观和方法论的真理性，也涌现了马克思当年未曾遇到的许多新的迫切问题，需要从马克思哲学世界观和方法论的高度加以解决。时代的发展呼唤全面而又深入的马克思哲学文本研究，以及在此基础上得以实现的马克思主义哲学理论创新。为此，我们以部分在京高校和科研院所学者为主体，策划和编写了"再读马克思：文本研究与哲学创新系列"丛书。

这套丛书的策划缘于两年前的 2016 年 5 月，习近平总书记主持召开哲学社会科学工作座谈会，强调要加快构建中国特色哲学社会科学。为了落实这一讲话精神，也为了纪念马克思诞辰 200 周年，中国人民大学出版社组织选题策划研讨，决定于 2018 年推出"再读马克思：文本研究与哲学创新系列"丛书。丛书编者与作者共同的目的在于，通过深化马克思主义经典著作研究，解读其文本与思想，拓展当代中国的哲学创新之路。这些著作分别研究了《德意志意识形态》、《资本论》、

总　序

《1857—1858年手稿》、《1861—1863年手稿》、《人类学笔记》和《历史学笔记》等经典著作，对其理论线索、思想脉络进行了深入剖析。作者们试图运用马克思主义的理论和方法，进一步探讨当代中国哲学创新的方法论，从比较哲学和应用哲学的角度，分析当代中国哲学创新的可能路径，探索了马克思主义哲学的几种新形态。

马克思主义的经典文本博大精深，相关的文本研究面向的是一个开放的领域。以此为重要前提的当代中国哲学创新，更是一个永无止境的过程。随着学者们研究的推进，我们将陆续推出新的书目。"再读马克思：文本研究与哲学创新系列"丛书第一批，涉及的主要是目前学界研究较少而又有迫切理论需要的经典著作。这一批著作从文献、文本、方法论等方面，对马克思哲学进行深入研究与探索，并将马克思哲学、中国哲学、西方哲学进行比较研究，力图在大哲学的视野下更好地进行理论创新。相信这些研究成果将有助于人们更好地理解马克思的思想，推进我国哲学社会科学学科的发展，引领中国特色社会主义建设实践，实现中华民族伟大复兴的中国梦。期待这套丛书的编者和作者的辛勤努力，能够得到广大读者的理解和回应，产生良好的社会影响。

2018年5月2日于中国人民大学人文楼

目　录

序　建立正常的批评机制促进马克思主义哲学的发展繁荣 …………… 1

上编　马克思主义哲学研究范式的转变

合理理解马克思主义哲学的当代性 ……………………………… 13
对"马克思哲学"概念的辨析 ……………………………………… 20
马克思主义哲学的总体精神与研究范式 ………………………… 23
论实践范畴在马克思主义哲学中的地位和作用 ………………… 36
论实践标准及其在当代的发展 …………………………………… 44
马克思主义哲学变革的实质 ……………………………………… 53
历史唯物主义的当代解读应注意的三个问题 …………………… 68
历史唯物主义的三重意蕴 ………………………………………… 75
社会形态与社会历史发展理论的当代解读 ……………………… 90
唯物史观视域下的意识形态问题 ………………………………… 112
从社会有机体角度理解社会生产力 ……………………………… 121
关于社会主义分配制度的几点哲学思考 ………………………… 125

全面理解马克思的人的生产理论 …………………………………… 137
以唯物史观全面理解"以人为本" …………………………………… 146
马克思主义公正观的基本向度及方法论原则 ……………………… 157
马克思世界历史理论的方法论意义 ………………………………… 180
民族立场与人类情怀
　　——构建当代马克思主义哲学新形态的现实语境 …………… 202

中编　马克思主义哲学中国化

当代中国哲学的转向与转型 ………………………………………… 213
马克思主义哲学中国化的几个问题 ………………………………… 221
"中国经验"与中国化的马克思主义 ………………………………… 230
有必要重新评价"综合经济基础论" ………………………………… 243
两种思维框架的紧张与整合 ………………………………………… 250
建立多层次的立体型统一战线
　　——学习邓小平统一战线理论的几点体会 ……………………… 256
坚持革命功利主义 …………………………………………………… 264
"三个代表"重要思想与马克思主义哲学的发展 …………………… 274
加强理论研究，不断提高党的执政能力 …………………………… 282
按照"三个代表"的要求，加强和改进党的建设 …………………… 292
深化价值观研究与构建当代中国价值观体系 ……………………… 305
21世纪中国新价值观的建设与展望 ………………………………… 312
全球化时代应有的价值视野 ………………………………………… 321
全球化条件下的价值观念冲突与文化安全问题 …………………… 329
社会主义核心价值体系与科学发展观 ……………………………… 335
以党内民主推进社会民主：中国民主化道路的合理选择 ………… 344

再论以党内民主推进社会民主
　　——关于党内民主的几个问题 ………………………………… 355
民主是一个大学校
　　——关于村级民主治理的几点思考 …………………………… 365
和谐社会研究中要注意的两个问题 ………………………………… 372
政府公信力：现代公共生活秩序的核心问题 ……………………… 378
以制度创新来保障社会公正 ………………………………………… 387

下编　现代中国公民文化建设

现代中国公民文化建设的几个问题 ………………………………… 397
当代中国文化发展与研究的方向和趋势 …………………………… 405
文化建设的价值之魂 ………………………………………………… 409
五四精神是当代中国精神家园的根脉 ……………………………… 413
相信和依靠群众是培育和践行社会主义核心价值观的根本 ……… 415
市场经济与主体性建设 ……………………………………………… 418
推进国家治理体系建设必须建立多主体间的互信机制 …………… 426
深化文化哲学研究需要正视并解决的三个问题 …………………… 430
超越民族主义立场，共建全人类价值理念 ………………………… 437
繁荣发展哲学社会科学在中华民族伟大复兴中的战略地位
　　——学习十九大报告精神的几点体会 ………………………… 445
重视人文社会科学在推动社会进步中的作用 ……………………… 455

结语　转变理念、以和为贵，努力走好中国道路 ………………… 463

序　建立正常的批评机制促进马克思主义哲学的发展繁荣[*]

《马克思主义哲学评论》创刊发行，实在是一件值得庆贺的事情。希望它能够按照创意者的初衷，构筑一个多方对话、积极争论、相互激发、努力创新的理论平台，办成一份富有特色且富有成效的品牌杂志。借这个机会，我想着重就建立正常的批评机制问题谈几点意见。

一

评论者，批评、争论之谓也。要批评，首先要懂得被批、被评的对象，这样才能如实地指出其优长劣短。被批评者可能不服，或其他人对这种批评不满，那就会进行回应或反批评，这就引起了争论。由争论而引起更多学者、论者的关注和参与，形成更大的争论，也产生更大的影响。批评者与原作者之间可能早已熟悉或是朋友，也可能根本不认识，使他们发生联系的是作品，是问题，是不同意见的交流和争执。经过一番批评和争论，所谓"不打不成交"，他们彼此加深了解，有的还可能建立友谊。当然，也有的因此而结下"梁子"，成为"对头"，彼此以后都得小心从事，严谨为文，以防被对头抓住"辫子"，尤其是别出现那种"硬伤"，犯一些低级的、愚蠢的错误。正是艺术圈子、学术共同体

---

[*] 本文原载《马克思主义哲学评论》第1辑（社会科学文献出版社，2016）。

内的这种批评和争论,构成了艺术和学术发展的重要动力或重要机制。所不同的是,在艺术界,创作者与批评者的分野较清楚,文艺批评成为一个专门学科,评论家专事批评,尤其是文学批评,已经成为一种专门的学问,如社会学批评、心理学批评、精神分析学批评等,也有各种主义,如女性主义、后殖民主义、新历史主义等。而在学术界、理论界,作者与批评者没有分化,极少有专事评论的学者,大家都主要就学术观点而进行批评或争论,至于文章怎么写,那是个人能力和兴趣的事。我们这里的批评主要指后者。

很显然,无论是批评别人或是被别人批评后的反批评,抑或说批评者与被批评者经常互换位置,相互批评、彼此争论,使得批评者同时也是被批评者,都需要阅读和研究对方的作品,了解和熟悉对方的观点以及论证的逻辑,然后以一种平等对话的态度,对事不对人,就事论理,该赞赏的赞赏,该抨击的抨击,优点说够,缺点说透,这样才能写出有质量的、讲道理的批评文章,至少是说得过去的、不丢人的文章。仅此一点,就能大大减少那些劣质文章的数量,大大提高文化产品的学术质量。批评的文章多了,相互争论的文章多了,就形成了一种健康的、有益的学术环境。也可以反过来说,相当数量的有针对性的、言之有物的批评性文章,学人之间对于批评和争论的合理态度,本身就是健康的、正常的学术环境的重要标志。若是缺乏这种学术环境,缺乏这种环境压力,实在是不利于理论人才的发现和培养,也不利于学术理论的发展。

不客气地说,我们的学术环境不是很好,甚至很不好。若以改革开放划界,之前是以"大批判"为主要特征,尤以"文化大革命"为顶峰,即所谓"抓辫子""扣帽子""打棍子"。这种"大批判",不是平等对话,不是就事论事、实事求是地分析说理,而是所谓政治挂帅、有罪推定、无限上纲,而且往往是以内部或高层事先定性为前提的"点名批判",谁被"点了名",就等于"出了事",犯了错误。即使不是点名批判,受当时那种环境的影响,争论者也是彼此找"靠山",大打"语录仗",以引证代替论证,因为革命导师的语录不单是革命立场的证明,同时也是真理的标准。现在回看当时那些文章,实在是为那个时期的人和事、为那种思想僵化的状态感到莫大的悲哀。改革开放初期,这种"大批判"的余绪和影响还是比较明显的。20世纪90年代之后,这种

序　建立正常的批评机制促进马克思主义哲学的发展繁荣

文风不仅被整个地鄙视和抛弃，而且正应了物极必反、矫枉过正的老理，谁都不愿再写批评性文章。书评、文评、影评等大都以广告式的说好话为主，最后再象征性地指出一点不足；真正敢于指名道姓进行批评且有彼此"交锋"的争论性文章几乎成了"罕见物种""稀缺资源"。学界批评精神严重缺乏，表明学者们对学术的敬畏心明显减弱甚至缺失。研究者们似乎都是各自为战，都只关心自己那一亩三分地的"收成"，对同行们在搞些什么并不关心，即使面对那种不能被称为论文的"论文"，根本不是成果的所谓"成果"，也都不愿多做批评。这绝不是个别现象，而几乎是一种普遍现象。我曾见过一幅漫画，题目是《老鼠过街人人喊打》，画的是大街两边的人们都在喊打，阵势震天，而大老鼠领着一群小老鼠大摇大摆地走在街上，大老鼠还回头告诉小老鼠们：他们也就是喊喊而已。漫画讽刺的是那种对社会不良行为只有批评声音而无实际惩治措施的做法，而反观我们的理论批评，恐怕是连喊打的人都找不着、喊打的声音都听不见。现在我们每年出那么多书籍、报刊，论数量肯定居世界第一位，表面上看繁荣得很，实则有量而无质，真正有学术创见的"干货"太少，低水平重复的东西太多，而且二者太不成比例。造成这种现象的原因固然是多方面的，但缺乏严肃、认真的批评，缺乏对学术的敬畏，肯定是一个重要原因。如再不改变，中国的理论发展和学术复兴怕是遥遥无期。

二

民国时期是中国学术发展的一个重要时期，甚至可以说是中国学术发展史上最好的时期之一。那时的理论界、学术界，指名道姓的、不留情面的、十分尖锐的批评以及反批评，司空见惯。作品要接受批评，要经得起批评，是任何学人学术训练与学术成长的一条基本路径；任何一种理论都得接受批评，都需要在批评和反批评的过程中确证自己的存在，进一步确立自己的威力和威信。马克思主义、马克思主义哲学，作为一种外来的和新起的理论，始终处在被怀疑、被批评的地位（一度还是被镇压、取缔的理论，宣传马克思主义是要被判罪的），而马克思主义理论家们正是通过与其他理论的相互批评和论战，比如科玄论战、关于中国社会性质的论战,显示这种新理论解释历史、分析现实问题的威力的,逐渐确立了马克思主义的威信。

新中国成立后,政治上"一统",思想上也要求"统一",马克思主义成为指导思想,马克思主义哲学成为国家哲学。而随着"左"的思想倾向越来越占上风,"急于求成,盲目求纯",意识形态全面政治化,学术问题与政治问题的界限日渐模糊,人们教条主义地对待马克思主义的指导作用,认为马克思等革命导师的话不仅是真理而且是真理的标准,不符合这些语录的语言、行为就是思想错误、理论错误的证据。马克思主义、马克思主义哲学被置放于一种不能怀疑和批评的地位,谁敢怀疑和批评马克思主义、马克思主义哲学,那几乎就等于一种政治上的反动。毛泽东在《关于正确处理人民内部矛盾的问题》中曾针对一些人关于马克思主义能不能批评的疑问指出:"在我们国家里,马克思主义已经被大多数人承认为指导思想,那末,能不能对它加以批评呢?当然可以批评。马克思主义是一种科学真理,它是不怕批评的。如果马克思主义害怕批评,如果可以批评倒,那末马克思主义就没有用了。事实上,唯心主义者不是每天都在用各种形式批评马克思主义吗?抱着资产阶级思想、小资产阶级思想而不愿意改变的人们,不是也在用各种形式批评马克思主义吗?马克思主义者不应该害怕任何人批评。相反,马克思主义者就是要在人们的批评中间,就是要在斗争的风雨中间,锻炼自己,发展自己,扩大自己的阵地。同错误思想作斗争,好比种牛痘,经过了牛痘疫苗的作用,人身上就增强免疫力。在温室里培养出来的东西,不会有强大的生命力。实行百花齐放、百家争鸣的方针,并不会削弱马克思主义在思想界的领导地位,相反地正是会加强它的这种地位。"① 据说当时毛泽东在大会上讲到这段话时,与会的民主人士、知识分子热烈鼓掌,可随后的反右却坐实了马克思主义不能批评的说法。不仅马克思主义不能批评,把马克思主义当作"棍子"而进行的打击式、政治判刑式的"批评"也不能批评,无论哪种理论,哲学的、经济学的或法学的、文学的主张,只要被别人说违反了"马克思主义原则",就等于被判了"死刑"。这还算客气的,如果再直接予以点名,那作者就一定要在政治上"遭殃"了。此后几乎所有的媒体都不会发表被

---

① 毛泽东文集:第7卷.北京:人民出版社,1999:231-232.

序 建立正常的批评机制促进马克思主义哲学的发展繁荣

点名者的辩护文字,甚至不敢发表他的其他文章。

这种做法,不管具体施为者的主观意愿如何,从客观效果上看,都双重地危害了马克思主义、马克思主义哲学。一方面,它将马克思主义、马克思主义哲学的理论视作神圣的教条,置于一种只能信仰不能怀疑和批评的地位,这实际在一定程度上复辟了中世纪宗教法庭的做法,根本就是不得人心的,并引起人们极大的反感和逆反心理。这种反感和逆反,不单是针对施为者,也连带殃及马克思主义、马克思主义哲学,越是强调马克思主义、马克思主义哲学的权威,要人们相信它,人们就越是抵制和阻抗。正是受众的这种逆反心理,使马克思主义、马克思主义哲学在相当程度上失去了可亲可信的基础,极大地妨害了其功能的发挥。另一方面,将马克思主义、马克思主义哲学置于一种垄断真理的地位,不能怀疑和批评,从而就使马克思主义、马克思主义哲学没有了竞争和挑战,也就失去了压力和进行应战的能力,失去了发展的动力。很显然,这二者本身都是违反马克思主义、马克思主义哲学的本质精神的。

实践标准问题的讨论,直接以批判"两个凡是"为目标,由此开启了改革开放的新时期。改革开放三十多年来,马克思主义哲学研究有了长足的进展,这是有目共睹的,但它也有很大的不足。第一个不足是发展很不平衡,这主要体现为,既有学术含量很高的著作和作品,也有大量低水平重复甚至很难被称为学术论文的作品,还有一些继承了"文化大革命"遗风的、以势压人不讲道理的作品。这里所谓的以势压人,这个"势"就是这些人觉得马克思主义、马克思主义哲学在政治上的"优势",似乎是他人对其只能仰视而不能平视、讨论不得批评不得的那种心理和劲头。这些作者或许抱着真诚地捍卫马克思主义的动机,似乎很有战斗性,但其效果已如前述,大概是事与愿违、适得其反。问题不在于一些人这么认为、这么做,而在于这种做法或劲头似乎还很得势,很得有司的青睐和赞许。这才是令人忧虑的。由此引发了第二个不足,即我们对如何发展马克思主义、马克思主义哲学还缺乏一种整体性的反思和自觉,对如何正确处理政治与学术、宣传与研究的矛盾还缺乏一种合理的机制,对如何发展当代中国哲学没有一种总体合理的思路。马克思主义作为指导思想,要体现为对人们思考、讨论、解决这些问题提出更好的令人心服口服的"主意"和办法,而不是将"指导"地位规定为一种"特权",乃至一种垄断真理的特殊能力。我们由于这种反思不够,对如何发展马克思主义、马克思主义哲学就依然沿着旧的思路,似乎只要多批准些项目、多设立些奖项、多拨些资金、多分配些博士生名额,就能够壮大队伍、壮大声势,就意味着大发展、大繁荣了。不客气地说,正如我们的经济,如果不改变发展方式,不依靠练好"内功"来积极回应竞争和挑战,不依靠科技创新、管理创新来实现内涵式的发展,还是依靠过去的拼投资、拼资源、铺摊子、上规模的外延扩大的方式来发展,就肯定是没有出路的。我们的马克思主义、马克思主义哲学的发展也是一样的道理、一样的形势,要是不好好反思、不改变旧的发展思路,肯定是没有出路的。

三

依哲学界多数研究者的共识,中国当代哲学或当代中国哲学当下呈中西马三足鼎立的局面,其发展繁荣需要中西马进行深层次的、持续的对话,从而实现综合创新。这个道理自然是不错的,也提倡了好多年,但实际效果却很不乐观。为今之计,倒是应该认真检讨何以如此的深层次原因,检讨有哪些理论上、观念上的障碍和体制上、机制上的阻力。

我们平常习惯讲中西马对话,但应明白这只是个简便的说法,实际上学科自身并不会进行对话,对话总是作为研究者的人们之间的对话。我很认同赵敦华先生的观点,中国学者理解的西方哲学与西方学者理解的西方哲学是有相当程度的区别的,中西马云云,都是就研究对象而言的。就研究主体而论,研究马克思主义哲学的、研究中国传统哲学的和研究西方哲学的,无论研究对象有多大区别,其文化背景和实践情势及其需求还是共同或相同的,研究成果共同构成中国当代哲学的内容。换句话说,在外国学者眼里,无论现今中国哲学家研究的具体内容是什么,其成果都算是中国当代哲学,也只能算是中国哲学。赵先生说:"用中国人的眼光看西方哲学,不只是加强中国哲学的本位而已,也不是为了发展西方哲学,而是走向世界哲学",像马克思说的那样,以"世界公民"的姿态出现在世界上。"用中国人的眼光来看待西方哲学,用现代的眼光来看待中国的传统哲学,用发展了的眼光来看待马克思主

序 建立正常的批评机制促进马克思主义哲学的发展繁荣

义的哲学。做到这三点，中国人的哲学就会以世界公民的姿态出现在世界哲学的舞台上。"① 赵先生的眼界和境界都是很高的。

在哲学一级学科下再分出马克思主义哲学、中国哲学（史）、西方哲学（史）等，是新中国成立后照搬苏联学界的做法，一旦建制化，便成为一种藩篱，几十年下来，想撼动、撤销都很困难。纵观国外的许多哲学系，基本都没有按照研究对象进行的分科。中国学苏联做这样的分类，并非三足鼎立，而是中哲、西哲都是附属性的。其背后的理念是，中哲、西哲都属于历史上的哲学，都有许多局限和错误，发展到马克思主义哲学这里，人类的哲学思想就达到科学了。所以，我们一方面认为要以马哲为指导来研究中哲、西哲，另一方面认为学习中哲、西哲都是为了更好地理解和学习马哲。改革开放以后，这个理念基本上被消解了，这才出现三足鼎立的局面。

中西马要进行有效的对话，前提是能够平等地进行批评和反批评。如果缺少了这个前提，马哲既是运动员又是裁判员，那么这个对话就无法进行。这里的平等，不单是学者的态度，更是一种法律规制、一种法治精神。也就是说，我们的哲学家无论研究什么对象、秉持什么样的观点，都是中国的哲学家，都是受中国法律保护的公民，大家在真理面前是平等的，在法律面前更是平等的。研究马克思主义哲学的，可以自称为马克思主义哲学家，被社会、被学界、被当局认可为马克思主义哲学家，但即使如此，相对于其他研究中国哲学或西方哲学的哲学家，他们也并不具有更多的权利，在法律方面如此，在探求真理方面也如此。你可以批评别人，别人也可以批评你，你并不因为站在马克思主义哲学的立场上，使用马克思主义哲学的方法，总能引用马克思主义的文本文献，就有了一种特权，就能免受别人的批评。马克思主义哲学的立场和方法，最多只能帮助或有利于我们把问题分析得更为透彻，把道理讲得更为明白，更加能够以理服人，而绝不能成为以势压人的"势"，即特权。

现在全国上下都在贯彻依法治国，保护公民的基本权利成为基本的常识，所以上述道理应该是没有谁特别反对了。但我们还有一个"结"，而且它是一个大"结"，一个十分敏感以至于一般人刻意不去碰的

---

① 赵敦华. 用中国人的眼光看西方哲学. 南方日报，2008-06-05.

"结",若这个"结"不打开或打不开,那么我们的思想就还是解放不了。这个"结"就是,能不能批评作为共产党的指导思想的马克思主义、马克思主义哲学?

在这个问题上大致有三种观点:第一种观点是不能批评。马克思主义是真理,是被写入宪法的共产党的指导思想,批评它就意味着否定四项基本原则,就意味着违反宪法。这不是学术问题,而首先是政治问题。在政治问题上不能有半点含糊,在立场上绝不允许有半点动摇和松动。第二种观点则相反,这种观点认为对马克思主义不仅可以批评、可以批判,甚至必须抛弃。一些人把20世纪中国的各种问题,尤其是新中国成立后的各种问题、各种错误,都记在马克思主义的账上,认为不抛弃马克思主义,不改宗相信儒教或自由主义,中国就无法走上正路。这两种观点形成对极,势同水火,相互刺激,没有任何通融、妥协的可能。第三种观点是原则上允许批评,承认可以批评,但骨子里还是不能批评。如前引毛泽东的话,先确认马克思主义是真理,真理不怕批评,也批评不倒,所以对马克思主义可以批评。后又说,实际上资产阶级、小资产阶级、唯心主义一直都在对马克思主义进行批评。按照这个逻辑,谁批评马克思主义,就证明谁是小资产阶级,或者是唯心主义,反正都是错误的思想对正确的思想的批评,是谬误对真理的批评,是反动立场对革命立场的批评。

在我们看来,上述几种观点,基本上都建立在把政治与学术不相区分甚至故意混为一谈的基础上,同时也没有对马克思主义做具体的分析。马克思主义一方面是关于历史、社会发展和人的发展的理论或科学,另一方面则是无产阶级的价值观念,这二者有联系,但又不能混同。共产党作为无产阶级政党,坚持马克思主义为指导思想,既是因为它提供的价值观念和奋斗目标,也是因为它提供的理论和方法,使之能够更好地分析历史和现实问题,制定正确的路线和方针。所以,共产党作为执政党,明确以马克思主义为指导思想,并坚持指导思想的一元性和彻底性,作为一种党内纪律,甚至上升至国家宪法高度,这个问题确实是一个政治问题,根本不是什么可以批评还是不可以批评的问题。但从理论和学术的角度看,从哲学认识论的角度看,各种理论、各种主义在真理面前都是平等的,谁都没有特权,谁也不能自封为真理,更不可能垄断真理,即是说,任何理论都得接受别的理论的批评,都得接受时间的考验和实践的检验。这个道理是马克思主义承认并坚持的。特权化从来都是一种理论自我僵化、自我衰败的最直接的原因。这是第一。第二，马克思主义作为科学理论，是一种开放的、发展的理论，它尊奉实事求是的原则，倡导随着实践和科学的发展而不断发展，这其中就包括否定自己一些不符合实际的、错误的东西，一些当时正确但已经过时的东西。它需要与别的理论进行对话，需要接受和回应别的理论的挑战，积极地与别的理论进行竞争。这才是真正具有自信的表现。相反，压制和拒绝批评则是没有自信的证明。第三，确实，从整个理论发展的过程来看，即使不涉及政治，单纯从理论本身来看，批评与否定、攻讦的界限也是很难划清楚的。因此，就需要一个平台、一种机制，防止将批评当作恶意的否定、攻讦。这就是充分展开批评和反批评，允许被批评者予以申辩，为自己辩护。这个申辩和辩护可以通过学术讨论和争论在报纸杂志上进行，也可以在法庭上进行，如果真要诉诸法律的话。这就是说，在我们的意识形态领域必须贯彻依法治理的原则。

我曾经在一篇文章中讲到，我们的意识形态管理一定要转变观念，从潜隐地以阶级斗争为纲转变到依法治国的观念上来，从单纯以巩固权力为目的转变到激发、提升中华民族的创新能力的观念上来，从对知识分子深度疑惧、宁枉勿纵转变到为民族复兴而尊重知识、尊重人才的观念上来。在信息社会和知识经济时代，民族的智力资源和创新能力是十分宝贵的财富，保护好、利用好这笔资源和财富，不仅是一个国家持续发展、不断壮大的基本因素，而且是其立足世界民族之林的基本标尺。我们应该积极地创造条件，使研究中哲的、研究西哲的、研究马哲的，都能针对重大的现实问题，针对中华民族发展的战略性问题，包括文化发展的关键性问题，畅所欲言，不同的观点可以交锋，在相互对话、相互批评中，消除误解，达成共识。挑战引起回应，刺激促进创新，这才是中国当代哲学应有的正常合理的状态。

上编
马克思主义哲学研究范式的转变

合理理解马克思主义哲学的当代性[*]

近年来国内学界关于马克思主义哲学的当代性或当代形态问题的讨论比较多，论者们从不同角度、不同方面对此发表了自己的见解，也出现了一些分歧和纷争，尽管交锋式的争论还不多。我这里主要从如何理解马克思主义哲学之当代性的方法论角度提几点意见。

一、马克思主义哲学的当代性何以成为一个"问题"

苏东剧变之后，世界政治地图发生很大变化，社会主义遇到严重困难，世界共产主义运动处于低潮；伴随改革开放运动西方各种思潮相继涌入中国，抢占了相当一部分市场，对马克思主义的指导地位形成了严峻的挑战。在哲学界，过去我们有意屏蔽、很少讲到的现当代诸多哲学流派大行其道，甚至成为最时髦的话语，相反，马克思主义哲学因内外种种原因而受到不少青年人的怀疑，他们甚至从逆反到腻烦，传统亦正统的马克思主义哲学的解释力在削弱递减，社会影响力在急剧下降。这种情势是学界同人共同遭遇和感受的，也未表现出多少歧见。中央提出要巩固和加强马克思主义的指导地位，繁荣哲学社会科学事业，正是针对此种局面的应对举措。现在的问题是如何切实有效地实现巩固和加强

---

[*] 本文原载《教学与研究》2005 年第 9 期。

的任务。实际上，当代性问题就是在这种背景下产生的。

一些人认为，讨论马克思主义哲学的当代性没有什么意义，因为这根本就不是一个问题。马克思主义哲学揭示了自然、社会和人类思维的最一般的规律，给我们提供了科学的世界观和方法论，这不仅在今天就是在将来也不会过时，我们的任务就是在将它与中国实际"相结合"上做文章，丰富和发展它。把当下出现的一些思想混乱当作马克思主义哲学有无当代性的一个问题，是信心不足的表现，是信仰不坚定的表现，甚至是盲目跟着西方哲学流派跑、受其污染的表现。在这些人看来，现在有些人特别是青年人对马克思主义的怀疑和动摇，根本上是我们没有坚持好"两手都要硬"方针的结果，是宣传不得力的结果，巩固和加强马克思主义的指导地位，主要是加强政治思想宣传、批判各种错误思潮的问题，而不是重新理解马克思主义、重新阐扬其当代性的问题。

我们认为，发展是巩固和加强的根本途径。加强政治思想宣传、批判各种错误思潮永远都是必需的，但这种宣传和批判必须以具有当代性特征、当代性理解内容的马克思主义哲学为武器，才能增强效力，才能更好地消除人们的种种疑虑和不信任。论证马克思主义哲学的当代性，就是要站在当代高度、结合当代实践重新阐发马克思主义哲学作为时代精神之精华的基本内容，剔除一些明显过时的、被实践证明是不正确的东西，剔除一些后人的不合理的甚至错误的附加，增加一些被新的实践证明是真理的新论断、新观点，确立人们对马克思主义哲学的认同感和信任感，确立其理论的权威性和指导性地位。提出并讨论马克思主义哲学的当代性，实际就是论证其当代合法性，为巩固和加强其指导地位提供学理上的支持。忽视内容方面的建设，只在加强宣传方面做文章，从形式上看是舍本求末的技术性问题，从深层次上看则是凝固僵化地看待马克思主义哲学的思维方式问题。

二、理解马克思主义哲学的当代性的几种进路及其问题

第一种侧重从时代性方面着眼，论证当今时代仍然是"马克思的时代"，落脚点是当代性是马克思主义哲学所固有的，我们的任务是重新

合理理解马克思主义哲学的当代性

阐扬马克思主义哲学的时代批判精神，开出人类解放的新路。一些学者指出，尽管说一百多年来世界发生了许多变化，许多东西是马克思没看到甚至没想到的，但时代的本质没有变，当今时代仍然是马克思当年提出问题的时代，比如说世界历史时代，马克思当年提出的问题，如劳动与资本对抗的问题、人的异化和人的解放的问题，都没有解决。资本逻辑仍然是当今时代的逻辑，资本的总体性仍然规制着社会的各个方面，科学技术研究、开发和应用都附属于资本，跨国公司是资本扩张的新形式，意识形态、教育、文化和现代传媒都受到资本的内在控制，资本对劳动的剥削只是改变了形式，消费主义使社会不公正、人的异化现象有增无减，更为严重，全球性问题也都与资本联系在一起，等等。基于此，马克思主义哲学对资本的批判当然没有过时，不仅没有过时，而且仍然是最尖锐、最彻底、最前卫、最当代的。也正因如此，西方的诸多社会批判思潮都从马克思那里寻找资源和灵感。我们当前的重要任务就是，深入挖掘、开发马克思恩格斯的文本资源，结合对当代资本主义现实的认识，深度阐扬马克思主义哲学的当代批判性和当代启示意义，说明和确证马克思主义哲学确实是具有当代性的哲学，是我们认识当代社会的指导方针。

第二种侧重从西方哲学的历史演变和马克思哲学变革的角度，从与现当代哲学对话的语境来理解马克思主义哲学的当代性问题。一些学者认为，马克思哲学的变革是从哲学的根基处发动的，是对整个近代以前的西方哲学的一次"哥白尼式革命"，尽管在政治立场上有异于同时代的其他哲学，可在思维方式方面则与之同调、同功，这构成了它与现当代西方哲学各种流派进行对话的基础性平台，也形成了它内在的当代性气质，即连现当代许多哲学大家都认同的不可超越性。在这些学者看来，马克思哲学在根本气质上属于"当代哲学"，也只有在与当代西方哲学流派的对话中，特别是借鉴西方马克思主义的资源，在批判当代社会各种不合理的不利于人的自由全面发展的制度、观念和现实的过程中，才能彰显、光大其当代性气质和当代性精神。

第三种侧重从马克思主义哲学发展的不同阶段、不同形态的差异上理解当代性，这是从中国马克思主义哲学内部不同观点的差别上理解的当代性。改革开放以来，随着思想解放运动的深入，从对斯大林版哲学体系的批判到重新检讨马克思主义哲学本真精神实质、重新审查马克思主义哲学发展史和重建马克思主义哲学当代形态获得了普遍的认同。很多学者认为，斯大林版哲学体系的思维方式是马克思以前的也是马克思所批判的一般唯物主义的思维方式，没有充分理解甚至误解了马克思哲学革命的实质和真精神，给马克思主义哲学造成了很大的损害。现在要做的就是，回到马克思并重新理解马克思，针对当代科学发展和社会实践发展的新问题，做出新的回答和解释，重建马克思主义哲学的当代形态，以适应当代实践的要求。当今时代的主题是和平与发展。资本主义发展使得经济政治和阶级结构都发生了很大的变化，全球经济一体化和政治多极化、社会主义运动处于低潮使世界政治力量格局出现了重大改变，现代生产、网络交往、科技革命、社会主义市场经济、全球性问题等新现象都是马克思没有看到的，必须根据新的历史事实发展马克思主义哲学，必须面对新的问题、新的矛盾，创造性地提出新的解释和解决办法，只有创新、只有发展，才能与时俱进，体现马克思主义哲学的当代性。

这几种进路都同意马克思主义哲学变革的重要意义，都意在论证马克思主义哲学的当代性，区别在于侧重点和着眼点有所不同。前两种进路更侧重论证当代性是马克思主义哲学所固有的，后一种进路则比较侧重如何结合当代实践和现实问题，在与时俱进和发展中体现当代性；前两种更注重文本诠释和在理论层面上与现当代西方哲学的对话，后一种则更着重于重新把握真精神和对当代我国实际问题的解决。现在似有一种各成派系、各突出自己特色的倾向，如何实现合理分工、互补互动，共同推进马克思主义哲学的发展，还需做出切实的努力。

三、马克思哲学与马克思主义哲学：理解方式的当代性问题

在这些年的哲学研究和讨论中，不少学者更多地使用"马克思哲学"这一术语而避免讲马克思主义哲学，这一现象值得我们注意、深思。因为这不是马克思主义哲学的缩写，也不是一个简单的术语选择的个人偏好问题，而是与如何理解马克思主义哲学的当代性或理解方式的当代性问题直接关联着的。

合理理解马克思主义哲学的当代性

把马克思与恩格斯相区别并对立起来，甚至把早期马克思与晚期马克思对立起来，只讲早期马克思，不讲或捎带且带有贬抑地谈论恩格斯以及列宁，这在西方学界是比较流行的。传入中国后，引起了不少学者的共鸣。一方面，为了与当代西方哲学理论对话时术语接榫的方便，同时也出于一种策略性考虑，正面地只讲马克思哲学从而也就将马克思与恩格斯的"对立"悬置起来，省却了许多解释的麻烦。另一方面，则是从理解维度上，感到马克思的理论气质和本真精神更具有当代性解释空间，直接回到马克思的文本与马克思对话、再现当年的马克思，可以消除后来的许多不合理的附加。这些考虑当然不是没有道理的，但由此引出的问题是，马克思的本真精神是自足地存在于马克思的文本中还是存在于与现实的社会主义革命和建设实践的交互作用、相互发明中？割断了马克思哲学与后来继承者的历史联系，如何理解马克思哲学的发展？如果说与马克思同时代且长期合作的恩格斯都对马克思存在着诸多"误读"和"曲解"，那身处当代的我们在何种程度上能够"回到马克思"，这种"还原"主义的理解进路是否本身就违背了当代诠释学揭示的理解规律？评价马克思主义哲学之当代性的标准应该是什么，是理论的自洽还是对当代现实实践问题的解决能力？等等。

返本开新历来就是理论发展的一条重要路径，但不同时代、不同时期的返本开新从来都以当时实践突出的问题作为自己的立足点和着眼点，并存在着自己特有的局限性，不断地克服这种局限性就构成了历史的连续和理论的发展。将"本"与后来的发展相割裂，"本"也就不成其为"本"；将"源"与"流"抽象地对立起来，"源"也就是不再是"源"。马克思主义哲学是从马克思思想发源而不断流变着的一派学说，是以马克思思想为根而一直在生长着的并具有分歧的枝杈的理论生命体，其实西方哲学中的自由主义、实用主义等也无不具有这种特征，都是无法将之封闭在源头和根部以保持纯洁性或同一性的。换言之，力图保持同一性本身就是一个神话，因为即使在源头和根部，也存在着本身的差异和矛盾，孕育着多向发展的可能性。实际上确实如此，不同历史阶段、不同国家的马克思主义者，根据自己在实践中面临的任务和问题，结合自己的历史文化传统，对马克思思想理解的侧重点或强调点都是不同的，形成了各具特质和特色的马克思主义哲学，形成了一个庞大的马克思主义哲学的家族。我们应该充分尊重这一基本的历史事实。正是在这个意义上，我们认为马克思主义哲学比马克思哲学具有更广阔的理解空间和历史合理性，也更符合当代理解的规律。

四、当代中国的马克思主义哲学与马克思主义哲学的联盟

我们今天强调合理理解马克思主义哲学的当代性，目的是在科学总结中国实践经验的基础上，重建具有中国特色、中国气派、中国风格的当代马克思主义哲学，更好地指导中国特色社会主义的伟大实践，为实现人的自由全面发展创造条件。这就规定了我们必须充分重视中国的历史和实践经验，充分重视当代中国社会主义实践中面临的重大现实问题以及当代人类实践的新特点、新要求，以我们正在从事的事业为中心，提高我们分析和解决问题的能力。邓小平理论、"三个代表"重要思想、科学发展观作为对当代中国社会主义实践和建设经验的科学总结，作为马克思主义在中国发展的新成果，就是活生生的、正在发展着的马克思主义，其中包含了非常丰富、非常深刻的哲学思想。中国的马克思主义哲学工作者，有必要也有责任挖掘、整理这份宝贵的资源，向世界展示、宣传这些宝贵的思想智慧，我们既需要关注人类当代实践和理论研究的成果，具有世界眼光和人类情怀，更需要关注中华民族的当代实践和问题，为中华民族的伟大复兴贡献自己的力量。

问题是理论发展的动力，解释力是理论生命力的表现。在当今的马克思主义哲学的大家族中，西方马克思主义者有他们的问题，其他国家的马克思主义者也有他们的问题，我们自有我们的问题，即使一些问题有共同性和交叉性，但由于观察角度不同，出现不同的理论主张自是难免的，也是很正常的。经过适当的对话和交流，可以实现一定的视界融合，相互促进；其实，在许多地方只能求同存异，不必也不可能强求一致。我们应该看到，在当今世界哲学理论界，马克思主义哲学并不是强势话语和强势集团，我们需要联合起来，建立马克思主义哲学的广泛联盟，共同对付反马克思主义势力的挑战，共同探讨人类解放的新路径。

总之，我们讲马克思主义哲学的当代性，不仅要看马克思当年的基本主张、基本观点与当今时代的发展是否适合，是否还具有指导性意

义，还要看他的继承者们、看当今各国的马克思主义哲学家们提出的理论对于解决当今我们所遇到的问题的意义，包括在与其他哲学流派进行对话、进行辩驳中所表现出的对当代问题的解释力和说服力。我们根据马克思主义哲学的基本方法，对当前国内国际问题的研究和提出的新的理论与观点，如果不具有当代性，那么这个当代性和当代性的标准怕就很成问题了。

对"马克思哲学"概念的辨析[*]

近年来在我国马克思主义哲学理论研究中,"马克思哲学"这个概念正在相当范围内流行开来。一些学者主张,"马克思主义哲学"是一个含糊的概念,为了保证研究的学术严格性,应该退回到"马克思哲学"这个概念上来;一些学者提出"回到马克思",以便清除后来者的一些附加成分,正本清源。许多论者或是从研究对象的界定出发或是从自己秉持的立场出发,都宁肯用"马克思哲学"而不用"马克思主义哲学",即使在行文中使用"马克思主义哲学",也意味着这是直接承接着马克思的马克思主义哲学,而与恩格斯、列宁等继承者的理解不同,有时甚至还可能相反。很显然,在这种理解下,恩格斯、列宁等作为"经典作家"的地位就被消解了,倒是西方马克思主义的那些作家这样那样地被抬到了"准经典"至少是权威的地位,许多文章、著作引文的频率和数量就可以证明这一点。这种"以西解马"的视角当然有一定的合理性,特别是在反思苏联教科书体系弊端的时候,但问题在于,这种割断历史而简单否定的"一边倒"思路,特别是其中隐含的那种学理学风倾向,如不对之进行适当的反思批判,就可能走向另一种片面性,不仅存在着不少自相矛盾之处,而且会导致一种与马克思主义总体精神、根本旨趣正相反的倾向。这正是我有所疑虑也有所担忧的。我的忧虑可以归结为以下几点:

---

[*] 本文原载《光明日报》2008年2月19日。

对"马克思哲学"概念的辨析

第一,"马克思哲学"这个概念的提出,本身就以西方马克思主义所谓马克思与恩格斯对立的观念为渊源,也与"马克思学"的兴起相关联,直接命意是排除恩格斯对马克思哲学思想的不合理解释,具体操作途径是通过文本的辨析分清哪些是马克思的原文哪些是恩格斯后来附加的东西,以求"还原"马克思的"本貌"、获得马克思的"真精神"。马克思与恩格斯两人的思想会有一定的差异,这不难理解,也很合乎逻辑,问题是这种差异是枝节性、技术性的还是根本性、本质性的?如果是根本性、本质性的,那他们"共同创立"马克思主义的说法就无法成立,马克思也不会对这种根本性、本质性的分歧长期隐忍而几乎没有丝毫表示,更不会把整理其理论遗产的任务交给恩格斯来处理。再说,他们经常共同讨论一些问题,相互启发、相互辩难,如何通过现存下来的文本分辨清楚哪些思想是马克思先提出或恩格斯先提出的,哪些是马克思提出恩格斯做了解释和发挥的,这就是一个很大的难题。再退一步说,即使从解释学的角度把恩格斯看作马克思思想的第一个解释者,那么,如果与马克思处于同一时代、关注共同问题、共享同一文化传统并进行大量直接交流的恩格斯对马克思思想的理解和解释都存在着根本性的误解,那么作为一百多年后生活在另一种文化背景下的我们,有什么理由说我们的解释比恩格斯的解释更接近于马克思的原意?这些前提性的问题若不能得到合理的解决,那么,用现在流行的话说,这种"马克思哲学"概念的"合法性"就是成问题的。

第二,马克思主义哲学与旧哲学的根本区别,在于它注重实践,它不仅用人们的物质生活实践来解释各种观念,而且以改造世界为根本目的,因此它需要诉诸人民群众的实践,使哲学成为人民群众的伟大认识工具。在我国哲学界,尽管也存在种种争论,但对于这种观念大致说来是有很大共识的。而"马克思哲学"概念在相当程度上可以说是一种受西方的"学院化"或"学院派"研究思路影响的产物,是为了与其对话或接轨的方便而提出的。这固然有一定的意义,但就其意欲代替马克思主义哲学而倡扬的主导倾向来说,则带有一种强烈的"学院化"或"贵族化"的意味,是与将哲学从哲学家的书斋中解放出来变成人民群众手中的武器的主旨相悖逆的。

第三,与上一点相关联并受之决定,就是"马克思哲学"概念的封闭性问题。既然恩格斯的思想、列宁的思想等都被排除在"马克思哲学"之外，马克思哲学也就只能是马克思个人的哲学思想，是存在于也是封闭于马克思留下的文本中的哲学思想，马克思（主义）哲学的当代价值、所包含的现代性甚至后现代性都只能是自足地存在于这些文本中，只是需要"挖掘""发现"而不是在与时代的相互作用中不断丰富和发展的。这种学院化传统下的"封闭化"处理方式，在西方学界或许是一种具有"正统性"的学术范式，西方学界对康德哲学、黑格尔哲学都是如此对待的，对马克思哲学自然也不例外。但这样一来又会出现无法克服的矛盾，比如，这种新哲学的开放性特征就无从落实或体现，也堵死了其与时俱进的通道，后世马克思主义者的创新和发展如何与之接续也成了大问题。

第四，马克思主义是以马克思为源头而形成的一条"河流"，以马克思为根而长成的一棵旺盛的知识"大树"，尽管中间存在着一些误解甚至歪曲，有分支和分权，也曾为争夺"正根"或"正统"发生过令人痛心的分裂，但毕竟都属于这条河流或这棵大树。为追求概念的明确性或学术性而人为地进行"微分"式的分析，其产生出来的矛盾和弊端比使用有些含糊的"马克思主义"概念绝不会更少而只能更多。其实，自由主义、实用主义、存在主义、社群主义、现象学、西方马克思主义，所有这些概念，没有哪一个不是因其内部构成复杂观点众多甚至相互抵牾而难以"纯粹"、难以不"含糊"的。如此看来，这种"含糊性"不仅是一种"常态"，而且为其发展变化提供了广阔的空间。马克思主义哲学作为最早反对黑格尔的封闭体系、一开始就强调要随着实践和时代的发展而不断发展的、最富开放性的学说，若是为了"学术的严格性"、为了概念"明确"而不断向原点"退回"，那么，这种不是"向前看"而是"向后看"、不是"以我们正在做的事情为中心"而是"以马克思的文本为中心"的思路，这种寻求马克思主义哲学的"本真精神"的做法，难道不正近乎缘木求鱼、南辕北辙吗？这种学术导向难道是值得我们提倡的吗？

重申一下，我并非决然反对"马克思哲学"这个概念，更不是反对文本研究的基础性意义。在特定的语境下，在相当有限的范围内，使用"马克思哲学"这个概念当然是可以的，但不能将之普遍化，不能将之作为一个代替"马克思主义哲学"的概念，更要防止把马克思主义哲学研究导向"学院化""贵族化"的那种学风和文风。

马克思主义哲学的总体精神与研究范式[*]

近二十多年可以说是中国马克思主义哲学发展的最好时期，成果之多，势头之旺，都是以前难以比拟的。最主要的还是形成了具有不同特色的理论流派，从不同的角度、以不同的方式，对马克思主义哲学的实质和当代形态进行了有深度的开掘，自然也出现了不同的理解。而正是这种"不同的""差异的"甚至对立的见解，为争鸣提供了基础，其相互间的辩难不仅为马克思主义哲学的发展提供了动力，也为矫正国人长期形成的怕"多"厌"乱"而宁肯"定于一尊"的心态和思维方式有着巨大的历史性作用。正如市场经济促使了市民社会发育成熟，主体多元化、决策分散化、权利意识显化成为一种基本社会态势一样，表现在社会意识方面，理论家们的权利意识明显增强，理论的多样化、个性化、异质化成为一种常态性存在。在马克思主义理论领域，多种面孔的"马克思"取代了以往一种面孔的"马克思"。借用德里达的话说，马克思成了一种"幽灵"，一种无处不在却又有着不同"面相"的存在。可以这么理解，这种关于马克思的"多"与"一"的矛盾不独在当代中国存在，它是一种世界性现象，西马如此，后马、新马也如此；若往前追溯，列宁与第二国际之间、西马与正统马克思主义之间，又何尝不是如此。由此观之，如何合理地理解和正确地对待这种现象、这种矛盾，就

---

[*] 本文原载《中国人民大学学报》2008年第2期。

成了一个很严肃也很严重的问题。

一、为何要提出马克思主义哲学的总体精神

任何一个伟大的学说，在创立者去世之后，都难免遭到被误解、被歧解的命运。儒学、佛教、基督教、伊斯兰教，后世都宗派林立，黑格尔死后，新老黑格尔派各执一端争得一塌糊涂，新康德主义老早就分成两派，自由主义、存在主义、现象学等，没有哪一个内部不是歧见多多，枝杈迭出。马克思主义当然也不例外，甚至可以说更为突出和明显。其中一个重要原因就是，马克思主义与政治斗争和政治组织直接联系在一起，政治斗争的内在逻辑必然加剧理论论争上的决绝性，彼此都在争夺旗帜，证明自己是正根、正统或合法继承人，指证对方不仅歪曲了马克思的原意而且简直就是对马克思的背叛。在共产党没有执政之前，这种理论分歧可能导致党的分裂，而在共产党执政之后，如苏联的斯大林时代和中国"左"倾主义泛滥的年代，这种指证直接就可能演化为政治上的"清洗"。这种政治"清洗"或强行统一化的结果，在一定时间段和国别范围内出现了"统一"，但从世界范围看，却只是增添了一种或两种比较畸形的"马克思主义"，并且，过了那个特殊时段，这种强行的"统一"就难以维持，甚至被彻底颠覆。无论怎么说，马克思主义的"天下一统"或"一统天下"的局面几乎从来就没出现过，似乎将来也不可能出现。

于是，出现了一种有趣的景观：一方面是马克思的理论正是通过这种不断分化着的多样化形式而实现着自己的扩展或发展，另一方面是离马克思的时间距离、空间距离越远，后起马克思主义的"面相"与原初原典马克思主义的相似性似乎越小；一方面是各种自称马克思主义的流派都以为自己是真传、正统，是体现了马克思的真精神的嫡系传人，指斥与自己的理解不一致并反对自己的流派根本就不是马克思主义，另一方面是在非马克思主义的人看来，这些争论不过是马克思主义家族内部的争论，彼此都还是马克思主义的支脉。那么，作为马克思主义者，我们能否也从一种旁观者的超越角度来看待这一现象，并分析其中的利弊得失？我们自己在努力发展马克思主义的时候，是否能对其他国家或国

内其他派别发展马克思主义的权利予以一定的认可？我们能否有效地克服根深蒂固的理想化的"纯""一"心态或情结的蛊惑，理性地、宽容地看待马克思主义中的异质化、多样化的问题？

这些或许都是从哲学反思的角度提出的问题，同样也适合于对马克思主义哲学的观照。不同的马克思主义理论流派都有着自己的哲学，而且正是通过这些哲学理论集中地表现着自己的理论立场、价值观念和思维方式。各自都声称自己秉持的是马克思的"真精神"，或是马克思主义哲学的新发展，但彼此之间却扞格、抵牾以至形成不同的话语系统而难以进行必要的对话交流，相互指责和批判也远远多于平心静气地商谈讨论取长补短。这种"窝里斗"形成的内耗严重伤害着马克思主义哲学的声誉和吸引力，实在是一件得不偿失、亲者痛仇者快的行为或现象。

在当今世界，马克思主义哲学、整个马克思主义比起自由主义，比起一些宗教力量，并不是处于一种强势地位，相反，倒可以说是处于一种弱势地位。这是一个基本的事实。我们需要扩大马克思主义力量，需要加强马克思主义队伍，需要形成马克思主义最广泛的同盟，这既是政治上、实践上的要求，也是理论上扩大影响的需要。在西方国家的政治版图中，马克思主义，这样那样认同或同情马克思主义的派别，基本都归属于左翼势力的范围，而从世界共产主义运动的经验看，"左"倾主义或极左派历来都是危害最大的一种力量。政治上的"左"倾主义往往与组织上的宗派主义、关门主义联系在一起，以"纯粹""纯洁"为旗号，实际上是以自我为中心，把自己的主张当作真正马克思主义的主张，以此作为真正马克思主义的标准，把大批与自己意见不合的同志看作非马克思主义者或反马克思主义者。"左"倾主义者一旦掌握了权力，就会从组织上对他们认为是非马克思主义的人士进行"清洗"，以实现队伍的纯洁性。这种极左思潮及其思维方式遗毒很深、很广，非常难以消除，直到今天我们有时也能看到它的表现。比如，一些人总是把马克思主义哲学当作完全排除异质性和多样性、只能有一种理解的统一性的东西，总觉得自己的那种理解或某个官方权威的解释才是正根，是真传，是本真的正统嫡系，与之不同的观点都具有"异端"的性质。一些人总担心一旦出现多样化的理解就会威胁到指导思想的统一性和权威性，所以力主动用或借助政治力量来解决理论争论问题。或许这些同志在思想动机上是真诚地希望发展马克思主义哲学，扩大马克思主义哲学的影响，但按照他们的这种做法，结果只能是削弱马克思主义哲学的力量和损害马克思主义哲学的形象。

我们提出马克思主义哲学的总体精神，就是直接针对这种不合理的观念和心态，同时也是呼吁，在马克思主义尚处于弱势地位的条件下，为了壮大马克思主义、马克思主义哲学的队伍和力量，扩大马克思主义哲学的影响力，我们应该建立广泛的理论上的统一战线，少一些苛求多一些宽容，少一些猜忌多一些理解，求同存异，保持一种和而不同、百家争鸣的态势。选择做一个马克思主义者，是一个公民、一个理论家的基本权利，并不需要谁的批准和确认，只要他自己认同马克思主义哲学的总体精神，自称——在正常情况上，也实在没有必要去假装——是马克思主义者，那他就是一个马克思主义者。总之，多一个马克思主义者总比少一个马克思主义者要好一些，多一些同情者、同道者总比多一些反对者要好一些，即使马克思主义是强势力量，在一个国家如中国处于统治地位，也是如此。

二、如何理解马克思主义哲学的总体精神

返本开新历来就是学术发展的一种基本路径。自 20 世纪 80 年代关于人道主义、实践唯物主义的讨论开始，中国哲学家就表现出力图摆脱苏联教科书体系的影响、正本清源重新理解马克思主义哲学之实质精神的努力。到 90 年代后期，"回到马克思"一时成为最响亮的口号，马克思的"本真精神"成为出现频率很高的一个词语。与此同时，随着政治环境的改善，西方学术思想的大规模传入，"以西解马"更为多数青年学者所青睐。如果说，在 20 世纪 80 年代到 90 年代中期，批评者的矛头还仅仅指向斯大林，那么此后就逐渐延伸到恩格斯和列宁，如何看待马克思与恩格斯的差别，如何重新评价列宁与第二国际的分歧，如何理解西方马克思主义对"正统"马克思主义的批判，怎样看待和评价民主社会主义与马克思主义的关系，怎样合理分析苏联哲学对中国马克思主义哲学的影响，怎样合理看待后马、新马思潮对当代资本主义的批判，至此，马克思主义（哲学）的整个谱系就全景式地展现在中国学者的视

野中。无论是体系之争、体系意识与问题意识之争、学术性与现实性之争，还是关于马克思主义哲学变革的实质和马克思本真精神的争论，关于马克思主义的哲学观的争论，关于构建马克思主义哲学新形态是否可能和必要的争论，都是在这种背景下展开的，因此也具有了更为深刻的内容和历史的厚重感，对马克思主义哲学的发展具有很重要的意义。这一点首先应该予以充分的肯定。

但也存在着一定的问题。首先就是缺乏从马克思主义哲学整个谱系的角度，或者说从马克思主义哲学学科发展的高度，来思考马克思主义哲学中的异质性因素和多样性形式的问题，许多人都这样那样地、自觉不自觉地，或明显或隐晦地受着那种"纯""一"情结的影响。现在一些学者喜欢用"马克思哲学"代替马克思主义哲学，似乎在马克思那里哲学是单一的、纯粹的、没有任何异质性因素的，只要能"回到马克思"就能解决后世出现的各种争论问题。一些学者混淆学科与学说的差别，习惯性地把自己提出或自己认同的某种理论、某种学说认作"真正的"马克思主义哲学，认作唯一体现马克思主义哲学之"本真精神"的理论；由此出发，对历史上存在过的和现实中并存着的多种理论学说，采取一种非历史的、狭隘的态度，不能宽容地予以一种"同情的理解"。

强调马克思主义哲学的"本真精神"或实质精神，这对于从根本上、本质上把握马克思主义哲学，清除一些不合理的附加和明显的误解或曲解，当然都是必要的，但同时也必须注意，对于这种"本真"和"实质"，恐怕并不存在唯一的理解、解释和规定，相反，倒很可能存在多种理解、多种"面相"。马克思一生写过很多东西，不同时期的马克思有不同的特点，在不同形势、不同条件下针对不同问题所写下的文本难免会有相互抵牾之处，马克思主义又是由马克思和恩格斯共同创立的，两人之间在角度、侧重点、表述方式等方面存在差异也是必然的事情。在马克思留下的文本中，大量的是他生前没有出版的手稿、笔记，这里面的思想很难说都是成熟的，彼此之间存在矛盾和冲突在所难免。因此，即使本着非常严肃认真的态度，即使通读了、研究了马克思的全部文本，概括出"本真精神"也不是一件容易的事情，不同的解读者会得出不同的结论是情理之中的事情。理解就包含着误解，这实在是不移之理，不仅后人、他人会存在误解，就是本人在晚年阅读自己早年写下的东西都存在误解的可能。马克思在世时就出现了对马克思思想的一定的误读和误解，从马克思关于"我播下的是龙种而收获的却是跳蚤"的抱怨中就能看出马克思的无奈。至于说后世的马克思主义者，由于文化传统背景不同，面临的具体实践问题不同，根据的文本完整程度不同，理解方面的差异就更是难免。若明于此，就不会在这方面提出苛刻的要求，更不应粗暴地否定他人的理解权利。

当然，这不等于说随便怎么理解、怎么解释都可以，如此就是对马克思主义哲学的不尊重，也是对自己理解权利的不尊重。在这个意义上，如果说以往我们讲的本真精神、实质精神等是一种"强纲领"的话，那么总体精神就可以被看作一种"弱纲领"，一种比较宽泛的、包容性更大的、界限性的概念。它以承认马克思文本中的异质性因素、马克思主义哲学的多种"面相"为基本前提，把理解中会存在误解当作一个谁都无法逃避、无法克服的基本事实，所针对的是长期存在的那种理论上求"一"求"纯"的"洁癖"心态和赵太爷式的"不准别人革命"的专断霸道作风。它立足知识演化和传播过程中的树状理论，把马克思主义（哲学）看作从一个根上发源但有着多种分权的理论总体，或者说由多个成员构成的一个"家族"，总体精神就表现为这个家族的一种"家族形似性"的东西、一种总体的质的规定性。总的理论旨趣在于求同寻同，扩大共同点，对同属于马克思主义（哲学）家族各个成员之间的差异和矛盾予以合理的定位，以一种平和宽容的态度与统一战线的策略来对待，力求扩大马克思主义（哲学）的队伍，扩大马克思主义（哲学）在世界上的影响。

对这种总体精神，我们可以从以下几个方面大致地予以刻画。第一是基本出发点。马克思主义哲学坚持从现实的人和人的现实生活出发，而反对从抽象的、孤立的人出发。现实的人就是从事着各种实践活动的具体的人，是生活在一定历史条件下和社会组织中的活生生的人，是有着各种需要，通过各种社会形式如家庭、阶层、阶级等扮演着各种社会角色的人，他们展开自己生命活动的过程也就是社会生活的具体过程，是具体实践、实际生活的过程，包括物质生活、交往活动和精神生活的过程。各种理论、思想、观念等都不过是对现实生活过程的反映，它们既构成现实生活的一个有机部分，又积极地反作用于人们的社会生活。

社会就是现实的人们之各种活动的总和,历史是人们活动的时代延续,离开了现实的人,它们就都成为一种抽象的东西。"只要这样按照事物的真实面目及其产生情况来理解事物,任何深奥的哲学问题……都可以十分简单地归结为某种经验的事实。"①

第二是基本立场。基本立场实际可分为两个方面,一个是理论方面的、认识方面的立场,一个是价值方面的立场。出发点就蕴含了甚至可以说大致规定了基本立场问题。从现实的人出发,从人们的现实生活出发,把理论、思想、观念都看作现实实践和实际生活过程的反映,不是人们的思想决定人们的存在,而是人们的存在决定人们的思想,这就是一种唯物主义的实事求是的立场,与此对立的则是"从意识出发,把意识看作是有生命的个人"②,认为理论、思想、观念决定现实生活的唯心主义立场、主观主义立场。对这一点似乎没有什么争议,但问题是这两种立场都具有多种多样的形式,在不同历史和文化条件下有多种多样的表现,我们不能把某一种具体形式的对立与基本立场的对立等同起来,也不能把对某种具体对立形式的超越当作基本立场方面的超越,更不应把本属于同一基本立场基础上的观点分歧当作立场上的分歧。价值方面的立场与政治方面的立场有更为密切的关联,根本是一个主体性的问题、为什么人的问题,也是一个对社会历史发展的总体信念的问题。马克思主义哲学坚持从现实的人出发,而现实的人就是具有不同利益、不同需要、不同要求的人,是因为分工和交往而处于不同的社会地位、有着不同的价值观念和价值诉求的人,是分成不同的阶层和阶级而存在着的人。马克思主义哲学坚持的是人民群众或人民大众的立场,在当时的条件下,无产阶级是先进生产力的代表,也是人民群众的基本构成部分,所以它的立场就是无产阶级的立场,马克思主义哲学就是无产阶级的世界观和方法论。与人民大众立场对立的是少数英雄人物创造历史、决定社会命运的精英主义立场。无产阶级的构成或结构会发生变化,人民群众的内涵会发生变化,实际要求和价值观念也会发生变化,但如果因此就抛弃或背离人民大众的立场,站到为少数英雄人物、精神贵族服务和辩护的立场上,显然就等于背离了马克思主义哲学。

---

① 马克思恩格斯选集:第1卷.北京:人民出版社,1995:76.
② 同①73.

第三是终极目标。马克思主义哲学作为人民大众和无产阶级改造世界、改造社会的哲学,其终极目标是人类解放,是实现以"人的自由全面发展"为内容的共产主义社会。它对现存的一切不合理的制度和现象以及支撑这些制度的思想、观念的批判,既是站在人民大众和无产阶级的立场上实施的批判,也是参照着人类解放和人的自由全面发展而进行的批判,还是立足人类历史发展的基本规律而进行的批判,这种批判既是理论批判和价值批判的统一,也是解构与建构、破与立的统一。马克思就自称是在批判旧世界中发现新世界的。但是,相对于这种终极目标,其实现的道路、途径、方式则无疑是多种多样的;同样都是对不合理的制度和现象的批判,具体批判的对象、侧重点、方式、方法是多种多样的。马克思要求的是对现存的一切非人性的存在进行无情的批判,资本主义社会存在着严重的异化现象,现存的社会主义国家同样存在着许多异化现象,它们都可以作为批判的对象。批判并不意味着单纯的否定和决然的拒斥,更不表示一味诉诸道义上的谴责,而是一种建立在科学的历史主义态度基础上的审查,一种有着明确的立场和未来指向的拷问。因此,我们不能把实现终极目标的某一种道路、方式当作唯一的道路和方式,也不能以某一种批判方式对某一种对象的批判代替所有的批判,更不能把某一位导师某一种批判所得出的结论当作唯一的或全部的结论。在整个共产主义运动和社会主义建设过程中,教条主义之所以屡反不掉、愈演愈烈、为害甚广,就是因为它与在哲学思维层次上把个别当作一般这种情况直接相联。

第四是基本方法。在我们看来,马克思主义哲学的基本方法,用一句话概括,就是唯物辩证法,这是马克思有过明确说明的。[①]《资本论》可以被看作马克思运用唯物辩证法的最成功的个案,也正是在这个意义上,列宁曾讲,《资本论》是马克思的逻辑学。通常人们所说的历史唯物主义方法,实际上是马克思运用唯物辩证法进行研究而得出的结论,是一个"一经得到就用于指导我的研究工作的总的结果"[②]。二者明显不在一个层次上。唯物辩证法作为方法,与辩证思维方法实际是一回事,它有自己的客观基础和对象性根据,有自己的实践的、历史的发生学根源,但从本质上讲,它是把握了人类思维的内在矛盾的产物,是把

---

① 马克思恩格斯选集:第2卷.北京:人民出版社,1995:111-112.
② 同①32.

握了概念的辩证本性而自觉地、灵活地运用概念的产物。它不是"实例的总和",也不是由干巴巴的几条规律和几对范畴外加几个方法所构成的所谓体系,"辩证法,在其合理形态上,引起资产阶级及其夸夸其谈的代言人的恼怒和恐怖,因为辩证法在对现存事物的肯定的理解中同时包含对现存事物的否定的理解,即对现存事物的必然灭亡的理解;辩证法对每一种既成的形式都是从不断的运动中,因而也是从它的暂时性方面去理解;辩证法不崇拜任何东西,按其本质来说,它是批判的和革命的"①。

唯物辩证法构成了马克思主义哲学的活生生的、灵魂性的东西,也是马克思主义哲学具有旺盛生命力的一个保证,但同时"作为思维的艺术"又是最难把握的东西,是只能予以体会而无法形式化或难以形式化的东西。为了宣传普及,需要将之规范化,形成几条、几点,有一种可把握的形式,但一旦规范化就存在着教条化、庸俗化的危险和可能。在马克思主义发展和世界共产主义运动过程中,许多理论的差异、观点的分歧往往不是基本立场和终极目标方面的,而是关于具体形势的估计、关于革命策略的选择和具体道路的设想方面的,是由对唯物辩证法之实质精神把握的差池造成的。但由于与话语权力和政治权力的争夺的联系,就容易把这些具体的观点上的分歧上升为关于基本立场和终极目标的分歧,把本属于同一阵营、同一"家族"内部的分歧演化为马克思主义与反马克思主义的敌我之间的矛盾冲突。这个教训实在是太惨痛了。

第五是基本特征。基本特征难以概括,尝试着粗略分析如下:一是实践基础上的科学原则与价值原则的辩证统一,二是总体气质上的批判性与建构性、创新性的辩证统一,三是存在样态上的多样性与理论指归的一致性的辩证统一。

上述对马克思主义哲学的总体精神的概括或许还不全面、还不准确,但其基本的、总的意旨就是,呼吁充分吸取历史教训,辩证地看待马克思主义哲学发展中的多样化与统一化的关系,自觉地把握二者之间的张力,并尽量使之成为发展马克思主义哲学、扩大马克思主义哲学影响力的动力和助力。

---

① 马克思恩格斯选集:第2卷.北京:人民出版社,1995:113.

三、马克思主义哲学的总体精神与研究范式转换问题

新时期国内马克思主义哲学研究的一个突出特点，也构成一个主要线索，就是批判对马克思主义哲学的教条化，走出苏联哲学教科书的影响，正本清源，面对当时人类实践和科学发展的新问题，根据对马克思恩格斯原典文本以及马克思主义哲学与其他哲学之关系的新理解，构建新形态的马克思主义哲学。实践标准的讨论开启了一场思想解放运动，而从对"实践是检验认识之真理性的唯一标准"的简单运用到对实践本身的深入研究，引发了对实践的主体性、价值性的重新发现，引发了对如何看待实践在马克思主义哲学中的地位和作用的深入思考，进一步引发了对以苏联哲学教科书为蓝本的"辩证唯物主义和历史唯物主义"哲学的合理性检讨。"实践唯物主义"的提出，可以被看作当代中国哲学家们摆脱苏联哲学的二手资料，直接从马克思哲学文本研讨其本真精神、重新理解马克思主义哲学的一次伟大尝试，是当代中国哲学家们摆脱教条主义桎梏后第一次以独立的主体姿态探讨马克思主义哲学变革的一次重大试验。正是由于这个缘故，实践唯物主义成为当代中国马克思主义哲学中最具号召力、最有影响力的一面旗帜，成为后来各种自成一派的哲学主张如生存哲学、生活哲学、实践哲学的发源地。也是由于这个缘故，与其说实践唯物主义是一个派别，不如说它是一种批判传统教科书哲学的思潮，在实践唯物主义的旗帜下，汇集了对马克思主义哲学的多种理解，甚至在某些问题上存在着严重对立的理解。进入 21 世纪，呼吁哲学转向的文章频繁出现，讨论研究范式转换也逐渐成为一个热门话题，而这些都指向着如何构建新形态的马克思主义哲学这个目标。自然也存在着反对观点，比如一些学者强力维护辩证唯物主义和历史唯物主义体系的正统性、合法性，认为提出构建新形态的马克思主义哲学的理由不充分，只能导致新的混乱。更有甚者，一些人沿袭旧的思路和文风，上纲上线，把实践唯物主义、主体性等指认为资产阶级自由化思潮的哲学根源，试图借助政治权威的力量予以压制和"清洗"。只是这种恶劣的学风和文风遭到普遍厌恶，甚至连被认真对待的资格都不具备了。应该说，这也是哲学界进步和成熟的一种表现。

哲学转向、范式转换都是为构建新形态的马克思主义哲学张目的，它们有着内在的一致性，反对者也把它们看作一回事。因此，我们主要就马克思主义哲学的总体精神与范式转换的关系做一点讨论。

范式和范式转换，是科学哲学家库恩在《科学革命的结构》中提出的概念。在库恩看来，科学理论的发展不是一个单纯的量的积累过程，而是同时存在着新理论代替旧理论的革命或质变过程，其中存在着范式转换的问题。所谓范式，按照库恩的说法，这是"一个与'常规科学'密切相关的术语"，一些科学"成就空前地吸引一批坚定的拥护者，使他们脱离科学活动的其他竞争模式。同时，这些成就又足以无限制地为重新组成的一批实践者留下有待解决的种种问题。凡是共有这两个特征的成就，我此后便称之为'范式'"①。范式的形成标志着一种理论或一门科学达到了成熟程度，认同这种范式的科学家们便在这种范式的指导下进行定向的科学研究活动，这也就是常规科学阶段。"范式是科学家集团在某一专业或学科中所具有的共同信念。这些信念规定了他们共同的基本理论、基本观点、基本方法以及选择问题的标准，为他们提供了共同的理论模型和解决问题的框架。"② 科学研究中反常现象的增多和危机的出现，就要求对既有的范式进行调整或变革。范式的转换或更替意味着科学理论的革命性的演变和真正的进步。一旦转换完成，某种范式确立，科学就又进入常规演进的阶段。

库恩的范式理论主要是从研究自然科学理论的发展史中概括出来的，对于描述和刻画自然科学理论的演进自有一定的合理之处和解释力，由于哲学与社会科学理论的特殊性，范式理论在这个领域有多大的适用性、合理性以及应受到哪些条件的限制，还是一个有待深入研究的问题，但有很大的启发性肯定是无疑的。实际上，现在我们许多讲研究范式转换、哲学转向的学者，也都不是在库恩的比较严格的意义上使用这个概念的，而是从启发性意义的角度进行讨论的。

在关于如何发展马克思主义哲学的讨论中当然可以使用范式和范式转换这样的概念，问题是我们应该搞清楚所使用的这种范式概念是在什么层次、什么意义上得到规定的，否则就容易引起不必要的混乱和争论。比如说，若从马克思主义哲学总体精神的角度看，这种总体精神大

---

① 库恩. 科学革命的结构. 北京：北京大学出版社，2003：9.
② 刘大椿. 自然辩证法概论. 北京：中国人民大学出版社，2004：296.

致就可以被看作一种"范式"：它有一批坚定的和比较坚定的拥护者，作为一种共同信念规定了一定的基本方法和选择问题的标准，有着一定的解释问题和解决问题的基本框架，所以也就形成了一个马克思主义哲学理论的"家族"。这种理解倒是比较靠近库恩关于范式的规定。可若是从这个层次来理解"范式转换"，那就意味着用别的理论范式取代马克思主义哲学的范式，这显然不是我们那些讲范式转换的同志的意思。若是从下一个层次，即马克思主义哲学发展的不同阶段之区别的层次来理解，比如分出马恩阶段、第二国际和列宁主义阶段、斯大林主义阶段、当今阶段，或者如一些学者主张的分为革命时代和建设时代、工业时代和后工业时代，那么规定不同阶段的"范式"以及它们之间的重大差别也不是一件简单的事情，至少不是几句话、几篇文章就能说清楚的事情。如果从再下一个层次，即马克思主义哲学在大致同一时代、同一阶段的不同理论流派之差别的层次，或者再具体一点，从目前国内不同研究群体的理论主张之差别的层次来理解和规定范式，比如说，文本研究派是一种范式，对话派又是一种范式，关注现实重大问题派又是一种范式，或者，人学派是一种范式，回归生活派是一种范式，生存哲学派又是一种范式，那么，眼下的局势就是不同范式之间的竞争正如火如荼，根本还谈不到什么"范式转换"的问题。即使在自然科学领域，在几种范式互竞短长的时期，欲达到这种统一也是不可能的事情。

在我们看来，鉴于斯大林时代用政治方式强求哲学理论统一的那种教条主义做法也即我国"左"祸泛滥时期的那种做法给社会主义事业发展造成的巨大危害性，对马克思主义哲学的形象和发展形成的巨大危害性，如果把这个时期研究宣传马克思主义哲学的那种模式、那种心态、那种信念概括为一种"范式"，那么我们今天实现"范式转换"就不仅是必要的，而且是必然的。以此作为历史参照和否定物而构建的新形态的马克思主义哲学，只是马克思主义哲学发展的一个新阶段的另一种说法。这种"新"，不但表现在内容方面，如对人类实践和科学发展的新成果、新特点、新问题有新的认识和新的总结，对资本主义发展的新现象、新矛盾有新的分析，对社会主义建设的新经验有新的概括，对资本主义与社会主义的关系有新的理解和新的认识，对人类解放的道路、途径有新的探索，等等，而且表现在整体形态和精神气质方面，它尊重各个国家的马克思主义者发展马克思主义的权利，反对各种宗派主义、教条主义、关门主义的不良作风、习气和心态，理性地、宽容地看待马克思主义理论家哲学家之间的意见分歧和理论争论，"和实生物""有容乃大"，积极主动地与各种批判资本主义、批判人的异化现象的理论派别进行交流和对话，吸取一切有益的成分，团结一切可以团结的力量，调动一切积极因素，为人类解放事业共同奋斗。

总之，我们现在所谓的"范式转换"，是为了更好地构建马克思主义哲学的新形态，更好地推进马克思主义哲学的发展和繁荣。第一，它并没有要求改变马克思主义哲学的总体精神，相反，是为了更好地体现这种总体精神，更好地把这种总体精神贯穿下去。第二，它针对的、克服的是以往马克思主义哲学研究中存在的背离马克思主义哲学的总体精神的倾向，比如教条主义的倾向、宗教主义的倾向、直观机械唯物主义的倾向，等等。因为正是这些倾向，损害了马克思主义哲学的声誉，影响了它的说服力、吸引力和战斗力，所以需要予以纠正，以期回到符合马克思主义哲学的总体精神的轨道上来。第三，它进一步彰显了马克思主义哲学的实践性、批判性和开放性的特征，彰显了马克思主义哲学作为人类解放的学说的胸襟和境界。一切真诚的、实事求是的批评我们都欢迎，一切有利于提高马克思主义哲学的说服力和吸引力的因素我们都吸取、接纳，一切有利于提高人民群众的认识能力和改造能力的观点、方法我们都积极利用。第四，它要求为鼓励创新、保护创新提供良好的舆论氛围和社会条件。创新是一个民族的活力所在，也是马克思主义哲学的生命力所在，但创新过程是一个艰难探索的过程，是由一系列落实到具体研究工作中由个别的研究者或研究集体的行为构成的，创新过程中存在着风险，可能会发生失误甚至严重的失误，难免会出现不同意见的分歧甚至重大的分歧。这就需要设置一定的保护措施和条件，保障研究者、探索者、创新者的各种合法权益，以宽容的态度对待各种创新过程中难免出现的失误或失败。唯有如此，中华民族才能生机勃勃，马克思主义才能生机勃勃，中国特色社会主义事业才能生机勃勃，人类解放事业才能走出低潮开出新路。

论实践范畴在马克思主义哲学中的地位和作用[*]

实践范畴在马克思主义哲学中的地位和作用问题,是自实践标准讨论以来哲学界始终关注和争论的一个重要问题。这个问题既涉及如何看待马克思主义哲学同旧哲学的关系,如何理解马克思主义哲学所实现的伟大变革,也直接影响到如何把握马克思主义的实质,如何更好地坚持和发展马克思主义哲学。近年来关于实践唯物主义的讨论,就越来越突出地表明了这一点。

一

马克思以前的哲学,其共同的根本缺陷是忽视人和人的实践。唯心主义夸大精神的作用,使之成为脱离了人和实践的绝对精神,成为一切运动的实体和主体。唯物主义肯定物质、存在对精神的先在性和根源性,但却不懂得精神的能动性和反作用,在看到精神的巨大反作用的地方(社会历史领域)便倒向了唯心主义。一个只知道精神,一个只知道自然界,都不懂得或都没找到物质变精神、精神变物质的途径,都不懂得物质与精神的辩证关系。由于忽视实践,它们也不懂得哲学对实践的依赖关系,不懂得由实践所造成的人与世界、主体与客体、精神与物

---

[*] 本文原载《中国人民大学学报》1990年第6期,与李冠英合作。

质、思维与存在的矛盾对人的意义以及对哲学的意义。它们无论是从精神出发还是从物质出发，都以为为自己的体系找到了一个不动的、永恒的支点或前提，都试图构造一个永恒真理的体系，一劳永逸地解决解释世界的问题。然而，它们的每一个体系都有自己不可克服的矛盾，唯心主义解释不了精神到底从哪里来的问题，唯物主义则说明不了精神的能动性和人的尺度的相对独立性。

说旧哲学忽视实践，是说它没有对实践形成科学的规定，对实践的地位和作用没有达到正确的理解和应有的重视，并非是说以往的哲学家们一点也没注意到实践。实践作为人类的基本活动，作为决定人们观念生活的现实基础，无时无刻不在发挥着自己的作用，因此人们并不可能对它没有一点认识。实际上，以往的哲学家中谈到实践的并不乏其人。中国哲学家所说的"行"就是实践。在近代西方哲学中，培根讲到过实验，狄德罗更是强调实验对知识的来源和验证作用，康德就直接使用实践这个概念，尽管他把实践只当作道德行为。黑格尔则在与观念、理性相对立的意义上使用实践概念，对其联系主观和客观、既克服主观的片面性又克服客观的片面性做了非常精彩的论述。黑格尔对实践作用的论述可说是最富有哲学意味的，但他的唯心主义立场使他把实践当成了绝对观念自身运动中的一个环节，当成了一种推理。费尔巴哈与黑格尔相反，把实践看作物质的现实的活动，但费尔巴哈只把实践当作犹太人的卑污的利己活动，认为只有理论活动才是真正的人的活动，"不了解'革命的'、'实践批判的'活动的意义"①。总的说来，这些哲学家或是只看到实践的某一种形式，或是只看到实践的某一方面的特点，或是只看到实践的某种作用，在总体上并未形成科学的社会实践观。

马克思对旧哲学的批判是从批判黑格尔的唯心主义开始的，是站在费尔巴哈奠定的唯物主义基础上实施这种批判的。但很快，他经过一段经济学的研究，发现物质生活的结构和作用，发现劳动的作用之后，他认识到这种旧的唯物主义很成问题，于是开始了对自己的理论基础的批判。在《关于费尔巴哈的提纲》中，马克思第一次明确地把实践作为新旧哲学的根本区别，并且相当系统地探讨了实践范畴在新哲学中的地位和作用。马克思在《提纲》中提出的中心思想就是，立

---

① 马克思恩格斯选集：第1卷. 北京：人民出版社，1995：58.

足实践来改造旧唯物主义,建立一种"新唯物主义",即"把感性理解为实践活动的唯物主义"①。可以说,《提纲》是马克思改造旧哲学的纲要,是他建立新哲学的思路的最为真实的记录。尔后的《德意志意识形态》则是这种思路的具体化和展开。尽管由于当时的具体任务所限,马克思着手确立的是新历史观,但绝不能说他只是在历史观领域引入了科学的实践观。

马克思第一次把实践引入了哲学,由此实现了对旧哲学的突破,实现了哲学上的伟大变革。但我们一定要注意到,这里的"引入"具有特殊的意义。"引入"的实践是一种不同于以往旧哲学所理解的实践,即科学的社会实践观。马克思在吸取前人的成果特别是德国古典哲学中关于实践的思想和古典政治经济学中关于劳动的思想的基础上,第一次对实践做出了科学的规定。就像亚当·斯密抛开了创造财富的活动的种类的具体差别,把劳动当作包括了各种具体劳动(如工业劳动、农业劳动、商业劳动)的一般劳动,把既有的产品、财富看作过去的物化的劳动一样,马克思从社会物质生活的角度理解实践,把它当作包括了一切具体实践形式的一般范畴,包括了历史的和现实的各种实践的总体性范畴,不仅物质文明、物质财富是在实践中劳动中创造的,是以往历史实践的凝聚,而且精神财富、精神文明最终也都发源于实践。实践作为人的感性的物质活动,作为人改造环境、改造世界的现实活动,作为人的社会物质生活,它是全部社会生活的基础,"社会生活在本质上是**实践的**"②,也是人的存在的最基本的方式。它是统一人的尺度和物的尺度、精神和物质的桥梁与中介,也是这些矛盾发生和发展的基础,是一切社会意识形态包括哲学的真正来源。在实践中尤其是在生产劳动中包含了社会各种矛盾的胚芽,它既是理解全部社会历史奥秘的钥匙,也是理解一切社会意识形态的钥匙。"凡是把理论导致神秘主义的神秘东西,都能在人的实践中以及对这个实践的理解中得到合理的解决。"③ 因此,马克思把实践"引入"自己的哲学,并不是一般地为哲学增添了一个新范畴,而是自觉地将实践作为哲学的基础,并使哲学的使命、对象、性质都发生了深刻的变化。不从这个角度理解马克思把实践"引入"哲

---

① 马克思恩格斯选集:第1卷.北京:人民出版社,1995:60.
② 同①.
③ 同①.

学，就不可能真正理解马克思在哲学中所实现的革命变革和真正懂得实践范畴在马克思主义哲学中的地位与作用，因而也就不可能完整准确地把握以科学的社会实践为特征的马克思主义哲学体系，不可能科学地理解马克思主义哲学这块"整钢"。

二

应当如何理解由引入实践而实现的这场伟大变革？我们认为，实践在马克思主义哲学中的基础地位，用一句话概括，就是从实践出发去理解人、理解世界、理解人与世界的关系；或者说，是围绕人的实践来理解哲学的使命、对象和性质。

人和世界、主体和客体、意识和物质的对立及统一是由实践造成的，实践使世界二重化了。这种二重化及其所带来的一系列矛盾，虽然只是宇宙演化中的一个小阶段，但它对人来说却具有至关重要的而且永恒的意义。人的一切行为和活动，从根本上说都是围绕如何处理、解决这些矛盾而旋转和展开的。人作为矛盾的一方，不仅自在地与世界对立，而且作为主体与世界对立，他知道并自觉地对待这种矛盾。人既要服从世界同时也要使世界服从自己，这是一个人不可能绝对超越的、永恒的矛盾，在实践中人的每一次具体的超越又使自己处于更高层次的矛盾中。

哲学作为一种意识形态，它是人观念地把握世界的一种形式，它起源于人的实践又服务于人和人的实践。同时，哲学作为世界观和一般方法论，它从人的尺度与物的尺度、价值与真理相统一的角度把握思维与存在的关系、人与世界的关系，把握二者运动的最一般规律，从而为人更好地把握世界、处理这种矛盾服务。

从这个角度看就会发现，以往的哲人们试图为整个人类规定一个尽善尽美的理想王国，为人类提供一个永恒真理的王国，描绘出一种永远推不翻的世界图景是多么天真。从而也就会发现，哲人们力图找到世界的本原、本体，为自己的体系寻找一个永远不会被推翻的基石或支点，然后再用此解释和规定一切是多么不合实际。马克思主义哲学宣告了旧哲学的终结，从不企图寻找这种支点，它以流动的实践为基础，永远随着社会实践的发展而发展，也就为自己安上了一个流动不息的轮子，因此它是一个开放的体系。

在马克思主义哲学看来，旧哲学所谓的本体论，不过是对人们在实践中形成的认识之结果的一种总结、提炼，因此它仍是实践的产物。旧哲学那种以对本体的规定来解释一切现象包括人的尺度和人应该如何的方法，不过是把哲学信条、原则当作出发点的方法。这种方法或思维方式本质上是以把世界当作同质的各种要素的组合的信仰为前提的，是以忽视或抹杀意识与物质、人与自然界的质的差别为前提的，它不懂得哲学恰恰应以承认这种质的差别为前提而研究它们的对立统一。就这种方法承认世界是统一的而言，有其合理的因素，但它所意味的统一，并非是辩证的统一，它不懂得从单纯的物的尺度（规律）绝不能推出人的尺度，从自然的"是什么"推不出人的"应如何"。马克思主义哲学从实践出发，以实践为根据，否定了这种本体论的思维方式，它以高级运动说明低级运动，用现代实践反观历史实践，始终围绕现代人的实践来提出问题和解决问题，立足现代人的实践需要来反观和批判以往的一切理论以及它们的前提，并承认后来的理论也同样地对待自己。

当新哲学从实践出发，把一切意识现象包括哲学都看作实践的产物和结果的时候，它就不仅为自己找到了科学的立足点，为理解和说明以往哲学的失误找到了一把钥匙，而且为克服旧哲学的失误，为消除一切不合理的意识形态找到了现实的途径。既然理论上的颠倒、观念上的倒影不过是现实生活的实际关系在一定社会实践形式下的颠倒的反映，那么问题的重心就转到对现实的不合理关系的批判，转到对现存的一切不合理现象的改造。新哲学的使命就在于改造世界。新唯物主义不是以一种新的解释世界的方式代替旧的解释方式，即不是"通过另外的解释方式来承认现存的东西"，如同青年黑格尔派那样，也不是像费尔巴哈那样，以为"把宗教世界归结于它的世俗基础"，把观念的异化归结为现实的异化就解决了问题，而是进一步要求，"对于这个世俗基础本身首先应当从它的矛盾中去理解，然后用排除矛盾的方法在实践中使之革命化"，"并在实践中加以变革"[1]。

---

[1] 马克思恩格斯选集：第1卷. 北京：人民出版社，1995：59.

三

　　这种对实践与哲学之关系的新认识，既体现在马克思对哲学的使命和性质的看法中，也具体地体现在对物质与意识及其关系的理解中。哲学的基本问题是思维与存在、精神与物质的关系问题。然而，只有马克思主义哲学才第一次正确地解决了这个问题。之所以如此，根本的一点就在于它从实践出发，以实践为基础、为中介来理解和规定物质与意识及其关系。物质与意识的矛盾本来就是产生于人类实践中并随着人类实践的发展而发展的，也是人们在实践中不断地加以现实地解决的。但是，当物质劳动与精神劳动分离开来，意识能够真实地想象"它是和现存实践的意识不同的某种东西；它不用想象某种真实的东西而能够真实地想象某种东西"，它可以"摆脱世界而去构造'纯粹的'理论、神学、哲学、道德等等"[①] 的时候，特别是当现实社会发生了分裂，个人利益与公共利益出现了矛盾，国家以公共利益的化身出现，要求有与之相适应的意识形态的时候，问题便复杂化了，事物的本来面目和真实联系就被颠倒了。意识似乎变成了脱离实践、脱离人、脱离物质的某种独立的甚至支配实践和物质的东西，表现在哲学中便有意识决定物质的唯心主义。唯物主义作为与之对立的派别，它坚持物质第一性、意识第二性的原则，这无疑是正确的。但旧唯物主义由于不懂得实践，故而从未把存在理解为人的社会存在，也从未使物质范畴达到科学的规定。在旧唯物主义者那里，存在就是自然界，物质就是原子。他们看到了意识的被派生性和第二性，但却不懂得意识的能动性。所以，他们对物质与意识的关系的看法虽然原则上是正确的，但在实际理解上却是相当肤浅、相当片面的。

　　马克思主义哲学与旧唯物主义的本质区别在于：

　　第一，马克思把实践范畴提到与物质和意识范畴同一序列的地位，以实践为二者的中介。一方面，从实践出发理解物质，理解感性、现实、事物。这时物质、对象不再被当作与人无关的东西，恰恰是与人相

---

① 马克思恩格斯选集：第1卷. 北京：人民出版社，1995：82.

联系的对象，它们的规定是人对它们的规定，是人立足实践对它们的规定。马克思讲的不能只从客体方面去理解而要当作实践去理解，后来列宁讲的要把实践包括到对事物的完满的定义中去，说的都是这个意思。另一方面，从实践出发说明意识和观念，意识是人们的社会存在的反映，是物质生活的升华物，是人在社会实践中达到的对对象的认识。就实践与意识相对置而言，实践是人能动地改造和变革世界的现实的物质活动，意识则是在这种活动中形成的对世界的能动反映。因此，认识来源于实践就比来源于物质自然界具有更深刻的含义。正是通过实践这个中介，物质决定意识、物质变精神和意识能动地反映并反作用于物质以及精神变物质等才得到合理的理解，环境决定人和人改变环境、思维的此岸性和彼岸性、意志自由和客观因果等在旧唯物主义那里难以克服的矛盾才第一次得到正确的解决。

第二，实践不仅是物质和意识的中介，而且是物质和意识的矛盾产生与发展的基础。这并不是说实践创造了物质，物质来源于实践，而是说，人们在实际地改造世界的过程中逐渐地产生和形成事物、现实、世界、物质等观念，发现这些观念与它们的对象是不同的东西。物质和意识这两个范畴就是对人类实践中所包含的主体与客体、主观与客观、观念与对象之矛盾的抽象和概括。而且，人类实践所达到的实际水平亦即人们在现实活动中解决这些矛盾所能达到的水平，从宏观上决定了人们对物质与意识之矛盾的概括水平和认识水平，实践的发展必然使对物质与意识之矛盾的认识不断深化。这种深化既表现在具体科学中也表现在哲学中，但表现形式却有所不同。在前者表现为对物质的构成、结构、形态、具体运动规律认识得越来越深刻、细致，在后者则表现为对物质的抽象和概括越来越科学，对物质与意识的关系认识得越来越全面、正确。

因此，所谓物质世界先于人而存在，实践是物质运动的一种高级形式，是物质的一种属性，物质先于意识等，这些命题都是正确的，但却都是单纯从对象演化的角度、从宇宙演化的时间顺序方面着眼的。若从哲学上看待物质与意识的矛盾，它们只能是产生于实践并以实践为中介而历史地展开和发展的。旧唯物主义把物质归结为原子以此来规定一切、解释一切的本体论思维方式，是不懂哲学与具体科学的区别的产物。现在一些学者以物质世界在时间上先于人、先于实践而存在为根据，反对从实践出发去规定物质，去理解物质与意识的矛盾，恰恰犯了与旧唯物主义者同样的毛病，恰恰是从旧唯物主义的立场理解实践、理解物质与意识的关系的。

可见，只有以实践为哲学的基础和出发点，才能更好地同旧唯物主义划清界限，体现出马克思主义哲学的本质特征；才能更好地展开对物质与意识之辩证关系的科学理解，并围绕这个矛盾结合人类实践和历史总结人类思维史的经验，在充分肯定自然界的优先地位的同时，充分肯定人的主体地位。以实践为哲学的基础和出发点，既能充分肯定存在对于思维的第一性，又便于展开存在的丰富内容和历史变化，便于发掘和发展思维的能动性在存在的变化中的作用；既便于从现代实践的高度去洞悉以往实践的优劣，又便于以实践这种最高级、最富有辩证性的运动形式去反观和规定一切低级运动的规律；既能充分肯定物的尺度的客观性，又能充分重视人的尺度的重要性，为实现两个尺度的统一开辟广阔的途径。

论实践标准及其在当代的发展*

随着我国改革开放和社会主义现代化实践的深入，作为检验认识之真理性的实践标准，其内涵和形式在不断丰富。在内涵上，由于社会现象本身的复杂性和多样性，实践标准更多地与社会发展范畴结合在一起，以生产力、综合国力和人民生活水平的提高为具体指标，形成一个科学的、可评价的客观标准体系；在形式上，由于现代实践的创新性、机遇性和大系统性，实践标准的运用必须体现出动态化、可操作化和整体化的特征。理解实践标准的当代发展，对于正在进行的具有中国特色的社会主义建设实践，对于统一人们的认识和判断，都是十分重要的。

一、实践标准在我国改革开放过程中的发展

实践标准贯穿于我国改革开放的始终。随着改革开放实践的深入，人们对实践标准的认识逐步深化。大致说来，自1978年以来，实践标准在我国的发展经历了恢复、深化和具体化的历史过程。

最初，1978—1979年开展的实践是检验真理的唯一标准的讨论，重新确认了"实践是检验认识之真理性的唯一标准"这一马克思主义的基本原理。实践标准作为打破"两个凡是"的锐利武器，成为拨乱反

---

* 本文原载《教学与研究》1994年第4期，与陈志良合作。

正、确定一切正确的认识和行为的起点与基础。这一阶段讨论的特点是，突出了实践标准的唯一性和权威性，不唯上，不唯书，只唯实，一切从实际出发。这场讨论恢复了实事求是的思想路线，对长期处在思想禁锢状态下的人们来说，无疑是一次巨大的、具有深远意义的思想解放运动。当时讨论的中心是，实践何以是检验真理的标准，为什么是唯一标准，"两个凡是"为什么是错误的，等等。在当时的具体历史条件下，对于冲破"两个凡是"，解放人们的思想，具有重大的历史意义。但当时的讨论主要限于真理标准是什么，而对于怎样检验则很少涉及，这说明对实践标准的认识需要进一步深化和具体化。

尔后，对实践标准的认识向生产力标准深化。在这个过程中，实践标准与唯物史观结合起来，成为改革开放和社会主义现代化建设的锐利武器。显然，实践作为检验认识之真理性的标准，它具有根本的原则性，仅停留在这个层次就等于停留在普遍性上，只有当它与社会发展结合在一起时，才能充分显示其重要意义。用发展和解放生产力的标准来看待与衡量社会现实，使中国共产党的认识获得了一次飞跃，使我们认识到"执政的共产党人要把发展生产力放在首位"。同时，社会主义初级阶段的认定，建设有中国特色社会主义理论的确立，对中国现代化发展战略"三部曲"的构想，也是沿着生产力标准形成的必然成果。实践标准与生产力标准的结合，使"实践是检验认识之真理性的唯一标准"从认识论领域扩展到历史观领域，是对实践标准的运用和发展。

再进一步，实践标准又具体化为"三个有利于"判断标准。针对当时一些人抽象地争论姓"社"姓"资"等问题，邓小平在著名的南方谈话中明确地提出要以是否有利于发展社会主义社会的生产力、是否有利于增强社会主义国家的综合国力和是否有利于提高人民的生活水平，作为判断我们的路线、方针和政策是否正确的标准，作为判断改革开放的决策和措施是否正确的标准。"三个有利于"标准比生产力标准的内涵更加丰富，既包含了生产力标准，又比生产力标准更为具体、全面，把综合国力、人民群众的物质文化生活也包括进来，从而使实践标准更为深化、具体化和系统化。

"三个有利于"标准是生产力标准的系统化，是实践标准与唯物史观进一步全面结合的结果。它突出了人民群众作为实践主体的地位，在发展生产力的基础上突出了增强综合国力和提高人民生活水平，这是我们进行社会主义建设的目的所在,也是党一切工作的出发点和归宿。相对于这个目的,市场和计划都是手段,与之相适应的各种体制和机制也都带有手段的性质,只要它们符合"三个有利于"标准,就都应加以肯定和采用。这就为人们提供了一种崭新的思维视角,为进一步解放思想提供了锐利的思想武器。说"三个有利于"开启了当代中国的第二次思想解放运动,一点都不过分。

改革开放的伟大实践促使人们反思自己的实践,寻求着识别正误、判断是非的具体而有效的标准。中国人对实践标准认识的深化,就是在这个充满矛盾和痛苦的过程中实现的。反过来,这种深化了的认识又对改革开放的实践起着巨大的指导作用。

二、实践标准内涵的丰富和深化

以实践作为检验认识之真理性的唯一标准,这是马克思的一个伟大创见,是马克思主义哲学与其他哲学的一个重要的、原则性的区别。实践标准在马克思主义哲学中既包含着十分丰富的内容,又有着极高的抽象概括性,是一个普遍性的命题和原则。而且,由于马克思恩格斯当时着重的是建立统一而严密的世界观,使对社会现象的研究成为科学,所以他们更为强调的是社会规律与自然规律的本质的统一性,是社会科学知识的客观性,相形之下,对社会现象的价值方面论述较少,对实践标准在对社会科学理论的检验,特别是对决策和政策的检验与自然科学理论的检验方面的差异性也未能多阐释。这就需要后来的马克思主义者,即成为执政党的共产党人予以创造性的发展。

显然,实验对社会现象的具体检验不同于对自然现象的检验。这种差异性是由以下几个方面的原因造成的:(1)自然现象相对于人类,是客体性的,而社会现象本身是人类的活动过程,人既是社会现象的导演又是社会现象的演员,既是主体又是客体,在社会现象中贯穿着人本身的理想、意志、价值和追求。对自然现象的科学探索,只须回答它是什么,便达到了认识的目的,而对于社会现象,不仅要揭示它是什么,而且要回答它有利于什么、不利于什么,利益属于极为重要的位置。(2)自然现象本质上是可重复的,因而可以在严格的科学环境中进行试验,并按严格的可重复性在生产中创造出来;对社会现象来说,不具备这样的可重复性,它是随时间一维性发展,随机会的产生或丧失而产生的一种社会性的流动过程。人类不可能重复历史,只能从历史中吸取教训。把关于自然现象的严格检验标准运用到社会中来,显然是不适合的。(3)社会现象具有强烈的竞争性,由于社会主体是能动的,在一个开放的世界大环境中,社会现象的检验更是一个比较性的范畴,比如对于发展,如果只是自己与自己比较,那么低速度也是一种发展,但是若把发展置入世界环境中,与整个世界和周边较快发展的国家比较,那么低速度只能算是一种倒退。因而,对社会现象的检验应是世界大尺度的检验,是一种发展中的、比较性的检验。

但是,由社会现象与自然现象的差异性,并不能得出社会现象和社会运动是无客观性的结论。无论社会现象如何复杂,社会仍然有规律可循。整个社会是立足生产力发展的社会有机体运动。抓住了生产力标准,抓住了"三个有利于"标准,就抓住了对我国社会现象进行实践检验的根本点。这是中国共产党人对马克思主义理论的一个重大发展,是对实践标准本身内涵的巨大丰富,是我们进行改革开放、建设有中国特色社会主义的锐利武器。我们应该从新的角度来认识"三个有利于"标准的重大意义:

第一,"三个有利于"标准根据马克思主义哲学是一块"整钢"的思想,从认识论与唯物史观相结合的角度,突出了生产实践在检验真理过程中的首要地位,把实践与社会发展范畴相融汇,大大丰富了实践标准的内涵。我们知道,认识论作为对人类认识的哲学反思,它的任务是揭示认识发生、发展的一般规律,而历史观则以人类社会为对象,任务是揭示历史发展的一般规律。马克思创立的唯物史观,科学地揭示了历史发展的一般规律,对于无产阶级及其政党具有重要的指导意义。但它是关于人类社会发展的科学,毕竟不同于认识论。正由于这个缘故,以往人们对于实践标准也就多限于在认识论的范围内来研究和讨论。对于生产力,我们都承认它是社会发展的最终动因,是解释历史事件之原因的深层根据,但却很少把是否有利于生产力发展当作检验社会认识之真理性的根本标准。因此,对实践标准的认识必须跨出认识论的范围,与社会的发展、与生产力的发展结合起来,与历史观的原理结合起来,才能有一个大的突破。"三个有利于"标准的提出就实现了这种"跨越",

是把认识论与历史观相结合的结果。在这里，对实践标准的实质、对生产力的作用都达到了一种新的理解。生产力的现实状况既是决定社会性质和发展阶段的根本性因素，又是制约人们的思想意识的深层根据。立足现有条件发展生产力、发展经济、提高人民的生活水平，是共产党人制定政策的目的和出发点，故而是否促进了生产力的发展、提高了人民的生活水平自然就是检验我们的决策和政策成功或失败的标准。生产实践作为人类最基本的实践形式，以及由它形成的生产力，对于社会发展的决定作用与对于认识发展的决定作用是一致的；能否促进生产力的发展，作为判断一种社会制度是否先进、是否合理的标准与作为检验共产党人的路线、政策是否正确的标准也是统一的。

第二，"三个有利于"标准体现了事实与价值、真理标准与价值标准的辩证统一。实践作为人能动地改造世界的活动，一方面它是联结主观和客观的桥梁，另一方面它又是联结事实与价值的桥梁。人从来就不会满足于静观与适应既有的外在事实和客观环境，他还要改造环境使之满足自己的生存和发展的需要。他总是怀着一定的价值期望和追求来展开自己的实践活动，在实践中实现自己的目的，创造出所期望的价值。实践的这种双重性质，规定了它作为检验标准的双重功能，它既是检验一定的认识是否符合实际、是否具有真理性的标准，又是检验一定的评价判断是否合理、是否有效的标准。以往人们局限于从认识论的角度看实践，只注意到它检验认知结果的功能，而忽视了它检验价值判断的功能。"三个有利于"标准的提出，克服了这一局限。它明确地昭示人们，对于一定的对象，不能仅仅满足于"它是什么"，还要着眼于"它能用来干什么"，"它对我们有什么用、有什么价值"，这两方面既相区别又密不可分。对于计划、市场、股份制等，都应这样去认识，都要看到它们作为一定的手段、一定的可利用对象而存在的一面。而这些认识是否正确，根本就是看它们是否符合"三个有利于"标准。

还应该指出的是，对一个执政党来说，需要加以检验的绝不单纯是它所达到的对一定对象的理论认识，更主要、更直接地还是它的决策，它所选择的政策和策略。这些政策和策略既包含了理论认识，更融进了价值因素和设计性因素，而且，要判定这些政策和策略是否正确，首先需要确认这些政策和策略的实施过程即实践过程是否成功，而成功的意义就是指"目的的实现"。从这个意义上讲，"三个有利于"既是改革开放的目的，是我们党决策的依据，也是判断一定的决策是否正确，一定的改革实践是否成功、是否行之有效的客观标准；它既是真理标准又是价值标准。

第三，"三个有利于"标准体现了普遍与特殊、抽象与具体的统一，使我们对实践标准的认识在从抽象到具体的历程中达到了一个新高度。实践是检验认识之真理性的唯一标准，这是马克思主义的普遍真理和基本原则之一，但它本身包含着极其丰富的内容和通往实际生活的广阔可能性。但正如黑格尔曾经说过的那样，真理并不是一个钱币，不是随手拿来就可以使用的东西。如果我们对这一普遍命题的理解和认识只停留在单纯普遍性的层面而无特殊性的内容充融其中，那这就是抽象的认识，或认识还处于抽象的阶段。可惜的是，我们许多人过去对实践标准的认识恰恰就是抽象的。例如，对于如何检验社会科学理论，如何检验一定的政策和方案，人们都缺乏认识，更不用说建立一套行之有效的、具有可操作性的标准体系了。"三个有利于"标准的提出，使我们对实践标准的认识向具体化方向迈出了一大步。这不仅在于它可以细分为更明确的指标体系，而且在于它引导人们具体地研究关于不同领域之认识的不同的检验标准、检验方法和检验机制，引导人们用关于特殊性的认识丰富和发展这一普遍真理的内容。

三、实践标准运用形式上的创新

实践标准的当代发展，不仅体现在内涵上，而且体现在运用形式上。

人类历史演进到现代，出现了一系列不同于以往时代的新特点：生产的国际化与世界市场的形成把各个国家和民族都联结在一起；现代交通工具、通信工具大大缩短了彼此间的距离；普遍交往和参与国际大循环成为任何国家发展的必要条件；国际合作和国内各行业、各地区的合作日趋重要，竞争也十分激烈；实践活动中的智力因素大大增加，信息的重要性空前突出；社会变化的速度大大加快，新成果、新技术、新产品、新方法竞相问世，但很快又为更新的东西所替代；人类掌握了巨大的力量，但行为的后果却更加深远和广泛，较之以前更加难以预测；信息的激增和普遍的共享,既为人们创造了众多的机遇,也增加了选择和决策的难度;如此等等。在这种条件下,现代实践的创新性、机遇性和大系统性十分突出明显,各种正效应和负效应难分难解地纠缠在一起。这些都为实践标准的运用提出了新问题和新要求。

中国作为一个后发展的社会主义国家,既面临着世界性科技革命浪潮与和平发展、经济起飞的有利机遇,又面临着激烈的竞争和挑战;既要改革开放,打开国门吸收西方发达国家的资金、技术和各种有益于我们的管理体制、管理经验,并与其他国家广泛合作,又要保持民族特色,防止各种腐朽落后的东西侵入;既要大规模地开发自然资源,向自然开战,又要避免和减少环境污染、生态失衡;既要改变原来高度集权的管理体制,充分发挥地方、基层和企业的积极性,增强活力,又要防止地方主义、分散主义和小团体本位主义滋长。这一系列的矛盾困扰着人们,如何创造性地运用实践标准来统一认识,已成为一个亟待解决的问题。

邓小平适应现代实践的特点,集中全党智慧,在实践标准的运用方式方面做出了重要的创新和发展:

第一,对实践标准的运用由静态化转为动态化,由单纯的验证过程变成验证、调整与创造相统一的过程。以往人们常常抱有这样一种信念,即实践成功证明这些认识和计划是正确的,实践失败则意味着这些认识和计划不正确。实践检验主要就是用一个实践的最终结果来检验。这种思维方式有三个特征:(1) 抽象性,它抽象地看待认识和实践,坚持二者的区别,忽视二者联系、渗透的现实复杂性;(2) 简单化,它把认识和实践的复杂关系简单地理解为先行继起、线性展开的关系,把实践当作原子式的即脱离各种实践、各种主体相互影响交互作用的封闭过程来处理,似乎实践的成功失败、实践对认识的检验都是自明的,人所共认的;(3) 向后看,即把实践仅当成实现计划和检验既成认识的过程,思维的方向和重心是确认一定的认识是否是真理。这种思维方式当然也有一定的合理性和适用范围,在实践规模狭小,各种实践的渗透交错尚不明显突出,实践过程较为简单时它还行得通,但在现代条件下它就明显不适用了。例如,对于社会主义建设,对于改革开放大实践,就不能沿用这种思维方式。正如邓小平指出的那样,对于什么是社会主义,特别是如何搞社会主义,有许多东西我们还不清楚。同样,对于改革开放这一伟大的社会系统工程，我们不可能一开始就有周密的计划，我们只能试着来，摸索着干，在实践中逐步认识、调整和完善各种方针与政策，在实践中发现新的方法、创造新的经验。

动态化地运用实践标准，包含着三层意思：（1）承认认识是内在于实践之中的探索过程，认识和实践都具有相当的可错性和风险性，特别是对于决策性认识，由于对象和环境的高度流变性，只能在实践中、探索中随时调整，逐步完善；（2）实践的过程既是检验决策性认识的过程，又是创造新经验，用新经验补充、丰富和发展既有认识的过程，实践过程的每一步、每一阶段都承担着这双重任务；（3）要把实践当作连续活动体来看待，并且要着重于向前看，既要注意当下的效果，更要照顾到对尔后实践的各种影响，比如，看一项政策或措施是否促进了生产力的发展，就不能仅看当年或一个短时期内产量的增减和产值的高低，还必须看它对生产潜力和后劲的作用、对生产力的持续稳定发展的作用。

第二，实践标准的运用由原则化转向指标化，检验过程由定性转向定性和定量相结合。现代实践具有复杂性，它往往会在多方面引起各种不同的效应，因而原则性地谈论"实践证明""实践成功"已远远不能适应这一需要。这就要求将实践目标进行分解，分解为一系列具有可操作性的指标。一项政策是否正确，一种实践是否成功，就看它是否实现了这些指标，是否有利于实现这些指标。与此同时，检验过程就由以定性为主转为定性和定量相结合，因为这时，无论是决策者还是执行者，无论是监督评价机构还是政策研究机构，都可以根据这些指标被实现的程度、根据投入产出的数量关系或根据效率和效益，定量化地评估决策的优劣好坏。

第三，实践标准体系的整体优化。这一点是由现代实践的大系统性决定的。现代实践的一个突出特点是它的大系统性，任何一个地区、行业的实践活动，都是由无数具体实践交错复合而构成的实践活动系统，它们又是构成更大的民族实践的要素。所以，一个具体实践的效应如何，只有联系整个系统才能予以确定，而且会出现这样的情况：在一定范围内、一定层次上是成功的实践，在更大范围内、更高层次上就可能是得不偿失的或失败的实践。例如，一些地区为发展本地区经济、增加财政收入，开办了许多设备简陋、技术落后的工厂，这些工厂大都能耗高、效益差、浪费严重。就增加了本地区的收入而言，它们的建立和开办是有好处的；但就全国而言，就全民族范围内的合理利用资源、增加国家财政而言，又是不划算的，甚至是具有破坏性的。因此，在实践标准指标化、体系化的过程中，必须照顾到整体优化原则，充分注意要体现"三个有利于"标准。"三个有利于"标准本身就是一个有机体系，考虑到了经济与政治、生产与积累、生产与消费等各个方面。总之，必须统筹兼顾，力求达到整体优化。这样，各种指标既有相对的独立性，又有主有次、有轻有重、有总有分，形成一个具有较高的明晰性和可操作性的体系。

第四，在实践标准体系的具体运用过程中还要注意利害加权和价值分析，注意不同层次的利益差异。利益、价值、好坏都会因主体不同而不同。在社会主义社会，尽管消灭了阶级对抗，但不同阶层、不同地区之间仍有差别，同一项政策、同一种实践，对不同主体的效应是不同的。即使对于同一主体，同一项政策、同一种实践也可能在不同方面产生不同的效应、不同的价值。因此，必须根据整体优化原则进行利害加权和价值分析，只要总体上符合"三个有利于"标准，即使有一定的弊病和负效应，也要加以肯定。对于不同地区之间的利益差异，能照顾时尽量兼顾，难以两全时，便要使人们的立场统一到国家综合实力上来，统一到人民群众的长远利益上来。

综上所述，生产力标准和"三个有利于"标准的提出，给实践标准赋予了新的内涵，也为它的具体运用提供了更广阔的可能，还为我们深入研究实践标准提供了一条新的思路。它极大地解放了人们的思想，澄清了许多理论是非问题，其理论意义和实践意义都是十分巨大的。理论工作的一个重要任务是科学地阐释和宣传实践标准当代发展的重要意义，以求形成全党全民族的共识，从而有力地推进改革开放和社会主义现代化进程。

马克思主义哲学变革的实质[*]

在当代中国马克思主义哲学的发展中，围绕着马克思主义哲学所实现的伟大变革的实质以及马克思主义哲学的合理形态应该如何的讨论，可以说是一场带有总体性、全局性和根本性问题的讨论，也是一场争论持续时间最久、涉及面最广、参与人数和发表文章数量最多、意见分歧最大、争论程度最为激烈尖锐的大讨论。从 20 世纪 80 年代初开始，一直到今天仍然在进行、在继续，当然在程度和深度上有了很大的变化，在深化中又发生着新的分化组合，但至今未见有走向统一或消歧息争的动向，倒毋宁说由此正催生着当代中国马克思主义哲学中真正的不同流派的出现。

一、总体概况

1978 年开展的关于真理标准的讨论，在多年来统治中国的教条主义铁壁上打开了一个大缺口，拉开了中国新时期思想解放运动的大幕。这场思想解放运动一开始就是以"拨乱反正、正本清源"为旗帜的，重新强调"实践是检验认识之真理性的唯一标准"这个马克思主义、毛泽

---

[*] 本文原载《中国当代哲学重大问题研究》上册（河北人民出版社，2011），与李本松合作。

东思想的基本原理，突出的正是其"拨乱反正"的意义，是对"两个凡是"的哲学理论基础的颠覆，其政治意义是非常突出、非常明显的。但随着讨论的深入，思想解放就像冲破了大堤的洪流，猛烈地冲击着长期以来形成的各种思想禁锢和思想禁区。哲学又一次充当了思想解放运动的先导，它以其特有的批判性反思，不仅批判着"文化大革命"中被搞乱了的各种理论，而且进一步追问着"文化大革命"得以形成的思想理论前提和社会历史根源，拷问着新中国成立以来逐渐形成并日益严重最终成为主导的"左"倾路线及其教条主义哲学的思想基础。如果说"伤痕文学"的文艺思潮从艺术角度拨动了人们痛定思痛的情感神经，那么关于人道主义讨论的理论思潮则直接从哲学的角度来检讨"文化大革命"中普遍出现的反人道主义行为的深层原因，反思中国人对社会主义的理解和现实社会主义实践中对人的漠视与马克思主义旨在人的解放的本真精神的背离以及造成这种背离的哲学理论原因。从对实践是检验认识之真理性的唯一标准的简单运用到对实践本身的深入研究，引发了对实践的主体性、价值性的重新发现，引发了对如何看待实践在马克思主义哲学中的地位和作用的思考，进一步引发了对以苏联哲学教科书为蓝本的"辩证唯物主义和历史唯物主义"哲学的合理性的检讨。"实践唯物主义"的提出，可以被看作当代中国哲学家们摆脱苏联哲学的二手资料，直接从马克思哲学文本研讨其本真精神、重新理解马克思主义哲学的一次伟大尝试，是当代中国哲学家们摆脱了教条主义桎梏后第一次以独立的主体姿态探讨马克思主义哲学变革的一次重大试验。正是由于这个缘故，实践唯物主义成为当代中国马克思主义哲学中最具号召力、最有影响力的一面旗帜，成为后来各种自成一派的哲学主张如生存哲学、生活哲学、实践哲学的发源地。也是由于这个缘故，与其说实践唯物主义是一个派别，不如说它是一种批判传统教科书哲学的思潮，在实践唯物主义的旗帜下，汇集了对马克思主义哲学的多种理解，甚至在某些问题上存在着严重对立的理解。

1989年以后，由于政治的原因，争论一度中断，至少是沉寂。到20世纪90年代中期，争论再度勃发且不断深入。如果说，在80年代，对传统哲学教科书观点的指斥到斯大林为止，那么到了90年代，随着政治气候的逐渐宽松，对马克思以及西方马克思主义文本的了解就更为广泛、深入，加之现代解释学意识的逐渐自觉，论者们已经不限于批判斯大林，而是直接联系到列宁并追溯到恩格斯，认为"辩证唯物主义和历史唯物主义"的理解方式从根本上是一种科学主义和直观唯物主义的理解方式，没有体现出马克思主义哲学变革的实质，"回到马克思""重读马克思""以马解马"成为这个时期最响亮的口号，力图根据马克思的哲学文本重新理解、重新构建符合马克思的本真精神的哲学成为主要任务。一些学者特别是中青年学者宁肯用"马克思哲学"而不用马克思主义哲学，以示与马克思的本真精神的嫡传关系。与此同时，多元化理解的观点也日渐兴盛，百家争鸣的局面正在形成。

如何理解马克思主义哲学伟大变革的实质，本身就是一个重大问题，但这个问题又由众多问题构成，或者说涉及的不是一个问题而是一群问题。现根据国内争论的情况，将有关主要问题做一评介。

二、争论的一些主要问题

（一）马克思主义哲学变革的性质、起点和主题

学者们都认为马克思主义哲学的产生是哲学史上的一次伟大变革，是一次辉煌的日出，创立了一种全新的哲学。但如何理解这次变革的性质，存在着不同的观点。

第一种观点（也是按照过去的来自苏联哲学的观点，表现为传统教科书的观点）认为，马克思主义哲学吸取了黑格尔哲学辩证法的合理内核和费尔巴哈唯物主义的基本内核，克服了近代唯物主义的形而上学和机械性的缺陷，在科学的实践观基础上科学地回答了思维与存在的关系问题，实现了唯物主义与辩证法的有机统一，并把这种世界观推广到社会历史领域，确立了历史唯物主义，克服了旧唯物主义的不彻底性，实现了唯物主义的自然观与历史观的有机统一，从而创立了一种揭示自然、社会、思维的一般规律的完整的严密的哲学体系，是科学的世界观和方法论。在这种观点看来，马克思主义哲学就是辩证唯物主义和历史唯物主义，它是对旧唯物主义的顺向延续和完善，是对唯物主义路线的坚持和发展，是唯物主义发展的现代形态或最高阶段。要说变革，这种变革除了阶级基础的不同之外，理论上则表现为科学性与非科学性的差异。坚持这种观点的学者，虽然也承认现有的体系有缺点，比如对人的

问题突出得不够，实践范畴只是到认识论才开始讲到，出现得太晚，但认为它还是体现了马克思主义哲学的科学性，其缺点经过适当的完善是可以得到弥补的。他们认为，物质范畴是整个唯物主义哲学的起点范畴，世界的物质统一性原理是全部唯物主义的最基本原理，这都是马克思主义哲学必须坚持的，也是其作为世界观保持其科学性的基本保障。

第二种观点则认为，传统的这种观点根本没有揭示出和表现出马克思主义哲学变革的实质，"推广说"也不符合马克思主义哲学变革的历史事实。马克思主义哲学变革绝不可能是通过把唯物主义与辩证法简单相加、拼凑或嫁接而引发的结果，也不可能是对旧唯物主义思维方式的顺向延伸，否则就无法理解马克思恩格斯所讲的"哲学终结"的意义。这是对哲学与科学、哲学与时代、哲学与实践之关系的一种革命性的新理解，是对哲学的使命、主题、对象和思维方式的新理解，从而引发了一种革命性转向，出现的是一种具有全新性质的哲学，是"按照新的哲学观念建立起来的哲学"。在传统的马克思主义哲学教科书中，虽然也一般地强调将科学的实践观引入哲学是实现哲学变革的关键，但在具体的论述中却找不到科学实践观作用的痕迹，原因就在于是循着旧唯物主义的思维方式、按着科学之科学的路数来理解和构建马克思主义哲学，根本没有把思维基点和出发点转到社会实践上来。有许多论者都指出，马克思的《关于费尔巴哈的提纲》是理解其哲学变革的最直接的文本材料，可《关于费尔巴哈的提纲》的思想过去没有得到应有的重视。在《关于费尔巴哈的提纲》中，马克思批评以往唯物主义的"主要缺点是：对事物、现实、感性，只是从**客体的**或者直观的形式去理解，而不是把它们当作**感性的人的活动**，当作**实践**去理解，不是从主体方面去理解"[1]，它"至多也只能达到对单个人和市民社会的直观"[2]，是用不同的方式"解释世界"，而马克思创立的新唯物主义则立足人类实践、立足社会化的人类来理解各种事物，包括社会生活和各种思想现象以及哲学问题，新哲学的使命就在于要"改变世界"。也就是说，马克思是从实践观的角度来看待新旧唯物主义的本质区别的，是从思维方式转向的高度、从哲学主题转换的高度来界定自己的新哲学的。我们也只有从这个角度才能理解马克思主义哲学变革的实质和深刻意义。马克思主义哲学不再过多地

---

[1] 马克思恩格斯选集：第1卷. 北京：人民出版社，1995：54.
[2] 同[1]57.

关注世界的一般本质,也并不试图揭示什么是世界的最一般规律,而是突出人类社会与人的解放的主题,用实践思维方式来理解自然与社会的关系、思维与现实生活的关系。

第三种观点认为,马克思主义哲学变革的实质是它实现了对以往哲学的根本超越,不仅是对唯心主义的超越,是对旧唯物主义的超越,而且更是对整个近代哲学思维方式的超越,是对它们争论的主题的超越。在这种观点看来,思维与存在的关系问题以及由对此的不同回答而形成的唯心论和唯物论的对立,都不具有永恒的意义,它们都是可以超越的。"马克思发现了人的实践本质,为主体和客体、物质和精神的统一提供了现实基础,这样就扬弃了、超越了唯物论和唯心论的对立,实现了二者的对立统一。"①"马克思把实践作为理解一切哲学问题、解决各种哲学纷争的立足点和出发点,这就意味着确立了一种崭新的思维方式。这种思维方式既然不是单纯从脱离人的自然出发,也不是单纯从脱离自然的人出发,既不是单纯以本原存在为依据,也不是单纯以超越形态为依据,而是从人和自然、主体和客体、主观性和客观性在现实活动中的相互关系出发,以本原存在和超越形态在现实活动中的统一关系为依据,去观察各种事物,理解现实世界,回答两重化矛盾的思维方式。""实践观点既然超越了抽象的自然观点,又超越了抽象的人本观点,它是二者在合理形式中的具体统一。既然如此,就必然会逻辑地引申出一个结论,那就是:马克思主义哲学再也不能被容纳于传统的唯物论与唯心论派别对立的模式,既不能从唯心论观点去理解它,也不能从唯物论观点去理解它,马克思主义哲学诞生的秘密、变革的实质,恰恰就在于对唯物论和唯心论对立的超越。"②

(二)实践范畴的含义及其在马克思主义哲学中的地位和作用

关于实践范畴的含义。从关于真理标准的讨论开始,实践概念就成为一个被大量使用的概念,在围绕实践唯物主义的讨论中,这个概念更是被赋予了极其重要的意义,但对于如何界定实践的含义,却很少有人认真考虑,一般都是现成地使用这个概念。只是在后来对这场讨论的反思和总结中,对实践概念理解的分歧才暴露出来。大致有两种不同的

---

① 应当重新评价唯物论与唯心论的对立. 文汇报,1988-10-07.
② 高清海. 再论实践观点的超越性本质. 哲学动态,1989(1).

观点。

第一种观点（也是为多数论者认同的观点）认为，实践是人们能动地改造客观世界的社会性的客观物质活动。实践首先是人们能动地改造客观世界的活动，具有主体性、能动性；其次是一种社会性的活动，具有社会历史性；最后是具有直接现实性的客观物质活动，因为作为主体的人、主体使用的工具、实践改造的对象都是物质性的存在，实践过程就是人与外部对象之间进行的物质变换过程。如此看来，实践既包含了主观因素和客观因素，更是主体和客体在特定条件下的具体的、历史的统一，是主体客体化和客体主体化的双向运动过程，是主体的能动性和受动性相互制约、相互作用的辩证统一过程。实践是社会生活的本质，也是人的生命存在的基本方式。

第二种观点则认为，马克思把实践理解为感性活动，是与思想和理论活动相区别的，如果把实践看作主观因素与客观因素的统一，就无法体现这种区别。持这种观点的论者认为，实践是人类改造外部世界的客观物质活动，虽然与主观因素发生对立统一的关系，但实践本身并不包括主观的因素。将实践看作主观因素与客观因素的统一，仍然是直观地看待和理解实践活动的结果。实践作为人的基本存在方式，作为感性活动，既区别于物质的自然存在方式，也区别于人的意识活动的方式，它是人类活动的客观方面、感性物质方面。实践作为人类生活的一个方面，必然与人类生活的另一个方面即意识方面发生联系。实践既是意识的基础，又是意识的对象和内容来源，实践与意识的关系构成人类生活的基本关系。对这一基本关系的考察，成为马克思主义哲学的基本问题。只有摒弃实践是主客观统一的成见，坚持对实践本质的这种特殊的客观性理解，才能深刻理解马克思的哲学变革和马克思创立的新唯物主义。

关于实践范畴在马克思主义哲学中的地位。在传统的辩证唯物主义和历史唯物主义教科书体系中，物质范畴一直被当作整个马克思主义哲学的出发点和基本范畴，被当作辩证唯物主义的基石，而实践范畴一直被当作马克思主义认识论的基本范畴。在20世纪80年代中期的讨论中，这种观点受到了普遍的非难和猛烈的攻击，认为它没有体现马克思主义哲学变革的实质，是直观唯物主义思维方式和科学主义影响的结果。批判者们认为，马克思主义哲学的革命性变革，马克思主义哲学与旧唯物主义的根本区别，就在于实现了哲学主题和思维方式的转换，从实践出发来理解一切事物、感性和现实，在实践的基础上揭示各种社会意识、精神现象的根源和本质。实践不仅具有认识论的意义和历史观的意义，而且具有世界观的意义。因此，有理由认为，实践的观点是整个马克思主义哲学的首要的、基本的观点，实践范畴是马克思主义哲学体系的逻辑起点。

为辩证唯物主义和历史唯物主义进行辩护的论者则认为，实践范畴无论多么重要，也不能代替物质范畴而成为整个唯物主义哲学的起点范畴。在他们看来，首先，马克思主义哲学无论怎么变革，归根结底还是唯物主义哲学，马克思就自称自己的哲学是新唯物主义，而存在决定思维、物质决定意识的原理是一切唯物主义共同的基本原理，也是唯物主义之为唯物主义的基本标志，这就决定了马克思主义哲学必须以物质为出发点，坚持物质一元论的观点。其次，马克思主义哲学是科学的世界观，"世界观的中心是世界"，研究对象是"作为整体的世界及其一般规律"[①]。实践是人的活动，是整个世界的一个很小的部分，怎么能够作为世界观的起点范畴。实践是认识论的首要的、基本的观点，是社会历史观的首要的、基本的观点，但绝不能将之看作整个马克思主义哲学的首要的、基本的观点，不能用实践作为马克思主义哲学体系的起点范畴。最后，我们把实践看作一种特殊的客观物质活动，是社会性的物质活动，表明还是用物质来说明实践的。如果将实践作为逻辑起点，如何规定实践都成了问题，用实践又如何规定物质，这样科学的实践观也就被架空了。所以，要在哲学上坚持唯物主义路线，就必须把物质作为起点，坚持世界的物质统一性，坚持物质决定意识，否则就会倒向唯心主义。他们认为，过分强调实践的作用，把实践当作本体，这些都是与没有坚持以物质为起点有关系的，很可能就会倒向唯心主义，或本身就是唯心主义观点。

关于实践范畴在马克思主义哲学中的作用。一些论者认为，传统教科书表述的哲学理论带有很浓厚的直观唯物主义的色彩，也常用直观的、常识的经验来理解哲学和解释哲学理论。直观的唯物主义之所以不能对对象、现实、感性达到合理的理解，就在于不懂得真正的实践，不

---

① 黄楠森. 本体论能否成为一门独立的科学？哲学研究，1985（12）.

能把它们当作实践活动去理解。一个重要表现就是从抽象的物质概念出发，在物质和精神、客观和主观抽象对立的视野中理解各种问题，似乎只要把握了物质概念就找到了一种绝对确定的、决定性的前提和原则。在对待人的问题上，把人也当作一种物、一种客体来看待，只看到人在活动中受动的、服从因果关系的一面，而没有看到其自由的、能动的和超越的一面。在对待各种社会生活现象时，他们要么将之判定为主观的，要么将之判定为客观的，似乎这样就抓住了问题的实质。他们根本不懂得，这些因素在现实实践过程中都是交织在一起共同发生作用的，主观与客观、主体与客体、精神与物质、自由与决定、能动与受动，等等，这些范畴都是对实践过程中不同方面的抽象，是为了更好地理解实践和现实生活的矛盾运动而存在并具有意义的。他们更不懂得，实践既为主体提供了对象也为对象提供了主体，既使客体主体化也使主体客体化，实践使自然的东西社会化、人化，又使观念的东西现实化。"实践是人的存在方式，人通过实践使自然成为'社会的自然'，从而为自己创造了一个自然与社会'二位一体'的人类世界。"[①] 我们能够思想、能够认识、能够言说的各种东西，包括我们所说的世界、规律等，都是人类千百年的实践提供的，实践是我们周遭的感性世界形成的最深刻的基础，也是人类的感觉能力、思维能力、想象能力形成的最深刻的基础，也是人类的各种知识被验证、被确定下来的最深刻的根据。离开了现实的人和现实的实践的、抽象的自然与物质，对于人而言就是无，是没有任何意义的东西。正是在这个意义上，实践不仅具有认识论的意义，而且具有世界观的、本体论的意义。实践是"整个人类世界""整个现存世界"的基础，是"整个人类世界""整个现存世界"的本质，是人类一切新的关系得以产生的源泉。实践构成人类世界得以生存和发展的基础，是人类社会的真正本体。他们认为，马克思主义哲学的本体论不是传统的物质本体论，而是实践本体论。马克思实现的哲学变革也只有从这种本体论转换的高度来认识，才能把握住其深刻的意义。

  实践本体论的观点提出之后，受到不少学者的反对和非难，包括一些主张实践唯物主义观点的学者的非难。一些主张实践唯物主义的学者认为，实践唯物主义不是唯实践主义。实践的观点是马克思主义

---

① 杨耕. 重读马克思. 哲学动态，1998（5）.

哲学的首要的、基本的观点，主张通过实践来理解物质和意识这些范畴，科学地论证物质本体论，而不是论证唯实践主义。"我们从来认为，实践本体论是站不住脚的，实践是人类存在的形式，是人类感性的物质活动。实践不能创造物质，它只能改变物质状态，而人类以及人类的实践都是物质世界长期发展的产物。"① 另一些学者认为，实践是人与自然之间的物质转换，是人与世界之间的中介，是一个关系范畴，它只能说明人类社会、人类世界的现象，不能说明整个世界的规律。用实践本体论代替物质本体论，势必导致理论混乱和相对主义。实践本体论的观点在受到众多的非难之后一度沉寂，但进入21世纪之后又出现了复兴的迹象。社会存在本体论实际上也可以被看作实践本体论的另一种表现形式。

还有一些学者认为，把握马克思主义哲学变革的实质，理解马克思主义哲学实现的哲学主题和研究范式的转换，根本在于掌握马克思确立的实践思维方式。在他们看来，物质本体论和实践本体论的争论，看似很对立，实际上在思维方式的特点上是一致的，都带有传统的本体论思维方式的色彩，就像传统的唯心论与唯物论的对立，虽然各自设定的本体不同，但论证的思维方式却基本上是相同的。马克思主义哲学的革命，不是用实践代替物质作为本体，作为一切存在物的生成原因和根据，也不是用实践更好地论证物质本体，而是把实践观点上升为一种全新的思维方式，整个地取消或扬弃传统的本体论思维方式。实践是人的生命存在的基本方式，也是社会生活的本质，是社会历史运动的基础和承担者，一切意识现象、精神现象，包括哲学、宗教、道德等等，都是在一定的现实实践条件下、在历史实践的基础上、在具体的实践过程中产生的，每一代人都只能在自己的时代条件下进行认识，都受到自己时代的特有实践方式包括交往实践方式的影响，都具有一定的历史局限性。现实生活中的利益对立、现实的不合理的分工方式所造成的各种异化和颠倒，现实实践过程中包含的主体与客体、主观与客观、精神与物质、能动与受动、限制与超越的矛盾，既是造成理论上、观念上的颠倒的最深刻的原因，也是这些颠倒的理论和观念能够被人们所接受的基础。马克思说："凡是把理论导致神秘主义的神秘东西，都能在人的实

---

① 萧前. 马克思主义实践论与建设有中国特色社会主义//胡福明. 马克思主义实践论与邓小平理论的哲学基础. 南京：南京大学出版社，1998.

践中以及对这个实践的理解中得到合理的解决"①,"只要这样按照事物的真实面目及其产生情况来理解事物,任何深奥的哲学问题……都可以十分简单地归结为某种经验的事实"②,这种"对现实的描述"就使得那种旨在"提供可以适用于各个历史时代的药方或公式"③ 的"独立的哲学失去生存环境"④,讲的都是这个意思。

(三)怎样概括马克思主义哲学的实质精神

一个名称,从语义学角度看不过是对所指的一次命名,但在一定的文化环境和条件下,名称就获得了特殊的意义,它是一种理论观点的代称,是一面理论旗帜。所以,在上述的争论背景下,如何称谓马克思主义哲学,就不单是一个简单的名称问题,因为它体现着对马克思主义哲学变革的实质的不同理解,体现着对马克思主义哲学的本质精神的不同看法。

实践唯物主义。实践唯物主义或实践的唯物主义,直接针对和批判的就是半个多世纪以来一直被看作正统马克思主义哲学的辩证唯物主义和历史唯物主义。论者们指出,第一,辩证唯物主义不是马克思对自己创立的新哲学的命名,也不是恩格斯提出的,而是普列汉诺夫的概括,后来列宁沿用了这种称谓,到斯大林才以政治权威的方式予以"钦定"。第二,更为主要的是,这种理解(不是名称而是理论体系的逻辑)不符合马克思创立的新唯物主义哲学的精神实质,没有体现出马克思主义哲学变革的深刻意义。无论是对哲学对象和主题的规定、对哲学使命的看法,还是其运用的思维方式,都表现出浓厚的直观唯物主义色彩。从社会作用来看,这种自诩为揭示了自然、社会和思维的一般规律因而可以适用于各个历史时代、各个民族发展的理论,本身就是封闭的、不需要再发展的,是只能信仰而不许怀疑的绝对真理,它是为计划经济和集权政治服务的工具,也是各种教条主义的最大根源。第三,邓小平理论是当代中国发展着的马克思主义,是指导中国人民实现现代化的伟大实践的理论,可许多人按照传统哲学教科书的理解,总觉得邓小平理论中没

---

① 马克思恩格斯选集:第1卷.北京:人民出版社,1995:60.
② 同①76.
③ 同①74.
④ 同①73.

有什么哲学，没有达到哲学的高度。实际上，邓小平的许多理论创新，就是解放思想、从当代人类和中国人民的现实实践出发，冲破了我们传统的教条主义思维方式而取得的，传统的思维框架自然也就容纳不下这些新的理论成果。只有从实践唯物主义的角度，才能理解邓小平理论对于马克思主义哲学发展和中国社会主义建设实践的巨大意义。在这些学者看来，把马克思主义哲学称作实践唯物主义，既有马克思的文本根据，也符合马克思主义哲学的本质特征。"实践唯物主义是以科学的实践观为其首要和基本观点的唯物主义。"①"马克思的实践的唯物主义，是从哲学应有的本质和功能的高度上的自觉意识，按照一种崭新的哲学观念建立起来的哲学。它集中了自己时代的理论地和实践地处理自己同外部世界关系的活动的精髓，又是指导人们理论地和实践地处理自己与外部世界的关系的思想武器，因之，实践的唯物主义这个名称，就集中地表达了马克思主义哲学在内容上和功能上的本质特征。"②

　　辩证唯物主义和历史唯物主义。面对实践唯物主义对传统哲学教科书的批判，一些学者进行了坚决的辩护。他们认为，从马克思恩格斯使用"实践的唯物主义"一词的语境分析，他们并不是把自己的哲学叫作实践唯物主义，只是强调自己的新哲学改造现实世界的功能，而不是指马克思主义哲学的对象。马克思使用的是"实践的唯物主义者"，"意思无非是强调马克思主义哲学的实践性，舍此而外，别无他意"③。"实践唯物主义只能是唯物主义的实践论"，正如历史唯物主义是唯物主义的历史观一样。实践的唯物主义实际上就是历史唯物主义，"实践唯物主义这个概念不过是在马克思用以称呼唯物史观的众多称呼中增加了一个称呼而已"④。他们认为尽管在马克思主义的创立中实践观点起了关键的作用，但这种作用主要表现在历史观和认识论领域。实践的观点是认识论的而不是整个马克思主义哲学的首要、基本的观点。"如果以它取代辩证唯物主义世界观，成为马克思主义哲学的称呼，那就以局部取代了整体，实际上把世界观取消了。"⑤ 他们坚决反对把实践唯物主义

---

① 萧前，等. 实践唯物主义研究. 北京：中国人民大学出版社，1996：序言 1.
② 夏甄陶. 哲学与实践——纪念真理标准问题十周年. 哲学研究，1988 (11).
③ 邢贲思. 近年来我国哲学的若干争论问题. 哲学动态，1991 (5-6).
④ 黄楠森. 评对实践唯物主义的一种理解. 哲学研究，1989 (10).
⑤ 黄楠森. 论实践论在马克思主义哲学中的地位//胡福明. 马克思主义实践论与邓小平理论的哲学基础. 南京：南京大学出版社，1998.

与辩证唯物主义对立起来的做法，认为强调实践的重要性是对的，但在本体论上用实践本体论否定物质一元论，在自然观上否定自然辩证法，在认识论上用主体性原则否定客观性原则，在历史观上用选择论否定历史决定论，这些都是不符合马克思主义哲学的基本原理的。①

实践哲学。主张实践哲学的学者认为，传统哲学教学书的物质本体论体系没有体现马克思主义哲学的实质，反对物质本体论的实践唯物主义、实践本体论等也不能充分反映马克思实践观点的革命性意义。马克思确立了一种崭新的思维方式，这种哲学既超越了抽象的自然观点，也超越了抽象的人本观点，超越了唯物论与唯心论的对立。"所以，'实践'的'本体论'后缀不必要，附加以'唯物论'后缀同样不必要。"②这种超越了唯物主义和唯心主义对立的实践哲学，就是马克思哲学的真实本质。也有学者指出，实践唯物主义本身就是"一个自相矛盾的术语。'唯物论'的根本含义就是以物质（自然）为'本体'和'元'，当把'实践'也提升到本体的行列时，就面临着二元本体的问题。在这里，实践与物质同属于一个系列的范畴，二者的组合与并列必然会发生矛盾"，"要真正克服传统教科书哲学立场的局限性，真正确立起实践观点和人的主体性，就不能简单地在物质（自然）本体之外再并列一个实践本体，而是要超越物质本体论（自然本体论）为核心或基础的一般唯物主义立场"③。马克思的哲学应该是以"实践本体论"为核心的实践哲学。④

历史唯物主义或历史的辩证的实践的唯物主义。这里的历史的唯物主义，不同于作为唯物史观的历史唯物主义，而是一种"广义的历史唯物主义"，是对马克思主义哲学的总体称谓。持这种观点的学者认为，马克思创立的新唯物主义之所以是历史唯物主义，不仅是因为它的主题是人类历史，更主要的是因为它研究问题的出发点或立足点是人的实践活动，是人的历史存在。"从马克思哲学创立的历史过程来看，'关于现实的人及其历史发展的科学'才是马克思哲学探讨的主旨"，"马克思进

---

① 陈先达. 关于人、文化、实践唯物主义. 哲学动态，1996（4）.
② 高清海. 再论实践观点的超越性本质. 哲学动态，1989（1）.
③ 衣俊卿. 超越实践唯物主义的困境. 哲学动态，1989（10）.
④ 衣俊卿. 现代实践哲学的文化内蕴//胡福明. 马克思主义实践论与邓小平理论的哲学基础. 南京：南京大学出版社，1998.

行哲学探讨并不是关于自然现象的研究或脱离现实的纯逻辑思考，而是为了适应社会现实斗争的需要，寻求从哲学上解答社会实践提出的重大问题，探讨社会历史发展的真谛"①。"马克思哲学绝不是在费尔巴哈式的唯物主义的基本立场上引申出来的，而是在对这一基本立场进行彻底改造的基础上，即在马克思所创立的实践唯物主义的基础上阐发出来的。"② 马克思哲学变革的实质是从自然唯物主义走向历史唯物主义。也有学者指出，马克思的新唯物主义，相对于以往的自然唯物主义，可以叫作历史唯物主义，相对于以往的直观唯物主义，可以叫作实践唯物主义，相对于以往的形而上学唯物主义，可以叫作辩证唯物主义，合起来，马克思创立的新哲学就是历史的辩证的实践的唯物主义。

三、几点简略的评析

第一，围绕如何重新理解马克思主义哲学变革的实质的争论，各种对立的观点交锋、辩难、相互批判，新的观点也不断提出，虽至今仍未取得统一的意见，但这本身就显示了中国马克思主义哲学发展的勃勃生机，也促进了哲学研究的进一步深入，同时也影响了整个社会的主导思维方式方面的改变。从关于实践标准的讨论启动了中国的思想解放运动，从人道主义的讨论、主体性的倡扬到以人为本的科学发展观的形成，从批判传统的绝对对立的思维方式到构建和谐社会理念的提出，都可以看出哲学理论研究和争论对于我国社会发展的积极作用。各种哲学理论观点的比较充分、彻底的表达，打破了权威对真理的垄断，颠覆了真理与谬误简单对立的思维方式，既反映了社会和时代的进步，也或直接或间接地为中国社会现代化提供了理论上的支持和助力，为多元因素竞争共处、和合共生提供了理念上的论证。这种积极作用是无论如何都必须予以承认的。

第二，在这场争论中，问题自身的逻辑推动着或逼迫着论者们不断地从广度和深度两个方面来拓展思维领域与进行批判性的思考，从哲学

---

① 何畏. 马克思创立的是历史唯物主义一体化哲学. 哲学研究，1983（6）.
② 俞吾金. 让马克思从费尔巴哈的阴影中走出来//胡福明. 马克思主义实践论与邓小平理论的哲学基础. 南京：南京大学出版社，1998.

观的高度，在西方哲学近现代转折的背景下，结合马克思主义哲学的历史发展，结合西方马克思主义对当代资本主义的批判，来审视和考察马克思主义的革命性变革的实质。一个个权威，从斯大林到列宁到恩格斯都失去了往日神圣的光环，被置于平等对话和批判性考察的位置，即使是马克思本人的文本，也被予以分阶段的历史性考察和有分别的对待，被放置在整个人类哲学史的长河中予以把握。引证的权威地位为论证所代替，理论自身的逻辑力量成为论辩中的主导方面，这本身就表现出一种新型的思维方式和论争方式，一种符合现代精神的平等对话的民主的观念。这种观念的倡扬和扩散，是实践权威性和逻辑权威性的真实体现，对中国人和中国学界来说，将具有一种不亚于提出某种新的哲学理论观点的价值。

第三，这场争论至今仍在持续，但毕竟在争论中也获得了不少的共识，达到了一定程度的视界融合，比如说对实践观点的重要性的理解，对思维方式和哲学主题转换的认识，对主体性的强调，对哲学作为思维方式和价值观念之辩证统一的觉解，对马克思主义哲学始终要关注人的解放和人类生活世界之发展规律的认肯，等等，这些都为马克思主义哲学的当代发展奠定了新的基础，提供了新的平台。进入21世纪以来，关于结合经济学语境理解马克思哲学的研究动态，关于哲学回归生活世界的呼声，关于马克思主义哲学形态学研究，区分原生形态和次生形态、历史地理解马克思主义哲学变革和发展的研究，关于从实践唯物主义视野深入研究邓小平理论的哲学基础，关于马克思主义哲学当代性的研究，关于当代全球性交往、创新性实践的新特点新规律的研究，关于抓住现实问题深入开展各种应用性哲学的研究，等等，都是在新的基础上、新的条件下促使马克思主义哲学繁荣发展的具体表现。

第四，综观关于马克思主义哲学变革的实质的讨论，有两个前提性的理论问题还需要进行深入讨论，一个是哲学作为世界观和思维方式与它所内含的价值观念是什么关系，另一个是哲学的本体论与认识论是什么关系。马克思主义哲学的变革，当然与哲学主题和思维方式的转变连在一起，但这种转变又只有借助一定的价值观念的转变才能发生，这两个转变之间的内在关系到底是怎么样的，是我们过去研究中所重视不够的，所以许多问题就难以厘清。哲学的本体论到底是关于外在于人的客观世界的描述性理论,还是既作为一定历史阶段人类认识世界的成果总结又作为一定思维方式的前提性预设。作为认识成果的总结体现着科学真理的一面,作为前提性预设又包含着价值性的意义承诺,这又与前一个问题发生了关联。这就需要从整个人类认识的本性和实践的本性的矛盾中、从哲学史和科学思想发展史的整个过程中来予以理解与把握。

历史唯物主义的当代解读应注意的三个问题[*]

对历史唯物主义进行当代解读，是处于当代条件下的我们，带着一定的问题，结合相关的文献或文本，清除一些不合理的附加，力图阐扬其当代价值，以期为中国特色社会主义建设提供理论支持所做出的努力。但由于解读的主体不同，主体所关注的问题不同、所选取的文本不同，即使面对相同的文本，由于各自所侧重的方面和重点不同，自然也会形成不同的结论和争论。其中最大的分歧莫过于如何看待历史唯物主义与辩证唯物主义的关系，同时也涉及如何看待马克思与恩格斯的关系，以及文本解读的作用及局限性问题。本文就围绕这些问题谈几点看法。

一、如何看待文本解读的作用及局限性

中国人接受马克思主义，起初和之后很长一段时间，主要是通过俄国这个中转站或二传手而进行的。马克思恩格斯一生留下了大量的文献，其生前只正式出版了很小的一部分，大量的未完成稿、手稿、笔记、通信都是后来经过辨认、整理才公之于世的，苏联理论界在这方面确实起了很大的作用。加之苏联当年在世界共产主义运动中的特殊地

---

[*] 本文原载《哲学研究》2008 年第 9 期。

位，苏联理论界的解读成果便具有非常权威的影响。苏东剧变后，马克思主义的地位一落千丈，其在马克思主义研究方面的优势也丧失殆尽，与此同时，随着中国开放程度加大，西方国家的各种思潮包括西方马克思主义的著作纷纷被介绍进来，极大地开阔了中国学者的眼界。中国马克思主义理论界的文本解读热就是在这个背景下发生的。它是中国学者从一手文献开始独立地研究和领会马克思主义哲学精神实质的表现，也为整体性地摆脱苏联哲学体系的影响提供了基础，对于构建当代中国马克思主义哲学具有重要意义。

这里的所谓文本，主要是指马克思恩格斯书写并留存下来的文献，包括已经出版的和还未出版的，经他人编辑的和原始的手稿，甚至还应包括那些已经散佚而尚未找到的东西，等等。严格意义上的文本解读，第一项工作就是搜集、辨析、整理、翻译这些文献，在这个基础上，通过全面比对和综合辨析，厘清一些概念的原始含义与延伸意义，搞清楚马克思恩格斯思想的具体发展过程，最终达到的是澄清马克思恩格斯一些观点本来的意思，以区别于后来人们的附加和发展。这确实是一项学术性很强、工作量很大、耗资甚巨、需要一些经过特殊训练的专家才能胜任的工作，是一项十分庞大的、需要多国合作的工程。等而次之的文本解读，是借助已经出版或已经翻译成中文的马克思恩格斯的不同版本的文本，悉心进行系统的阅读，分析在不同语境下对一些概念的不同使用及赋予的不同含义，结合其他研究性文献，尽可能地揣摩和贴近马克思恩格斯一些观点的原意，避免和防止断章取义、过度诠释的弊病。不客气地说，就目前情况而言，国内能够真正从原始文献入手进行严格意义的文本解读的人并不多，即使在非严格意义上进行文本解读的也不是多数。这方面的工作仍然需要进一步加强，这是毋庸置疑的。

但是我们也必须注意，文本解读只是我们把握马克思主义哲学精神实质的一种途径、一种基础性工作，因而本身就具有自己特定的界限以及相应的局限性。尤其应该看到，马克思主义哲学作为"改造世界"的哲学，作为一种随着实践和科学的发展而永远开放着的哲学，作为时代精神的体现，其本真精神和活的灵魂并非自足地存在于既有的文本之中，而是存在于与时代的相互作用、相互发明之中，存在于指导人民群众的革命性实践并不断实现自身的改革和创新之中。假如我们过分强调原始文本的权威性，似乎马克思主义哲学就存在于原始文本中，一种观点是不是属于马克思主义标准就在于有没有"文本依据",这就容易导致封闭化和学院化,这种思路也属于"本本主义"或"原教旨主义"的思路。过度强调文本研究的重要性,甚至将之看作把握马克思主义哲学精神实质的唯一途径和方法,看作研究马克思主义哲学的根本样式,那恐怕就是一种极端化的态度,而且是不利于发展马克思主义哲学的态度。

文本解读,无论做得多么严格、多么准确,本质上仍属于冯友兰先生讲的"照着说"的范畴,"照着说"固然很基础、很重要,可更重要的还是"接着说"。马克思并没有也不可能穷尽真理,马克思主义哲学的生命力就在于它能够随着实践和科学的发展而不断发展,在于它能够根据实践和科学发展中提出的新问题,人类生活中面临的新矛盾,其他非马克思主义学派提出的新挑战,在研究这些问题和矛盾、回应这些挑战中提出新理论、新观点,找到解决问题的新办法。这需要许多代人的努力才能实现,需要不断总结我们的经验和教训才能达成。这不仅意味着要增加一些新成果、新观点,也包括突破和否定一些旧观点,包括马克思本人提出的一些观点。我们坚持马克思主义,是指坚持马克思主义的基本立场和方法,而不是一些个别的、具体的结论,更不是拘泥马克思恩格斯的词句。马克思逝世后的这一百多年,科学技术和人类实践的发展变化比马克思那时要大得多、快得多,我们面临的问题有许多是马克思想都没想到的,因而马克思是不可能留下针对这些问题的"文本"供我们研读的,我们只能遵照马克思主义的基本方法,进行艰苦的研究,得出新的结论。这才是发展马克思主义哲学的根本途径。

二、如何合理理解马克思与恩格斯的关系

历史唯物主义是马克思的两大发现之一,由此奠定了马克思在历史上的地位。马克思实现的哲学革命最主要的标志、最核心的成果当然是唯物史观,而唯物史观是马克思与恩格斯共同创立的,是他们的"共同见解"。这些过去一直被当作基本共识的东西现在受到很大的挑战,而马克思与恩格斯对立的观点在文本解读中尤其盛行,由此造成很多的麻

烦和混乱，有必要进行一些辨析。

我们知道，与苏联、东欧和中国等社会主义国家强调马克思与恩格斯的完全一致性不同，最先提出马克思与恩格斯对立的是西方研究马克思主义的学者，但他们实际针对的是以苏联哲学教科书为代表的所谓正统马克思主义哲学，即以物质本体论为基础的辩证唯物主义（和历史唯物主义）体系。在他们看来，这一体系是根据恩格斯以及列宁的一些论述连缀结撰而成并经斯大林钦定的，基本与马克思无关，甚至是马克思所反对的；恩格斯承认自然辩证法，是辩证唯物主义者，马克思则只承认社会历史领域的辩证法；恩格斯强调客观必然性，马克思则突出人的能动性，有的甚至认为恩格斯是唯物主义者而马克思是唯心主义者；等等。① 受这些观点的影响，国内不少学者注意关注马克思与恩格斯的差别问题，一些学者实际上认同西方学者关于马克思与恩格斯对立的观点，但考虑和顾及我们的意识形态背景，采取了一种"绕开恩格斯"或"搁置恩格斯"的策略，即用"马克思哲学"概念替代"马克思主义哲学"，试图通过"回到马克思"、直接与马克思的文本对话而揭示马克思哲学的真面目、真精神。

马克思与恩格斯之间会存在一定的差异，这是可以理解而且是合乎逻辑的，但若将二人对立起来，认为他们之间存在着根本的或本质的不同，恐怕就既不符合历史事实，也没有什么真正的"文本"根据。以承认这种对立为前提而采取的绕过或搁置恩格斯的策略，只能造成更大的麻烦，陷入更大的困境。我曾在一篇文章中指出，马克思与恩格斯的思想会有一定的差异，这不难理解，也很正常，问题是这种差异是枝节性、技术性的还是根本性、本质性的。如果是根本性、本质性的，那他们"共同创立"马克思主义的说法就无法成立。依照马克思的性格和对学术观点的认真态度，他不会对这种根本性分歧长期隐忍而几乎没有丝毫表示，更不会把整理其理论遗产的任务交给恩格斯处理。再说，他们经常共同讨论一些问题，相互启发、相互辩难，如何通过现存文本分辨清楚哪些思想是马克思先提出的或恩格斯先提出的，哪些是马克思提出恩格斯做了解释和发挥的，这是一个很大的甚至无法克服的难题。再退一步，即使从解释学的角度把恩格斯看作马克思思想的第一个解释者，

---

① 汤姆·洛克曼. 马克思之后的马克思主义. 北京：东方出版社，2008：17，21.

那么，如果与马克思处于同一时代、关注共同问题、共享同一文化传统并进行大量直接交流的恩格斯对马克思思想的理解和解释都存在着根本性的误解，那么一百多年后生活在另一种文化背景下的我们，有什么理由说我们的解释比恩格斯的解释更接近于马克思的原意？若这些前提性的问题不能得到合理的解决，那么用现在流行的话说，这种"马克思哲学"概念的"合法性"就是很成问题的。

我认为，作为与马克思共同战斗、密切合作几十年的战友，作为马克思亲自指定的思想遗产的执行人，无论在马克思生前还是在马克思死后，恩格斯尽管在后来阐发和解释他们的共同见解的时候，有一些不很严谨、容易引起误解的提法，但他作为"新唯物主义"的共同创始人的地位是不能也不宜轻易否定的。我们不能把后世产生的误解都归到恩格斯头上，倒是更应该关注、分析后世产生这些误解的社会条件和文化条件，分析某种误解能够不仅成为正解而且成为社会主流思想的具体历史环境，从而为防止、纠正和超越这些误解提出合理有效的途径。如果不是这样，而是囿于观念史的层面，认为似乎没有恩格斯就不会出现后世的诸多误解，这恰恰是马克思坚决反对的思路。

三、如何理解马克思主义哲学"只是世界观"

马克思的哲学革命，如当代许多论者曾指出的，是从哲学的根基处发动的，是以对整个哲学的颠覆性批判为前提的，是对哲学的主题、使命、思维方式的根本转变，所以作为其核心创新成果的历史唯物主义是如此之新，无论在内容上还是在形式上与旧哲学的断裂都是如此明显，以至恩格斯说："这已经根本不再是哲学，而只是世界观"①。应该说，恩格斯的这个论断与马克思关于"消灭哲学""哲学终结"的思想是一致的，也是其重要的、一贯的观点。

他们这里所说的哲学，特指那种旧哲学，是为了强调他们的基本出发点、基本思路和最终目的与以往哲学家们的革命性差别。对于马克思的哲学的特质，如果要用一句话概括，恐怕最合适的就只能是那句最典

---

① 马克思恩格斯选集：第3卷. 北京：人民出版社，1995：481.

型也因而被刻在马克思墓碑上的话——"哲学家们只是用不同的方式**解释**世界，而问题在于**改变**世界"①。对于这句话，人们大都耳熟能详，可不见得都能真正懂得它的丰富而深刻的含义，比如，许多研究者虽然也强调作为改造世界的实践范畴的重要作用，但却未能将之与《关于费尔巴哈的提纲》第一条讲的把对象、现实、感性当作实践去理解的思想和第十条讲的"旧唯物主义的立脚点是'**市民**'社会，新唯物主义的立脚点则是**人类社会或社会化的人类**"的思想联系起来，因而未能深刻理解作为"解释世界"语境下的"世界"概念与"改变世界"语境下的"世界"概念的本质性差别：前者是直观的只从客体角度理解的"世界"，客观必然性是最高原则；后者则是立足实践并被当作实践来理解的"世界"，核心是人活动的社会和历史，自然则作为社会的环境，是社会存在的一部分，是人类学的自然或历史的自然，实现人的自由才是最终目的。与对世界的这种理解相关联，以往哲学所孜孜以求的是把握整个世界的本质或本源从而解释一切，随着科学从哲学的母体中分化出去，这个宏大目标或是为科学发展所否定，因为这本身就是不可能完成的任务，或是部分地交由科学来承担。正因如此，马克思适应时代要求，在拒斥形而上学的同时，把关注点放在人类如何实现自身解放和自由发展的问题上，放在如何使现存世界革命化的问题上。这样一来，作为历史唯物主义的"历史"，也就不是把社会与自然对立起来的那种狭义的人类历史，不再是"整个世界"的一个特殊部分，而是以人的实践活动为核心、为基础，把一切存在都当作、都理解为历史性存在的历史。"历史性"范畴既是辩证法的整体性范畴或最高范畴，也是世界观和方法论统一的核心观念。

马克思创立的这种新唯物主义已然不再是传统意义上的"哲学"，可我们许多人由于未能注意到这种差别，却仍然按照传统哲学对"哲学"的理解，努力把它恢复为"哲学"的样子，试图重建一种新的世界图景，一种对整个世界更加合理的解释和说明。这就在很大程度上遮蔽了历史唯物主义创立的革命性意义，似乎它只是使唯物主义"完整化""严密化""科学化"了，只是一般唯物主义原则向历史领域的顺向延伸。整个辩证唯物主义的体系，基本上就是按照这个逻辑来构造的，人

---

① 马克思恩格斯选集：第1卷.北京：人民出版社，1995：61.

类历史仅仅是整个世界的一个部分,实践活动和社会运动只是物质运动的一种具体形式或高级形式,历史观只是世界观中的一个部分。

这种"世界图景"意义上的"世界观"显然比较符合人们的直观性思维习惯。恩格斯当年解释与说明马克思和他的"共同见解"的时候,特别是在立足这个新的基点而做延伸性说明的时候,不得不照顾到人们的普遍接受水平和习惯,同时也更多是出于批判唯心主义和庸俗唯物主义的需要,使用的语言和材料都必须与论战的语境相适合,在相当程度上倒可能掩盖了其基本立足点或基本立场。而后来一些马克思主义者在解读这些文本的时候,既受到固有的直观性思维习惯而形成的"前见"的影响,比如世界观即世界图景,也由于当时特殊的历史环境,比如反对各种迷信、有神论、粗陋的唯心主义等,还有一定的政治方面的原因,这种种因素叠加在一起,就使得"辩证唯物主义"世界观的出现具有了一定的必然性。从这个角度看,与其说恩格斯是辩证唯物主义者,不如说后世的马克思主义者把恩格斯"塑造"成了一个"辩证唯物主义者",按照"世界图景"的模式改铸了恩格斯的许多思想。这种以"辩证唯物主义"命名、以描画世界图景或世界普遍规律为目的的哲学理论或世界观,对于在苏联和中国这些国家批判社会上广泛流行的各种迷信、有神论和粗陋的唯心主义思想,倡扬科学精神,改变人们的观念,论证新生政权的合法性,都还是起到了很重要的作用的。对于这一点,无论如何都不应低估,更不应视而不见,否则就不是历史的态度。当然其负面作用也是很大的,但这些既具有理论本身的原因,更重要的还是政治和历史方面的原因。重要的是具体地分析这些原因,而不是简单地都归结为恩格斯的误导,把一切都记在恩格斯的账上。

历史唯物主义的三重意蕴[*]

国内关于马克思主义哲学体系的争论，在很长时期内直接的表现形态是如何看待辩证唯物主义与历史唯物主义的关系，但其实质却是如何理解马克思主义哲学的本质。这场从 20 世纪 80 年代中期就展开的讨论，至今仍在进行中。其间，关于本体论概念的争论、关于马克思主义哲学变革的实质和哲学主题变换的讨论，都与之有着密切的关联。新近关于历史唯物主义的讨论，同样也不能离开这个背景。本文认为，把历史唯物主义直接当作唯物主义"历史观"，意味着还需要一个世界观作为基础来支撑，如辩证唯物主义的辩护者所做的那样，或者需要以历史唯物主义为核心"扩展"出一种世界观，如历史的唯物主义的支持者所论证的；而这二者都存在着一个对"世界观"和"哲学观"如何理解、如何规定的问题。其实，这个问题在马克思创立历史唯物主义的运思过程中已经解决了，其结果就包含在马克思创立的这种新唯物主义的内涵之中，只是作为不同的层次而存在。但对于这一点，我们过去的讨论有所遮蔽。本文考察历史唯物主义的三重意蕴，就是试图把以往所遮蔽的东西揭示出来。

一、历史唯物主义在元哲学层面的意蕴

马克思主义哲学所实现的哲学革命，首先是一种哲学观层面的革

[*] 本文原载《哲学研究》2009 年第 3 期。

命,即确立了一种新的哲学观,一种通过在元哲学层面的批判而达到的新见解。如无这种变革,那就难以实现"革命",最多是对旧唯物主义哲学的不足或缺陷的一种修补,或者是一种顺向延伸。所谓元哲学层面的批判,是指这样一种追问,它跳出了既有哲学话语内容以及不同观点争论的限制,从哲学的整体高度,同时也是哲学存在的根基处,来反思以往这些哲学的争论,反思其存在的前提或基础。"不识庐山真面目,只缘身在此山中":只有置身山外,用一种鸟瞰的方式,才能获得一种对哲学"庐山真面目"的真实认识和恰当理解;只有这样一种批判,才能对以往的哲学争论获得一种通透的识见。

众所周知,在马克思以前的西方哲学中,其本体论领域的唯物主义和唯心主义之争,认识论领域的唯理论和经验论之争,构成哲学争论的主要内容;但尽管这些争论激烈,如同冰炭,但双方的思维方式和研究目的却在很大程度上是相当一致的,这就是均主张心物二分、主客二分,彼此各执一端,都论证自己获得的是关于整个世界的根本的认识,是一旦确立就能够永恒不变的绝对真理。这种独断论的形而上学,如果说在科学还不发展的时代尚有存在的合理性,那么随着各种实证科学的发展,其存在的危机就出现了。这就是马克思所说的:"对现实的描述会使独立的哲学失去生存环境","在思辨终止的地方,在现实生活面前,正是描述人们实践活动和实际发展过程的真正的实证科学开始的地方。关于意识的空话将终止,它们一定会被真正的知识所代替"①。正如恩格斯晚年所回忆和总结的那样:自然哲学试图要描述一幅世界图景,在缺乏实证科学资料的时候,它只能"用观念的、幻想的联系来代替尚未知道的现实的联系,用想象来补充缺少的事实,用纯粹的臆想来填补现实的空白","这在当时是不可能不这样的"②。当实证科学有了较大发展,人们能够依靠经验自然科学本身所提供的事实描绘出一幅自然界联系的清晰图画的时候,"自然哲学就最终被排除了。任何使它复活的企图不仅是多余的,而且**是倒退**"③。同样的情况也发生在社会历史领域:"这种历史观结束了历史领域内的哲学"④。于是,哲学被从自

---

① 马克思恩格斯选集:第1卷.北京:人民出版社,1995:73.
② 马克思恩格斯选集:第4卷.北京:人民出版社,1995:246.
③ 同②.
④ 同②257.

然界和历史中驱逐出去了，终结了。

哲学的这种被驱逐或终结的命运，并非哪位哲学家进行批判的结果，实乃科学发展和时代发展使然。与马克思同时代的孔德，也高举"拒斥形而上学"的大旗，宣告了取代形而上学时代的科学时代的来临。而非理性主义则从另一个方向向理性主义形而上学发起了猛攻。如果说，现代哲学的基本取向就是"拒斥形而上学"，即拒斥传统本体论哲学或先验思辨哲学的话，那么马克思就是最早发现这种形而上学的症结并对之进行深刻批判的哲学家。这种深刻性最突出和最具有特色的一点是，把整个哲学与道德、宗教、艺术等一起置放在社会意识形态的位置上，作为社会的上层建筑，来考察它们赖以存在的社会根源、经济基础及其内在矛盾。而正是这一点，使得马克思创立了历史唯物主义。

恩格斯在《在马克思墓前的讲话》一文中说："正像达尔文发现有机界的发展规律一样，马克思发现了人类历史的发展规律，即历来为繁芜丛杂的意识形态所掩盖着的一个简单事实：人们首先必须吃、喝、住、穿，然后才能从事政治、科学、艺术、宗教等等；所以，直接的物质的生活资料的生产，从而一个民族或一个时代的一定的经济发展阶段，便构成基础，人们的国家设施、法的观点、艺术以至宗教观念，就是从这个基础上发展起来的，因而，也必须由这个基础来解释，而不是像过去那样做得相反。"① 很显然，社会存在决定社会意识，既是历史唯物主义的第一原理，是人类历史发展的基本规律，同时也为合理地、科学地理解哲学的产生、发展过程，为形成科学的哲学观提供了最可靠的基础或前提。许多哲学家都囿于哲学思维和话语内容来相互批判，把"世界"当作哲学家思维中或视野中的世界，以为自己把握了世界的真正本质和规律，因而把握了永恒真理，然而马克思却超越了这个层次，在元哲学的高度进行批判和反思，把哲学当作人类生活世界中的一个部分，当作人类精神生活中的一种现象，追问它何以会如此的根源，思考新的哲学到底应该如何。因此，马克思之创立历史唯物主义，既是在人类社会历史这个领域做出了新的发现，同时也是把哲学当作社会精神现象而对其本质做出了新的理解，使整个哲学思维的视角和主题、哲学的使命

---

① 马克思恩格斯选集：第3卷. 北京：人民出版社，1995：776.

发生了革命性变革。唯有如此，我们才能理解"哲学家们只是用不同的方式**解释**世界，而问题在于**改变世界**"① 这个新哲学宣言的深刻含义。

二、历史唯物主义作为一种新唯物主义和新世界观

在《关于费尔巴哈的提纲》这个"包含着新世界观的天才萌芽的第一个文件"中，马克思称自己的哲学为"新唯物主义"，"把感性理解为实践活动的唯物主义"②。他又在《德意志意识形态》中讲："实际上，而且对**实践**的唯物主义者即**共产主义**者来说，全部问题都在于使现存世界革命化，实际地反对并改变现存的事物"③。也就是说，马克思自称为"实践的唯物主义者"。这里的"实践的唯物主义"与"新唯物主义"是一个意思，实践的唯物主义者即共产主义者与新唯物主义者也是一个意思。道理很简单，因为这种新唯物主义就是以"改变世界"为使命的唯物主义，它把改变世界的社会实践活动不仅当作自己的基础，而且当作自己的根本目的和使命，当作一种根本旨趣和核心范畴包含在自身之中。也正是在这一点上，它与以往只是在解释世界的各种唯物主义以及各种唯心主义划清了界限，实现了对它们的根本超越。这种超越是如此具有革命意义，以至马克思说："对现实的描述会使独立的哲学失去生存环境，能够取而代之的充其量不过是从对人类历史发展的考察中抽象出来的最一般的结果的概括"④，"这些抽象与哲学不同，它们绝不提供可以适用于各个历史时代的药方或公式"⑤。甚至像恩格斯所说的那样："这已经根本不再是哲学，而只是世界观。"⑥

恩格斯后来在对这种新唯物主义进行解释和说明的时候，或许是为了方便读者理解并为了批判唯心主义，过多地强调了它与以往唯物主义哲学的衔接性或顺承性，这样就造成了一种假象，似乎马克思与恩格斯之间在对哲学的理解上有着重大差别，马克思哲学是不同于恩格斯哲学

---

① 马克思恩格斯选集：第1卷. 北京：人民出版社，1995：61.
② 同①56.
③ 同①75.
④ 同①73-74.
⑤ 同①74.
⑥ 马克思恩格斯选集：第3卷. 北京：人民出版社，1995：481.

的另外一种哲学。这是一种误解。马克思主义哲学是由马克思和恩格斯共同创立的,在开辟新哲学发展的方向、奠定新哲学的基础、确立新哲学的主题和最基本的原理等方面,两个人始终是相互切磋、相互启发的。恩格斯晚年写道:"马克思在《政治经济学批判》(1859年柏林版)的序言中说,1845年我们两人在布鲁塞尔着手'共同阐明我们的见解'——主要由马克思制定的唯物主义历史观"①,这样说应该是符合历史事实的。尽管在不同的问题上,在一些具体的理解和表述上,二人会出现一些差异,但这些差异绝对构不成"两种哲学"的差异。否则,依照马克思的人品和对学术的态度,他是绝对不可能对这种差异隐忍不发的。然而,到目前为止,我们并没有发现马克思留下的任何批评或抱怨恩格斯歪曲了他的意思的文本依据,哪怕是在私人通信中。

阐发新唯物主义的工作主要是恩格斯进行的,而恩格斯确实使用了不同的词语来概括。最为突出的是两组概念:一组是从性质上说的,其中一种说法是"根本不再是哲学,而只是世界观",另一种说法是"新世界观";另一组是从内涵范围上说的,其中一种说法是"世界观",另一种说法是"唯物主义历史观",而后一种说法更常见。这里确实存在一些矛盾的地方,比如,如果新唯物主义"只是世界观",那就意味着以前的哲学不是"世界观",而是一种"世界图景";如果新唯物主义是一种"新世界观",那么就等于承认以往的哲学也是世界观,只不过是不正确的世界观。与此相联系,若说新唯物主义是唯物主义的"历史观",那么在世界观等于世界图景的意义上,这种新唯物主义就只是"新世界观"的一个部分,还需要有自然观、意识论(观)才能构成完整的世界观。但是,仅仅从词语分析上寻求统一的解释,恐怕很难达到满意的结果;而想简单地撇开恩格斯,事实证明也不是一条合理的道路。笔者认为,应该超越这种词语上的纠缠,结合马克思哲学变革的背景,从其实质内容上探求,只有这样才能得到一种合理的理解。

以往的唯物主义和唯心主义都不懂得实践的革命意义,不懂得从实践的角度理解感性、现实,或者根本"不知道现实的、感性的活动本身"②,而且实证科学还不能提供关于世界的各种具体知识,因而它们就只能依靠经验直观或思辨来描绘世界图景;尽管二者的出发点不仅不

---

① 马克思恩格斯选集:第4卷.北京:人民出版社,1995:211.
② 马克思恩格斯选集:第1卷.北京:人民出版社,1995:54.

同而且相反，但它们的思维方式却是一样的，都是一种理性形而上学。我们知道，包括古希腊罗马哲学和近代哲学在内的传统西方哲学，具有这样两个相互统一的基本信念或理论假定：（1）相信万事万物都是从一个本原派生出来的，这个本原也就是世界的本体，相对应的则是变动不居或虚幻不实的各种现象。所以，在这些哲学看来，只要解决了本原或本体问题，对其他问题就都能理解和解释了，这也正是绝对真理和永恒真理存在的对象性前提。（2）它们都相信理性可以把握本原或本体，从而把完善理性工具看作哲学的根本任务之一，将把握永恒真理当作哲学的根本追求。因此，从古希腊开始，哲学家们就一直把追求多中之"一"、变中之"不变"、现象背后的"本质"、经验世界之上的"超验世界"看作哲学的使命，由此形成历史悠久的形而上学传统。哈贝马斯在反思这一传统时写道："撇开亚里士多德这条线不论，我把一直可以追溯到柏拉图的哲学唯心论思想看作'形而上学思想'，它途经普罗提诺和新柏拉图主义、奥古斯丁和托马斯、皮科·德·米兰德拉、库萨的尼古拉、笛卡尔、斯宾诺莎和莱布尼茨，一直延续到康德、费希特、谢林和黑格尔。古代唯物论和怀疑论，中世纪后期的唯名论和近代经验论，无疑都是反形而上学的逆流。但它们并没有走出形而上学思想的视野。"[1] 哈贝马斯把发展马克思主义哲学理解为"重建历史唯物主义"，也正是基于这个理解的。

马克思创立的这种新唯物主义以现实的人为出发点，把作为"环境的改变与人的活动的一致"的现实实践视为根本前提，认为这种实践不仅是人的基本存在方式，而且是整个感性世界形成的最深刻的基础；把各种思想观念包括哲学理论都看作一定时代的人们在当时实践基础上形成的结果："如果在全部意识形态中，人们和他们的关系就像在照相机中一样是倒立呈像的，那么这种现象也是从人们生活的历史过程中产生的，正如物体在视网膜上的倒影是直接从人们生活的生理过程中产生的一样。"[2] 这样一来，传统哲学的那种形而上学本体论的前提就被全部摧毁了："凡是把理论导致神秘主义的神秘东西，都能在人的实践中以及对这个实践的理解中得到合理的解决。"[3] 因此，传统意义上的哲学

---

[1] 哈贝马斯. 后形而上学思想. 曹卫东，等译. 南京：译林出版社，2001：21.
[2] 马克思恩格斯选集：第1卷. 北京：人民出版社，1995：72.
[3] 同[2]60.

也就终结了。

这种新唯物主义，将其作为一种世界观时，固然也可以从内容方面细分为历史观、自然观、认识论等等，但它与传统哲学的历史观、自然观、认识论已经有了本质的区别。如果说，以往的哲学理论是脱离人们的现实生活、脱离现实实践，依靠哲学家的头脑直接把握世界的本体或本原，依靠一些臆想的联系描绘出一种世界图景，并认为其是具有最终意义的绝对真理的话，那么在新唯物主义这里，则整个地取消了这种不切实际的任务：它"不过是从对人类历史发展的考察中抽象出来的最一般的结果的概括"①，它的自然观、认识论被包括在这种概括之中，不过是通过对自然科学发展史和人类认识史的总结而形成的。它的"出发点是从事实际活动的人"，即"可以通过经验观察到的、在一定条件下进行的发展过程中的人"，"而发展着自己的物质生产和物质交往的人们，在改变自己的这个现实的同时也改变着自己的思维和思维的产物"②。所以，"从他们的现实生活过程中还可以描绘出这一生活过程在意识形态上的反射和反响的发展。甚至人们头脑中的模糊幻象也是他们的可以通过经验来确认的、与物质前提相联系的物质生活过程的必然升华物"③。

可见，"只要这样按照事物的真实面目及其产生情况来理解事物，任何深奥的哲学问题……都可以十分简单地归结为某种经验的事实"④。传统哲学中的历史与自然的界标已经被完全消解了，理论哲学或思辨哲学殚精竭虑而无法解决的"自然和历史的对立"问题被清除了，从而旧哲学所造成并坚持着的思维与存在、意识与物质的僵硬对立，所无法跨越的鸿沟也被消除了。如果懂得工业中的"人和自然的统一"，懂得"历史的自然和自然的历史"，上述问题也就自行消失了。对这种历史唯物主义来说，一切都融入了现实的人的现实活动的历史性理解，人和自己的精神生产的产物变成历史过程的一个部分、一个环节，既是历史的前提又是历史的结果。在这种新唯物主义看来，自然观就是历史的产物，它包含在对历史现象的理解之中，包含在历史观之中。因此，它不

---

① 马克思恩格斯选集：第1卷. 北京：人民出版社，1995：73-74.
② 同①74.
③ 同①73.
④ 同①76.

再需要为自己设定一个永恒不变的"本体"作为对象性基础,当作自己成为永恒不变的真理的根据,从而整个地超越了这种本体论思维方式,因为这"无非就是要求一个哲学家完成那只有全人类在其前进的发展中才能完成的事情"①。

在与唯心主义相对立的意义上,新唯物主义当然属于唯物主义,与历史上的唯物主义保持着某种思想血缘的关系。但不仅它所理解的"物"与旧唯物主义的"物"有着本质的不同,而且它所秉持的思维方式与旧唯物主义有着根本的不同。如前所述,恩格斯或许是为了便于读者理解,同时基于反对唯心主义的需要,较多地强调了新唯物主义与旧唯物主义的顺承性,但他的立场是与旧唯物主义完全不同的。对此缺乏应有的自觉,甚至忽略了这一点,恐怕是后世形成误解的重要原因。

三、历史唯物主义作为"唯物主义历史观"

马克思在1846年写完《德意志意识形态》,把"从前的哲学信仰清算一下"②之后,基本上就把主要精力投入政治经济学的研究。到1859年《政治经济学批判》发表时,他在为该书写的序言中对自己的研究经历做了回顾,对他所得到的并且一经得到就用于指导他的研究工作的总的结果做了简要的也是最经典的表述。《政治经济学批判》出版后,马克思请恩格斯写了一篇书评,简短地谈一下方法问题和内容上的新东西。恩格斯写完书评的第一部分后,将之寄给马克思,请他做一些修改,然后发表,这就是现存的《卡尔·马克思〈政治经济学批判〉。第一分册》。在这篇著名的书评中,恩格斯写道:马克思的"经济学本质上是建立在**唯物主义历史观**的基础上的,后者的要点,在本书的序言中已经作了扼要的阐述"③。

之所以在这里提及这一段历史,是想说明:(1)这篇书评部分是经过马克思审阅和修订的,因此书评中的一些观点可以被看作恩格斯和马克思的共同观点。(2)恩格斯在重述马克思的唯物主义历史观的要点的

---

① 马克思恩格斯选集:第4卷.北京:人民出版社,1995:219.
② 马克思恩格斯选集:第2卷.北京:人民出版社,1995:34.
③ 同②38.

时候，把"物质生活的生产方式制约着整个社会生活、政治生活和精神生活的过程"① 称为具有革命意义的发现，称为"原理"。这个原理也就是"不是人们的意识决定人们的存在，相反，是人们的社会存在决定人们的意识"② 的另一种说法。这一点应该说与他们在《德意志意识形态》中的思想是一致的，与后来恩格斯在《在马克思墓前的讲话》中的表述也是一致的。（3）正是依据这个原理，对"物质生活的生产方式"的研究也就是马克思的政治经济学研究，是对历史发展规律的更具体、更深入的研究，它也为理解这个原理提供了更丰富、更具体的实证性材料和证据。

在传统的理解中，一般都把生产力与生产关系、经济基础与上层建筑看作社会基本矛盾，把生产力决定生产关系、经济基础决定上层建筑当作历史基本规律，当作唯物史观的基本原理，其依据就是马克思以下这段话："人们在自己生活的社会生产中发生一定的、必然的、不以他们的意志为转移的关系，即同他们的物质生产力的一定发展阶段相适合的生产关系。这些生产关系的总和构成社会的经济结构，即有法律的和政治的上层建筑竖立其上并有一定的社会意识形式与之相适应的现实基础。……随着经济基础的变更，全部庞大的上层建筑也或慢或快地发生变革。"③ 但问题是，我们却自觉不自觉地忽略了这样一点，即这段话不过是对"物质生活的生产方式制约着整个社会生活、政治生活和精神生活的过程"这一原理的展开论述或进一步说明，而它们都"是从对人类历史发展的考察中抽象出来的最一般的结果的概括。这些抽象本身离开了现实的历史就没有任何价值。它们只能对整理历史资料提供某些方便，指出历史资料的各个层次的顺序"④。

直接地看，历史唯物主义作为唯物主义历史观，是以人类历史作为对象、以揭示历史发展的规律作为任务的，这种理解非常符合人们的经验，也合乎一般的逻辑。但问题是，人们所意识、所谈论的一切，包括其意识和谈论的方式、主体以及这些主体之间的各种争论，难道都不是在社会历史中"历史地"发生的吗？离开了现实的历史发展这个基础，

---

① 马克思恩格斯选集：第2卷. 北京：人民出版社，1995：32.
② 同①.
③ 同①32-33.
④ 马克思恩格斯选集：第1卷. 北京：人民出版社，1995：74.

不是从这个基础出发去理解各种作为世界图景的哲学理论，要想不陷入那种思辨的神秘主义的泥坑，难道是可能的吗？说社会历史只是整个世界的一个组成部分并将之作为立论前提，这种做法和思路不正是马克思所批判的旧唯物主义的做法和思路，即"只是从**客体**的或者直观的形式去理解，而不是把它们当作**感性的人的活动**，当作**实践**去理解，不是从主体方面去理解"①吗？

这种忽略和遮蔽产生了很严重的后果。比如，在马克思恩格斯那里具有清晰的不同逻辑层次的东西，在我们这里却被放在同一个平面上理解和处理；在马克思恩格斯那里作为"描述人们实践活动和实际发展过程的真正的实证科学"②知识的东西，在我们这里被当作具有普遍意义的"放之四海而皆准"的结论；在马克思恩格斯那里主要是具有方法论意义的东西，在我们这里成了"可以适用于各个历史时代的药方或公式"③，"五种社会形态"说就是一个典型的例子。

恩格斯在介绍了马克思的方法后说："即使只是在一个单独的历史事例上发展唯物主义的观点，也是一项要求多年冷静钻研的科学工作，因为很明显，在这里只说空话是无济于事的，只有靠大量的、批判地审查过的、充分地掌握了的历史资料，才能解决这样的任务。"④对照恩格斯的这个要求，而且应该说是一个较低的要求，我们有多少人做到了这一点？又有多少人试图按照这个要求努力去做了？由此也就可以理解，为什么我们过去的许多哲学理论研究总是在概念的王国中转圈子。历史唯物主义，在既不关心甚至不懂得历史，又不关心现实物质生活实践的时候，其剩下来的恐怕就只有"主义"了，并且只能是教条的"主义"。

四、相关的几个问题

第一个是关于本体论的问题。历史唯物主义作为一种新唯物主义、

---

① 马克思恩格斯选集：第1卷. 北京：人民出版社，1995：54.
② 同①73.
③ 同①74.
④ 马克思恩格斯选集：第2卷. 北京：人民出版社，1995：39.

一种新世界观，是建立在一种全新的哲学观基础上的。因此，与以往的哲学不同，它不需要从哲学的对象方面设定一个所谓的本体或本原，既作为世界万物的基础，也作为自己一旦确立就永恒不变的根据。如果非要在"世界观就是人们对世界的根本看法"的意义上理解哲学，那么在这种新哲学的视野里，这也仅仅是"人们"对世界的"根本看法"。所以，随着时代、实践生活和科学的发展，它必然要改变自己的形式以及内容，而不是沿着旧哲学的思路形成的对"世界根本"的看法，无论人们的实践怎么变化、科学如何发展，其作为绝对真理都是不变的。如果非要说凡是哲学都得有自己的本体论承诺，那么新唯物主义的本体论承诺就是"人们的社会存在决定人们的意识"，"物质生活的生产方式制约着整个社会生活、政治生活和精神生活的过程"，而不是确定某个具体的东西或某个抽象的概念。恩格斯曾经这样评价这种新唯物主义的革命性意义："人们的意识决定于人们的存在而不是相反，这个原理看来很简单，但是仔细考察一下也会立即发现，这个原理的最初结论就给一切唯心主义，甚至给最隐蔽的唯心主义当头一棒。关于一切历史的东西的全部传统的和习惯的观点都被这个原理否定了。政治论证的全部传统方式崩溃了"，因此，"新的世界观不仅必然遭到资产阶级代表人物的反对，而且也必然遭到一群想靠**自由**、**平等**、**博爱**的符咒来翻转世界的法国社会主义者的反对。这种世界观激起了德国庸俗的民主主义空喊家的愤怒"①。之所以如此，是因为根据这个原理，人们头脑中出现的各种不合理的意识的怪影、各种颠倒着的意识形态，实质上都是由于不合理的社会存在和颠倒着的现实所造成的。所以，根本的问题就是消灭现实的不合理的社会存在，改变现存的生产方式："全部问题都在于使现存世界革命化，实际地反对并改变现存的事物"②。相比之下，在坚持物质本体论的辩证唯物主义那里，无论如何强调"物质"范畴的重要性，无论如何"科学"地给"物质""下定义"，如何论证物质与运动、与时间空间的"辩证关系"，都无非是在哲学理论上对世界解释得更加圆满一些、更加合理一些，而仍然没有脱出"解释世界"的范围。这些工作无论多么"科学"，也不会引起那些人的"反对"和"愤怒"。当费尔巴哈把宗教的本质归结为人的异化，把宗教世界归结为它的世俗基础，从

---

① 马克思恩格斯选集：第2卷. 北京：人民出版社，1995：39.
② 马克思恩格斯选集：第1卷. 北京：人民出版社，1995：75.

而比较合理地解释了宗教产生的根源的时候，马克思说："他没有注意到，在做完这一切工作之后，主要的事情还没有做。因为，世俗基础使自己从自身中分离出去，并在云霄中固定为一个独立王国，这一事实，只能用这个世俗基础的自身分裂和自我矛盾来说明。因此，对于这个世俗基础本身首先应当从它的矛盾中去理解，然后用排除矛盾的方法在实践中使之革命化。"①

然而，物质本体论难以成立，"实践本体论"是否因此就是合理的？就其不是立足心物对立、用哲学对象的不变性来确证哲学理论的绝对真理性，而是从意识包括哲学意识产生的基础即实践过程进行论证来说，就其强调实践是感性世界形成的深刻基础来说，"实践本体论"是合理的、正确的。但就其主张用实践范畴代替物质范畴而作为"**本体**"来说，它实际上把本来是活生生的、不断发生着发展着的现实实践变成最抽象的也是最一般的东西，确定为一个能够解释一切的"范畴"，因而其理论旨趣似乎还是没有脱出本体论思维的路数，没有摆脱旧理论哲学"解释世界"的藩篱。

第二个是关于辩证法的问题。这个问题与本体论也有很大关联。坚持辩证唯物主义物质本体论的主张，其中一个重要理由就是：只讲历史唯物主义，自然观和辩证法就没有摆放的位置了，世界观也就不完整了。而它所理解的世界观实质上就是世界图景，所理解的辩证法则是自然、社会和思维的最普遍的规律，文本依据则是恩格斯的以下两段话："这样，辩证法就归结为关于外部世界和人类思维的运动的一般规律的科学"②，"所谓的**客观**辩证法是在整个自然界中起支配作用的，而所谓的主观辩证法，即辩证的思维，不过是在自然界中到处发生作用的、对立中的运动的反映"③。

我们知道，在西方哲学中，辩证法从一开始就主要被看作一种方法、一种思维方法，而黑格尔则一方面批判了近代哲学的形而上学思维方式，最完整地制定了辩证法的大纲，另一方面却把辩证法本体论化了："辩证法是概念的自我发展"，而在自然界和历史中所显露出来的辩证的发展，在黑格尔那里只是概念的自己运动的翻版。因此，马克思

---

① 马克思恩格斯选集：第1卷. 北京：人民出版社，1995：59.
② 马克思恩格斯选集：第4卷. 北京：人民出版社，1995：243.
③ 同②317.

说：" 辩证法在黑格尔手中被神秘化了"①，"黑格尔陷入幻觉，把实在理解为自我综合、自我深化和自我运动的思维的结果，其实，从抽象上升到具体的方法，只是思维用来掌握具体、把它当作一个精神上的具体再现出来的方式。但决不是具体本身的产生过程"②。应该说，在把黑格尔的辩证法颠倒过来的过程中，马克思与恩格斯对辩证法的理解总体上是一致的，既反对黑格尔把辩证法唯心主义化，也反对他把辩证法本体论化，而在黑格尔那里这二者是完全一致的。在马克思恩格斯看来，辩证法主要就是一种思维方式、思维方法，是以揭示客观规律的科学活动、科学理论为基础的科学方法。恩格斯在谈到以往的哲学终结了的时候明确地说："要是还留下什么的话，那就只留下一个纯粹思想的领域：关于思维过程本身的规律的学说，即逻辑和辩证法"③。他所说的"自然辩证法"，实质上也就是"辩证的自然观"。当然，相比于马克思，恩格斯的一些用词往往不是那么严谨，比如有时讲自然界与历史活动中的"辩证的发展""辩证的运动"，有时又把这种辩证发展和运动称为"客观辩证法""自然辩证法"，这就容易引起理解上的歧义。

不仅如此，他们也都把辩证法与思维的历史性结合起来，强调与突出实践发展和科学发展对于辩证思维方法的重要作用。恩格斯说："关于思维的科学，也和其他各门科学一样，是一种历史的科学，是关于人的思维的历史发展的科学"④。影响人们思维的最直接的因素和最基本的东西，是人们的实践活动。"自然科学和哲学一样，直到今天仍全然忽视人的活动对人的思维的影响；它们在一方面只知道自然界，在另一方面又只知道思想。但是，人的思维的最本质的和最切近的基础，正是**人所引起的自然界的变化**，而不仅仅是自然界本身；人在怎样的程度上学会改变自然界，人的智力就在怎样的程度上发展起来。"⑤

马克思创立的新唯物主义，从现实的人的现实实践活动出发，把人们的各种思想观念、理论成果、方法论智慧等，都看作在实践过程中获得的：实践活动的历史性决定了它们的历史性，实践活动的历史局限性

---

① 马克思恩格斯选集：第 2 卷. 北京：人民出版社，1995：112.
② 同①18-19.
③ 马克思恩格斯选集：第 4 卷. 北京：人民出版社，1995：257.
④ 同③284.
⑤ 同③329.

也规定着它们的局限性。辩证法作为人类思维智慧的结晶，固然不能离开认识对象自身的辩证运动，固然需要自己的对象性基础，但它决然不是对象自身运动规律的机械的、直接的反映，从本质上说，它的根本来源在于人的实践活动和现实生活，是人们对自己的实践经验和思维经验的合理概括。离开了这个基础和前提，把辩证法理解为整个世界的最一般、最普遍的规律，辩证法就成了一经发现就永远不会改变并无须发展的东西，从而实际上也就转变到自己的反面。

第三个是关于马克思主义哲学体系的问题。从内容方面说，马克思主义哲学当然是一个体系，也只有作为体系它才能体现自己的合理性，并获得自己的现实力量。但我们一定要看到，马克思主义哲学的体系不同于以往任何哲学体系：（1）它整个地消解了描绘"世界图景"的必要性和可能性，因此，它自身不再是也不可能是作为包罗万象的"世界图景"的体系；（2）它通过对历史的考察而彻底地颠覆了把哲学当作"绝对真理""永恒真理"的企图，因此，它不再也不可能朝着这个目标而努力；（3）正是在这个前提下，它消解了以往哲学中特别是黑格尔哲学中无法克服的方法与体系的矛盾，它本质上是一种自成体系的方法或方法的体系。马克思为什么反复强调他的理论只是方法，原因就在这里。在他这里，一切都成为"历史的"即处于发展过程之中的，一切存在、一切规律都需要被当作实践理解、从主体方面理解，一切理论结论都具有历史的相对性或暂时性，唯有运动和发展才是绝对的东西。在旧哲学的"哲学体系"的意义上，马克思主义哲学就不仅既不是哲学也不成"体系"，而且是坚决反对并拒斥那种"哲学体系"的。马克思主义哲学意义上的体系，是也仅仅是恩格斯在《反杜林论》的序言中所说的，"各种见解之间的内在联系"[①]。

马克思恩格斯的以上思想在后世被遮蔽或忽视了。马克思创立的这种新哲学新到了如此程度，以至它"已经根本不再是哲学"，但我们后世的许多哲学家却竭力要把它再变成"哲学"，恢复为"哲学"，编写成一种具有"哲学"样子的哲学。为了体现和论证这种"体系"所谓的"科学性"，就得去寻找那种属于以往哲学的本体论前提，确立那种具有最大普遍性的、永远不会出错的"范畴"，然后合乎逻辑地演绎出各种

---

① 马克思恩格斯选集：第3卷. 北京：人民出版社，1995：344.

理论。马克思再三强调的"从现实的人出发",被置换成从脱离了人的"物质"(范畴)出发;本来是作为现实生活过程在意识形态上的反映的东西,比如自然观,被变成现实生活赖以存在的本体论前提;马克思最强调的灵活掌握的方法被当作不变的普遍公式。这种种误置,其重要的思想根源就在于一种下意识的同时又是非常浓厚的以"哲学体系"来描绘"世界图景"的情结,一种根深蒂固的本体论思维的情结,一种希图一旦确立就要永恒不变的绝对真理观的情结。

我们今天面对现实实践的各种问题,面对科学发展和社会发展的各种挑战,迫切需要解放思想,从各种形而上学的桎梏中、从各种对马克思主义的误解中、从对各种神秘教条的崇拜中解放出来,奋力创新,锐意进取。在这种时代背景下,完整准确地理解马克思主义哲学的理论体系,把握其基本出发点(立场)、基本原则或基本方法,就显得尤其重要。而不打破上述旧哲学意义上的本体论思维之"哲学体系"情结的禁锢,解放思想是难以取得突破性成果的。

社会形态与社会历史发展理论的当代解读[*]

在《在马克思墓前的讲话》中，恩格斯对马克思的贡献做了盖棺论定式的评价，"正像达尔文发现有机界的发展规律一样，马克思发现了人类历史的发展规律"，"直接的物质的生活资料的生产，从而一个民族或一个时代的一定的经济发展阶段，便构成基础，人们的国家设施、法的观点、艺术以至宗教观念，就是从这个基础上发展起来的，因而，也必须由这个基础来解释，而不是像过去那样做得相反"①。唯物史观和剩余价值理论作为马克思的两大发现，构成整个马克思主义的理论"硬核"。在唯物史观中，社会形态理论和社会历史发展理论占有重要的地位，也具有内在的联系。这些年来社会形态理论备遭攻击和争论，也连带涉及社会历史发展理论，比如指责其是机械论的线性因果的发展观等。因此，根据当代社会发展的新情况、新问题，社会历史研究中提出的新观点、新看法，对社会形态理论和社会发展理论进行重新解读，剔除过去存在的一些误解和曲解，强化其认识社会历史发展的方法论意义，更好地指导我们认识当今世界形势的变化和实现中国社会主义现代化的实践，具有非常重要的意义。

---

[*] 本文原载《马克思主义哲学论丛》2014年第4期。
① 马克思恩格斯选集：第3卷. 北京：人民出版社，1995：776.

社会形态与社会历史发展理论的当代解读

一、社会形态理论与社会发展理论的合理关系

我们知道，在马克思当时的时代，发展的观念逐渐为人们所认识并开始普及。就像恩格斯指出的那样，世界不是一成不变的事物的集合体，而是过程的集合体，各种事物都处在生产和灭亡的不断变化中，在这种变化中向前发展，不管一切表面的偶然性，也不管一切暂时的倒退，终究会给自己开辟出道路。"这个伟大的基本思想，特别是从黑格尔以来，已经成了一般人的意识，以致它在这种一般形式中未必会遭到反对了"[①]。当然口头上承认是一回事，把它运用到实际的研究工作中是另一回事。尤其是在对社会历史的认识问题上，不少人仍然坚持传统的观点，即坚持认为似乎社会从来就是同一性质的，即使承认有发展，也认为只是一种量的扩大而不存在质的变化。与此相联系并互为因果的就是，试图从永恒的人性中寻找社会历史变化的原因和永恒规律。换句话说，在许多社会历史学家的思想中，社会、人都是一些抽象的、同一的概念，古之天下犹今之天下，天不变道亦不变，实际上也就是仅仅从类的角度了解人，既然从古到今的人是一样的，那么人们构成的社会也就是一样的，没有质的差别和发展的阶段之分。如果讲到社会历史的规律，那一定是从来如此、万古不变的规律。

正是针对这种抽象化的、形而上学的倾向，马克思提出了"社会形态"概念。"形态"原本是地质学的概念，说明不同时代形成的地质的不同特征，马克思将之借用过来，用社会形态来表示人类社会发展的不同阶段或不同质态。马克思指出："**生产关系总和起来就构成**所谓**社会关系**，构成所谓**社会**，并且是构成一个处于**一定历史发展阶段**上的社会，具有独特的特征的社会。**古典古代**社会、**封建**社会和**资产阶级**社会都是这样的生产关系的总和，而其中每一个生产关系的总和同时又标志着人类历史发展中的一个特殊阶段。"[②] 在《德意志意识形态》中马克思恩格斯提到了部落所有制、古典古代的公社所有制和国家所有制、封建的或等级的所有制，在《〈政治经济学批判〉序言》中，马克思则讲

---

① 马克思恩格斯选集：第4卷. 北京：人民出版社，1995：244.
② 马克思恩格斯选集：第1卷. 北京：人民出版社，1995：345.

到"大体说来，亚细亚的、古代的、封建的和现代资产阶级的生产方式可以看作是经济的社会形态演进的几个时代"①。而在《1857—1858年经济学手稿》中，马克思则从人的发展的角度对社会形态做了说明："人的依赖关系（起初完全是自然发生的），是最初的社会形态，在这种形态下，人的生产能力只是在狭窄的范围内和孤立的地点上发展着。以**物**的依赖性为基础的人的独立性，是第二大形态，在这种形态下，才形成普遍的社会物质变换，全面的关系，多方面的需求以及全面的能力的体系。建立在个人全面发展和他们共同的社会生产能力成为他们的社会财富这一基础上的自由个体，是第三个阶段。第二个阶段为第三个阶段创造条件。"②而且，马克思用了几个词来表达这种意思，"社会的经济形态""社会形态""阶段""时代"等。后世的马克思主义哲学家们据此概括出"五形态论"和"三形态论"，并且发生了很大的争论。

　　社会历史发展五种形态依次更替的理论长期被认为是经典的马克思主义哲学的基本观点、基本原理，是马克思发现的人类社会发展的一般规律，凡是学过哲学的人大致都耳熟能详。这些年来，这种观点在哲学和历史学界都受到了相当程度的质疑甚至否定，主要理由是：（1）缺乏历史发展材料的支持，除了西欧大致沿着这样的发展顺序之外，世界上几乎没有一个民族国家完整地经历了这几个阶段。（2）马克思当年的主要目的是：一方面通过生产力、分工和交往关系的发展揭示资本主义社会发生与存在的历史条件，揭示资本主义社会代替封建社会的历史必然性；另一方面则通过分析资本主义社会的内在矛盾，揭示它的历史暂时性和被社会主义社会所代替的历史必然性。这种目的设定就决定了马克思并不是也不会把关注点放在一般的历史分期研究上。（3）基于马克思当时所能掌握的历史材料，他对古代社会特别是东方如中国古代社会的了解都还比较少，以马克思素来的严谨治学态度，他绝不会轻率地概括出这种所谓的"人类社会发展的一般规律"，他在1877年写给俄国《祖国纪事》杂志编辑部的信中就明确表明了这种态度，他说，米海洛夫斯基把他的"关于西欧资本主义起源的历史概述彻底变成一般发展道路的历史哲学理论，一切民族，不管它们所处的历史环境如何，都注定要走

---

① 马克思恩格斯选集：第2卷. 北京：人民出版社，1995：33.
② 马克思恩格斯全集：第30卷. 北京：人民出版社，1995：107-108.

社会形态与社会历史发展理论的当代解读

这条道路"①，这样做会给他更多的荣誉，也会给他更多的侮辱。马克思的确在几个地方都提到了前资本主义的这几种社会形态，但用的概念却不相同，比如部落所有制的、亚细亚的、古代的等，而且在逻辑上也不是先行继起的关系。所以，与其说马克思是把它们当作社会形态依次更替的一种普遍性规律，不如说是当作论证生产关系要随着生产力的发展而发展的规律的一种例证性提示。(4) 轻率地把这所谓"五种社会形态"依次更替当作人类社会发展的一般规律，确实给反对马克思主义的人提供了口实，他们将社会发展的"机械论""单线发展论"等恶谥加诸马克思头上，用许多历史发展的实证性材料否认这种历史阶段的更替，进一步否认马克思主义的科学性，确实削弱了社会主义代替资本主义的必然性论证的力度。相比之下，三形态的论证就稳妥得多，逻辑上严密得多，也与马克思的主题论旨切合得多。

五形态论的维护者针对种种非难，提出了一些辩护。主要有：(1) 马克思关于五种形态的历史分期是从人类历史、世界历史的角度做出的，是一种历史发展的一般理论，不能要求每个民族的历史发展都严格按照这个顺序演进。(2) 马克思不仅多次提到前资本主义的这几种社会形态，并且随着对社会形态认识的深化，比如对亚细亚生产方式的认识在19世纪80年代初达到了新的水平，不但没有因此放弃五种社会形态的理论，而且进一步对之进行完善，马克思指出"把所有的原始公社混为一谈是错误的；正像在地质的层系构造中一样，在历史的形态中，也有原生类型、次生类型、再次生类型等一系列的类型"②。至此，可以说马克思提出了科学的社会形态演进理论，或者是达到了成熟的阶段。(3) 至于说敌视和反对马克思主义的人的攻击，那并不仅仅限于社会形态理论，整个唯物史观和剩余价值理论都属于攻击的对象，这也不足为奇，更不能被作为否认马克思社会形态理论的论据。

实际上，对于社会形态理论的争论不仅限于三形态与五形态之间，比如，社会形态与社会的经济形态能不能等同看待？经济形态仅仅是生产关系的总和还是也包括生产力在内，是指经济发展的一定阶段？社会形态只是从人类历史发展层面的观照和抽象还是也可以从具体的一个社会有机系统的角度进行考察？对社会形态是否也可以从生产工具或技术

---

① 马克思恩格斯选集：第3卷. 北京：人民出版社，1995：341-342.
② 同①771.

发展的角度、从经济制度演化的角度、从人的发展的角度、从社会交往的角度、从文化演进的角度多方位地进行考察？社会形态的演进是单线单向的还是多维多向的？如此等等，都存在着很大的意见分歧。

国内比较权威的教科书基本上都把社会形态规定为经济基础与上层建筑的统一，从社会基本矛盾的运动来论证五种社会形态依次更替的必然性，把阶级斗争以及社会革命视为推动社会形态更替的直接力量。在这种历史观理论的层面上展现的是人类社会发展的一般性、普遍性规律，然而，在这种视野或框架下，实际发生的不同民族、不同社会历史发展过程中的特殊性都被当作非本质的东西甚至偶然的东西给舍弃掉或抽象掉了，十分鲜活生动又十分复杂的社会历史运动过程变成生产力、生产关系、经济基础、上层建筑、阶级斗争、社会革命等几个范畴的逻辑运动，社会有机系统的复杂多样的联系也被简化为几大板块之间的决定性和反作用的关系。马克思说："对现实的描述会使独立的哲学失去生存环境，能够取而代之的充其量不过是从对人类历史发展的观察中抽象出来的最一般的结果的概括。这些抽象本身离开了现实的历史就没有任何价值。它们只能对整理历史资料提供某些方便，指出历史资料的各个层次的顺序。但是这些抽象与哲学不同，它们绝不提供可以适用于各个历史时代的药方或公式。"① 可我们实际上是有意无意地把在马克思那里是具体的研究方法的东西变成了马克思再三反对的那种"可以适用于各个历史时代的药方或公式"，变成了"独立的哲学"原理。我们似乎真诚地相信，我们的学生即使几乎没有起码的历史知识，只要学习并记住了这些"原理"，就算把握住了"人类历史发展的一般规律"，就掌握了马克思主义的立场和方法。马克思社会形态理论乃至整个唯物史观的方法论意义在很大程度上被遮蔽了，变成了一种漫画式、速写式的人类社会历史发展的"图景"，社会主义不仅处于这种"图景"的最高端，而且似乎形成了一种结构分明、清晰可见的"蓝图"。这就注定了这种哲学的教条化命运，也注定了人们对这种哲学的疏远和反感。

改革开放新时期出现的广泛的哲学论争在这种教条化的哲学体系上打开了缺口，也为把各种挑战包括西方哲学家们对马克思主义哲学的批

---

① 马克思恩格斯选集：第1卷. 北京：人民出版社，1995：73-74.

评和非议转化为发展马克思主义哲学的动力或资源提供了条件。马克思一再推崇的"辩证法的否定性"被激活了。发展就意味着否定，总要否定一些过时的、被实践证明是不正确的结论；发展就意味着超越，要向一些新的领域进军，要从新的角度根据新的事实提出新的问题、新的看法；发展是在探索中进行的，这就难免出现一些属于探索过程中的"合理的"错误，需要一种宽松的、宽容的理论环境，需要保护探索者的积极性和合法权益。邓小平极力提倡的那种"要大胆地试、大胆地闯"的探索精神，不仅适用于改革开放的具体实践领域，而且对于理论研究具有十分重要的指导性意义。在社会实践的探索已经走到理论探索的前面的时候，解放思想、勇于探索的精神就显得尤为重要和迫切。

现在我们回过头再来思考马克思的社会形态理论与社会历史发展理论的关系及其方法论意义，至少可以得出如下几点结论：

第一，"社会形态"本来是为了更好、更具体地理解"社会"的发展和演变而提出的一个概念，社会历史的发展过程可以被看作由一系列的社会形态的更替而构成的，不同的社会形态实际就是一个个不同的发展阶段，是有着质的差别的阶段。从这个角度看，马克思的社会形态理论只是其社会历史发展理论的一个组成部分，与社会历史发展理论相比，它处于次一级的、比较具体的位置。一方面，通过"社会形态"具体化了对社会和历史发展的认识；另一方面，社会形态更替又是生产关系适应生产力发展要求、上层建筑适合经济基础发展要求的规律的具体的历史表现形式，从而更富特殊性，更容易受到其他各种因素包括一些偶然因素的影响和各种历史条件的限制，更具多样性。

第二，既然提出"社会形态"概念是为了更好、更具体地刻画社会历史发展过程，那么我们就既不能把社会形态的更替简单地等同于社会历史发展的规律，正如不能把昼夜更替当作地球运动的规律一样，也不能把对社会形态的规定固定化、单一化。至少从理论上说，对于社会形态，完全可以从不同的方面予以描绘和说明，例如从生产工具演进的角度、从生产方式区别的角度、从人的发展的角度等，只从任何一个方面、一个角度来规定都难以避免地带有一定的片面性。实际上，马克思对社会形态就不是只从一个角度来规定、来分析的。因此，不能把从不同的角度对社会形态的规定对立起来，以一个否定另一个。我们关于社会形态的争论在相当程度上是没有注意到这个问题的。附带说一句，我们在理解和搜寻马克思的文本根据的时候，不能仅仅拘泥现成的文字根据，还必须进一步体会马克思在整个的行文论述过程中体现出来的那种基本精神，也就是说要对文本做深度的解读，而不应只停留在字面意义上。

第三，社会形态理论从属于而非独立于社会历史发展理论，为我们研究和理解社会历史的发展提供了一种"范式"，而且是一种具有开放性质和强烈的启发意义的范式，是为了能够更好地"整理历史资料"，"指出历史资料的各个层次的顺序"。说到底，历史资料及其各个层次之间的连贯性和顺序只有贴近历史的真实，才是具有历史本体意义的东西，历史发展如何从原生形态演化出次生形态，再演进到再次生形态，必须严格地依据历史资料来确定，依据经验的事实来确定，而不是依靠范畴的逻辑构造或理论推演。范畴、概念之间的逻辑性联系只在符合经验事实的时候才是真实的、可靠的，而不应该相反。

第四，马克思的社会形态理论确实是站在"世界历史"形成的人类社会角度和时代高度提出来的。可是我们知道，在世界历史时代之前，各个民族、各个文明在孤立的地域里形成并发展着，并不存在现代意义的"人类历史"，有的只是各个民族离散的地域发展历史。很显然，不同民族因为自己特殊的地理环境和文化传统，都具有很突出的民族特点，发展的道路也很不相同，而且历史越是往前追溯，这种情况就越突出和明显。一方面，这决定了很难以某种统一的框架或模式予以观照；另一方面，马克思关于原生、次生形态的观点又具有很强的启发意义。换句话说，我们不能僵硬地固守着只从"人类历史"的高度理解"社会形态"概念，还可以而且必须把"社会形态"看作一个民族自身发展过程的不同阶段或质态，以便合理地指出这个民族发展的"历史资料的各个层次的顺序"。我们完全可以根据新的历史事实，既否定一个民族或几个民族，甚至多数民族都沿着从原始社会到奴隶社会再到封建社会的统一的线形演进图式，同时又能保持社会历史发展理论的相对弹性和合理的解释力。即使马克思没有做过这样的研究，这么做也不是对马克思主义哲学的背叛，而毋宁说是对马克思主义哲学的一种发展。这一点对于我们合理地理解中国当前的社会转型具有特别重要的意义。

二、社会有机体语境下的社会生产力、社会分工和交往关系

我们如果对过去在理解社会发展理论方面的一些重大偏误做深刻的检视，就会发现，忽略或遮蔽马克思的社会有机体理论是造成这些偏误的一个重要原因。

把社会看作一种有机体，并非是马克思的发现，在马克思之前，孔德、斯宾塞就提出过社会有机体的思想。在他们那里，一方面是比附着生物机体各种器官的分工来论证社会等级制统治秩序的合理性，为现存的剥削制度辩护，另一方面是基于市场竞争的残酷现实，也隐含着社会达尔文主义的萌芽。总体上说，孔德、斯宾塞建立的社会学本质上属于庸俗社会学，也是为现存资本主义制度辩护的学说。但也必须看到，有机论的思想作为对机械论思想的一种反驳，作为对简单地把自然科学主要是物理学方法用来研究社会现象、试图建立一种社会物理学的倾向的抗争，包含着合理的因素。马克思吸取了这一方面的合理因素，将之融入自己创立的唯物史观，从而自觉地将自己的新唯物主义从思维方式上与以往机械的、直观的唯物主义区分开来。社会有机体理论是马克思唯物史观的一个重要组成部分，尤其是理解和认识社会形态发展的一种重要方法论。

在马克思看来：（1）任何一个社会、任何一种社会形态，都是从自己先前的社会母体中孕育出来的，也都要经历发生、发展、成熟、灭亡的历史过程，都具有历史的暂时性。因此，把现存的社会阶段固定化，看作普遍的、永恒不变的，不过是形而上学思维进行玄想的结果。（2）社会是由一定的个人构成的，个人是社会的细胞，而这些细胞又不是孤立地存在着，它们就存在于一定的组织中，如家庭、村社、部落中，并与这些组织形成一种相互规定、相互作用的关联性。试图把社会归结为个人，从个人的状态推论出整个社会的状态，这种方法不过是物理学原子主义的还原主义方法在社会历史领域的照搬，是不懂得社会生活复杂性的表现，根本无法揭示社会生活的复杂性。（3）社会的组织和结构并不是一成不变的，它们都有自己产生的历史，是人们在实际生活

和现实交往中为了处理与解决一定的矛盾而形成的。当个人和个别家庭利益与社会公共利益之间形成尖锐的矛盾，当社会分裂为不同阶级之后，代表公共利益的社会组织就慢慢地演变成高居社会之上的存在物，这就是国家。国家就是从管理社会公共事务的组织演变而来的，是私有制和分工的产物，是社会阶级矛盾尖锐化不得不如此的结果。国家一产生，又开始了自己的演化过程，从简单到复杂，形成了各种部门，控制着社会的各个方面。(4) 分工是社会有机体演化的重要环节，也是社会发展程度的重要标志。生产过程中的技术性分工一方面使生产过程裂解为不同的环节、不同的方面，另一方面又使整个生产过程的结构性关联越重要，有机性特征越突出。生产过程的社会性分工越是发展，就越是要求有一定的交往方式与之相匹配，表明生产的社会化程度在不断提高，表明整个社会的有机化程度在不断提高。(5) 社会作为人们各种活动的总和，无论其具体形式如何，人都是社会活动的主体。物质生产、人的生产和精神生产都是人的活动的不同形式，是社会分工造成的不同门类或领域，它们之间既有相对的差别，又密切地联系着，相互渗透、相互作用、相互配合，正如生物机体的不同器官，既承担着不同的功能，又只有相互配合才能发挥作用，维系着社会机体的存在和发展。社会的生产系统、交通系统、通信系统、交换系统、消费系统、教育系统等，都是在社会分工的基础上形成的，它们共同构成社会，任何一个系统发生问题都会导致社会有机体的正常生活秩序的紊乱。各种制度和规则，都是在人们的社会交往过程中产生的，是为了维护一定的社会秩序而存在的。随着科学技术的发展和生产力的提高，生产、交通、通信、交换、消费、教育等都会发生相应的变化，各种制度和规则也必然要发生变化。这种变化的过程，实际上就表现为一定的社会矛盾的凸显以及通过改革来实现社会的自我调节、自我完善的过程，是社会有机体自组织性的一种具体展现。当一定的社会组织因僵化而硬化，不能适时地进行这种调整和变革时，它就会在社会冲突中走向灭亡，为新的社会组织所代替。

我们过去理解和宣传马克思的唯物史观，将主要注意力集中在社会结构理论方面，即生产力与生产关系、经济基础与上层建筑方面，用生产力与生产关系、经济基础与上层建筑的矛盾运动解释社会的运动过程，具体说就是社会形态的更替，但由于我们忽视或遮蔽了马克思的社会有机体理论，我们对社会结构的理解实际上就在相当程度上背离了马克思的语境，也就是说我们不是在社会有机体结构的语境下，把这种结构看作有机体活动的解剖结构或静态结构，而是直观地将之理解为一种实体性结构或机械性结构。在这种理解下，生产力与生产关系不再是马克思所说的现实的生产过程的两个方面，而是变成两个领域，所谓生产力的几个要素、生产关系的几个方面都是证明；经济基础与上层建筑不是被看作社会经济生活过程和社会规约人们活动的经济政治制度的两个方面，而是变成经济制度与政治制度这两个领域。与此相适应，一方面，非常复杂的社会生活被简约化为三大领域之间或三大板块之间的关系，它们的矛盾也就成了一种刚性碰撞的关系，这种刚性碰撞的关系就是剥削阶级与被剥削阶级的殊死斗争的关系；另一方面，则是从动力学的角度理解社会发展问题，社会似乎成为一架机器，通过动力传导而向前进，与这相应，社会发展规律也被看作一种类似于机械运动的因果决定论规律，生产力发展引起生产关系的变动，经济基础变化又引起上层建筑的变化。我们也讲到生产关系和上层建筑的能动反作用，而且认为这样就与机械论的简单决定论划清了界限，岂不知我们所用的作用反作用、决定作用反作用这样的概念，完全都是一些反映机械运动的力学概念，更为要命的是，我们的整个思维框架就是一种带有浓厚的直观性、机械性的思维框架。正是这种思维框架和思维方式，使得我们在理解社会历史的发展时，根本无法像马克思那样达到一种"思维的具体"，比如，像分工如何造成了社会有机系统各种功能的复杂性，教育如何形成了社会有机体的遗传机制，各种交往活动如何将整个社会的不同方面、不同领域联系在一起，交通工具、通信手段的发展在促进生产和交往形式发展中起什么作用，这些非常重要的环节和方面都被省略掉了，在抽象过程中被蒸发了，剩下的只是几个表示实体性结构要素的概念，几个表示社会板块或领域的概念，丰富的社会生活被简化为几个板块之间的简单的逻辑关系，极端复杂的社会有机系统的演化过程被归结为几条类似动力学的决定作用与反作用的规律。任何社会都自然而必然地具有的改革，亦即社会有机体自我调节、自我完善的功能性机制，即使不是全然处在理论视野之外，也是被放在基本框架中十分边缘的位置，因此很难合理地解释社会各种改革存在的必然性和必要性。比如说，似乎只有社会主义社会才有改革，其他社会都没有改革，都不会自我调节，如此等等，都表明我们过去的这种思维框架和思维方式已经根本不能合理地揭示社会有机系统运动的现状，也无法解释复杂的社会生活现实，同时也为那些攻击马克思主义理论的人提供了很好的口实。

实际上，在马克思那里，生产就是再生产，是生产过程的各个要素在不断的循环中动态地组合和变化的过程，是生产、分配、交换、消费各个环节先行继起、彼此配合又相互作用的过程。物质生产过程不仅生产出具体的产品，而且生产出人们之间的一定的社会关系，生产出一定的主体，这些社会关系和主体回过头来又成为生产活动能够继续下去的社会条件。马克思所说的生产力，是一定的生产方式的功能性表现，也是衡量一定的生产方式的结构是否合理的一种尺度，所谓一定的生产关系不适合生产力的发展，无非说是这种生产方式的结构，既生产过程中各个要素的构成方式，如占有方式和使用方式、分工合作和管理的形式、分配和交换的制度等，成了阻碍既已获得的技术、工具、资源等之功能合理发挥的桎梏。生产力和生产关系构成生产方式，但这里的"构成"绝不是一种实体性意义的"构成"，而是一种逻辑意义的构成。现实存在的作为经验对象的只是具体的生产活动本身，是各种经济活动本身，而生产方式则是对这些活动的一种概括和抽象，是为了区分它们的不同而进行的分类。生产力和生产关系则是进一步的抽象，是对生产方式的功能方面和结构方面做出的抽象。这种抽象看似远离了具体的生产活动，实则抓住了生产活动的本质。生产力，从哲学的角度看是人们改造自然的能力，是人的本质力量的外化表现，从经济学的角度看是一定社会的经济活动达到的水平，是一定社会的各种经济活动、生产活动和交换活动即生产方式错综复杂地叠加交错在一起而形成的结果，其中，分工、技术和交换构成其内在的几个重要方面，也是区分生产方式的性质或生产力发展的不同阶段或形态的质的方面。社会生产力之所以成为一种客观的力量，主要不在于如我们以往理解的那样是因为劳动的几个要素都是物质性的，而在于生产所依赖的技术手段和工具，分工发展的程度以及由此规定的合作、交换和交往所达到的水平都是历史地形成的，因此是一代人所无法选择的东西，在于现实的生产力是整个社会经济活动的过程，是无数个别的生产活动综合在一起的结果，是一种社会化的共同的力量，因此表现出一种不以任何人的意志为转移的特征，生产力的发展阶段之间也体现出一种"不可跨越"的性质。

马克思曾经在分析生产过程的各个环节的有机联系时指出:"我们得到的结论并不是说,生产、分配、交换、消费是同一的东西,而是说,它们构成一个总体的各个环节,一个统一体内部的差别。生产既支配着与其他要素相对而言的生产自身,也支配着其他要素……一定的生产决定一定的消费、分配、交换和**这些不同要素相互间的一定关系**。当然,生产**就其单方面形式来说**也决定于其他要素……不同要素之间存在着相互作用。每一个有机整体都是这样。"[①] 其实,不仅生产内部不同要素之间具有有机的联系,而且生产过程与其他社会要素之间的关系也是如此,由此才构成社会有机整体。在现代社会条件下,社会的有机化过程在加速,有机联系的程度在提高,新的分工门类在不断产生,各种市场如资本市场、劳动力市场、人才市场、商品市场、期货市场、股票市场等的联系更为密切,各种交易机构、中介组织雨后春笋般地冒了出来。文化的产业化和产业的文化化趋势在相互激荡中不断加强,精神生产的作用十分突出而且全面渗入物质生产过程,对各种物质性资源的依赖也特别明显,彼此的界限变得越来越模糊。在这种社会现实面前,以往僵硬而机械的划分全然失去了意义。各种物质产品的文化意义、科技含量、精神因素越来越被彰显出来,人们生活需要中的社会性、精神性的方面也越来越成为突出的甚至主要的方面。劳动和生产的概念已经越出早先的体力劳动与物质生产的狭隘范围,生产力也不能再被简单地理解为物质生产力,科学技术不仅是第一生产力(要素),而且极大地改变了现代生产的产业结构,生产过程中智能性因素的极大加强、对各种创新性成果的要求,把人才问题、教育问题提高到特别显眼的位置。科学与技术的全面结合,科学技术与产业的内在渗透,文化产业化过程的加速,交换与消费在整个经济过程中作用的加强,消费过程中精神因素的突出,这一切都使得整个社会生产呈现出一种越来越整体化的趋势和特征,物质生产、精神(文化)生产、人(才)的生产全面地融合在一起,社会的各种资源、各种生产,社会生产的各个环节有机地统一为一个过程,使得生产力变成一种社会大生产力。

正是这种实践,使得我们必须反思以往的思维方式和概念的局限性,重新挖掘和理解马克思有关社会有机体的思想,从社会有机体的视

---

① 马克思恩格斯选集:第 2 卷.北京:人民出版社,1995:17.

角看待分工、交往在社会生产力发展中的作用，分析社会生产力与其他社会要素、社会条件的关系。

三、社会有机体的管理和控制：制度文明和意识形态问题

社会有机体范畴突出的是社会运行机制的整体性、总体性特征，是社会形态演进中的自我否定和合理发育过程。社会的管理和控制，既是社会有机体的一种内在要素，也是其存在的必要条件，其发育和演化也带有这种性质与特点。社会的管理和控制，同社会生产力相比，与统治者管理者的意志、与观念和文化传统意识形态，有着更明显、更直接的关联性，因此，在相同或大致相似的社会生产力发展水平上，不同民族国家、不同社会的管理和控制形式有着很大的差别，比如在前现代的西欧国家与中国，同样都是用手工工具、畜力来进行的农业小生产，西欧国家是典型的国王—领主进行共同统治的封建社会，而中国则是中央集权、皇权具有绝对权威的社会控制方式。在意识形态方面，西欧国家主要通过宗教论证王权和统治秩序的合理性，甚至出现过教权高于王权的时期，而中国则主要是用儒家学说论证家天下的合法性，无论对儒学多么推崇、对孔子给予多高的地位，从来都是将之看作一种工具，从来都没有出现过儒学高于皇权、威胁皇权的局面。史学研究界的一些人由此提出，不能将传统的中国社会看作封建社会，主要理由也就是二者的管理和控制方式是很不相同的，要说相似，那么西周以来的分封制倒可以说与西欧国家的封建制有些相似。马克思也曾意识到东方社会与西方社会的差别，用亚细亚生产方式进行概括，也探讨过东方社会的特殊发展道路问题。然而，在斯大林法典化了的唯物史观的视野里，五种社会形态依次更替的模式完全遮蔽了这些观点，一切固有民族的地域的特殊性的东西都被看作属于主观的"思想关系"，或被作为非本质的东西予以抹掉了，所谓人类社会发展的普遍规律成了一种凌驾于一切特殊性之上的框架，而一切敢于怀疑这种框架的观点都被看作对马克思主义的背叛或修正。其实，要说背叛，这种教条式的做法和思维方式才是对马克思的辩证思维方式的真正背叛，是对马克思主义的反动，即回到了前马克

思主义的思维水平。

在开头所引的那段恩格斯对马克思的盖棺论定式的总结中，恩格斯说："正像达尔文发现有机界的发展规律一样，马克思发现了人类历史的发展规律"，"直接的物质的生活资料的生产，从而一个民族或一个时代的一定的经济发展阶段，便构成基础，人们的国家设施、法的观点、艺术以至宗教观念，就是从这个基础上发展起来的，因而，也必须由这个基础来解释，而不是像过去那样做得相反"①。这里恩格斯说到"一个民族""物质的生活资料的生产""一定的经济发展阶段"，构成了国家设施、法的观点、艺术以至宗教观念赖以产生的基础，因此也就解释和说明了它们的根据。我们注意到：（1）这里所说的人类社会的发展规律是作为一种方法论而更好地说明和解释"一个民族或一个时代"的具体的、实际的情况的，而绝不是一种脱离了各个民族发展的普遍公式；（2）是"物质的生活资料的生产""一定的经济发展阶段"构成了国家设施和法的观念等的"基础"，而不是我们教科书所讲的是占统治地位的生产关系的二个方面的总和构成了基础。斯大林所谓的国家制度等直接决定于生产关系而不是生产力的看法根本就是违反了马克思恩格斯的基本观点的看法，因为在他那里生产关系被当作能够脱离生产力而存在的东西。由生产力决定生产关系然后生产关系作为经济基础又决定上层建筑的观点也是典型的机械决定论、线形因果论的观点，与马克思的有机体思想直接相背离。把这种所谓的一般规律当作脱离了各个民族发展的具体情况和特殊道路的普遍公式，更是一种教条主义的表现。

实际上，任何民族、任何社会，无论其处于哪一个发展阶段，物质生活的生产都构成其存在的基本前提条件，而社会作为一定的人们各种活动的总和，都是需要管理的，都是需要通过一定的制度实施管理和进行控制的。即使在国家出现之前，也存在着一定的管理社会事务的机构和管理活动，存在着一定的制度形式。不仅生产活动需要管理，而且社会公共活动也需要管理，就是像宗教之类的事务等都需要管理；不仅微观上需要管理，如家庭生产和生活的管理，宏观上更需要管理。如果说，在农业和手工业等小生产作为经济活动的主要形式的时期，由于生产规模小，生产的管理还没有从生产过程中分离出来而成为独立的分工

---

① 马克思恩格斯选集：第3卷. 北京：人民出版社，1995：776.

领域，这时的社会管理活动主要表现为国家对各个地区和各级官僚们的行政性管理以及对公共安全与一些公共事业的管理，那么，在大工业成为主导性的产业部门、市场交换成为各种经济活动的主要纽带之后，不仅生产性的管理逐渐变成一种独立的部门，社会管理的任务更是大大加重，各种管理人员、管理机构也都相应地建立起来，各种相应的法律和制度也都逐渐确立，以往的人治社会因此也就变成了法治社会。这种历史性转变绝不是哪个统治者愿意或不愿意的问题，而是物质生产发展和交往范围扩大后的需要，是因维持一定的社会秩序和合理地解决交往中的种种纠纷的需要而产生的。一定社会的正式制度和法律固然是统治阶级制定的，在一定程度上也可以说是统治阶级意志的表现，但仅仅看到这一点并不是马克思主义的唯物史观的观点，相反是唯心史观的观点。马克思曾经指出，由于"一切共同的规章都是以国家为中介的，都获得了政治形式。由此便产生了一种错觉，好像法律是以意志为基础的，而且是以脱离其现实基础的意志即**自由**意志为基础的"①。形成这种错觉的根源在于，人们总是习惯地、直观地看待法律的产生。若进行深层分析就能发现，一定的统治阶级之所以成为统治阶级，本身就是社会经济运动的结果，当时的统治阶级之所以制定某个法律，是因为社会经济生活和人们的交往活动产生了这种需要，比如私法，"私法和私有制是从自然形成的共同体的解体过程中同时发展起来的"②。是由于人们经济交往的需要即解决经济交往中的纠纷才产生的，而且一定的法律和制度的确立又要参考与继承以往的传统，至少也要为了与传统保持一定的一致性才能得到人们比较普遍的认同。还有一点需要指出，那就是统治阶级也是由各种不同的集团构成的，这些集团之间存在着一定的利益矛盾，这就规定了它们的立场会有所区别，确立一定的法律和制度往往是它们之间进行斗争、相互博弈的结果。把统治阶级想象为一个人一样，是一个统一的意志或整体，这本身就是一种错觉，是把思维的抽象当作真实的现实的表现。而一定的法律和制度颁布之后能否"站住脚"，即能否得到较普遍的遵从，能否收到预期的效果，也要看这些法律和制度的具体内容是不是把握住了当时社会经济生活的真实需要并能够满足这些需要，能不能比较有效地解决社会经济管理和行政管理方面的矛盾。

---

① 马克思恩格斯选集：第1卷. 北京：人民出版社，1995：132.
② 同①.

这在很大程度上也表现为统治集团或执政当局与被统治、被管理的人们之间的博弈,也表现为新确立的这些法律和制度与传统的习惯力量之间的契合程度,因为现实的法律必须是"执行中的法律",而不能仅仅是写在纸上的空文,只有被人们认同和遵从的制度才是真实的制度,否则就只是贴在墙上无法下来的东西。确实,统治集团总要依靠暴力及权力维持一定的法律和制度的权威性,但若这些法律和制度与社会现实严重脱节,严重违背民心、民意,那么,这些法律和制度虽然可以靠暴力维持一时,但不能长久则是必然的。

过去我们按照着阶级斗争的路子理解和认识国家问题,抓住了国家问题的实质,对于批判和克服以往的唯心主义国家观的缺陷是非常重要的。问题是:我们一方面在相当程度上脱离了各个民族之历史情景的复杂性和多样性,抽象地理解阶级问题,另一方面又只看到或主要突出国家作为阶级镇压的工具的一面,这就陷入了以一种片面性反对另一种片面性的境地,未能实现对唯心主义国家观的合理扬弃,而只是简单地否定。如果我们既坚持国家是阶级斗争的产物的观点,又从人类政治文明演进的高度,从人类管理社会事务的角度,结合各个民族的具体情况,来把握和理解国家问题,那么这无疑将更加有利于实现马克思提出的从抽象到具体、逻辑与历史相一致的方法论的要求,更加接近历史的真实,对社会主义国家更好地吸取全人类管理社会事务的经验,建立更加民主的、文明的社会制度,提高社会主义的吸引力和说服力,具有特别重要的意义。

从这个角度看待我们的意识形态,我们就会发现,我们过去过分强调了马克思主义国家观与传统国家观的断裂的一面、进行决裂的一面,过分突出了对资产阶级的政治理论和意识形态的批判,而对于它们之中包含的社会管理方面的一般性经验,对于其中体现的人类管理社会事务的合理性因素和人类理解自身的一些历史性成果,都统统斥之为虚伪、欺骗而予以拒绝,同时又脱离了各个社会主义国家的具体国情和历史传统,教条地理解和照搬苏联模式。这就在相当程度上削弱了资产阶级的政治理论和意识形态的合理内容,削弱了我们的政治理论的说服力和解释力,再加上在形式上对不同观点又采取一种简单化的禁绝、压制而不是以理服人的方式,这就更容易导致人们尤其是知识分子阶层的逆反和腻烦心理,导致执政党与知识分子之间关系的紧张,其结果就是严重地阻碍了我们的民主政治进程，造成了整个民族的思想资源的极大浪费，阻断了社会机体有机化程度的合理演进和提高。这个教训是非常严重的。

综观当代人类实践和各个民族国家发展的经验，随着生产力水平的提高和教育等文化事业的发展，社会的有机化程度在不断提高，人的发展程度也在不断提高，这就要求整个社会管理和运行机制有一个重大的转变，通过对话、谈判、协商来化解与消除不同阶级、阶层和群体之间的对抗，在充分尊重公民基本权利和意愿的基础上形成各种"游戏规则"，这才是社会和谐与长治久安的根本性保证。民主化成为一种全球化浪潮，就是在这种背景下发生的。从这个角度看，社会主义比之资本主义的优越性，一个重要方面就在于它能超越资产阶级民主的阶级局限性和历史局限性，为实现最广泛的民主化管理开辟道路，为公正合理地实现每个人的民主权利和全面发展提供条件。但如何把这种理论的可能的优越性变成现实的优越性，则必须根据各个社会主义国家的实际情况，采取具体的形式予以落实。离开了这种努力，民主就只能变成一种意识形态的口号或符号，优越性也就只能是一种宣传上的优越性，而不是现实的优越性。社会主义能不能获得人心，除了生产力的发展，也在于这个问题能不能获得更好的解决。贫穷不是社会主义，而没有民主就没有社会主义，就没有社会主义的现代化。

四、改革与制度创新：社会有机体的自我调节机制

社会作为一个有机系统，不仅体现在其各种要素、各个方面都处于一种内在的相互联系、相互作用的过程中，形成了一种整体性和总体性的特征，正是这种总体性规定着各个要素在整个系统结构中的地位和作用，同时也意味着，为应对环境提出的挑战、维持整体的发展，它必须不断地对自身进行调整和改革。这就是社会有机体的自我调节、自我完善的机制，社会有机体的生命力就表现为这种自我调节、自我完善的能力。

任何社会，无论它处在哪个发展阶段、属于哪种社会形态，都是无数人的交往活动的产物。交往将不同主体的生产活动联系起来，把不同

的地区、不同的部门联系起来，将不同的社会子系统整合为一个统一整体。从这个角度看，社会交往发展的程度，既表现着作为社会之细胞的个人发展的程度，也体现着社会有机化所达到的程度，表现着社会发展的程度。交往作为不同的人们、不同的主体之间的关系和活动，总是以承认人们在利益、能力、立场、要求等方面的差别为前提，而这些差别在一定条件下就会演化为矛盾和冲突。社会为了不至于在这些矛盾和冲突中走向毁灭，就需要确立一定的规章制度、建立一定的管理机构、寻找一定的方式方法，解决这些不断产生的矛盾，缓和、钝化这些冲突。我们一般习惯从社会基本矛盾运动的角度论证和说明社会的发展问题，这自然是对的。但所谓生产力与生产关系的矛盾，无非是说，新的生产工具或新工艺、新材料的发明，新的分工部门的出现，新的生产领域的开辟，相应地改变了生产过程和经济布局，提高了生产总量，增加了社会财富，在这种条件下，承担着劳动生产的人们就对原来既有的占有关系、分配关系和交换关系不满意了，要求改变分配的比例或改变自己的地位，而在旧的生产关系中处于既得利益地位的阶层和集团则力图维护既有的经济秩序。这种矛盾发展到一定程度，就可能酿成一定的冲突，造成破坏性的后果。劳动者或是通过怠工、破坏生产工具、破坏正常的生产秩序等方式，增加生产成本，降低生产效率，或是通过暴动、罢工等形式，迫使既得利益阶层做出一定的让步，对生产关系做出一定的改革。而所谓经济基础与上层建筑的矛盾，也无非是说，不同主体之间物质利益冲突不断尖锐，社会冲突不断加剧和普遍化，造成了对既有的经济秩序和社会秩序的破坏，出现了一定程度的经济动荡和社会混乱，这就要求统治阶级改变原来的政治制度和社会制度，以克服这些动荡和混乱，形成新的秩序。如果当时的统治集团比较开明，能够顺从时势的变化，对既有的制度进行一定的改革，那么就能够通过改革化解与缓和尖锐的社会矛盾，克服或度过危机状态，形成一种新的秩序，也使得社会进入一个新的阶段。相反，若是统治集团腐朽僵化，拒绝改革，诉诸强力或暴力来维持旧的制度，那么就会激起更加持久的冲突，从而引起广泛的社会不满，不仅包括下层群众和劳动者的不满，甚至包括社会上层不当政的集团的不满，最后激起社会动乱，以革命的方式推翻这个统治集团的统治，打烂旧的统治秩序而建立新的制度和秩序。

这当然属于那种最一般、最宏大的叙事方式。若是从系统分析的角度看，社会分为生产系统、交换系统、消费系统、金融系统、交通系统、通信系统、科研系统、文化系统、教育系统、卫生系统、国防和公安系统、政府决策系统、检察监督系统等，这些系统都是社会总劳动的不同部分，是由社会分工形成的不同门类。每个系统都由一定的因素构成，有自己的特定的层次结构，有自己的制度和管理机构，执行着不同的职能，维持着系统的正常运行。一方面，这些系统自身都是由不同要素构成的，这些要素之间相互依赖、相互作用，形成一种有机的联系；另一方面，这些不同的系统又形成社会的不同"器官"，彼此影响，相互作用，既相对独立又相互配合。社会有机系统就是由这些系统构成维持的，任何一个出了问题，都会影响到整个社会有机系统的合理运行。

社会有机系统运行的核心问题，是通过自组织而实现的平衡问题，也是通过自我调节而保持活力的问题。各个系统作为社会分工的部门，是人的活动的不同方式，新的工具、新的技术、新的观念的出现，提高了人们的活动能力，也产生出了新的需要，势必引起与既有的管理制度、程序、利益格局的矛盾，矛盾发展到一定程度，就需要对既有制度等进行改革和调整，或是进行新的分化和重组，以达到新的平衡。社会与环境之间出现了新的矛盾，产生了解决这些矛盾的新需要，或者是一定社会与其他社会的各种交往，包括战争交往，也产生了新的需要，在这些新需要的推动下，社会就设置出、分化出新的部门，执行这方面的功能，管理这方面的活动。分工产生了合作和交往的需要，为了更好地合作和交往，又产生出一些新的交往规则，分化出一些新的部门来管理这些合作和交往活动，这些部门无论是自发形成的，如市场经济运行中的各种中介组织，还是由国家政府成立的新的管理机构，都意味着一种新的分工形式的出现。分工越来越细密，合作也越来越重要，交往形式也越来越多样，社会生产活动的效率也越来越依赖于多个方面、多个环节的共同配合，这些表明社会的有机化程度越来越高，越来越需要加强社会各个方面的自组织、自调节的能力，信息交流和反馈的作用越来越突出。

社会生活有机化的程度越高，对维持平衡的各种条件的要求就越苛刻，就越来越需要及时地改革各种不适应社会生产力发展的制度和规则，改革各种不利于人们之间的交往与人的发展的制度和规则，改革各种不利于维持社会活动的制度和规则。这样，改革就成为社会有机体自

社会形态与社会历史发展理论的当代解读

我调节的重要手段。不仅国家和整个社会在改革，各个企业、事业单位也都必须自觉地进行改革，社会的各个子系统都需要自觉地进行改革。改革会遇到阻力，会遇到困难，会受到各种既得利益集团的反对和阻挠，会受到习惯势力、传统观念的制约，更会受到现有制度框架的约束。如果一种社会形态、一个民族国家，其阻碍、反对改革的力量长期占上风，其制度、规则长期不能随着社会生产力和社会生活的变化发展而变动，那么这就表明这个社会（组织）已经僵化，失去了活力和弹性，无法应对来自内部和外部的挑战，其生命力也就终结了。或是外来力量或是内在矛盾发展、累积到一定程度，就会导致它的解体。世界历史上经常出现的先进的文明民族为落后的文明民族所征服，就是因为这些曾经先进的文明民族已经被僵化的制度耗尽了生命力，自己打败了自己，自己毁灭了自己。

改革的过程就是社会有机体自我完善、自我发展的过程。社会作为人们交往活动的产物，为了将各种不同的活动整合为一个有机系统，使各种交往活动能够顺利进行，都需要一定的制度来规范人们的行为，为人们的活动提供一定的标准，这样才能形成一种活而不散、争而不乱的秩序，形成社会各个部分相互衔接、相互配合、平稳运行的局面。改革总是指对制度的改革以及对保证制度实现和承担一定的社会管理功能的各种机构的改革。各种制度形成了社会有机体运行的基本框架或骨架，它们原本就不是哪个天才人物、圣人设计制定出来强加给社会的，而是在社会生活的发展中并适应于这种发展为了解决发展中出现的问题经过逐步摸索、逐步沿革才定型的。一定的制度一旦定型、一旦确立，便具有相对的稳定性，这是保证其权威性所需要的。但社会生活的进一步发展，如人口的增长、人的主体性力量的提高、新的分工门类的产生、新的交往方式的出现，等等，就使得既有的制度体系或是某些方面某些规定显得过时了，或是出现了一定的空白区域，这就必然会使社会秩序出现一定的紊乱，需要对既有的制度进行改革和调整，包括废止一些制度，改变一些制度，新创设一些制度，取消、合并或添设一些管理机构，如此等等。总之，通过制度方面的变革和调整，适应社会生活发展的新需要，解决交往过程中出现的新问题，从而使社会发展达到一个新的阶段。

如此看来，改革作为社会有机体自我调整、自我完善的机制，并非是某一特定阶段的现象，它贯穿于整个社会发展的过程中，渗透到社会生活的各个领域和各个方面。一些人习惯于把改革看作一种运动，比如讲到历史上的改革，总是讲到商鞅变法、王安石变法、梭伦变法等，这实际上是仅仅把由国家政府发动的大规模的改革这种特殊形式当作改革自身的结果，是一种片面的看法。改革的形式是多种多样的，既有零散的、个别方面的改革，也有对既有制度比较大规模的、大手术式的改革，既有对既有制度体系顺向的、补充性的改革，也有某种转折性的、革命性的改革。某些改革是一场革命，而革命本身就是一种改革，是改革的一种特殊形式。从实施主体的角度看，社会革命往往意味着革命阶级推翻原来的统治阶级，由新的阶级来确立新的制度和法律等，但从社会有机体自身的发展过程来看，这无非是一种大规模的制度性变动，而且即使是这种大规模的制度性变动，其中也包含了许多沿袭的成分或因素，是对既有制度的一种扬弃。社会生产和社会生活永远保持着自己的连续性，任何革命阶级，无论在政治纲领和旗帜上写上多么激进的口号，一旦革命成功夺取了政权，在自己制定制度管理社会的时候，它还是必须正视社会现实，而不可能将原来的制度全盘否定、彻底推翻。社会生产和社会生活绝不会因为革命而发生断裂，即使在革命期间或革命胜利后的一段时间内发生所谓翻天覆地的变化，这毕竟是一种非常时期，随后还必须回到正常的轨道上来，原来制度体系中那些合理的东西势必还得保持，还得利用，虽然可能换上了一个新的名称。

从改革的路径来看，改革既可以是自发的、自下而上的逐步演进，也可以是自觉的、有计划的、自上而下的全面推进，而且往往是这两种形式、两种倾向同时存在，相互作用。社会基层的、与经济活动联系更加密切的一些制度，自发性演进的特征可能更为明显，而社会上层的、属于政治制度的东西，自觉设计性的一面会更为突出。哈耶克以计划经济为批判的靶子，反对建构理性的设计性和计划性，过分强调社会秩序的自发性形成的一面，明显地具有一种片面性，但也必须承认，一味地突出自上而下的、有计划的社会改造工程，也是会造成很大的损失甚至灾难性后果的。其中一个重要原因就是，社会有机体是一个非常复杂的、动态运行的巨大系统，任何人、任何政党、任何理性都难以把握其各个方面的全部信息，也就不可能制定出一个巨细无遗、完美无缺的社会改造工程方案，而只能诉诸试错性的逐渐改善和不断的改革过程。不说整个社会，就是任何部门、任何领域的制度创新，也需要通过试错、纠错来实现从不太完善到比较完善的过程。从这个意义上说，中国的改革能够取得举世瞩目的成就，与邓小平确立和倡导的"摸着石头过河"的指导方针是分不开的。

社会主义制度的优越性，不在于提出和建立一套一劳永逸地解决生产力与生产关系、经济基础与上层建筑的矛盾的模式，一劳永逸地克服社会生产和社会生活与管理制度的矛盾，这是根本不可能的，而在于它有利于消除因阶级利益而阻碍改革的制度性力量，为合理地解决这些矛盾开辟了广阔的前途和无限的可能。社会主义自身就有一个由弱小到壮大、由不成熟到成熟、由不完善到完善的过程，而改革就是达成这种由不成熟到成熟、由不完善到完善的基本机制。社会主义是人民群众的事业，是人民群众在实践活动中不断改革、不断创造而形成的社会阶段和历史过程。马克思并没有为未来的社会主义绘制一个按图索骥的"蓝图"，甚至坚决地反对存在着这种预成的、预定的"蓝图"。即使马克思绘制了这种"蓝图"，后世的革命家们也不能按照这个"蓝图"来建设社会主义，他们只能在尊重人民群众的历史创造性的基础上，在马克思主义基本原理的指导下，根据各个国家的实际国情和面临的具体矛盾，引导人民群众在自己解放自己的道路上不断前进。一句话，社会主义制度是在人民群众的历史性活动中生成的，而不是某个圣人发现的、预先规定的，是在不断的改革中逐步成熟、不断完善的，而不是一经确立就完美无缺、不可更改。如此，我们就可以把思想真正地从各种教条主义中解放出来，从各种对马克思主义的误解和曲解中解放出来，从各种所谓的权威观念的束缚中解放出来，锐意改革，锐意进取，锐意创新，我们的社会主义就能迸发出旺盛的生命力，这个人类历史发展中的"新事物"就会不断发展壮大，最终扬弃和代替资本主义。

唯物史观视域下的意识形态问题*

意识形态问题是一个非常重要的问题，在中国尤其如此。我们的文化发展问题、哲学社会科学发展问题、教育发展问题，甚至国家发展道路问题，都与如何理解和处理意识形态问题密切联系在一起，与如何认识社会主义和资本主义的关系联系在一起。在如何正确地理解意识形态，如何正确地处理意识形态领域的问题上，我们是走过很大弯路、有过沉痛教训的，但这方面的反思和清理又很不够，甚至在一定程度上成为一个"禁区"，这本身就是很有问题的。我们对意识形态的研究要有创新，一些重要的观念需要转变，否则，我们的意识形态工作和管理就难以适应全面深化改革与依法治国的实践需要。

一、深刻总结历史的经验教训

我们党对意识形态问题历来都是非常重视的。毛泽东曾讲，凡是要推翻一个政权，总要先造成社会舆论，先做意识形态方面的工作。革命的阶级是这样，反革命的阶级也是这样。① 所谓"两杆子"，即"枪杆子""笔杆子"，夺取政权和巩固政权都要靠这"两杆子"。新中国成立，

---
* 本文原载《党政干部学刊》2015 年第 5 期。
① 毛泽东在八届十中全会上的讲话. 红旗，1967（9）.

特别是社会主义改造运动之后，与经济领域全面消灭私有制建立了计划经济体制相结合，也全面掌控了报纸、杂志、广播电视、影剧团（院）、出版社等各种宣传舆论工具和机构，各级各类学校、研究院所和各种协会全都作为国家"事业单位"而存在，即所谓"占领"了意识形态领域的一切阵地，并通过不断的思想运动的方式批判、清除一切被认为是非社会主义的思想观念。"批判的武器"和"武器的批判"同时并举，以政权的力量强制性地灌输马克思主义和社会主义意识形态。确实，我们在普及和改善教育、提高人民大众的文化水平，在移风易俗、破除封建迷信和各种陈腐观念，在提高劳动人民的历史地位、社会地位和主人翁自豪感，将社会主义好、共产党好的观念灌输到每个群众的头脑中，将全国各族人民团结在共产党周围，努力建设社会主义国家等方面，取得了非常了不起的成绩。对于改变旧中国人民大众在组织上一盘散沙、思想上愚昧无知的局面，对于进行社会主义现代化建设的思想动员和组织动员，起到了非常重要的作用。与世界上其他一些发展中大国如印度、巴西等相比，我们的这种优势是非常巨大的。直到今天，我们在很大程度上仍享受着这种优势的"红利"。但是，我们在这方面也有很多问题，走过弯路，甚至可以说犯过严重的错误。

党的十三大报告在总结历史经验时有这么一段话："从五十年代后期开始，由于'左'倾错误的影响，我们曾经急于求成，盲目求纯，以为单凭主观愿望，依靠群众运动，就可以使生产力急剧提高，以为社会主义所有制形式越大越公越好。我们还曾经长期把发展生产力的任务推到次要地位，在社会主义改造基本完成后还'以阶级斗争为纲'。许多束缚生产力发展的、并不具有社会主义本质属性的东西，或者只适合于某种特殊历史条件的东西，被当做'社会主义原则'加以固守；许多在社会主义条件下有利于生产力发展和生产商品化、社会化、现代化的东西，被当做'资本主义复辟'加以反对。由此而形成的过分单一的所有制结构和僵化的经济体制，以及同这种经济体制相联系的权力过分集中的政治体制，严重束缚了生产力和社会主义商品经济的发展。这种情况教育我们，清醒地认识基本国情，认识我国社会主义所处的历史阶段，是极端重要的问题。"实际上，这种"急于求成，盲目求纯"，不单体现在经济体制和经济建设方面，也体现在政治和意识形态方面，甚至可以说前者只是后者的一种表现或一种结果。在意识形态领域盲目求纯，就表现为只能有一种观点、一种声音，要求全党、全军、全国人民都要把思想统一到这一种观点上来，与此不同的就是错误的甚至反动的。一方面提倡"百家争鸣"，另一方面又认为归根结底是两家，无产阶级一家，资产阶级一家，不同于我们这种观点的就是资产阶级观点。我们后来批判"以阶级斗争为纲"的错误，主要理由是说误判了社会主要矛盾，但其更深层的问题、更带有根本性的错误是以思想观念作为划分阶级的标准，这才是阶级斗争不断扩大化的主要原因。

坚持马克思主义的指导地位，坚持社会主义的意识形态，都是正确的，但问题是我们没有正确地运用马克思主义来分析、研究中国的实际，对中国国情的认识、对中国所处历史阶段的认识是不清醒的，对"什么是社会主义、怎样建设社会主义"这个根本问题的理解是不清楚的。这个不清醒、不清楚首先表现在意识形态方面，把一些不是社会主义的东西当作社会主义原则来坚持、来固守，把一些不属于和不是资本主义的东西当作资本主义来批判、来反对，将之贯彻到文化发展、学校教育、理论宣传和学术研究等各个方面，将之作为一个政治立场问题、一条政治标准来要求，只能照办，不许讨论和争论，结果就是教条主义、唯心主义盛行，形而上学猖獗，权力决定真理，连许多属于常识性的东西都给颠倒了。及至"文化大革命"，更是荒唐透顶，各级组织和规章制度全面瘫痪，"最高指示"变成"圣旨"，"两报一刊"文章成为指导全国人民行动的指南，成为区分是非对错的标准。教条主义加政治高压，严重地禁锢着人们的思维，毒化着各级各类教育，极大地窒息了中华民族的创造力。

十一届三中全会之后，我们党拨乱反正，实现了工作重点的转移，开始了伟大的改革开放运动，使中华民族走上了实现现代化的复兴之路。但改革开放三十多年来，我们经常受到"左"的和右的思想的干扰，有时甚至严重到使改革开放的航船偏离正确航线的程度，在这方面仍然是有很深刻的教训值得总结的。

二、如何理解和研究意识形态

意识形态是唯物史观的一个重要范畴，也是基本范畴。唯物史观是马克思的一个伟大发现,其创立颠覆了以往多少年来一直占统治地位的唯心史观,即认为思想、观念等意识形态是社会历史发展的决定性因素的理论。以往的思想家们、哲学家们、历史学家们在考察社会和历史发展的时候,总是直观地认为,一定社会的统治者所制定的法律、政策决定了该社会的性质和面貌,而统治者之所以制定这样的法律和政策而反对或拒绝那样的法律和政策,是由他们所持的理论、观念决定的。哲学历史观的视角原本是一种宏大视角,一种整体性的、长时段的比较和分析的视角,唯此才可能发现社会历史发展的规律,可许多思想家、历史学家却缺乏历史发展的观念,因此只能将某一片段当作全体。黑格尔倒是站到了哲学历史观的高度,具有宏大的历史感,他看到了历史人物、英雄人物的历史作用及局限性,认为他们不过是民族精神的一种表现,是不自觉地执行了世界精神的一种工具性存在。黑格尔试图把握偶然的、杂多的特殊现象中的必然性亦即规律性,但却将这种规律性神秘化为精神自身发展的逻辑,构造了一个最大、最典型的唯心主义理论体系。

马克思通过批判唯心史观而发现和创立了唯物史观,其最基本的原则就是:"人们在自己生活的社会生产中发生一定的、必然的、不以他们的意志为转移的关系,即同他们的物质生产力的一定发展阶段相适合的生产关系。这些生产关系的总和构成社会的经济结构,即有法律的和政治的上层建筑竖立其上并有一定的社会意识形式与之相适应的现实基础。物质生活的生产方式制约着整个社会生活、政治生活和精神生活的过程。不是人们的意识决定人们的存在,相反,是人们的社会存在决定人们的意识。"① 恩格斯在《在马克思墓前的讲话》中指出:"正像达尔文发现有机界的发展规律一样,马克思发现了人类历史的发展规律,即历来为繁芜丛杂的意识形态所掩盖着的一个简单事实:人们首先必须吃、喝、住、穿,然后才能从事政治、科学、艺术、宗教等等;所以,直接的物质的生活资料的生产,从而一个民族或一个时代的一定的经济发展阶段,便构成基础,人们的国家设施、法的观点、艺术以至宗教观念,就是从这个基础上发展起来的,因而,也必须由这个基础来解释,而不是像过去那样做得相反。"② 当然,国家政治上层建筑和意识形态

---

① 马克思恩格斯选集:第 2 卷. 北京:人民出版社,1995:32.
② 马克思恩格斯选集:第 3 卷. 北京:人民出版社,1995:776.

也对经济发展与人的发展有重要的反作用。随着唯物史观的发现,"唯心主义从它的最后的避难所即历史观中被驱逐出去了"①。唯物史观的这些基本道理大概研究马克思主义的人都耳熟能详,可也正如恩格斯当年所批评的那样,口头上承认这些道理是一回事,把它们应用到自己的研究工作和实践中则是另一回事。这样的例子我们在现实中见到太多了。可见,这不是简单地用"误解"所能说明的,个中原因值得我们深思和挖掘。

第一,我们知道,马克思直接研究的现实对象是现代资本主义社会,这是各种社会矛盾都达到了成熟状态因而具有典型性的社会,是经济因素、经济关系突出而典型地表现出其对于政治和意识形态之决定性作用的社会。而在前现代社会,一个具有普遍性的经验事实就是,行政权力控制社会,是"权力捉弄财产",是国家政治、意识形态对整个社会生活起"支配性"作用。马克思说得好,"人体解剖对于猴体解剖是一把钥匙"②,若是不懂得或缺乏现代社会的"解剖"学知识,那就很可能为这种经验事实所迷惑,自觉不自觉地按照国家政治、意识形态"决定"经济发展和社会生活的唯心史观的思路来理解社会历史,来指导我们的实践。政权的力量毕竟是一种实实在在的强制性力量,也是一种最能迷惑人和捉弄人、形成异化的力量,即使是无产阶级革命领袖,如不能真正理解和把握马克思揭示的历史发展规律及其不同表现形式,在掌握权力后也很可能陷入政治权力决定一切的唯心史观的泥沼。

第二,马克思说,每一个时代占统治地位的思想总是统治阶级的思想,因为"支配着物质生产资料的阶级,同时也支配着精神生产资料"③,该阶级的思想家们,即那些"积极的、有概括能力的"④ 人们,他们把反映本阶级利益诉求的思想赋予普遍性的形式,"描绘成唯一合乎理性的、有普遍意义的思想"⑤,"他们把编造这一阶级关于自身的幻想当作主要的谋生之道"⑥。由此明白,这种意识形态往往具有"虚假"的性质,也就是鲁迅所曾指出的"瞒"和"骗"。所不同的是,前现代

---

① 马克思恩格斯选集:第3卷.北京:人民出版社,1995:739.
② 马克思恩格斯选集:第2卷.北京:人民出版社,1995:23.
③ 马克思恩格斯选集:第1卷.北京:人民出版社,1995:98.
④ 同③99.
⑤ 同③100.
⑥ 同③99.

社会的意识形态，最大、最突出的一个特点就是造魅、造神。这在中国和西方都是一样的，各个王朝和朝代都是通过造神运动或借助神灵将自己的统治合法化，都是把"愚民"当作统治的主要手段。而到了现代社会，由于生产的不断地变革，一切社会状况不停地动荡，"一切固定的僵化的关系以及与之相适应的素被尊崇的观念和见解都被消除了，一切新形成的关系等不到固定下来就陈旧了。一切等级的和固定的东西都烟消云散了，一切神圣的东西都被亵渎了。人们终于不得不用冷静的眼光来看待他们的生活地位、他们的相互关系"①。结果就是意识形态的世俗化和去魅化，同时也意味着政治、意识形态与社会经济的相对疏离。若无社会领域的分化以及带来的这种相对疏离，政治统治与思想控制直接同一，人们就难以走出和摆脱前现代的魅影。

更为要紧的是，当马克思指出每一个时代占统治地位的思想作为统治阶级的思想都具有虚假性的一面，是统治阶级的思想家们把本阶级的特殊利益论证为普遍利益，通过瞒和骗的手段以便对被统治阶级进行思想统治的时候，他不仅是在揭示历史上的意识形态的本质和真相，更是以一种批判的、否定的态度来对待这种情况，并力图从批判旧世界中发现新世界。他揭示了国家作为阶级统治的暴力工具的本质，根本不是要论证无产阶级国家也必须一如既往地一直把暴力镇压放在第一位，恰恰相反，而是认为一旦无产阶级夺取了政权，由于这是代表多数人利益的、为多数人拥护和支持的政权，因此就进入"半国家"阶段，其主要任务就转换为管理社会公共事务、发展生产力、为人的自由发展创造条件。以往时代的意识形态需要瞒和骗，那是因为它是少数人对多数人进行统治的一种工具，需要把统治阶级的利益说成全社会的普遍利益，而在社会主义社会，人民大众成了国家的主人，意识形态也将不再是统治工具，编造、虚假、瞒骗就失去了任何存在的理由，它将成为人民大众的不同阶层和群体展现自己价值诉求的领域与平台，成为代表人民利益而执政的共产党了解民情民意、解释政策意图、纾解社会矛盾的重要途径。这才应该是社会主义意识形态的本质方面。

第三，还有一点需要指出的是，在唯物史观的视域中，在马克思当年使用意识形态一词的语境中，这个概念有着双重的意谓：一方面是指

---

① 马克思恩格斯选集：第 1 卷. 北京：人民出版社，1995：275.

一个社会领域，即属于社会上层建筑的思想观念领域，这是从社会结构维度着眼的，主要功能是描述性的、分析性的；另一方面则是从一定意识形态思想观念的性质或阶级属性的维度分析，所谓意识形态，其实质就是一种价值观念，是与一定主体的利益诉求相关联的、关于一定统治秩序和制度合法性的价值评价。这两个方面或两个维度有联系，但不能混同。从第一个维度看，意识形态作为为经济基础所决定的上层建筑，作为社会思想观念的领域，它不仅存在于任何历史阶段、任何社会，而且从来就是多样的、多元的。无论是法律思想、政治思想，还是哲学、宗教、道德等，从来都有争论，都不是统一的。中国历史上有儒、释、道等多家，各家内部都有争论和分歧，这些都是基本的、不争的事实。从第二个维度看，意识形态的思想观念作为价值观念，它表达的不是知识，不是关于客体的事实判断，不是科学理论，而是主体的理想、信仰、价值判断、评价标准，是不同阶层、不同群体的价值诉求，对人生、对未来的一些期望，等等。正因如此，这些观念不仅会有不同，而且会有冲突和斗争。这些差别和对立不是谁真谁假的认识论方面的差别，而是立场方面的差别，只能通过历史的发展来解决。地主阶级或封建主义的意识形态，资产阶级或资本主义的意识形态，无产阶级或社会主义的意识形态，都是从这个维度规定的。

三、意识形态研究和管理应转变的几个观念

总结"文化大革命"以前的经验教训，我们党果断停止了"以阶级斗争为纲"的做法，实现了工作重点的转移，开始了改革开放，逐步实现了从革命党向执政党的转变，走上了依法治国的道路。十八大总结改革开放三十多年的经验，提出全面深化改革的目标，十八届三中全会明确，全面深化改革的总目标是完善和发展中国特色社会主义制度，推进国家治理体系和治理能力现代化。我们今天研究意识形态问题，改变和完善意识形态领域的管理工作，必须要适应这种新的形势，需要改变一些不合时宜的观念。

第一，从潜隐化的"以阶级斗争为纲"和泛化的"革命"观念转变为依法治国、依法治理的观念。由于中国近代以来的特殊国情，我们在

接受马克思主义的时候,对于"阶级斗争""革命"这些概念特别重视,以至脱离了其原来的语境和前提,甚至将阶级斗争观点与唯物史观等同起来,使"革命"具有了一种至高无上的道义地位,以革命的名义、为了革命,其行为就天然具有了合理性和正义性。革命的目的和任务是以暴力打碎旧世界,消灭敌人,夺取政权,为此需要想方设法地激化矛盾、煽动仇恨、美化未来,借以激发斗志、团结队伍。革命思维本是革命时代的产物,其合理性仅仅属于和限于那个时代。革命胜利,革命者成了执政党,进入了一个建设新世界、新社会的时期,先前那种为了革命而夸大对立煽动阶级仇民族恨的做法、那种为了打碎旧秩序而有意破坏法制"无法无天"的做法就应该终止,代之以和为贵、以法为规、团结一切力量努力实现国家现代化的思路。可惜的是,我们未能及时地、自觉地实现这种从革命党到执政党的理念转变,未能实现从革命思维到现代化思维或建设思维的转变,还是按着革命战争年代的那一套经验和思路来组织国家的政治生活与社会生活,"以阶级斗争为纲","继续革命",费尽心思到处寻找敌人,实际上是不断地制造敌人。① 这种革命思维的惯性是很大的,我们党摒弃"以阶级斗争为纲"的路线三十多年了,提出实现从革命党到执政党的转变、依法治国也有近二十年了,但法律的权威并未真正确立,法治不彰的情况还到处可见,以至十八届三中全会专门讨论研究依法治国问题,将之作为深化改革的重要内容。意识形态领域是一个非常重要的领域,意识形态工作是非常重要的工作,当然需要管理,需要有一定的管理部门和机构;而依法治国,当然包括依法对意识形态领域的问题进行治理。这就要求真正落实宪法关于保护公民言论自由的基本权利,制定有关意识形态领域管理的法制法规,明确相关部门、机构的管理权限和管理机制,以便依照法律公正公开地进行管理。我们的意识形态管理部门应在这方面身体力行、率先垂范,既做宣传依法治国的模范,也做贯彻依法治国的模范。

第二,意识形态工作要从以单纯固权为目的的观念转变到提高民族的创新能力、提高国家的软实力、提高国家的国际形象的观念上来。"以阶级斗争为纲"与依法治国是两种截然不同的治国理路。在"以阶级斗争为纲"的视野里,总设想国内国外有一大批敌人试图推翻我们的

---

① 马俊峰. 从以和为贵看中国道路的选择. 社会科学辑刊, 2014 (1).

政权，而意识形态领域是阶级斗争的最前线。为了巩固政权，必须把人们的思想统一起来，宣传要统一口径，教育要统一观点，文化、艺术等都要坚持政治标准第一，而那些与官方观点不一致的观点，那些不同意或反对这种统一的观点，都是错误的，甚至是敌对势力的反动观点。总之，在这条战线上，必须高度敏感、高度警觉、严防死守、宁枉勿纵。而在依法治国的视野里，人民当家做主、依法治国和共产党领导是有机统一的；我们的宪法和法律都是在党的领导下制定的，是为了保障公民依法行使其基本权利的，体现了中华民族发展的根本利益。

我们必须明白，在当今全球化的时代，创新能力是一个民族、一个国家兴旺发达、持续发展的关键因素，也是其能否在国际竞争中取得主动地位和优势的关键因素。转变经济发展模式，改变社会管理和治理方式，建立和谐社会，全面实现现代化，都不是一个决议、一句口号、一个号召就能达到的，而必须依赖各个地区、各个层级、各个主体的创新能力的发挥，需要创造出有利于培育与发挥创新能力的文化环境、制度环境和舆论环境。我们的意识形态工作，在这方面承担着极大的责任，是大有可为的。

从社会有机体角度理解社会生产力[*]

社会有机体理论是马克思主义的一个重要理论，也是马克思研究社会历史运动的一个重要方法。用有机论反对当时流行的机械论，用唯物论反对唯心论，二者互相支持、互相发明，成为创立唯物史观的重要方法论前提。但后者较为彰显，而前者比较隐蔽内在。这也是有机论方法和有机体理论在后世未能得到应有重视的一个原因。问题是，这一缺失使得我们对唯物史观的理解与解释带上了相当严重的机械论色彩和形而上学性，极大地影响了它的解释力和声誉，在指导实践中也产生了许多问题。我们现在亟须恢复社会有机体理论和有机论方法的重要地位。

我们过去也讲社会是一个有机体，各个部分、各个方面是有机联系的，但在总体思路上却对有机论的辩证思维方式重视不够，在许多具体问题上还是沿着机械论的思维轨道做惯性运行，比如在社会发展问题上持有的动力论观念本质上就是一种机械论的观念。讲社会发展动力，物质生产力是最终动力，基本矛盾是根本动力，阶级斗争是直接动力，科学技术是重要动力，革命和改革也是动力，看似顾及了各个方面，但实际上都还在机械论的概念框架内。若是从有机体理论和有机论的角度看，就会发现这种思路是有着相当的问题的。比如一个人的成长和发展，动力是什么？是心脏、肺、脑子、食物，还是思想、意志或是别的什么？恐怕谁也不会这么说，不会这么想。对于有机体，强调的、重视

---

* 本文原载《人民日报》2004 年 6 月 15 日。

的就是平衡，包括自身各个部分、各个系统之间的平衡以及与环境之间的平衡，是在这种平衡中表现出的活力，亦即生命力。这种生命力也就是有机体自身自组织、自调节的自我保存和自我发展能力。社会作为一个有机体，同样也是这个道理，如果一个社会的制度和运行机制出了问题，难以合理地进行自组织、自调节，那么其生命力就衰退了，也就难以正常发展了。

生产力和生产关系是唯物史观最重要的一对范畴。但在我们过去的理论中，把生产力仅仅理解为物质生产力，即社会物质财富的生产能力，现在看来有很大的局限性，需要反思和转变。马克思认为社会的物质生产和再生产是基础性的东西，是具有决定性意义的东西，但同时承认还存在精神生产和人自身的生产（主要是指人口生产，现在更应理解为人才生产），即所谓三种生产。我们知道，马克思针对的是以往的历史观忽视物质生产的作用，所以他特别强调物质生产的重要性，特别侧重对物质生产的研究，甚至认为人类历史归根结底就是物质生产和再生产的历史，但若是把物质生产当作历史发展中唯一起决定作用的东西，这就违背和歪曲了他的意思。恩格斯在晚年的通信中就指出过这种简单化的、贴标签式的毛病。实际上，物质生产、精神生产和人才生产，都是社会发展所必需的，而且有着内在的统一性，物质生产力是人们创造物质财富的能力，精神生产力是人们创造精神财富的能力，人才生产力则体现社会主体再生产的能力。这几种生产作为社会分工形式或门类，都需要一定的生产关系和制度来支撑与调节。它们之间有机地联系着，相互渗透、相互作用，任何一方面的缺陷都会产生整体性的负效应，都会阻碍社会的协调发展。分析地说，各种生产都有自己的生产力和生产关系问题，若不适合，就会造成巨大的内耗、浪费和低效率。综合地看，它们交织融合在一起形成整个社会的生产力，即社会的整体活力，如果在整体上彼此不匹配、不平衡、不协调，就会导致巨大的内耗、浪费和效率损失，导致各个方面都不能合理地发展。这已经为我们这些年来的经验所充分证明。

在现代社会，一方面，精神生产和人才生产获得了更为独立的外观形式，成为重要的社会活动分工门类，另一方面，这几种生产的互渗互动也更为明显突出。物质生产中智能化、精神性的因素大大增加，对科技、人才、创新的依赖极大增强，精神生产和人才生产，包括科技、教育和文化活动也越来越呈现出产业化的特征，对物质性因素的依赖更为直观和重要。在当今世界，一个国家、一个社会的竞争能力，基础的、核心的还是看经济实力，但这个经济实力已不能被简单地理解为物质生产能力，科技、教育、信息、金融、交通、通信、传媒、文化产业等所谓第三产业在国民生产总值中已占有相当的份额，而且表现出越来越扩大的趋势。同时，高科技领域的竞争和人才竞争成为当今国际竞争的重点或战略制高点。在这种新的竞争态势下，一个国家的科技生产能力和人才生产能力就具有了特别重要的战略地位，要求必须将科技生产和人才生产当作重要的国家产业门类予以对待。如果说邓小平提出科学技术是第一生产力，极大地改变了以往我们总是把科学技术当作社会意识来思考的传统思路和观念，那么现在我们还需要进一步考虑如何加强、改进我们的精神生产方式和人才生产方式，如何通过改革不合理的精神生产关系和人才生产关系，促进精神生产力和人才生产力的发展。这里所说的精神生产力和生产关系，不仅包括科技方面，而且包括人文社会科学方面，包括文化方面。这里所说的人才生产力和生产关系，也不仅包括学校教育方面，而且包括社会教育方面，包括全社会的人才培养、评价、选拔、管理的制度方面。科教兴国和人才强国战略实际上就是这些方面的实践体现，为我们的理论研究提出了新的课题。

这些年来我国到处出现的急功近利的短期行为，不仅表现在经济建设中，在精神生产和人才生产方面也都存在，已经产生了相当的外部不经济性，为以后的社会协调发展埋下了极大隐患。这从反面告诫我们，必须从社会有机体顺利、协调、持续发展的角度，重新审视几种生产的合理关系，重视整个社会生产力发展和社会运行模式之间的内在关联性，提高制度设计和制度创新的自觉性。党中央最近提出的科学发展观，强调以人为本，全面协调可持续发展，正是注重我国社会整体协调和整体发展活力的体现。而我们的理论还囿于原来的框架，这就出现了许多难以自圆其说的地方，比如，照原来的理论，科学属于社会意识形式，如果科学技术是第一生产力，是生产力发展的决定性因素，那不就倒向社会意识起决定作用的唯心史观了吗？文化产业成了推动经济增长的重要支柱，仅仅用"巨大反作用"能否解释得通？社会正在成为学习型社会、现代教育渗透到人才生产的各个方面，而且本身就产生巨大的经济效益，我们应该如何理解教育和教育体制改革在社会发展中的地位？人口生产和人才生产如何衔接？如此等等。传统的那一套理论和话语显然已经不能适应新形势的要求，现代实践急切地呼唤理论创新和观念转变。我以为，马克思的社会有机体理论就是一个很好的理论切入点和生长点。从社会有机体的整体角度综合地理解生产力，树立起大生产力的观念，或者整个社会生产力的观念，能够使许多问题得到新的解释和理解。在实践上，立足改革各种不利于物质生产力、精神生产力和人才生产力的制度与体制，大力增强制度研究和制度供给，通过制度创新切实协调和平衡三大生产之间的关系，调整好整个社会的运行机制，极大地提高与增强我国社会的整体活力和整体活动效率，以此来体现社会主义制度的优越性，为人类的当代发展开出一条新路。

关于社会主义分配制度的几点哲学思考[*]

分配制度的改革在我国的体制改革中具有特别重要的地位,因为每一项重大改革措施的实施,都意味着既有利益格局的变动,意味着重新分配社会创造的相对有限的财富、机会、地位等资源,而一项改革措施是否合理、能否顺利推行,在相当程度上,就看它能否增加与之相关的大多数人的现实利益和其对利益的预期,从而得到大多数人的拥护,调动起大多数人劳动、工作的积极性和主动性。经济体制改革自然要涉及分配制度问题,政治体制改革、教育体制改革、科研体制改革同样也都涉及分配制度问题。依此观之,分配问题就不单是一个经济问题,更是一个涉及整个社会能否充满活力并保持良性运行状态的问题,是一个属于社会组织原则、管理原则的大问题;分配范畴也不仅是一个经济学范畴,同时还是一个哲学历史观的重要范畴。

一、从按劳分配到按劳分配为主多种分配形式共存

过去我们许多人对分配问题的理解是有着一定的缺陷的,这表现为:(1)仅仅把分配理解为一个经济范畴,是对经济利益或收入的分配,是生产关系的一个方面。在这种理解下,各种机会、权利、权力、

---

[*] 本文原载《湘潭师范学院学报》(社会科学版)2003年第1期,与萧前合作。

荣誉和地位的分配都被遮蔽或舍弃了。这就使分配范畴狭隘化,变得残缺不全,难以对之做整体而全面的考量。(2)混淆了分配与分配制度的差别。实际上,如同所有(占有)与所有制有所不同一样,分配与分配制度也是有一定差别的,前者是实存的社会财富和各种资源的配置方式,后者则是这些方式中经国家法定的或习惯认同的制度形式。只有根据这种制度形式获得的财富和资源,才是所谓的合法所得、正当收入,其余的则为非法所得、不正当收入。这种合法所得和正当收入受到国家法律的保护,形成一定的财产合法占有制度,即所有制。从这个角度说,所有制与分配制度是同一事物的两面,不过一个从财富和资源的现实占有方面来规定,一个从获得这些财富和资源的途径方面来规定。国家肯定了一种分配形式,也就肯定了对来自这种分配的财富和资源的占有。(3)把一定的分配原则与具体的分配制度、分配形式混为一谈,既限制了对这种分配原则的深层思考,也限制了对具体的分配制度、分配形式的理论探索。

上述种种缺陷,与我们惯常的直观性思维方式有着密切的关联,既是直观性思维的结果,又是论证和培养直观性思维的条件。

毫无疑问,一定的分配形式是以一定的所有制为前提的,生产资料归谁所有,规定了生产过程中人们的相互关系以及产品的分配形式,但同时也应该看到,分配形式作为获得一定财富和资源的途径,它又是所有制的现实表现和落实。如果分配与所有制出现了一定的背离,生产资料所有者应得的利益在分配方面没有得到相应的落实,那就证明所有制被虚化了,证明生产资料的所有者并没有真正地或有效地实现对生产资料的占有,至少是没有实现充分的占有。强调这一点,丝毫没有削弱所有制形式对于分配形式的前提性,而只是突出了分配形式与所有制的内在联系,突出了分配形式的现实重要性。

生产产品在实物形态上有生产资料和生活资料的区别,与之相应,占有和分配也表现为对生产资料的占有和分配与对生活资料的占有和分配。当然,它们的区别是相对的,因为所有者可以通过市场进行交换,实现形态的转换。到了市场经济占主导地位、货币作为一般财富的代表之时,这种区别的意义就更减弱和淡化。对于个人,任何生活资料的节余,都可以通过一定的投资形式转化为生产资料,从而再获得一定的收益。这种情况并没有改变占有与分配的一般关系,但使得分配与占有的形式更加多样化。比如,各种形式的股份制、股票市场和证券市场,就为个人投资提供了多样的途径,也创造了多样的分配形式。

生产活动是劳动者使用一定的工具改造对象的活动,分配作为对劳动产品的分配,尽管其在历史上出现的具体形式是多种多样的,但总体上无非是两种:一种是按劳动中使用的物质要素即生产资料进行分配,一种是按付出的劳动量进行分配。劳动所得向来就是合法所得,是正当收入,而所谓"劳动所得"就是按劳动量进行分配的结果。也就是说,按劳分配作为一种分配形式,是历史上老早就存在的,也是受到习惯认同和国家法律保护的分配形式。在封建社会,自耕农和小手工业者都既依靠自己占有的生产资料也依靠自己的劳动获得一定的财富,即使那些雇用了一定的长工或短工、雇用了一定的工人的富农和业主,由于自己也参加劳动,实际上他们的收入中也有一部分是按劳分配的。在资本主义社会,资本家固然主要是按照自己占有的生产资料获得利益,但当他们作为管理者参加生产活动时,他们的收益中无疑也有一部分是劳动的结果;工人的收入更是靠劳动获得的,只不过被资本家剥削掉了一部分而已。在以往的生产资料私有制的社会,按资(生产资料)分配是主导的分配方式,按劳分配只是在有限的范围内、以残缺不全的歪曲的方式被实行,而且只是按资分配的一种补充。任何社会都以物质生产为自己存在的基础,不可能设想在分配中根本不顾及劳动者的劳动能力、劳动强度和劳动时间等的作用,果若如此,劳动者必然完全失去劳动热情,劳动生产将无法进行下去,更不用说有所发展。建立在私有制基础上的按资分配制度本质上是剥削制度,剥削就意味着对按劳分配的否定,这是没有问题的,但如果把这种否定绝对化、把二者的对立绝对化,认为彼此水火不容,那就不对了。历史的事实并非如此。

无产阶级革命是对生产资料资本家占有制的否定,当然也是对与此相适应的按资分配制度的否定。按照马克思的设想,在社会主义革命胜利之后,实行生产资料的社会占有制,即公有制,此时,每个人能够提供给社会的只有自己的劳动,所以社会也就只能按每个人提供的劳动的质和量进行分配。人们从社会分配中获得的只是用于生活的消费资料,尽管由于每个人劳动能力的差别和赡养人口的不同,必然会存在生活水平的不平等,有些富裕家庭会有一定的节余,但这种节余不存在投入再生产以获取新的收益的问题。很显然,正如马克思所说,他是从批判旧世界中发现了新世界的,作为旧世界的对立面,除了旧世界创造的生产力基础之外,其他原则都是正与其相反的。这不仅是一个没有私有制、没有剥削的社会,而且是一个没有商品、没有市场、没有货币的社会。在这个社会中,个人劳动直接就是社会劳动,每个个人的劳动直接就是社会总劳动的一部分,因此才可以按照劳动种类(复杂程度)、劳动强度、劳动时间计算个人为社会提供的劳动量,并据此进行生活消费品的分配,当然要进行一定的扣除。换言之,实施这种完全形式的按劳分配制度是受到一定条件约束的,而这些条件并非某个人想象的产物,它们只能由历史来提供。事实上,后来发生了社会主义革命的国家没有一个具备这些条件,因而也就不可能严格施行这种分配制度,按劳分配至多也就只能作为一种与公有制相适应的分配原则而存在,各个社会主义国家只能按照这个原则设计自己的分配制度。

中国共产党的第一代领导人在探索中国社会主义建设道路的过程中,曾怀着极大的热情,为能较彻底地实现按劳分配原则而努力创造条件,其中之一就是彻底推行生产资料的国家占有制,即我们经常说到的"一大二公"和计划经济体制。任何试图将生活资料的节余转化为生产资料从而获得一定收益的行为,都被当作"想发财致富"、资本主义倾向而受到批判和取缔。然而,由于按劳分配所需要的社会历史条件和技术条件的复杂性,为贯彻按劳分配原则、力图消除社会不公正的种种努力遭到了巨大的失败,结果是平均主义泛滥、劳动效率低下和普遍贫困。以邓小平为核心的中国共产党第二代中央领导集体面对经济落后、劳动生产率低下以及由此造成的种种社会矛盾,深刻反思先前几十年社会主义建设中的错误和教训,以极大的勇气摒弃以往对社会主义的教条化理解,从根本上否定在"文化大革命"前就开始并大力推行、到"文化大革命"中登峰造极的极左路线,恢复实事求是的思想路线,坚持从中国的实际出发,开始了伟大的改革开放运动。改革开放尽管艰难曲折,但毕竟步步深化,经过二十多年的实践,"一大二公"的所有制被公有制为主体、多种所有制经济共同发展的混合所有制替代,计划经济体制被社会主义市场经济体制替代,分配制度也发生了深刻变化,形成了以按劳分配为主、多种分配形式并存的分配制度。对所有制与分配制度的改革极大地促进了中国经济和社会的发展,也证明了我们的改革措施是正确的、成功的,证明了这种混合所有制和多种分配形式并存是合理的、有效的，并且为我们进一步思考分配制度的改革打开了思维空间。

二、按劳分配具体实现形式与其他分配形式的关系

我们过去在理解按劳分配方面的一个重大失误就是，混淆了按劳分配原则与其具体实现形式之间的一般与特殊的关系，把某种特定的实现形式当作按劳分配一般，从而排斥了探索其他实现形式的可能性，也歪曲了按劳分配与其他分配形式的关系。

如前所述，按劳分配并非马克思的创造，它老早就存在了，马克思所做的工作是把它从一种附属性的、残缺不全的、有限适用的分配形式提升为社会中主导的、完全的也是唯一的分配形式。但马克思说得很清楚，按劳分配意味着个人"以一种形式给予社会的劳动量，又以另一种形式领回来。显然，这里通行的是调节商品交换（就它是等价的交换而言）的同一原则"，"至于消费资料在各个生产者中间的分配，那么这里通行的是商品等价物的交换中通行的同一原则，即一种形式的一定量劳动同另一种形式的同量劳动相交换。所以，在这里**平等的权利**按照原则仍然是**资产阶级权利**"①。只不过形式和内容都发生了变化，产品不再作为商品而是以其直接形式进行分配，交换变成社会和生产者个人之间的交换；原则与实践也不再相互矛盾，即真正地按照等量劳动相交换的原则进行分配。无疑，这是一种理想条件下的分配形式，是社会主义高级阶段才能实行的分配形式，现实的社会主义国家没有一个具备这些条件，因此也就不可能严格地以马克思设想的方式进行分配，而只能将之当作一种基本分配原则。至于其具体实现形式，还必须根据自己的国情来探索和设计。在我国，我们就曾实行过供给制、等级工资制、工分制，改革后实行的承包制、基本工资＋奖金制，都是对具体的按劳分配形式的探索。其中，最大的改革就是放弃由国家统一规定工资的制度，由各个企业、单位根据自己的具体经营情况决定职工工资的浮动。

随着社会主义市场经济的建立，与所有制方面的改革相适应，一方

---

① 马克思恩格斯选集：第3卷.北京：人民出版社，1995：304.

面，彻底打破以国家为全体职工统一发放工资的简单模式，使各种企业都作为市场主体进行活动，并按照自己的经营业绩决定对本企业职工的分配。市场不仅是生产要素配置的基本形式，也直接影响和规定各个企业的分配形式，使按劳分配的具体实现形式越来越多样化。另一方面，按劳分配的多种形式与其他分配形式出现了错综复杂的关系。比如，在国有企业中，一部分职工购买和持有本企业的股份，企业也可以用股份的形式奖励自己的高层管理人员和具有重大贡献的科技人员，还可以允许非国有企业参股成为股东，这就必然带来分配形式的多样化，出现了按劳分配与按生产要素分配同时并存于国有企业的情况。同样，非国有企业在依法缴纳国家规定的各项税收后，按照一定的规程制定自己的工资标准，按照职工的业绩和地位进行分配，其中也包含了按劳分配的成分；国有企业参股非国有企业，将因此获得的收益再分配于本企业的职工；个人进行股市投资，也会从中获取一定的收益；一些科技人员带着自己的知识资本和专利产品在所参与的公司中身居要职，他的收入中就既有按生产要素分配的成分又有按劳分配的成分；私营公司和企业的老板所获得的收益中也既有按生产要素分配的成分又有按劳分配的成分。如此等等，表现出非常复杂的情况。面对这些复杂的情况，我们必须改变以往流行的关于按劳分配的教条而僵化的观念，改变那种认为只有领取国家发给的工资才是按劳分配、只有国有企业及单位才实行按劳分配的思想，改变那种把按劳分配与其他分配形式简单对立起来、认为按生产要素分配就意味着剥削就该取缔的思维模式。正如不能机械地把公有制为主体理解为公有制经济必须占国民经济的50%以上一样，坚持以按劳分配为主并不是一定要保持国有企业及单位的足够数量。国有企业、国家公务员和各种事业单位的分配方式主要是按劳分配，国家通过法令保障非公有制企业职工的各种合法权益，也是保护和坚持按劳分配，国家依法对非公有制企业和高收入的个人征收所得税并将这部分社会财富以其他形式回馈给劳动者，增进他们的福利，这也是坚持按劳分配原则。

三、分配制度与生产力发展、人的发展的关系

任何社会都建立在一定的物质生产的基础上，分配总是对生产成果

的分配，因此，生产力发展的程度不仅规定了可分配的财富数量的多少，而且规定了分配所采取的社会形式。国家可以利用行政权力强行推行一种占有和分配制度，但如果这种占有和分配制度不适合生产力发展的水平与要求，那么它肯定是不会长久的。这是因为在生产力的诸要素中，劳动者是最基本的要素，也是最活跃、最富能动性和变动性的要素，分配制度不合理，必然会伤害劳动者的劳动热情、降低他们的劳动积极性和创造性，严重时还会造成他们各种形式的怠工和反抗，结果必然是造成劳动资料和时间的浪费，必然导致劳动生产率的低下甚至倒退，从而使各方面的矛盾尖锐化。在这方面，我国改革前的农村公社制及其分配制度、企业分配中的铁饭碗和大锅饭都提供了最生动具体的例证。

当生产力发展的水平还不够高，生产出来的物质财富还比较有限，劳动还是人们的谋生手段的时候，人们对自己所能获得的物质利益的关心，对劳动成果的分配形式的关注，就是一种具有普遍必然性的倾向。但也正是这种关心和关注，成为推动生产力发展的最深刻、最持久的动力，构成一种分配形式是否具有合理性、是否具有历史进步性的深层根据。所谓适合生产力发展的要求，说到底就是满足了劳动者的需要，调动与激发起他们的劳动热情和创造力。因为生产力并不是脱离了人的力量，它就是劳动者在各种劳动中表现出来的能力。这是问题的一个方面。另外，在这种生产力条件和主体条件下，人们总是想方设法利用劳动之外的因素获取更多的物质利益，其中最常见、最大量也是合理合法的形式就是将一定的生活资料节余和积累的财富转化为生产资料投入再生产过程。这种想获得更多收益的愿望和行为无论在历史上还是在当前现实中都是生产力发展所需要的，因而也是具有积极意义的。我们不能仅仅从道德主义的角度看待这种行为，而是应该从历史主义的角度理解它的现实必然性和意义。

首先，我国的经济发展水平和人均收入在世界排名中都是比较靠后的，以这样的实力参与国际竞争我国无疑属于劣势的一方，所以，集中精力把经济搞上去，尽快地提高劳动生产率、提高生产效益，不仅是关乎中国社会主义命运的大问题，更是关乎中华民族的"球籍"的大问题。从全世界各个发展中国家的经验看，发展经济首先遇到的是资金短缺问题，我国也不例外。没有资金，就意味着没有生产资料，一切就无从谈起。为了解决这个问题，除了国家筹集资金外，还可以鼓励民间投资。无论国家向国民借债还是民间投资，都意味着国民将先前的积累节余转化为生产资料，从而获得劳动之外的收益。海外投资更是以获取利润为目的的。总之，不解决投资收益分配的问题，就不可能达到鼓励投资的目的，就无法增加经济投入，就必然影响经济的发展。其次，资金的使用效益问题。在计划经济时代，由于钱是国家的，投资由国家拨款进行，所以上至企业领导下至工人都不太关心资金的使用效益，结果造成了各个环节、各个方面的严重浪费。这就是我们的国有企业长期经营不善的最重要的原因，而民间投资和海外投资则根本不存在这个问题，每个投资者都必然非常关心资金的使用情况，关心成本和收益的比例关系，从而减少了决策的盲目性、减少了浪费，提高了劳动生产率和经营效益。最后，民间投资和海外投资创造了就业机会，刺激了经济的增长，增加了国家的税收，增加了社会财富的总量，它们与国有企业的竞争增加了对国有企业的压力，促发了国有企业的生机和活力。市场经济就是一种投资主体多元化、依赖市场实现生产要素自由配置的经济体制，也必然是一种多种分配形式并存的体制。我国的社会主义市场经济并没有也不可能改变市场经济的这种一般规定和特征，最多只是改变了它的一些运行条件，减少和降低了它的一些负面作用而已。

毫无疑问，在非公有制经济中占主导地位的分配制度是按生产要素进行分配，也即存在着剥削现象，存在着两极分化的可能。问题不在于否认这种情况，也不在于强找一些理由或改换一些词句来对之进行掩饰，而是从唯物史观的高度认识和理解这些现象的历史必然性。马克思恩格斯曾这样说过，消灭私有制和阶级，不是因为它们违反了道德公平的原则，而是因为它们成了生产力发展的障碍。阶级的存在是生产力发展不足的产物，在人们还为生存资料进行竞争的条件下，即使强行消灭了阶级，在争夺生存资料的过程中，阶级仍然会死灰复燃。社会主义是以消灭阶级和剥削为己任的，但这是它长期运动和发展的最终结果，是它的终极目标。把这种社会主义高级阶段才能实现的目标当作目前就要实现的任务，是我们过去各种"左"的思想的总根源。我国现在还处在社会主义初级阶段，在我国现有的经济条件和国际条件下，劳动无疑还是谋生手段，这就根本无法改变人们为争夺生存资料而斗争的局面，也根本不可能彻底消灭阶级。我们现在所能做的是，在以公有制为主体的前提下，通过适当的多样性分配形式，将人们普遍存在的对物质利益的关心和关注转化为发展生产力的积极动力，大力提高劳动生产率，大力改善社会公共福利，大力发展科学文化和教育事业，为最终消灭阶级创造条件。

四、关于分配中公平与效率的关系

上面我们主要从经济利益的分配方面讨论社会主义分配的问题，其实，分配不但是经济利益的分配，也包括社会地位、社会权力、机会、荣誉等的分配。在资本主义社会，按资分配是在经济上占主导地位的分配形式，也是其他社会资源方面的主导性分配形式。社会主义在经济方面坚持按劳分配为主多种分配形式共存，而在社会地位、社会权力、机会、荣誉等方面，则只能坚持按劳分配原则。也就是说，社会不承认任何公民在拥有社会地位和权力方面有任何特权，比如世袭的特权、优先的特权等，在这里机会向一切人开放，只按照个人的能力、业绩、品德进行分配。换言之，任何利用自己的财力、特殊社会关系等谋取某种社会地位、权力和荣誉的行为，任何利用自己手中掌握的某种权力获取额外经济利益的行为，都被视为不正当的，都是非法的。

前些年理论界曾热烈讨论过公平与效率的关系问题，对于人们正确理解社会主义的分配原则，特别是对于理解按劳分配为主多种分配形式共存的经济分配政策，是起了积极作用的。但也有不足之处：一是仅仅从经济学的角度规定分配，没有把对社会地位、社会权力、机会、荣誉等的分配考虑进去，没有从整个社会组织原则和管理原则的高度考察分配问题；二是对公平的理解有抽象化的倾向。这就使得我们对公平与效率之关系的理解没有超出西方经济理论界的水平，在一些方面倒是沿袭了其公平与效率不可兼得的结论。

马克思在谈到按劳分配作为一种"平等的权利"和"公平的分配"时指出："就它的内容来讲，它像一切权利一样是一种不平等的权利"[1]，

---

[1] 马克思恩格斯选集：第3卷. 北京：人民出版社，1995：305.

是形式上的平等掩盖了事实上的不平等，但这是"不可避免的。权利决不能超出社会的经济结构以及由经济结构制约的社会的文化发展"①。这就是马克思认为应该持有的"现实主义观点"。而现代西方的一些理论家，他们所说的"平等""公平"，则是根据某种一般原则而抽绎出来的，成了一种非历史或超历史的道德诉求。这样一来，公平与效率就形成了一种对立关系，为了维持社会公平就得牺牲一定的效率，为了提高效率就得牺牲一定的社会公平。翻译成中国人都能理解的语言，就是：剥削就是不公平，允许按生产要素分配就是允许剥削，就是牺牲了公平，只有以此为代价才能换得效率的提高；反之，如果不允许按生产要素分配，那就是为维护社会公平而牺牲效率，如同改革开放前我们所做的那样。按照马克思的"现实主义观点"，改革开放前我们的平均主义分配政策恰恰既不适合生产力发展的要求，也不符合与这种经济发展阶段和经济结构相适应的社会公平原则，所以才导致了低效率和无效率。在社会主义初级阶段，在我们的生产力发展还比较落后的条件下，为了发展经济、提高效率，在经济分配领域只能实行按劳分配为主多种分配形式共存的分配制度，只有这种分配制度才是具有现实合理性的，才是现实的"公平的"。

在社会的其他领域，如教育、科技、文化、医疗卫生和政府管理部门等，改革开放前我们的效率是同样低下的，其中的主要原因还是平均主义的经济分配制度和在社会地位、社会权力、机会、荣誉等分配上的不公正与不公平。只有打破平均主义和各种特权主义，消除其他方面的不公正与不公平，才能调动人们的积极性，才能提高效率。在改革开放和建立市场经济的过程中，人们对物质利益的关心得到了合理的肯定，但与此同时，一些人为了获得更多的经济特权和物质利益，出现了大量的行贿受贿、权钱交易等腐败现象，这无论从哪一方面看都是对社会公正和公平原则的破坏，导致了新形势下的交易成本提高和效率损耗。我们进行政治体制改革、加强法治、强化监督、惩治腐败，都是为了维护社会公平，维护正常的经济秩序和社会秩序，结果必然是促使工作效率提高。

这不是说公平与效率之间没有矛盾，而是说这种矛盾如同改革与

---

① 马克思恩格斯选集：第3卷. 北京：人民出版社，1995：305.

关于社会主义分配制度的几点哲学思考

发展、稳定与发展之间的矛盾一样，绝不是如一些人理解的那种非此即彼、有此无彼、不可兼得的关系，而是在彼此对立的同时还有相互促进的一面。我们的任务就是尽量创造条件，使它们都能得到合理的发展。社会是一个有机系统，经济与政治、科学技术、文化、教育等都是内在联系着的，提高效率不单指提高经济效率，也包括提高行政管理工作的效率、科学研究和技术开发工作的效率以及文化、教育、卫生等各个方面的效率。无论在哪个方面，坚持公平原则肯定都是提到效率的重要途径之一，而劳动效率的提高、社会财富的增加和丰富，又为实现高层次的公平提供条件。这里我们应该注意的是，公平也具有不同的层次和形式。坚持按劳分配为主，是保障社会大众在获得财富方面的基本公平；建立和健全政治、经济立法，消除权钱交易、裙带关系等腐败现象，维持市场正常秩序，是保障等价交换和投资机会方面的公平；贯彻优劳优得、多劳多得，是直接体现按劳分配机制上的公平；社会职务、地位、荣誉向一切人公开，是保障个人权利和社会竞争机会上的公平；等等。在这些方面，我们都有大量的工作可做。我们现在面临的不是为了提高效率而牺牲公平的问题，恰恰相反，是为了维护和保障公平而促进效率的问题。我们不能把"效率优先，兼顾公平"原则简单地理解为为了效率可以牺牲公平，而应合理地理解为不能离开生产效率和生产力水平以及由此规定的社会经济结构抽象地看待公平问题，在目前阶段，在以经济发展为中心的条件下，提高效率是第一位的，维护公平要为提高效率服务，而效率的提高、经济的发展，又为我们实现更高的公平提供了条件。

社会主义作为从现代资本主义社会条件中发育出来并代替资本主义的制度，首先在于它能够克服后者对生产力发展的种种限制，能够容纳更高的生产力，能够促进生产力以更快的速度发展，同时也在于社会主义作为广大人民群众当家做主的社会，能够克服后者在社会公平方面的固有局限，在更高的程度上实现社会公平，并为实现效率与公平的良性互动开辟广阔道路。共产党作为无产阶级和人民利益的忠实代表，作为先进生产力的代表，作为先进文化的代表，它的各种工作，包括对总方针的确定和具体制度的安排，其总的指归，从正的方面说，是从现实条件出发，把广大人民群众的历史创造性、主动性和积极性调动起来，从反的方面说，是消除一切限制、妨碍人民群众发挥积极主动的历史创造性的因素，从而最大限度地推动社会的发展和人的发展。分配制度方面的改革和新的分配制度的创设，无疑是使效率与公平合理结合、良性互动的关键，是调动人民群众积极性的直接的也是非常重要的环节。

全面理解马克思的人的生产理论[*]

现代实践极大地突出了智能性因素、设计性因素的重要性,当今世界各国的竞争,关键是科学技术的竞争,说到底是人才的竞争,能否培养出大量人才、留住人才、吸引人才、用好人才,就成为具有决定性意义的事情。我国实施的科教兴国战略、可持续发展战略和人才强国战略都是针对现代实践的特点和我国社会主义建设中的实际问题而提出的,对于促进我国经济社会的发展起到了并继续产生着巨大的作用。党中央新近提出的科学发展观,坚持以人为本、全面协调可持续发展的原则,强调人是社会各种事业发展的主体,更是我们各种事业发展的最终目的。这是我们党认识中国特色社会主义建设规律的又一次飞跃。在像中国这样的人口大国,如果能够把人口资源充分利用起来,将人口压力转变成人才资源优势,将经济和社会发展的成果转换成促进人才大量涌现、促进人的全面发展的条件,就能保障中国社会的良性循环和持续健康发展,中国特色社会主义道路就能充分体现出其世界历史意义。这也是中华民族对人类发展的一大贡献。这种现实实践为我们深入思考人的生产问题提供了广阔的理论空间。

一

我们知道,马克思曾经把物质生产、精神生产和人的生产看作人类

---

[*] 本文原载《教学与研究》2005 年第 2 期。

社会的三大生产形式，认为它们内在交织、密切联系，构成了一个社会有机体系统。在著名的《德意志意识形态》中，马克思批判了鲍威尔和费尔巴哈从抽象的人出发的考察方法，主张从现实的个人出发考察历史及其发展，不仅要把人看作感性对象，还应该将人理解为感性活动。在这种新历史观看来，一切历史的第一个前提都是，人们为了满足生活需要而必须进行生产，即"生产物质生活本身"；第二个事实是，"已经得到满足的第一个需要本身、满足需要的活动和已经获得的为满足需要而用的工具又引起新的需要，而这种新的需要的产生是第一个历史活动"①；进入历史发展过程的第三种关系是，"每日都在重新生产自己生命的人们开始生产另外一些人，即繁殖"②。"这样，生命的生产，无论是通过劳动而达到的自己生命的生产，或是通过生育而达到的他人生命的生产，就立即表现为双重关系：一方面是自然关系，另一方面是社会关系"③。此外，还有意识的生产，而只有在历史发展到一定阶段，在精神劳动与物质劳动分离之后，真正意义的精神生产才出现。这几种生产，不仅都是社会正常发展所必需的，而且是交织在一起相互联系综合地起作用的。这种综合作用、共同发展的过程，只有在把生产同时看作再生产，即生产的不断延续、复制和扩大的过程时，才能得到合理的理解。

可是，在我们以往的理论框架中，这几种生产是被分离地而不是综合地进行讨论的。为了突出"唯物主义"，强调社会活动也是一种物质运动过程，是物质运动的高级形式，我们把生产力仅仅理解为"物质生产力"而不是"社会生产力"，与此相应，我们把人的生产仅仅理解为人口生产，是物质生产所必需的一种物质性条件，而且是在物质生产之外进行的生产。尽管我们在讲物质生产时也把劳动者看作劳动生产的基本因素，把调动劳动者的积极性当作重要问题，但我们却始终未能对劳动生产和社会活动的属人性与为人性，对生产力本质上是人的一种能力、是人的本质力量的一种表现形式，形成合理的理解，我们不敢强调人的需要和能力在生产力发展中的根源性地位，更不敢讲人在经济发展和社会发展中具有决定性的作用，对于人在生产过程中不仅创造出具体

---

① 马克思恩格斯选集：第1卷. 北京：人民出版社，1995：79.
② 同①80.
③ 同①80.

的产品而且再生产着一定的社会关系以及再生产出自己的需要和能力,即把自己作为社会性的人再生产出来等,都极少提及。实际上,我们从来都没有对三种生产做统一的、辩证的理解,在讲物质生产时重点是放在物质上而不是生产上,重点是放在直观地分析物质生产的要素上而不是这些要素的动态组合和发展形态上,所以就不可能深层理解马克思关于人的生产的全面性内涵。

马克思曾经批评旧唯物主义由于抽象地理解和强调物而变得敌视人,费尔巴哈比这种旧唯物主义优越的地方在于,他突出了人的地位和作用,甚至为了强调与这种旧唯物主义的区别,宁肯称自己是人本主义而不承认是唯物主义。但费尔巴哈只是把人看作"感性对象",而没有进一步把人理解为"感性活动",因而,"在他那里,唯物主义和历史是彼此完全脱离的。""当费尔巴哈是一个唯物主义者的时候,历史在他的视野之外;当他去探讨历史的时候,他不是一个唯物主义者。"① 这种批评对于我们重新理解马克思创建的新唯物主义具有重要的意义,对于我们全面理解人的生产理论也具有直接的指导意义。

二

针对唯心主义主要是"从意识出发,把意识看作是有生命的个人"② 的这种观点,费尔巴哈强调人是肉体和意识的统一体,是一种"感性对象",这是有意义的,也是他比那种"纯粹的"唯物主义即把人当作机器、当作物来看待的唯物主义优越的地方。但费尔巴哈"从来没有看到现实存在着的、活动着的人","从来没有把感性世界理解为构成这一世界的个人的全部活生生的感性**活动**"③,他不知道人与人之间除了爱和友情还有什么别的关系,不懂得历史地去理解人的存在和人的活动。因此,在实践的唯物主义看到造成人的存在的非人化的社会结构和社会关系条件并主张实践地改造这些条件时,他却只能诉诸观念上的"类的平等化"和最高的直观而陷入唯心主义。

---

① 马克思恩格斯选集:第1卷.北京:人民出版社,1995:78.
② 同①73.
③ 同①.

如果我们不是直观地而是辩证地、历史地看待人的存在和活动，不是简单地、抽象地看待物质生产而是把物质生产看作人们进行的一种连续性的历史活动，把生产力看作人的本质力量的一种表现形式，把生产关系和社会关系看作人们之间的关系与人的发展水平的社会表现，那么我们就不会再把人的生产当作一种自然行为，即自然生殖的行为，就不会把人的生产简单地只限定为人口生产。按照马克思的理论，无论在逻辑上还是在历史上，人的生产都包含着既相互区别又内在联系的三层意蕴。

第一是人口的生产，即种的繁衍。这是最基础的层次，也是任何社会得以存在和任何活动得以进行的基本条件，没有人，就构成不了社会，一切社会活动也都无从展开。我们过去讲人口因素和地理环境都是社会存在的自然前提与必要条件，这当然都是不错的，问题是不能离开具体的社会关系来理解这些因素，否则，它们就变成了一种抽象化的东西。马克思说，每日都在重新生产自己生命的人们生产另一些人，即繁殖。这就是夫妻之间的关系，父母和子女之间的关系，也就是家庭。这种家庭最初是唯一的社会关系，后来，当需要的增长产生了新的社会关系而人口的增多又产生了新的需要时，这种家庭便成为从属的关系了。从社会关系的角度理解人口因素，就会看到不仅不同社会有不同的人口规律，而且人口因素在不同社会关系条件下的地位和作用也不相同。换言之，从哲学历史观的视角考察人口的增长率、分布、数量和质量，就不能局限于社会学、人口学的静态描述和统计性结论，而必须深入揭示造成这些结果的社会关系条件和社会根源。也正因如此，它就不能满足于仅仅在人口层面讨论人的生产问题，还需要进一步深入人的现实需要、能力，人的现实生活的生产和再生产。

第二是人的需要和才能的生产，即人才的生产。现实的人总是具有各种需要和各种才能的人，从而才是能够进行各种生产和社会活动的人，才是现实的人。人的多数需要都是社会化了的需要，人的各种才能也都是在社会化过程中产生和形成的，是在现实生产活动过程中被"生产"出来的。人为自己生产了需要和消费的对象，也为对象生产了主体，生产了作为主体的人的感觉能力、欣赏能力、劳动能力、交往能力，等等。从自然的人到社会的人，从"人口"到"人才"，需要一个过程，其中教育处于非常重要的地位。这里所说的教育是广义的教育，包括学校专业知识的教育、生活能力和思想道德的养成教育、生产技能的获得、社会处世经验的形成，等等。教育的另一面就是学习，从婴儿到成人，从青年到老年，都离不开教育和学习，这个教育和学习的过程就是现实的人不断再生产自己的过程，也是人才生产和再生产的过程。正是借助教育，人类的经验、知识和方法才能实现遗传，得到持续的积累、发扬和光大，社会才能不断发展。在现代社会，正规的学校教育是作为一种培养人才、生产人才的基础工程而存在的。现代社会之所以能够以一种加速度的形式发展，一个重要原因就是知识的生产和专业教育获得了一种社会建制的形式，极大地扩大了人才生产的规模，提高了人才生产的效率。

18世纪的法国唯物主义也看到了环境和教育对人的决定作用，提出了环境决定人的命题。但正像马克思所批评的那样，"关于环境和教育起改变作用的唯物主义学说忘记了：环境是由人来改变的，而教育者本人一定是受教育的"①。他们不懂得：环境决定人，而人又创造环境，"环境的改变和人的活动或自我改变的一致，只能被看作是并合理地理解为**革命的实践**"②。马克思之所以特别强调革命的实践，就是因为他不是一般地理解环境与人之间的相互作用，而是立足人的解放用否定的观点看待资本主义的现实社会关系，用他的话说，"旧唯物主义的立脚点是市民社会，新唯物主义的立脚点则是人类社会或社会的人类"③。也就是说，马克思是立足更高的目标、更宽广的视野来看待人才和人的生产的。

第三是作为主体的、全面性的人的生产，或者是作为符合人的本性的、具有个性的人的生产。人们在生产活动和社会活动中，既再生产出了自己的体力，也再生产出了新的需要和新的能力，产生了新的理想和要求以及实现这些新的要求的物质的、技术的、社会的条件，由此又推动了生产和社会活动的进一步发展。如此循环不已，使得人的本质力量不断丰富，主体性不断增强，越来越趋向于全面发展的人。这是一方面，是社会发展和人的发展的总趋势的积极方面，而在另一方面，现实的资本主义生产关系和社会关系又表现出非人性的性质。它不仅使"精

---

① 马克思恩格斯选集：第1卷. 北京：人民出版社：1995：55.
② 同①
③ 同①57.

神活动和物质活动、享受和劳动、生产和消费由不同的个人来分担这种情况成为可能，而且成为现实"①，工人为社会生产出了财富，却为自己生产出了贫困，工人的生活需要和消费、体力的恢复和能力的培养只是作为资本再生产过程中的一个环节而存在，人们的各种技能、各种才能仅仅只有在能够为资本带来利润的时候才被承认，人才只是在作为一种活劳动、一种能够带来更多的剩余价值的资源时才被重视，奴隶式的分工不仅使人片面化，而且整个地使人物化，成为机器的零件或生产线上的部件。只有通过"革命的实践"，借助资本主义创造出的高度发展的生产力条件，消灭这种非人化的分工形式，消灭这种非人化的社会关系，才能按照人的本性的需要安排人与自然、人与人、人与社会、人与自己的才能的关系，才能发展自己的全面能力，把自己作为一个具有自由个性的人而生产出来。马克思把共产主义理解为"消灭现存状况的**现实的运动**"②，既是从生产力发展的历史要求也是从人的发展的历史要求来立论的。

从历史发展的形态上看，在社会还处于自然经济阶段时，人的数量和体力是生产中的主要因素，生产的发展主要采取外延扩大的形式，在这个阶段，人口的生产、人的数量的多少自然就受到更多的关注。而在工业化和市场经济阶段，科学技术在生产中得到广泛的应用，激烈的市场竞争使得通过管理来合理利用资源从而节约成本成为经济活动的内在要求和动力，越是到现代，集约式经营和内涵性发展越是成为主导性发展模式，城市化、商业化和广泛交往为人们提供了较大的选择空间，在这种条件下，人才的作用在各个方面都被突出出来，人才的培养和生产得到了重视。然而，在这个阶段，无论是人口还是人才，都主要是在手段性、工具性价值的意义上来理解，符合人的本性的、具有个性的人还得不到社会的重视，也没有作为人的发展的一种优势需要而凸显出来。也就是说，在这种社会条件下，人很难作为整个生产的自觉的目的性价值因素而被思考，倒是更多地被作为一种手段性因素、一种人力资源。在整个社会以及社会意识层面占主导地位的观念，就是工具理性的观念，主要是从工具性价值的维度思考人的生产的问题。在资本主义市场经济条件下，利润最大化始终是社会经济活动的基本目的，人只有作为

---

① 马克思恩格斯选集：第1卷. 北京：人民出版社，1995：83.
② 同①87.

劳动力、作为能够创造剩余价值的活劳动因素才会得到重视，即使在精神生产领域也服从着这个基本规律，文化产业化、教育产业化实际上都是这种规律的体现。当时的许多思想家尽管也提出过人本主义的观念，并以此为根据对资本主义社会十分突出的异化现象进行了揭露和批判，但只有马克思才深刻揭示了造成这种异化现象的制度性根源和历史原因，认为只有用社会主义制度扬弃资本主义制度，才能真正从根本上解决异化的问题，将符合人的本性的、具有个性的人的生产作为生产的内在目的和基本动因，为实现人的自由全面发展和人类解放开辟了道路。现代西方的社会批判理论学者，在揭示人的异化的新形式方面确实做了不少工作，但他们多是从意识形态和文化价值观念方面寻找原因而回避制度维度的思考，所以远没有达到马克思那样的深刻性和彻底性。

三

历史的发展总是会出现许多人们预料不到的特征。社会主义革命没有按照马克思的预料首先在发达资本主义国家取得胜利，而是在俄国和中国这样的东方落后国家发动并获得了成功。然而，半个多世纪的社会主义建设经验却证明，以夺取政权为目标的政治革命与改造整个社会关系为目标的社会革命之间还是有着相当的差距的，而没有后者的配合，没有足够发达的生产力和生产总量的支撑，政治革命或者失败，或者与革命者自己的初衷发生很大的背离。苏联解体，中国宣告计划体制的终结而走上市场化的道路。市场经济作为一种资源配置方式和现代生产方式，确实对生产力发展和社会进步起到了并继续起着巨大的推动作用，社会主义国家尤其像中国这样的经济、文化都比较落后还处于社会主义初级阶段的国家，要发展经济，全面地改造自然经济时代的生产方式和生活方式，必须采取市场经济的形式。这说明在历史发展过程中市场经济具有某种不可逾越性，西方资本主义的发展也说明市场经济对于生产力发展的积极作用还没有释放殆尽。社会主义与资本主义的同时并存和相互竞争恐怕还要经历一个相当长的历史时期，社会主义必须不仅在经济持续发展和良好社会秩序方面而且在人的全面发展方面表现出自己的优越性，才能吸引更多的人相信社会主义，向往社会主义。

在中国搞社会主义市场经济，无论我们多么强调中国特色和社会主义特征，也必然受着市场经济一般规律的制约，其负面作用与正面作用总是同时并存的。在人的生产问题上，比起传统社会，人才的作用、人才生产的重要性得到极大的重视，我们到处感到人才的缺乏，正像邓小平多次强调的那样，"改革经济体制，最重要的、我最关心的，是人才。改革科技体制，我最关心的，还是人才"①。他在谈到《中共中央关于经济体制改革的决定》时说，《决定》中最重要的是第九条，"概括地说就是'尊重知识，尊重人才'八个字，事情成败的关键就是能不能发现人才，能不能用人才"②。胡锦涛在全国人才工作会议上讲到人才强国战略时指出，我们要紧紧抓住培养、吸引、用好人才三个环节，加强人才资源能力建设，深化人才工作体制改革，大力培养各类人才，加快人才结构调整，优化人才资源配置，促进人才合理分布，充分开发国内国际两种人才资源，努力把各类优秀人才集聚到党和国家的各项事业中，使我国由人口大国转化为人才资源强国，为全面建设小康社会提供坚强的人才保证和智力支持。但我们也必须看到，受市场经济固有规律的影响，在我们许多人的思想中，确实存在着工具理性至上，把人物化，把人的能力、才能甚至道德、人格等只当作产生利润的资源因素来思考、来对待的倾向。在我们不少人甚至不少领导人的观念中，人才之所以重要、之所以要尊重人才，就是因为人才能够带来经济效益，能够促进经济发展。他们缺乏人才首先是"人"，然后才是"才"，人是本、才是用的基本观念，他们侧重的是人才的工具性价值，而比较忽视人才的目的性价值。这样，就很难在尊重人的基础上尊重人才，甚至把尊重人才与尊重人割裂开来。在许多作为"人才"的个人那里，也没有摆正"人"与"才"的关系，担任重要职务的人才不尊重或瞧不起担任一般职务的人才，这方面的人才不尊重或瞧不起那方面的人才；自己有了点专长，做出了点成绩，就以此为资本，骄傲自大，漫天要价；自己成了人才，就不愿意别人也成为人才，想方设法阻止别人成为人才，压制人才甚至扼杀人才。人才相轻，人才排斥，人才倾轧，互相嫉妒，互相拆台，如此等等，这些都既妨碍事业的发展，也妨碍自己的发展。

要克服这种狭隘的人才观，就必须在重视人才生产的同时注意具有

---

① 邓小平文选：第3卷.北京：人民出版社，1993：108.
② 同①91-92.

个性的人的生产，将人才的工具性价值与目的性价值有机地统一起来，将人和才有机地统一起来，大胆改革不利于人才成长的各种体制和制度，改革阻碍人的生产的各种生产关系和社会关系。科学发展观作为我们党对中国特色社会主义建设规律认识的一次新飞跃，是从社会主义事业发展的战略高度来考虑的。科学发展观强调以人为本，不仅在经济社会发展的总目的上要坚持以人为本，而且在对待人才问题上要以人为本，要注意将经济社会发展的成果惠及广大人民群众，要从制度层面、从社会关系层面为促进人才的大量涌现和人的全面发展提供良好条件。只有合理地把握马克思主义关于人的生产理论的丰富内涵、将人的生产的三个层面有机统一起来，为实现物质生产、精神生产和人的生产内在结合、相互促进、良性循环创造出一种新的制度与机制，我们才会实现科学发展观所要求的以人为本、全面协调可持续发展的目标。这才是将社会主义的近期目标和长远目标统一起来，充分体现社会主义制度优越性的地方，也是当代中国社会主义建设实践的世界历史意义之所在。

以唯物史观全面理解"以人为本"*

  人的问题是改革开放 30 年来马克思主义哲学研究中的重要问题。近年来,以人为本的科学发展观提出来之后,如何理解以人为本成为哲学理论界的一个热门话题,也出现了不少分歧和争论。有的与西方人本主义思想做比较,有的同中国古代的民本观做对照,有的结合现代管理学中以人为本的观念进行阐释,更多的人认为中国共产党人在当今条件下提出以人为本,尽管也是吸取以往的思想资源和合理因素的结果,但从根本上说,它是共产党为人民服务的宗旨在新形势下的发展和崭新表述,所以只能是以人民为本而不能是以作为个体的人为本。也有学者提出,应该把作为"政治理论"的以人为本与作为"学术"的以人为本进行区分,前者就是以人民为本,后者则有着更丰富的内涵。这些讨论包括争论,对于合理地、科学地深入理解以人为本的科学发展观,都具有重要的启发意义。但也存在一些问题,比如,在对人的理解上存在着"抽象的人"与"具体的""现实的人"的观点的对立,在对"人民"的理解上是否也存在这样的问题?古代社会的"民本"思想与现代意义的"民主"概念是什么关系?以人为本与民主制度建设又是什么关系?以人为本的主体是谁?当坚持人民与个人的区分的时候,我们是否感受到在这里规定着思维运作的仍然是过去流行的把作为个体的人与人民群众对立起来的那种逻辑,还是那种抽象地肯定人民群众而具体地否定个人

---

* 本文原载《哲学动态》2008 年第 5 期,与王全宇、顾扬合作。

以唯物史观全面理解"以人为本"

的观念？在"资本"和"权本"逻辑还在相当程度地影响着人们的社会生活的时候，"人本"理念在何种范围内、何种程度上才能成为真实的存在？等等。离开或有意遮蔽现实生活中存在的这些疑问实际也是很尖锐的问题，流连于思想王国中字义的分疏和概念的梳理，满足于逻辑上的合理推论和形式上的学术性，恐怕既不合乎哲学自身的批判本性，更不合乎马克思主义哲学的基本立场。本文不可能对上述这些问题予以全面的考察和解答，只是择其紧要者谈几点看法，以向大家请教。

一

我们知道，在马克思主义哲学中，人的问题具有非常重要的地位。在《1844年经济学哲学手稿》中，人的异化和扬弃异化实现人的本性的复归、实现人的解放构成了一个重要主题。在标志马克思主义哲学诞生的文献《关于费尔巴哈的提纲》中，第一条就批评从前一切唯物主义的主要缺点是对现实、感性只是从客体的或者直观的形式去理解，"而不是把它们当作**人的感性活动**，当作**实践**去理解，不是从主体方面去理解"①。第二条讲人的思维的现实性及其证明的问题，第三条批评法国唯物主义对人与环境之关系的错误观点，第六条、第七条、第九条批评费尔巴哈在人的本质问题上的错误，第十条强调新唯物主义的立脚点是社会化的人类。《提纲》一共十一条，其中七条都直接与人的问题有关。在《德意志意识形态》中，马克思恩格斯反复强调他们的考察方法是"从现实的、有生命的个人本身出发"②，提出人的解放是一种历史活动，"是由历史的关系，是由工业状况、商业状况、农业状况、交往状况促成的"③。在著名的《共产党宣言》中提出共产党人的最终目的是共产主义，而共产主义就是自由人的联合体，在那里，"每个人的自由发展是一切人的自由发展的条件"④。马克思嘲笑过旧唯物主义"敌视人"的毛病，在一些人把社会、历史与人对立起来的时候，他明确地

---

① 马克思恩格斯选集：第1卷. 北京：人民出版社，1995：58.
② 同①73.
③ 同①74-75.
④ 同①294.

讲：社会，无论其形式如何，都是人的交往活动的产物；历史什么事情也没有做，创造这一切、拥有这一切并为这一切而斗争的，不是历史，而是人，现实的、活生生的人。他还讲过，将来一切科学都归结为一门科学，这就是人的科学。

这种情况固然与西方文艺复兴以来的人本主义思潮有关，与西方哲学突出的对社会现实的批判性传统有关，但更为重要的是与马克思对自己哲学的定位有关。马克思主义哲学、整个马克思主义，用一句话概括，就是关于人的解放或人类解放的学说。正因为这个缘故，当一些伤感的文人在为封建社会田园牧歌般的生活而感叹的时候，马克思指出，封建社会最本质的特征就是不把人当人；当一些思想家把资本主义当作理想王国的时候，马克思竭力揭露资本主义社会人的异化的残酷现实，指出只有共产主义才是真正的人类历史的开始，以往的历史不过是一种"史前史"。

由于地处东方的俄国与中国等国家不仅与西方资本主义国家有着很不相同的历史文化传统，而且面临着不同的社会现实问题，所以，俄国的革命者在接受马克思主义的时候，很自然地就淡化、遮蔽甚至过滤掉了马克思主义中浓厚的关于人的自由、权利和人的解放的思想，或者用阶级、民族等集体的自由独立的权利置换了个人的自由独立的权利。革命胜利之后，新政权面临的特殊的内外环境和生存危机，也不可能为个人自由独立的权利留下足够的空间，马克思所批评的机械唯物主义"敌视人"的特征和封建社会的权力控制一切的权本位传统，与高度集权的政治经济体制对个人的要求发生相当程度的"耦合"，于是，强调客观必然性，铁的逻辑、铁的纪律成为意识形态的主流或主色调。中国人以俄为师，接受的也就是这种经过改造的马克思主义。西方马克思主义和一些自由主义思想家批评这种所谓"正统马克思主义""目中无人"的弊病，在某种意义上可以说正击中了其要害或软肋。

如果说在革命战争以及保卫新政权的特殊时期，限制甚至压制个人权利具有某种必然性，也是很必要的，那么到了社会主义革命取得了胜利，在社会主义国家努力实现现代化的和平建设时期，若再不从民主法治的高度落实、维护作为公民的个人的独立自由权利和经济政治文化权益，而是在人民的名义、在巩固政权的名义下长期限制或剥夺这种权

以唯物史观全面理解"以人为本"

利,那么对社会机体和社会主义事业造成的伤害就是十分致命的。因为这是一种社会细胞层面的伤害,是一种最深层的、最大范围的、普遍性的伤害,自然就会带来普遍的消极反抗或积极抗争。苏联自20世纪50年代末思想解冻以来就一直存在并不断强化的人道主义思潮,就是这种抗争的旗帜性表现,确实也成为苏联共产党丧失人心最后垮台的一个重要因素。一个执政七十多年、一直自称代表人民利益的政党,在面临着下台、解散的生死存亡关头,那么多党员、那么多群众,都以一种"看客"的心态平静地——实质是冷漠地——看着这台戏的落幕,个中原因是非常深刻的。这个教训实在值得永远牢记。

中国在20世纪70年代末思想解放运动中出现的关于人道主义的争论,与其说主要是西方思潮影响的结果,不如说主要是反思极左路线之思想根源的结果,虽几经周折,但这种思想却不断壮大,哲学上关于价值和主体性问题的讨论,关于人的价值、人权的讨论,人学研究的兴起,对来自苏联的传统哲学教科书的批评,都与之有着内在的关联。在这个过程中,中国的马克思主义者彻底摆脱了苏联哲学的影响,重新审视马克思主义哲学变革的实质和本真精神,面对苏东剧变和国际社会主义处于低潮的现实,面对中国改革开放和全球化过程中出现的各种问题,进行着艰难的理论探索。以人为本的科学发展观,就是在吸取这些理论探索的成果的基础上,针对时代变化出现的新特点、新问题而提出来的。

以人为本是科学发展观的核心,这是许多论者都同意的,但如何科学地理解"以人为本",仍然存在着相当程度的分歧。一个重要分歧点也是激烈争论的问题就是,这里的"人"是作为人民群众的人还是作为个人的人。在我们看来,在这场争论中,不少人仍然自觉不自觉地以个人与人民群众的抽象对立为自己立论的前提,对人的概念的理解还没有达到"具体概念"的深度。用惯常的、直观的经验思维来看,人的概念是从无数个人的概念中抽象出来的,个人的概念比人要具体,而人民作为一个集合概念,指的是一定数量的个人的总和或整体。在这种思维框架里,要把人的概念具体化,落实下去,那就要么是落实到个人上,要么是落实到人民上。而在马克思主义的辩证逻辑看来,人的概念比个人和人民都要丰富,都要具体。一方面,个人是人的细胞形式,离开了个人这个细胞,其他的形式如家庭、阶级、阶层、集团、群体都成了抽象的东西。另一方面，个人又不是孤立的、原子式的存在物，他通过各种社会化的形式而存在，通过与其他个人的交往而存在，离开了这些具体的形式和交往活动，个人也就成了一种抽象的存在物，只是在思维概念中存在而不是现实的、具体的存在。人民，无论作为一个国家的国民或公民的总和的概念，还是作为一种划分敌我标准的政治概念，都只是人的存在的一种形式，是人的概念的下位概念。因此，无论把人归结为个人还是归结为人民，都是一种以偏概全的做法。至于用个人的感性实在性来否认人民概念，或是用人民的整体优先性否定个人权利的基础地位，从思维观念上说，都是建立在把人的不同存在方式的内在差异当作外在对立的表现，正如把生产与消费"一个统一体内部的差别"① 当作两个独立过程的对立一样。从这个意义上说，把"以人为本"无论简单地理解为以"个人"为本，还是抽象地理解为以"人民群众"为本，都具有一定的片面性。而且，这种理解思路采取的还是从外延界定的角度，并没有深入人的本质，从而对于以人为本的科学发展观所包含的深层意蕴难以达到更深刻的理解。正因如此，我们不赞同把以人为本的人或是武断地定位为个人或是简单地定位为人民的做法，也不认为通过政治释义和学术解读的"隔离"策略就能有效地解决问题，合理的思路还是回到对人的科学的理解上。

二

恩格斯早年在批判托马斯·卡莱尔的宗教神学时说："人只须认识自己，使自己成为衡量一切生活关系的尺度，按照自己的本质去评价这些关系，根据人的本性的要求，真正依照人的方式来安排世界。这样，他就会解开现代的谜语了。"② 马克思在《詹姆斯·穆勒〈政治经济学原理〉一书摘要》中也提到按照人的样子来组织世界，这里虽然没有出现以人为本的字眼，但实际上透射出的却是以人为本的精神实质。

马克思在《资本论》中写道，在未来社会中，"社会化的人，联合起来的生产者，将合理地调节他们和自然之间的物质变换，把它置于他

---

① 马克思恩格斯选集：第2卷. 北京：人民出版社，1995：17.
② 马克思恩格斯全集：第3卷. 北京：人民出版社，2002：521.

们的共同控制之下，而不让它作为一种盲目的力量来统治自己；靠消耗最小的力量，在最无愧于和最适合于他们的人类本性的条件下来进行这种物质变换"①。在《1857—1858年经济学手稿》中，马克思根据人的发展状况提出了著名的三大社会形态理论，"人的依赖关系（起初完全是自然发生的），是最初的社会形态，在这种形态下，人的生产能力只是在狭窄的范围内和孤立的地点上发展着。以**物的**依赖性为基础的人的独立性，是第二大形态，在这种形态下，才形成普遍的社会物质变换，全面的关系，多方面的需求以及全面的能力的体系。建立在个人全面发展和他们共同的社会生产能力成为他们的社会财富这一基础上的自由个性，是第三个阶段"②。

马克思恩格斯相似的说法还有很多，比如人对自己本质的全面占有，把属于人的东西还给人自己，等等。我们可以从这里引用的这几段话看出，"人的方式""本性的要求""他们的人类本性""人的独立性""个人全面发展"，都是一些很关键的词语和概念。马克思以"从事实际活动的人""现实的、有生命的个人"作为出发点，把社会看作人们交往活动的产物，把历史看作人们活动的时代交替，考察了人实际生活的需要与满足需要的能力和手段之间的辩证关系，考察了人的类特性或共同本性即自由自觉的劳动与在不同历史条件下变化着的本性之间的辩证关系，考察了分工和交往的发展及其结果在人的发展过程中的作用，分析了人的异化产生的根源和扬弃异化的历史必然性问题，经历了从感性具体到思维抽象、再从抽象规定到思维具体的过程之后，"人"的概念就成了一个"具体概念"，成了一个带有全部的历史丰富性、把各种个别差异性作为内在环节而统一起来的概念。

正是在这种对人的具体的、辩证的理解中，在人与自然的关系上，消解了通常理解的那种外在性，在人与社会、人与历史、单个个人与由之构成的集（整）体的关系上消解了通常理解的那种直观性，人既是自然存在物又是改造自然使之成为人化自然的力量，既是历史存在的前提又是历史活动的产物，既是社会活动的主体又是社会关系的产物，人的自然性与社会性、个体存在与类存在、相对独立与相互依赖、自由与限制、能动性与受动性、现实性与超越性都达到了一种在本质层面的统一

---

① 马克思恩格斯全集：第46卷. 北京：人民出版社，2003：928-929.
② 马克思恩格斯全集：第30卷. 北京：人民出版社，1995：107-108.

理解，它们之间的差异和对立无非都是人的发展过程中的不同侧面或环节的内在差异，是在人的发展过程中不断解决又不断产生的差异。在这种理解的前提下，生产力不仅是人的改造世界的能力，而且是无数单个个人的生产活动通过交往而形成的综合的社会生产力，这些个人在生产过程中不仅生产着一定的物质产品或财富，而且生产和再生产着一定的社会关系，再生产着即不断地变化和发展着自身、自己的需要和满足需要的能力。所以，生产力与生产关系的矛盾说到底不过是人的活动能力与这些能力实现的社会形式之间的矛盾，而不是什么与人不相干的、离开人的东西；社会的需要，比如维持不同类别的生产的平衡的需要、维持一定秩序的需要、保护环境的需要等，说到底也都是人的发展的需要。离开了人，社会就只能是一个空洞的抽象，把社会当作无数个人之外的某种独立主体、以社会需要的名义排斥和压制构成社会的无数个人的需要，不过是当时占统治地位的那些人、那些集团把本阶级本集团的需要说成社会共同需要的结果。这并不是说不存在共同需要和共同利益，正如马克思所分析的那样，"随着分工的发展也产生了单个人的利益或单个家庭的利益与所有互相交往的个人的共同利益之间的矛盾；而且这种共同利益不是仅仅作为一种'普遍的东西'存在于观念之中，而首先是作为彼此有了分工的个人之间的相互依存关系存在于现实之中。正是由于特殊利益和共同利益之间的这种矛盾，共同利益才采取**国家**这种与实际的单个利益和全体利益相脱离的独立形式，同时采取虚幻的共同体的形式"①。历史上和现实中存在着各种争夺权力的政治斗争，无论是国家层面的还是一个共同体内部的，本质上也都是为着实际利益而进行的，是为着争夺对"共同利益"的代表权、控制权和解释权而进行的。而在人的发展水平还不高，生产力有了一定发展但还发展不足，社会交往还不普遍，集体在很大程度上还作为虚幻的集体而存在的时候，这些现象都是难免的、必然的。整体的发展总是以牺牲一部分人的发展为前提，一部分人的发展总是以另一部分人的不发展为代价，进步的对抗性与对抗的进步性交织在一起，这似乎成了一个规律。只有现代大工业的出现、世界性交往的出现，才为"联合起来的生产者"将他们共同创造的社会生产力"置于他们的共同控制"之下创造了条件；在此条件

---

① 马克思恩格斯选集：第1卷. 北京：人民出版社，1995：84.

以唯物史观全面理解"以人为本"

下,才有可能按照"人的方式"和人的"本性的需要"来安排世界。

由此我们就明白,以人为本,作为唯物史观的基本原则与共产党人的价值原则,是内在地统一着的。它既科学地揭示和解释了历史上各种非人化的现象的现实根源及存在的历史合理性和被扬弃的必然性,又为无产阶级和人民大众改造世界的实践活动提供了一种终极性的价值坐标。

现在我们回过头来看上面所引的恩格斯和马克思所说的"人的方式"和"本性的要求","他们的人类本性",从这几段话的语境看,按照"人的方式",按照人的"本性的要求"来安排世界,与按照最愧于"他们的人类本性"来安排世界,实际上是一个意思。这里的人不是异化的人,而是"真正的人",是全面发展的人,是人的真正的状态。马克思说:"个人的全面发展,只有到了外部世界对个人才能的实际发展所起的推动作用为个人本身所驾驭的时候,才不再是理想、职责等等,这也正是共产主义者所向往的"①。"共产主义对我们来说不是应当确立的**状况**,不是现实应当与之相适应的**理想**。我们所称为共产主义的是那种消灭现存状况的**现实的运动**。"② 实际上,"对**实践的**唯物主义者即共产主义者来说,全部问题都在于使现存世界革命化,实际地反对并改变现存的事物"③。这种消灭现存状况的现实的运动,这种使现存世界革命化的运动,与按照人的方式来安排世界是直接统一的,在方向上是一致的。

这种使现存世界革命化的运动过程,就是一个消灭各种不合理的经济政治制度的过程,是一个通过消除异化而使人成为真正的人的过程,是一个人的全面发展和自由个性形成的过程。这当然是一个非常漫长的历史过程,也是一个充满了各种曲折、挫折甚至局部倒退的过程,但无论怎么曲折、多么漫长,无论中间经历的阶段、采取的具体形式多么多样,它的总方向是不会改变的,因为这是人自身发展的内在需要,也是人自身发展的必然结果。

---

① 马克思恩格斯全集:第3卷.北京:人民出版社,1960:330.
② 马克思恩格斯选集:第1卷.北京:人民出版社,1995:87.
③ 同②75.

三

　　社会主义作为共产主义的低级阶段，同时又作为从资本主义社会向共产主义过渡的阶段，其历史使命就是在全面批判地继承资本主义创造的各种文明成果的基础上，努力消除人的异化状态，为实现个人的全面发展创造条件。因为没有建立在大工业基础上的生产的社会化，各种生产要素的商品化、劳动的一般化、交往的普遍化，人的发展水平就只能停留在人对人的依赖阶段，也就是普遍地受着各种宗法性家庭等级关系束缚的阶段，难以摆脱这种种自然性束缚而进入独立发展的阶段。然而，由于历史演化的复杂性，社会主义革命没有在西方发达资本主义国家首先爆发，而是在俄国和中国这样的经济、政治、文化都非常落后的国家爆发并取得了胜利。对这些共产党掌握了政权的社会主义国家来说，对外要竭力防止资本主义国家的颠覆阴谋，对内则需要完成本该在资本主义历史阶段就完成的工业化、市场化、城市化、民主化的任务，把人从人的依赖关系和封建等级制下解放出来，"形成普遍的社会物质变换，全面的关系，多方面的需求以及全面的能力体系"，同时还得竭力防止、限制人的异化现象及其带来的各种不良社会影响。

　　中国特色社会主义道路的开辟，社会主义市场经济的建立，极大地促进了中国社会生产力的发展，促进了中国社会结构和整体面貌的变化，现代科技成果的广泛应用使交通通信条件得到很大的改善，广泛的国际交流、人民群众文化水平的提高、知识分子队伍的扩大，这些都使人们的思想观念出现了很大的变化，民主化的要求日益高涨，法治化的进程不断加快，个人的独立性、自由、权利这些观念得到了空前的重视。另外，改革过程中出现的大量失业人员的社会保障问题，失地农民的安置和权益问题，分配不公正导致的弱势群体的问题，经济发展中的环境保护问题，以及国际交往中关于人权问题对话的压力，这些因素对于我们转变观念也都起着相当的作用。以人为本的科学发展观，正是针对国内国际的这些新情况、新问题而提出的，同时也为我们解放思想，积极探索新的经济、社会、人的和谐发展的新途径、新办法提供了良好的契机，开辟了广阔的思维空间。

以唯物史观全面理解"以人为本"

在我们看来，以人为本的科学发展观，以实现人的全面发展为最终目标，以中国还处于社会主义初级阶段的基本国情为根据，以切实保障人民群众的经济、政治和文化权益，让发展的成果惠及全体人民为基础，是对改革开放以来中国特色社会主义建设的新经验的深刻总结，也是深刻反思国际共产主义运动和苏东教训的结果，它体现了共产党的最高纲领与现阶段基本路线的有机统一，既具有现实的针对性，也具有历史的前瞻性。以科学发展观总揽全局，谋划发展，是我们必须长期坚持的一个指导性思想。

以人为本的科学发展观是执政的中国共产党提出来的，但绝不仅仅只是一个执政理念的问题，是共产党从执政的角度对人民的承诺，而更应使之成为全体人民的历史主体意识和民主意识的一种自觉表现。换句话说，共产党不是站在人民之外或人民之上领导人民、教育人民，而是在人民之中倾听人民的呼声、服从人民的意愿，立党为公，执政为民；不是共产党及其领导的政府作为"家长"在为民做主，而是自觉地作为人民的公仆，根据人民的需要和意愿来制定与执行各种政策，在各种工作中都必须接受社会大众和人民团体的监督；而作为共产党的一分子，党的每一个干部首先都应该是一个模范公民，是公民的表率，他们不仅不是特殊公民即有特权的公民，而且是反对各种特权的主要力量。在中国的当前条件下，党内民主、党员的民主权利问题具有特别重要的意义，既具有表率作用又具有中介性作用，人民的民主需要通过各个党员享受到切实可见的民主权利来引领和影响，需要各级党组织的积极培育和维护来不断扩大、不断落实。十七大报告中提出"民主是社会主义的生命"，就体现了我们党的这种自觉意识。在这方面还有大量工作可做。

从这个角度看，要把以人为本的科学发展观落到实处，首先一定要克服把人民群众与个人简单对立起来、抽象地肯定人民群众利益而在具体工作中忽视甚至否定公民个人的合法权益的思想痼疾，通过加强民主化、法治化建设把个人作为公民的各种权利明确起来，并切实得到落实和保障。只有在公民的法治意识、权利意识、民主意识真正成为一种基本生活意识的时候，才能切实有效地实现公民权利对各种公共权力的制约和监督，有效地防止各种腐败现象的产生，真正地实现人民群众当家做主的权利，也才能真正地按照人民群众的要求和人的全面发展的需要来安排各种活动及其产物。这当然是需要经历一段很长的时间才能逐步做到的事情，过于急躁就可能导致欲速不达的结果。但就像高放先生在一篇文章中指出的那样，当前我们特别需要注意的是，"切忌口头上'以人为本'，实际上却'以官为本'"[①]，也就是口头上讲"民主"骨子里却还是"主民"的那种观念。这也是我们反对沿着中国传统的"民本"思想阐释"以人为本"的一个主要理由。

我们还必须看到在市场经济过程中"资本"对"人本"的排拒问题，更要特别警惕"官本"与"资本"相互勾结而共同压制和消解"人本"的问题。资本逻辑是造成人的异化的最深刻的根源，是现代性的各种弊病的最深层的病灶。中国搞社会主义市场经济，实现社会主义的现代化，固然需要借助资本的力量，但也绝不能忽视其引起的负面效应。人的全面发展的过程与消除人的异化的过程是同一个过程的两面，人对物的依赖关系条件下形成的"多方面的需求以及全面的能力"与扬弃了异化后的人的自由而全面的发展也远不是同一个范畴，前者只是后者的必要历史条件。这就决定了我们在理解和坚持以人为本的时候，既不能把二者混为一谈，也不能回避前者而只讲后者，既不能超越现阶段的国情和人的实际发展情况，也不能只顾当前而忘记了根本目标。

以人为本的科学发展观是中国特色社会主义理论的最新成果，是构建社会主义和谐社会的理论支撑和重要保障，是对在当代条件下如何建设社会主义、如何提高党的执政能力的新的探索成果，是在总结我们的经验的基础上对于为什么发展、如何合理发展的科学回答，也是对当代条件下人的解放道路的新的探索，内涵非常深刻，意义非常重大，影响非常深远，需要认真学习、深入领会、精心阐发，需要认真落实、努力贯彻。理论上、认识上的失误，往往是实践中的失误的重要根源。所以，我们必须以非常严肃的态度和高度的责任感来对待。

---

① 高放. 关于"以人为本"的一些疑问的辨析. 党政干部学刊, 2006 (4).

马克思主义公正观的基本
向度及方法论原则[*]

中国改革开放取得了举世瞩目的成就,"中国道路""中国模式""中国经验""北京共识"等频频为许多国际人士所提及、所论述,尤其为广大发展中国家的人们所重视。在苏东剧变、国际共产主义运动陷入空前低潮之际,中国特色社会主义的世界性影响正在逐渐显现出来。但我们也必须清醒地认识到,中国的现代化大业仍任重道远,中国特色社会主义建设和改革开放事业正面临诸多困难。用一句话概括,中国在获得经济快速发展的同时,社会不公正现象也达到了非常严重的程度。近年来理论界之所以普遍关注社会公正问题,正是这种社会现实的反映。一些学者提出应改变"效率优先,兼顾公平"的改革指导思想,有人甚至提出应反思改革、叫停改革,重新审视和谋划我们的改革思路,这些观点都获得了一定的社会呼应。如何科学合理地谋划改革并取得最大社会共识成为必须直面的一个重要问题。

一、立足当代实践发展的新高度重新解读
马克思主义公正观

中国理论界关于社会公正或正义问题的讨论①,从 20 世纪 90 年代

---

* 本文原载《中国社会科学》2010 年第 6 期。
① 对于公平、公正、正义这几个概念,学界有不同的定义。在我们看来,它们本质上属于同一序列的概念,其差异主要是语用方面的,所以在本文中,基本上作为同义词使用。

开始一直延续至今，且具有一种范围越来越扩大、讨论越来越深入、争论越来越激烈的趋势。这场大讨论，是中国当代社会矛盾在理论和观念上的反映，是普遍而严重的社会不公正现象引起了各方面的不满和广泛注意的结果。从总体上看，尽管由于学科视角不同、立场不同而存在着不同甚至对立的观点，但这些不同观点都应被看作中国的理论家们对于"什么是社会主义、怎样建设社会主义"这个时代大课题的具体探讨和解读，是对"中国如何实现社会主义现代化、如何实现中华民族伟大复兴"这个最大的实践性问题的理论探索，是在探索和认识深化过程中出现的一些不同理论观点。可与此同时，我们也必须看到，在这场关于社会公正问题的大讨论中，学者们引用较多的都是当代西方一些思想家的论述，罗尔斯、诺齐克、哈耶克、麦金泰尔等人的论述被反复引用和申说，而马克思、恩格斯等经典作家被置于一种被忽视甚至被忘却的状态。即使讨论马克思主义公正观的文字也有一些，但深入程度和影响都明显偏弱，在理论上难以与很强势的新自由主义公正观相匹敌，在解释和应对现实问题方面也没有提出积极的、重要的建设性意见，故而被边缘化、被忘却也就是必然的了。这个现象无论如何都是不正常的，需要引起我们严肃的注意和反思。

马克思恩格斯确实对于社会公正、正义等问题谈论得相对较少，而且在许多地方还用一种讥讽的口吻从否定的意义上进行批判，比如将这类诉诸公平、正义的讨论称为"陈词滥调""空话"，这在批判蒲鲁东、拉萨尔和杜林等人的观点时表现得尤为明显。于是在不少人看来，在社会公正问题上马克思那里没有什么资源，有的甚至怀疑马克思主义有没有关于社会公正问题的理论。还有人认为马克思主义反对从公正、正义这种属于道德范畴的角度理解和批判资本主义社会，反对从这个角度理解现实社会问题。其实，早在20世纪七八十年代，西方马克思主义者如伍德、胡萨米等，就对马克思到底有没有社会公正理论或如何看待社会公正问题展开过长期争论，即所谓"马克思与正义之争"[①]。虽然这场争论无论在当时还是在后来对中国都没有产生较大影响，但问题的逻辑却有着一定的相似性或共同性，比如，强调马克思主义是科学，揭示了历史发展的基本规律和根本动力，以生产力发展作为衡量社

---

① 林进平，徐俊忠. 伍德对胡萨米：马克思和正义问题之争. 现代哲学，2005（2）.

关系和社会制度进步的根本标准，那么还是否有必要再引入公正（正义）这个尺度？公正仅仅是一种抽象的道德观念，抑或是一种与人的发展（权利）状态相关联的考察社会制度的维度？如果是后者，那么它与生产力维度之间是什么关系？马克思认为的（社会）平等与消灭阶级联系在一起，这是否意味着，在阶级消灭之前的社会中根本就不存在平等和公正与否的问题，任何对平等和公正的讨论都是没有意义的，是对不合理的现实的粉饰？再比如，判定马克思主义中有没有公正观的合理判据是什么？是严格局限于马克思恩格斯留下的现成文本字句，还是更侧重依据马克思主义的总体精神、基本方法和逻辑理路对他们留下的关于公正问题不同说法的完整把握，包括后世马克思主义者的研究和发展？是主要着眼于马克思恩格斯关于公正问题话语的"形式的系统"，还是更侧重其"内容的系统"而且是发展着的"内容的系统"？如此等等。这些问题都是需要我们深入思考、认真回答的。

正如历史上的改革或革命思潮兴起都打着公平正义的旗号批判既有制度的不公正一样，公平正义问题与社会主义思潮和运动有着内在联系，甚至可以说是社会主义运动高扬的一种核心价值。只要有不公正，社会主义就不会死灭。确实如此，我们无论是总结国际共产主义运动的经验还是谋划建设中国特色社会主义的方略，都不能也不应缺少公平正义这个维度，绝不能也不应忽视社会主义这个具有本质性意义的方面。我们（包括苏联）在革命胜利后之所以走了一段很大的弯路，付出了沉重的代价，一个重要原因就是对于"什么是马克思主义，什么是社会主义"的认识并不是很清楚，其中就包括对马克思主义公正观缺乏正确的理解，比如，我们更多的是出于道德义愤而不是依据经济发展的内在必然性来看待私有制、剥削和阶级问题，不懂得没有生产力的高度发展以及人的普遍交往关系作为条件，"那就只会有**贫穷**、极端贫困的普遍化；而在**极端贫困**的情况下，必须重新开始争取必需品的斗争，全部陈腐污浊的东西又要死灰复燃"①。在当时的许多领导人看来，既然剥削等在道德上是不公正的，而社会主义公正就是要求消灭阶级、消灭剥削，我们又掌握了国家政权具有了消灭阶级和剥削的实际力量，那就没有任何理由保留这些腐朽的东西，相反要消灭得越早越好，消灭得越坚决越

---

① 马克思恩格斯选集：1卷. 北京：人民出版社，1995：86.

好，消灭得越彻底越好。再比如，所有社会主义国家几乎都不重视法制建设，一个重要原因就是总觉得法制程序碍手碍脚，形式公正会妨碍党的旨在实现实质公正的决策，结果都不同程度地出现过个人迷信、一言堂现象以及个人专断等弊端。我们改革之后出现的诸多严重社会不公正问题，同样也与我们在改革战略的总体设计中对社会公正的重视度不够，与制度安排层面缺乏有效防范有关，而如何合理地矫正这些社会不公正现象，更是需要有一套科学的、合理的公正观理论作为指导。这些都说明，当代社会发展特别是中国特色社会主义建设实践已经将社会公正问题凸显为带有普遍性的重要问题，使之成为马克思主义发展无法回避、必须直面的一个重大理论问题。我们必须立足当代实践发展的新高度和理论研究的新成果，重新解读、重新理解马克思主义经典作家关于社会公正问题的论述，在马克思主义立场和方法指导下对现实社会公正问题进行深入研究，并对一些相关的错误观念、错误理论进行批判。重新理解和确立马克思主义公正观，已成为当务之急。

二、历史语境与马克思恩格斯对于社会公正问题的真实态度

众所周知，资本主义作为一种新兴的生产方式以及文明形态，之所以能够在较短的历史时间内获得很大程度的扩展播散，一些人甚至将之当作"理想王国"，其深层根据和关键之处就在于它极大地提高了社会生产力，创造了巨量的社会物质财富，为解决人类有史以来就存在的"匮乏"问题提供了希望，而它最受诟病也最引起集中批判的则是它造成的严重社会不平等和社会不公正。在批评资本主义的各种思潮中，最激烈也最具激进性的当数空想社会主义。

马克思、恩格斯青年时期就深受空想社会主义思潮的影响，也是激烈地揭露和批判资本主义社会不公正现象的队伍中的人。但他们没有满足和停留于此种批判，经过艰苦的科学研究，他们创立了自己的理论体系，可毫无疑义，正像马克思主义哲学是黑格尔哲学的"合理内核"的真正继承者一样，马克思主义作为科学社会主义也是空想社会主义的合理因素的真正继承者。如果说，像当时的许多思想家一样，空想社会主

义者们都是立足抽象的"人性""正义"等"道德真理"来批判资本主义和论证社会主义的合理性、必然性,那么马克思恩格斯并不是反对他们对资本主义的道德批判,更不反对他们对资本主义不公正现象的无情揭露,而是不满于他们仅仅停留在道德批判的层次,认为立足道德义愤的批判无论多么强烈也不能代替科学的分析。他们不仅非常慎用这类词语,而且经常对这种诉诸道德义愤的做法采取讥讽挖苦和极端厌恶的态度,究其原因,除了认为使用公平、公正、正义这些名词会"引起一种不可救药的混乱,就好像在现代化学中企图保留燃素论的术语会引起的混乱一样"①,更主要的还是因为"空想主义者的见解曾经长期支配着19世纪的社会主义观点,而且现在还部分地支配着这种观点。法国和英国的一切社会主义者不久前都还信奉这种见解……社会主义是绝对真理、理性和正义的表现,只要把它发现出来,它就能用自己的力量征服世界"②。对这种背景和语境不做具体的分析,就难以把握马克思恩格斯对于社会公正问题的真实态度和精神实质,相反,甚至会得出他们不仅没有关于社会公正的理论,而且是反对和拒斥从社会公正角度讨论问题的结论。看到马克思恩格斯对"公平""正义"的讥讽就认为他们没有关于社会公正的思想甚至根本反对社会公正之类的概念,就像设想马克思恩格斯由于反对空想社会主义和其他社会主义流派所以反对社会主义一样,逻辑上是很荒谬的。

对承认、挖掘和研究马克思主义公正观来说,"文本依据不足"的问题还不是最主要的,必须要越过的最大障碍是这样一种情况:在我们长期竭力宣传所形成的信念中,马克思主义是科学,是关于社会历史发展的科学理论,而公平、正义等都属于道德观念、法权观念,属于价值观念,关于公正不公正的判断属于价值判断,科学与价值属于完全不同的两套系统。比如,马克思就明确指出过:"你们认为公道和公平的东西,与问题毫无关系。问题就在于:一定的生产制度所必需的和不可避免的东西是什么?"③恩格斯也说过:"希腊人和罗马人的公平认为奴隶制是公平的;1789年资产者的公平要求废除封建制度,因为据说它不

---

① 马克思恩格斯全集:第18卷.北京:人民出版社,1964:310.
② 马克思恩格斯选集:第3卷.北京:人民出版社,1995:732.
③ 马克思恩格斯选集:第2卷.北京:人民出版社,1995:76.

公平。"① 所以，它们是因人而异的。不仅如此，马克思在《哥达纲领批判》中嘲讽拉萨尔"公平的分配"时还说过这样的话："什么是'公平的'分配呢？难道资产者不是断言今天的分配是'公平的'吗？难道它事实上不是在现今的生产方式基础上唯一'公平的'分配吗？"② 前一句好理解，无非是说它是资产者根据自己的公平观做出的价值判断，后一句却难以理解，因为承认"今天的分配""事实上"是公平的，而且是"现今的生产方式基础上唯一"公平的分配形式，就等于承认资本主义剥削是公平的、公正的，既然如此，无产阶级及其劳动人民的反抗就失去了合理性，以剥夺资产者为目标的革命运动就缺乏正义性，马克思主义作为无产阶级的思想武器也就无法成立。也就是说，科学和价值非但不同，而且会发生冲突和相互否定。这正是后世马克思主义者在指认马克思主义的实质时出现"科学主义"论和"人道主义"论分歧的重要原因。前者主张马克思主义必须拒斥公正之类的价值概念和价值判断，即使共产主义也不是什么真正公正的社会；后者则认为马克思主义中最核心的东西是人道主义，最能引起后世学人重视的不是马克思对资本主义的科学分析，因为许多分析都已经被证明过时了，有些甚至在当时就不正确，而是他基于人的异化理论而做出的对资本主义之不公正现实的批判，直到今天也没有过时，为一切不满于现实状况并着力进行批判的人们提供了用之不竭的理论资源和道义力量。

在我们看来，科学（事实、真理）与价值确实是不同的两个维度，发现事实判断和价值判断的差别是人类认识的一种进步，但把二者的差别和矛盾当作决然对立的、不能相容的，认为在事实与价值之间存在一条鸿沟，则是形而上学思维方式的一种表现，也是执迷于传统思辨哲学或理论哲学的认识论中心主义的思维方式的表现。马克思通过引入科学的实践观，创立了实践唯物主义，以实践思维或实践观点的思维方式超越了传统的理论哲学思维的固有局限性，在哲学主题、哲学使命、理论立场、运思方式等一系列问题上都实现了重大转向。马克思恩格斯作为科学社会主义的创始人，其对空想社会主义的合理因素以及局限性的分析，其无产阶级立场的自觉确立，其对资本主义的历史进步性及其加剧了人的异化的不公正性或非正义性的批判，其对历史发展规律和资本主

---

① 马克思恩格斯选集：第3卷. 北京：人民出版社，1995：212.
② 同①302.

义生产方式的科学分析，都是为了论证人类解放或进入"真正的人的历史"的可能性为目的的，在他们那里，正像其个人人格是革命家和理论家的统一一样，其理论是科学性与革命性、真理与价值、真理观与价值观的有机统一。这两个方面或两个维度虽然会在不同场合、不同问题上有所偏重，甚至有时会表现出一定的抵牾和紧张，但在总旨上是统一的，当然是一种辩证的统一。任何将之割裂并对立起来的做法，都是一种偏颇；任何否定这两个维度总想使之归结为一的做法，都势必会造成一定的歪曲。

实践的观点是马克思主义哲学的首要的、基本的观点。实践作为人的生命存在方式，决定人的活动不同于物的存在的类属特征，即具有超越物的存在的单一确定性，根据自我确立、自我建构的意义系统而进行选择的多义性和非确定性特征；实践作为人的感性活动、现实物质生产和物质生活的总体性范畴，构成社会存在的实质内容，既是全部社会关系的基础，也是人的现实生活的定在。马克思多次强调他的观察方法是从现实的人出发的，而现实的人就是从事各种感性活动即实践的人，是受具体社会关系和环境制约又通过自己的活动改变环境的人，是通过自己的选择活动满足自己的生存和发展需要的人，是通过社会分工和交往被分为不同阶层、不同阶级的人，是受社会存在规定形成了一定的思想意识又在这些思想意识的指导下进行选择活动的人。现实的人既是历史的前提又是历史的结果，既是历史的观众又是历史的"剧作者"，是受动性和主动性、被决定性和选择性的统一。利益和价值构成人们进行选择的客观根据，而价值观念和评价则是人们进行选择的主观依据，所谓"立场"不同，说到底不过是人们的实际利益所规定的价值诉求不同而已。人就是人的社会，人就是人的世界，脱离人的社会和世界，以及脱离社会和世界的人，都是思维抽象的结果。传统哲学思维正是以这种人和世界的抽象对立为前提的，人是抽象的人类思维，是抽象的主体，哲学家自视为人类思维的代表，试图发现世界的本源和本质，寻得最终的根据，以此进行推理，就可得到真理的体系，也即超越时空的凡是人都得认同都得遵循的普遍的永恒绝对真理。对自然界是如此，对社会历史，对人性，对道德，对自由、平等、公平、正义莫不如此。很显然，传统哲学是一种认识论中心主义的哲学，把认知关系当作主体客体间首要的甚至唯一的关系；它以抽象的统一主体为基本预设，把主体无论当作抽象的人类主体还是当作理性的个人或个人的理性都是如此，以为只要发现了真理，无论是自然真理还是道德真理，就必然能够得到人们的普遍认同和同意，真理依靠自身的力量就能够实现为现实。这种预设虽然在认识论范围内有一定的合理性，但在实践哲学领域，在处理实际的社会实践问题的过程中，却根本无法成立，因为人们的利益分化以及对立是一个基本事实，就像列宁曾指出的那样，即使是几何学的真理，如果违反了人们的利益也会遭到反对。实践哲学的视域和方法，就是建立在承认这种多元主体现实存在并各自以自己的利益为出发点而进行博弈性活动的经验事实的基础上的，认为理论思想无论多么抽象、多么远离现实，实际上都可以从社会物质生活自身的矛盾以及受此决定的不同阶级、阶层间的矛盾中找到根源。确实，由于各种原因，马克思没有创立比较系统的哲学价值理论，而且为了防止与他创立的政治经济学的价值概念相混淆，非常慎用非经济学意义的价值概念。但同样确实的是，在马克思恩格斯对具体的社会问题的分析中，存在着丰富的哲学价值论思想，特别是其实践唯物主义的方法和内在逻辑，为后世的研究者建立马克思主义价值论提供了重要指导思想。

自由、平等、公正等无疑都属于哲学价值论的范畴，是一些价值概念。可由于在过去很长一个时期内，我们尽管承认马克思主义是无产阶级的世界观和方法论，但却只从科学这个维度理解马克思主义，由于缺少了哲学价值论这个维度，自由、平等、公正这些概念实际就处于一种无法置放的尴尬境地，从理论上说马克思主义是继承人类一切优秀成果的产物的命题根本无法得到合理的解释。在社会主义建设实践中，对于如何比较公正地处理不同阶层、不同利益群体的矛盾，如何满足人民群众作为公民关于自由、平等、公正的权利要求，又缺乏合理的理论指导，制度设计方面存在重大缺陷，更始终未能将法治国家作为政治文明建设的基本目标。中国改革开放实现从计划经济体制向市场体制转轨之后，利益分化和主体多元化所导致的社会矛盾更为复杂、更为突出，计划体制时期的管理理念、管理体制已经难以应对，建立法治国家成为普遍的社会要求，也逼得我们必须重新思考和研究马克思主义关于自由、平等、公正的理论，认真反思缺乏价值论维度所带来的各种缺陷和弊端。中国价值论研究的兴起和蓬勃发展就是这方面要求的表现，而以人为本的科学发展观和构建社会主义核心价值体系的提出则进一步表明，重视价值维度获得了共产党在执政理念层面的自觉。

三、马克思主义公正观的两个向度及其方法论原则

公正观当然是价值理论和价值观的重要内容，但正如"价值观"这个概念存在着双重意义一样，马克思主义公正观包含两个方面的内容。一方面是作为"价值观念"的公正观，也就是作为无产阶级的评价标准的公正观，它又分两个层次，低层次的或作为"最低纲领"的是与现实经济关系和权利关系相联系的评价标准，高层次的或作为"最高纲领"的则是作为社会主义运动目标和理想的公正观，这就是消灭私有制、剥削和一切阶级差别后所达到的自由个性基础上的真正的平等和实质公正的公正观。二者内在联系但又有原则差别，前者是确立现实策略的基础，后者则是最终理想，绝不能将它们混为一谈，也不能以一个否定另一个。另一方面则是作为价值理论对公正问题的基本看法的公正观，是用立足历史的、辩证的、实践的唯物主义思维方法分析了公正问题的历史和现状而形成的基本理论观点。这两个方面当然无法决然割裂，但它们之间的差别也不是无关紧要的：前者主要是评价标准和价值判断，后者则主要是一种对公正问题的理论说明；前者突出的是无产阶级的利益诉求和理想形态，后者侧重的是基于历史发展情况对不同阶级、不同阶层、不同时代的公正观的合理解释；前者展现的是不同阶级立场和利益诉求的对立性，后者着重于对不同阶级及其利益诉求的历史合理性及局限性的实事求是的科学分析。前者只有建立在后者的基础上，才能获得深厚的理论支撑和历史底蕴，才不至于成为空洞的、僵死的、无法变通的教条；后者也须站在无产阶级立场上，才能具备一种彻底唯物主义的精神气质和理论优势。很显然，马克思主义作为真理（科学）与价值、真理观与价值观的统一，不仅表现在它同时具有科学的维度和价值的维度，也表现在对价值现象的理解中始终保持一种科学分析的态度。所以，在马克思恩格斯那里，既有对资产阶级自由、平等和公正观的虚伪性、虚假性的辛辣嘲弄与揭露，对资本逻辑造成的人的各种异化现象的无情批判，也有对这些（权利）观念产生的现实基础及其对于实现人的政治解放、促进人的独立发展的历史功绩的充分肯定；既有对资本开辟

国际市场实行殖民地政策的罪恶表现出的极大道德义愤和谴责，也有对资本主义生产方式在全球扩展的历史必然性及进步性的科学说明；既有对建立在等价交换基础上的平等和公平的缺陷所进行的揭露，也有对这种缺陷的不可避免性和如何克服其局限性的历史分析；既有对人类解放理想的真诚憧憬、热情歌颂，也有对实现这些目标的历史条件和现实过程的科学分析，以及对无产阶级应该采取的革命策略的严肃审查；如此等等。正是在这些看上去似乎相互矛盾的论述中，包含了丰富的辩证法和思维智慧，为我们研究社会公正问题提供了重要的方法论前提。

根据马克思主义哲学的总体精神和这些年来我们努力研究马克思主义价值论的成果，我们认为，马克思主义对待公正和公正观的方法论原则至少包括如下几点：第一，不能以抽象的人性、理性等为基础来确定公正不公正的标准，将之当作一种一经发现就永恒不变的"绝对真理"，相反，要根据一定历史时期经济的发展水平以及由之制约的人们的实际地位和权利结构来揭示不同公正观的实质及历史变迁。虽然可以说公平、正义一直是人类普遍追求的关于人际关系和社会秩序的合理状态，是应得与所得的合理关系的一种期盼，是个人的权利和义务的合理配置，但由于"权利决不能超出社会的经济结构以及由经济结构制约的社会的文化发展"①，所以社会对人们权利的规定、人们对权利的理解以及思想家们对公正问题的理论研究都具有一定的历史性。一些道德学家、神学家、法学家力图发现关于这个理想的公正的一般规定，但在不同的时代、在不同的经济发展阶段，思想家们的规定和论述却是不同的，即使在同一个社会、同一个民族，受着各自利益和社会地位的决定，人们的公正观也会不同甚至截然对立。在前资本主义社会，人们受着血缘和地缘关系的制约，处于人对人依赖关系的阶段，受此规定，等级制就被看作公正的甚至天经地义的；只有在大工业和市场经济成为社会主导性生产方式的条件下，在法律上保护私有财产、维护交换者平等自由的权利才被当作公正的基本要件，等级特权则被看作不公正和非正义的。而在空想社会主义者看来，这种按照启蒙学者所谓自由平等的原则建立起来的"资产阶级世界也是不合理性的和非正义的，所以也应该像封建制度和一切更早的社会制度一样被抛到垃圾堆里去"②。这个事

---

① 马克思恩格斯选集：第3卷.北京：人民出版社，1995：305.
② 同①721-722.

实说明，公正观作为一种价值观念，作为一种价值评价的标准和价值判断，尽管它直接来源于法权观念和道德理想，但它又与经济发展的不同阶段、与人们的经济地位和利益联系着，正如没有超历史的权利和权利观一样，也没有超历史的公正和公正观。

第二，马克思说："全部社会生活在本质上是**实践的**。凡是把理论引向神秘主义的神秘东西，都能在人的实践中以及对这个实践的理解中得到合理的解决。"① 许多讨论公正问题的理论家和思想家，包括马克思之前的和现当代的，包括近年来被经常引用的罗尔斯、诺齐克等，他们之所以总是立足抽象的人性、人的理性、人的自由权利等来寻求问题的答案，就是因为他们总是把这些问题当作理论的问题，而从来没有把它们当作实践的问题。从实践的角度看，不同的公正观是不同的主体（阶层、阶级、民族等）的利益诉求的抽象表现，不同的公正观之间的分歧和对立，表面上看是不同的理论观点的对立，实际是不同的利益主体如集团、阶层、阶级等的不同利益诉求之间的对立，这种矛盾和对立的解决，不是理论的事情而是实践的事情。在现实的社会实践生活中，无数的个人之间要通过合作互助结成一定的社会关系来进行交往，但这些个人从来都不是作为孤立的、同质的个人而是作为有差别的个人并结成不同的集团、阶层、阶级来行动的，他们站在不同的立场上有选择地继承不同的文化传统或文化传统的不同方面来形成自己的公正观和价值观，进而对现实的社会秩序、利益分配制度进行一定的评价，做出一定的价值判断，形成自己的态度。只要社会还存在不同的集团、阶层、阶级，存在不同集团、阶层、阶级的利益冲突，就不可能有统一的公正观。这是从古至今的一个基本历史事实。那种忽略这个事实，或者把这个事实解释为人们还没有发现关于公正的"真理"只是根据自己的偏见而相互辩难的暂时现象，力图依据个人原子主义方法构建一种真理性的公正观以求获得最大共识并获得对问题的最终解决的做法，不过是唯心主义思辨哲学在公正问题上的具体表现，是乌托邦主义的具体表现。

第三，公正观作为法权观念、道德观念的最高抽象，作为评价各种制度、规范是否具有合理性的最高标准和原则，绝不是直观的思维方式和抽象的逻辑推理能够胜任的，只有辩证思维才能揭示其中的奥秘。我

---

① 马克思恩格斯选集：第1卷. 北京：人民出版社，1995：56.

们这里只选取三个最具典型意义的方面进行简略的讨论。其一，公正观与公正的关系。公正观作为人们评价一种制度、一种社会现象是否公正的标准，是一种观念性的存在，是人们进行评价的标准，人们的公正观不同，对同一制度是否公正的看法和判断也就不同，这是一个不争的事实。但这些不同价值判断之间能否进行比较？能否说某种价值判断比其他价值判断更合理？这个更合理的"标准"是什么？换句话说，现在讨论公正问题的人大都承认，公正是制度的首要价值，那么这作为首要价值的"价值标准"是否就是人们的评价标准？价值标准与评价标准是否同一？如果不同一，这个价值标准又是什么？经过这一追问，就会发现二者并非一回事，实际上，历史上许多人并不认为二者是同一的，比如诉诸"自然法"或认为还存在一种"神的正义"，都是将之当作规定评价标准的"标准"使用的。在马克思主义看来，这个公平始终只是现存经济关系在其保守方面或在其革命方面的观念化、神圣化的表现。① 我们不能仅仅停留在观念层面或理论层面，而需要透过不同的公正观发现其真实的基础，即社会经济关系，还需要再进一步分析这种经济关系的形成、发展以及历史合理性问题。真正能够作为这个标准的是，这种经济关系是否与当时生产力的发展要求相一致，即是否与人的需要体系和能力发展的实际水平相一致，而这种一致本身就是历史的、变化着的。这就为不同时代社会制度的比较提供了一个历史维度，既避免了公正问题上的相对主义，也避免了唯心主义和乌托邦。

其二，公正的一般与特殊的关系。社会生活是复杂的，是由人们活动的许多领域或方面构成的，而各个领域、各个方面都存在着各种性质不同的、有价值的物品的分配问题，各种有助于价值创造和实现的条件的分配，包括权利和义务、付出和收益、机会和资格等的规定与配置，还包括对一些错误行为、违法行为的惩罚和对不合理分配的矫正，因而也就有各种不同形式的分配制度。这些制度无论是自发形成的还是人为设计的，都有一个是否公正的问题，并非像哈耶克所主张的那样只有自发形成的秩序才是天然合理公正的秩序。这就是说，存在着各种不同形式的特殊公正，如经济公正、政治公正、教育公正、医疗公正、法律公正等，此外还存在着作为支配各种特殊公正的总原则的一般公正。按照

---

① 马克思恩格斯全集：第18卷. 北京：人民出版社，1964：310.

辩证法,一般公正既不同于特殊公正,又不能离开特殊公正,一般就存在于特殊之中,同时又影响和规定着特殊公正。任何对特殊公正的讨论,都无法离开公正的一般理念、一般原则并以之作为一种理论前提,而对公正的一般原则的研究也需要注意其对于各种特殊公正的覆盖性或普遍适用性问题。从历史和目前的研究情况看,许多人对二者的这种辩证关系是缺乏自觉意识的,这是导致理论失误的一个重要方法论原因。比如,一些研究者抛开各种特殊公正及其历史发展情况而抽象地讨论公正的一般原则,对于各种具体制度的发展历史、对于历史上和现实中各种不公正现象的表现及形成原因缺乏应有的了解,把视野仅仅局限在以往思想家们关于公正理念的设想和论证以及相互辩驳中,即局限在关于公正的观念史的研究中,似乎从中就可以发现关于公正问题的"真理"。这种研究方法实质上是马克思所批判的把观念当作现实的唯心主义方法,依此路径,是决然难以有效推进对公正问题的研究的,更不用说促进社会不公正现象的解决了。

其三,形式公正与实质公正的关系。马克思在《哥达纲领批判》中分析按劳分配原则的局限性时讨论过形式平等和实质平等的关系问题,在他看来,按劳分配不过是市场经济时代等价交换原则的一种具体表现形式,即使到了社会主义社会,原则与实践已不再冲突,确实按照劳动这个统一尺度,根据每个人为社会提供的劳动来分配相应的生活资料,从形式上看每个人都是平等的,但由于每个人的劳动能力、赡养人口多少等方面的不同,实际上人们拥有的、可享用的生活资料还是不相等的。这个矛盾和缺陷只有到了共产主义阶段才能解决。这种讨论不仅与公正问题有直接关联,而且具有非常重要的方法论意义。具体来说,(1)平等与公正密切关联,不能仅仅从形式上着眼,还得注意实质性的内容或效果。这一点对于任何制度、规则的评价都是适用的,是具体问题具体分析的方法论的要求。比如,资本主义社会是资产阶级在经济、政治、文化各个方面都占优势的社会,是资产阶级居统治地位的社会,尽管它在法律上规定每个人、每个公民都具有平等的权利,如拥有私有财产的权利、自由选择学校的权利、选举和被选举的权利、自由批评政府的权利,等等,比起封建社会把某些特权合法化的规定,这些规定明显是比较公正的,就其使用统一尺度对待所有人来说,在形式上也是公正的。可在实质上,只有资本家、有钱人能够享受这些权利,法律保护私有财产对一无所有的穷人来讲不过是一句毫无意义的空话。(2)形式公正与实质公正不是两种公正,而是公正的两个方面或两种属性,任何一种公正如经济公正、教育公正、法律公正,任何一种公正实现的任何一个环节,都包含这种差异和矛盾。这是因为,"权利,就它的本性来讲,只在于使用同一尺度;但是不同等的个人(而如果他们不是不同等的,他们就不成其为不同的个人)要用同一尺度去计量,就只有从同一个角度去看待他们,从一个**特定的**方面去对待他们","把其他一切都撇开了"①。这就会造成许多弊病,而"要避免所有这些弊病,权利就不应当是平等的,而应当是不平等的"②。这个矛盾是权利自身的一种矛盾,也就是公正的形式方面与实质方面的差异和矛盾,或者说是形式公正与实质公正之间的矛盾。按照马克思的意思,这个矛盾或弊病即使在扬弃了市场经济国家掌握全部生产资料、完全贯彻按劳分配的条件下也是无法避免的,在搞社会主义市场经济条件下就更是如此。依此观之,时下流行的把起点公正、过程公正当作形式公正,而把结果公正(平等)当作实质公正的划分是有问题的。起点、过程、结果是一种时间区段上的划分,是同一公正实现过程的不同环节的划分,不能混同于形式公正与实质公正的划分。如果承认起点和过程(在形式上)都是公正的,那么最终的结果就无论如何(在形式上)都应被理解为公正的。这正像在体育竞技运动中,尽管结果要分出胜负,但只要规则规定和执行规则都比较公正,那么最后无论谁胜谁败大家都会认为是公正的。(3)形式公正与实质公正作为公正的两个方面、两种属性,既有差别,又相互规定、相互作用。"实质"在这里具有"目的性"和"原则性"的意义,是在一定范围内讨论形式规则是否合理、是否应该修改以及如何修改的一种依据;形式公正作为实质公正的一种具体的、现实的体现形式,尽管总存在着这样那样的缺陷和不足,但却是实质公正存在的一种必要条件,也是实现实质公正的某种保证。不完备的法制总比没有法制好,法治社会比起人治社会毕竟是历史的进步。我们过去由于没有搞清楚这个道理,不懂得社会管理的高度复杂性,忽视形式公正对于实现实质公正的意义,总觉得各种法律及其程序碍手碍脚,轻视法制建设,结果导致了非常严重的后果。这个教

---

① 马克思恩格斯选集:第3卷.北京:人民出版社,1995:305.
② 同①.

训是值得我们永远牢记的。

四、当代公正观争论中的自由、平等与公正的关系

在当代条件下讨论公正问题,不能绕开自由、平等与公正的关系问题。这不仅因为在当代西方思想界罗尔斯、诺齐克、麦金泰尔等人关于公正观的争论中,这是一个轴心性问题,还因为自由、平等与公正都是现代人类文明的核心价值观念或价值项目,任何现代国家和以实现现代化为目标的国家都不能无视这个问题,更因为我们长期以来对马克思主义总体精神把握的偏误,在这个问题上存在着普遍而严重的误解。纵观人类关于公正问题的思想发展史,把自由、平等与公正联系起来并作为其主要内容进行讨论,主要是近代启蒙运动以来的事情,是人类社会发展到现代文明阶段的事情,在此之前,比如在奴隶社会和封建社会,那些思想家们倒是认为建立在不平等基础上的等级制才是自然的、公正的,柏拉图、亚里士多德、阿奎那等是如此,中国儒家的"三纲五常"也以等级不平等为基础。近代启蒙思想家们适应市场经济和民主政治的时代要求,竭力论证自由、平等是不可剥夺的天赋人权,只有符合人人自由、平等原则的制度才是公正的、合理的。在现实政治中,资产阶级以自由、平等、博爱为旗帜,联合广大贫苦群众,推翻了君主专制和封建等级制度,实现了人的"政治解放",促进了生产力的极大发展,这是它的历史功绩,也使得自由、平等这些思想原则产生了世界历史的普遍影响。对此马克思给予了高度评价,同时也进一步分析了造成这种情况的原因,"每一个企图取代旧统治阶级的新阶级,为了达到自己的目的不得不把自己的利益说成是社会全体成员的共同利益,就是说,这在观念上表现就是:赋予自己的思想以普遍性的形式,把它们描述成唯一合乎理性的、具有普遍意义的思想。进行革命的阶级,仅就它对抗另一个**阶级**而言,从一开始就不是作为一个阶级,而是作为全社会的代表出现的;它俨然以社会全体群众的姿态反对唯一的统治阶级。它之所以能这样做,是因为它的利益在开始时的确同其余一切非统治阶级的共同利益还有更多的联系,在当时存在的那些关系的压力下还不能够发展为特殊阶级的

特殊利益"①。资产阶级在革命成功成为统治阶级之后，它的特殊利益与社会全体群众的共同利益发生分裂，与工人阶级、农民阶级的利益发生冲突，由此决定，它作为统治阶级，必然要从原来倡导的自由、平等等原则上撤退，甚至可以说在一定程度上背叛了这些原则，新的阶级压迫和剥削代替了革命时期关于自由、平等的承诺，资本的"自由"取代了人的自由并导致人的异化。尤其在资本的原始积累时期，人的异化达到骇人的程度，周期性的经济危机造成整个社会的阵发性痉挛和疯狂，这也正是社会主义思潮蓬勃兴起、风起云涌的最直接和最深刻的原因。由于工人阶级斗争和社会主义运动的冲击，在生产力不断发展特别是借助科技革命而实现的生产结构变革的基础上，西方发达资本主义国家不断调整和改革自己的制度，比如建立了社会保障和工资谈判制度，人们的生活水平和工作条件都有了很大改善，妇女、黑人等相继得到了选举权，自由、平等等原则在形式上获得了相当程度的普遍化，从而使得社会阶级矛盾得到了很大程度的缓和，社会秩序比较良好。正是这些变化和发展，促进了西方发达国家资产阶级意识形态和价值观念的输出与传播，使得其作为"具有普遍意义的思想"获得了广泛的基础。

毫无疑问，西方国家的主流意识形态本质上属于资产阶级价值观，无论是自由主义还是社会民主主义或社群主义，它们对自由、平等的论证都是以抽象的人性论、个人原子主义为基础的，竭力回避和掩盖其维护阶级利益的立场，而"赋予自己的思想以普遍性的形式"。它们的差别在于，自由主义更强调个人自由权利相对于人人平等具有某种优先的地位，以个人自由为最高价值，人人平等只能被理解为人人具有平等的自由权利，是自由权利方面的平等，而不应将之扩展为拥有财富的平等，更不能以这种理由来限制个人自由。哈耶克就是这种理念的典型代表，他推崇自发的自由秩序，反对一切形式的"社会主义"，认为各种以社会公正名义对个人自由的限制都是"走向奴役之路"。诺齐克与罗尔斯的争论，也主要是关于第二原则即应否为了（结果）平等而限制自由的争论，在第一原则即自由优先方面他们是一致的。用秦晖先生的话讲，他们之间不过是自由主义左派和自由主义右派之间的差别。倒是作为社群主义之代表的麦金泰尔等人，对个人自由至上的原则提出了一定

---

① 马克思恩格斯选集：第1卷. 北京：人民出版社，1995：100.

的质疑，认为对于正义有多种不同的传统，否认在正义问题上有统一的"真理"。

青年时期的马克思恩格斯，也沿袭启蒙传统和人道主义立场，高扬自由、平等的价值，激烈批判限制个人自由的普鲁士国家法律是非正义的，但在创立了历史唯物主义、实现"两个转变"之后，他们超越了先前的立场，反对脱离社会经济关系这个现实基础，从抽象的人性论以及道德和法权的层面讨论自由、平等、公正这些概念及其相互关系。在马克思恩格斯看来，自由、平等并不是什么天赋人权，而是市场经济成为社会主导性生产方式这种现实在观念上的反映，是现代市场经济时代的价值观念，它们的实质内容是在等价交换的基础上要求交易双方具有平等地位和按照自己的意志进行交易的权利，反对一切等级特权和超经济剥削，在其扩大的意义上，自由、平等成为公民作为公民的资格要求，获得了法律规定和保护的公民权利。这些权利确实是资产阶级首先提出的，是一种"资产阶级权利"，相对无产阶级革命的最终目的即实现共产主义来说，无产阶级必须超越这些权利要求，不能把争取这些权利写在自己的旗帜上。但这些权利规定作为人的"政治解放"的成果和确证，却具有普遍性的历史积极意义，完全可能也很有必要作为无产阶级争取解放斗争的武器，特别是对在资本主义社会进行合法斗争的无产阶级政党来说，拒绝利用这些现成的武器，简直就是一种愚蠢。对尚未获得政治解放的无产阶级来说，就更是如此。即使在无产阶级取得了胜利、实现了按劳分配的社会主义条件下，也必须看到"在这里**平等的权利**按照原则仍然是**资产阶级权利**，虽然原则和实践在这里已不再互相矛盾"①。很显然，马克思恩格斯并不否认自由、平等作为现代文明基本价值范畴的必要性和正当性，他们反对和批判的只是资产阶级思想家们对自由、平等概念的唯心主义解释，揭露的是资产阶级在成为统治阶级后为维护自己的特殊利益对自己曾经承诺过的这些原则的背叛，揭橥的是只有无产阶级才可能真正贯彻这些原则，实现每个人的自由全面发展或自由个性的"真正的人的历史"。

西方思想家们囿于思辨哲学的模式，或以某种神圣化的存在如上

---

① 马克思恩格斯选集：第3卷. 北京：人民出版社，1995：304.

帝（法）、如自然（法）作为基础，或以个人自由作为基础，试图绝对性地规定公正，找到一种关于公正的所谓绝对真理或永恒正义。在马克思的实践哲学看来，这种目标设定及其思维进路本身就是不合理的，公正（观念）作为一种道德和法权观念，是从经济关系中产生出来的，无论是自由、平等还是其他权利，都受一定时代的经济结构、阶级力量对比和文化发展情况的制约。正如马克思说的那样，不仅"统治阶级的思想在每一时代都是占统治地位的思想"①，而且统治阶级内部的斗争也直接影响着"思想的生产和分配"，"例如，在某一国家的某个时期，王权、贵族和资产阶级为夺取统治而争斗，因而，在那里统治是分享的，那里占统治地位的思想就会是关于分权的学说，于是分权就被宣布为'永恒的规律'"②。我们透过意识形态宣传和争论的迷雾就能看到：（1）思想家们关于自由、平等与公正关系的争论，无论看上去多么抽象、多么远离社会现实，实际上都折射着不同派别的经济政治利益，代表着不同集团的价值诉求。（2）公正作为制度的价值，作为评价制度的一种尺度，从来都与制度对权利的规定及配置相关联，从这个意义上说，公正是自由与平等的一种"合题"，是根据维护社会秩序的要求和当时的实际情况处理自由与平等之矛盾的方式的一种合理性以及对这种合理性的承认。与平等有形式平等和实质平等的差别一样，自由有形式自由和实质自由的差别问题，即法律所规定的个人自由权利与个人实际上能够实现这些权利的能力及条件的差别问题，前者可以通过法律的形式进行规定，在法律上是人人平等的，但后者则由于个人天赋的及后天条件的差别必然是不平等的。这是自由权利的内在矛盾，也是自由与平等的矛盾。因此，在合法地运用个人自由而致使社会差别和不平等现象过于严重时，社会共同体为了避免因严重的内部冲突而解体，为了防止社会秩序的崩溃，就需要在制度和政策方面采取措施以限制一些人的自由，比如设置累进制所得税和高额遗产继承税；在人人可以平等享受的社会福利和旨在照顾收入平等的政策等影响了投资与劳动积极性从而导致效率下降时，则可能采取降低税率鼓励投资和消减福利的措施；在平均主义泛滥的条件下，强调公正就需要打破用结果平等否定机会平等而形成的"伪公正"，突出保证

---

① 马克思恩格斯选集：第1卷. 北京：人民出版社，1995：98.
② 同①99.

机会平等适当拉开收入差距（不平等）的积极意义；在等级特权横行的条件下，强调公正则主要是突出基本权利的平等；如此等等。（3）从实践的角度看，至少在现代民主社会条件下，无论是一定制度的设立或是对一定制度的改革，往往都是不同集团和社会力量博弈的过程，尽管各自都以公正与否作为自己主张的立论基础，但最后结果却都表现出不同主张的调和或妥协。所以，评价制度的公正标准就不是一条线，而是一个范围或区间，其上限是各方都比较满意，下限则是各方都还能接受，凡是落到这个范围或区间内的，基本就是公正的。罗尔斯的"重叠共识"，哈贝马斯倡导的"交往理性""协商民主""合法性"，这些思想都可以被看作对这种情况的反映或折射。总之，我们既不能单义地用自由或平等来规定公正，或者机械地、僵死地给自由和平等排出一个固定不变的顺序，并将此作为公正的"绝对真理"，也不能离开对公民的自由和平等权利的规定及实现状态，空洞地讨论公正问题，至于那些根本排斥、否认自由和平等是现代文明的基本价值的做法，更是违背了马克思主义的基本精神。

效率与公平公正的关系问题，也是容易使人误解并确实引起了误解和争论的问题。确立马克思主义公正观，必须对之予以辨析。第一个误解，把公平公正等同于平等，进而把效率与公平公正的关系看作效率与平等的关系。美国经济学家奥肯著有《效率与平等》一书，主要针对西方国家的福利政策带来的问题和困境立论，他虽然用的是平等这个概念，但实质所指是"结果平等"，基本结论是效率与平等不可兼得，效率多一点平等就得少一点，反之，平等多一些效率就得低一些。此书被引入中国之时，正值我们反思平均主义分配政策的诸多弊端，旨在推进打破"铁饭碗"、拉开收入差距的分配制度改革之际，所以被广泛引用。但在讨论中，本来是要批判平均主义分配制度的不公平、不合理，所以导致低效率或效率损失，可一些人或许受20世纪70年代批判"资产阶级法权"运动的影响，认为平均分配是实质上的平等或实质公平，或简单地把"共同富裕"当作公平，这样就自觉不自觉地将问题改换效率与公平的关系问题，并提出"效率优先，兼顾公平"方针，影响很大。21世纪初反思改革，不少批评者认为贫富差距过大是执行了"效率优先，兼顾公平"方针的结果，呼吁应改变这一方针，甚至叫停改革。秦晖先生曾多次著文辨析，称之为

"伪问题","淮南为橘淮北为枳"①,可惜这种辨析未被理论界普遍接受。第二个误解,与第一个误解相关,就是把(结果)平等对效率的负面影响当作追求公平公正所需付出的代价(效率损失),换言之,把公平公正与效率的正相关关系误解成负相关关系。实际上,无论在历史上还是在现实生活中,也不管在经济领域还是在其他领域,比如教育、科技、医疗、体育领域等,如果制度安排不公正,那么创造价值的人们就总是得不到相应的回报,各种不公正的弊端无法得到有效矫正且不断扩大蔓延,长久积累的结果,重者是劳动力的再生产难以为继,轻者也势必会打击、挫伤这些人的生产积极性,到处都是不满、怨气、怠工、反抗,即使靠暴力强行维持这种制度,必然是困难重重、难以奏效,且产生很大的负效应,需要付出很高的制度维持成本。这些都是造成效率损失的因素,是效率低的原因,只有改革这种不公正的制度,理顺各种关系,才能消泯怨气、减少内耗,调动人们的生产积极性,提高整个社会的生产效率。随着生产效率提高,社会财富增多,交往更加普遍,人们的权利观念等主体性意识相应提高,对公正就会提出更高的要求。所以,效率与公正之间呈现出一种相互促进的关系,如若二者总是此消彼长,那就无法说明为什么人类社会发展效率和公正双方都在不断提高这个基本事实。第三个误解,在为"效率优先兼顾公平"进行辩护的过程中,不少学者认为,马克思主义坚持生产力发展是衡量社会进步的根本标准,而公正则主要是一种道德标准,最多是涉及分配合理性的标准,与发展生产力的效率标准相比,只能处于第二性的地位,所以"效率优先,兼顾公平"是一个马克思主义的观点。在我们看来,且不说把公正主要看作道德标准本身就不合适,这种论证方式和思路明显没有脱离所谓科学主义的马克思主义和所谓人道主义的马克思主义的争论的框架背景。实际上,马克思主义是超越了人与社会的这种二元对立的:社会就是人的社会,是人的活动的总和,而不是与人抽象对立的某种独立存在,生产力说到底不过是人的本质力量的现实表现,社会生产力的发展就是也只能是人的发展的一种表征。如果说在以往历史时代特别是资本主义条件下生产力作为一种客观力量与人相对立,这表现为人的异化形态,那么在以扬弃这种异化为使命的社会主义社会,生产力的发展与人

---

① 秦晖. 社会公正与学术良心//知识分子立场:自由主义之争与中国思想界的分化. 北京:时代文艺出版社,2000.

的发展就体现为内在的统一，发展生产力既依靠人也为了人，人的全面发展既是生产力发展的手段也是其目的，它们之间的差别和矛盾正如马克思曾深刻论述的生产与消费的关系一样，是一个有机过程内部不同环节之间的差别和矛盾。效率与公平会有矛盾，但绝不是一种不可兼得的关系，也不是刻板机械的谁更应优先的选择顺序问题，总是试图确定一个固定的、不可移易的顺序，不过是赋予解决矛盾的某种暂时方式"普遍性的形式"，是理论哲学的抽象的思维方法的表现。

公正的反面是不公正，可二者又难分难解。正如运动要通过它的反面即静止得到理解和度量一样，公正需要通过不公正得到理解和度量，总是通过对不公正的否定来体现、实现，而在实现了的公正中又会孕育和演化出新的不公正，它们之间的界限总是相对的、历史的、变化着的。公正作为不公正的否定，既是理论上、观念上的，表现为对不公正现象的抗议和批判，也落实为实践上的，这就是通过制度的方式，通过对权利和权力的重新规定，划定一定的界限，防止、限制和矫正那些不公正的行为。如果说防止或限制是一种积极的姿态，一种"事先"采取的形式，那么矫正就表现为一种消极的、"事后"的形式，即对那些违反规定的不公正行为的惩治。任何一种制度，都内在地包含着这两个方面的规定性，既规定"可以"如何，"不应""不能"如何，也规定如果违反，"应该"如何处置。在这个层面上，问题总是具体的、现实的，或者说，一种公正总是对应着某种不公正，对之进行防止和矫正。而在更高的层面上，公正本质上作为发展着的人对人的现实发展条件的超越性要求，又具有某种总体性的特征，是一种总的调节原则，它不仅调节自由与平等之间的矛盾、平等与效率之间的矛盾、权利与义务的分配及其实现中的矛盾，而且对于不同层面的公正之间的矛盾、不同理想之间的矛盾、各种理想与现实条件之间的矛盾、整体利益要求与局部利益要求之间的矛盾、社会秩序要求与个人权利之间的矛盾等，都具有重要的调节作用。这种调节，不是我们许多人惯常认为的那种要求"国家"来进行的调节，这是一种把"国家"当成特殊人格、当作一个"大家长"来看待的前民主时代的观念，而是一种诉诸不同主体的合理协商、寻求最大的重叠共识来进行的调节，是通过社会有机体自身的纠错机制和历史发展过程而形成的调节。很显然，每一种调节都意味着对不公正的规定和否定，而每一次否定又都受当时具体的历史条件的限制，包括思想观念条件的限制,都具有一定的局限性和不彻底性,因为历史只能提出自己能够解决的任务。这个矛盾是永远无法得到最终解决的,而只能获得一种马克思所说的"椭圆式"的暂时解决。设想存在一个消灭了一切不公正现象、完全公正、真正公正的社会,如同设想找到一种关于公正的所有人都认同都服膺的、永恒不变的绝对真理一样,是一种不符合历史辩证法的、乌托邦式的空想。但如果因此就认为,只存在人们关于公正不公正的不同的价值判断和评价,根本不存在公正不公正这个问题,又会导致相对主义和虚无主义。

中国改革开放建立了社会主义市场经济体制,用邓小平的话说,这是一场革命,是在生产方式变动基础上带动的生活方式、交往方式、思维方式和价值观念的巨大变革,是经济转轨和社会转型,这意味着必须在市场经济基础上重新建立一套与计划体制时期不同的社会运行机制和社会秩序,意味着必须重新审视以往的意识形态和价值观念,重塑与社会主义市场经济相适应的一整套价值规范、政治运行模式和各种制度法律等。我们确实没有现成的经验可以借鉴,并且还受到计划经济时期积累的巨大"社会主义遗产"如何处置、如何分配的严峻挑战,改革政策的公正性问题,包括经济转轨中如何防止"掌勺人私分大锅饭"(秦晖语),如何应对公权力寻租、权钱交易形成的普遍腐败和防止出现"权贵市场经济"的问题,如何化解和矫正财富分配方式不公正造成的收入差距巨大民怨沸腾的问题,已然成为最严重、最突出、最具爆炸性的问题,其他的如教育公正问题、医疗公正问题、司法公正问题等也都困扰着我们。为了有效地解决现实社会实践中的这些重大问题,我们必须解放思想,在马克思主义指导下积极大胆地进行理论探索,包括确立马克思主义公正观并以此为基础提出一些具体可行的对策性意见。历史经验充分证明,越是面临复杂的、高风险性的社会实践问题,越是需要鼓励与提倡进行大胆的理论探索和思想实验,提出不同的方案并相互竞争、相互辩难,然后在决策时才能择善而从或折中妥协,制定出使各个阶层、各个方面都能接受乃至比较满意亦即比较公正的政策。从理论发展和文化建设的角度说,马克思主义公正观无疑属于社会主义核心价值体系的重要内容,是中国特色社会主义理论的重要组成部分,必须组织力量下大力气进行研究。这是一种基础性建设工程,只有认真做实、做好,我们在理论方面、道义方面才能掌握意识形态领域斗争的制高点,有效地防止思想教育和宣传上的左右摇摆，只有立足马克思主义公正观对社会基本制度改革和建设方针形成一种总体而一贯的把握，才能走出长期以来一直困扰我们的"一管就死，一放就乱"的恶性循环和总是以政策来弥补制度漏洞、头痛医头脚痛医脚的临时救急式的窘境，逐步形成一种"活而有序，争而不乱"的社会运行机制。这才是维持可持续发展与社会和谐的最有力的保障，也是彰显中国特色社会主义道路的世界历史意义，提升社会主义制度的历史优越性和吸引力的根本途径。

马克思世界历史理论的方法论意义[*]

世界历史理论是马克思批判地继承黑格尔关于世界历史思想的合理因素，运用其创造的唯物史观及剩余价值理论，深入地研究近代以来经济与社会的运动及发展趋势而创立的。世界历史理论是科学社会主义的重要理论基础，在使社会主义从空想变为科学的过程中起了重要的中介作用。马克思分析与讨论许多问题都是从世界历史的视野和高度进行的，不懂得或忽视了这一点，在理解马克思的思想时就势必会造成许多误解和曲解。可惜的是，在很长一个时期内，由于各种原因，我们对世界历史理论及其重要意义认识不足，至少是重视不够，这是造成我们对于"什么是社会主义、怎样建设社会主义"这个时代课题理论上"不太清楚"、实践上走了很大弯路的一个重要原因。经济全球化浪潮的巨大冲击，总结世界社会主义发展的历史经验、重新理解和谋划现代化方略以及建设中国特色社会主义的迫切需要，激活了世界历史理论这个重要思想资源，使之成为近年来我国马克思主义哲学理论研究的一个热点问题。显然，世界历史理论既是我们重新理解和解读马克思主义基本理论的一个重要切入点，也是显现马克思主义当代价值的一个重要方面。

---

[*] 本文原载《中国社会科学》2013 年第 6 期。

一、马克思对黑格尔世界历史思想的创造性转换

马克思世界历史理论的直接思想渊源是黑格尔关于世界历史的思想，现实基础则是业已形成并日益扩大的国际贸易和世界市场及其产生的各种效应。在发生学的意义上，历史开始向世界历史转变是由地理大发现引起的国际贸易引发的，尤其是由工业化所催动的国际市场引发的。地理大发现不仅发现了美洲新大陆和澳大利亚等地区，开辟了通往东方的新航线，而且通过更加频繁的交往使得人们日益了解了这些地区和东方国家的历史知识。正是在这个基础上，伏尔泰写出了《论各民族的风格与精神》，从最远古的中国讲起，把欧、亚、非、美几个大洲的国家和民族都写入历史，为后来世界史的编著开辟了道路。此后，一些历史学家致力于世界历史的著述，如 J.C. 加特勒尔的《世界历史要览》，A.L. 凡·施勒策尔的《世界历史概略》等，英国 J. 坎普贝尔等人还辑集了一部多达 38 卷的《自远古迄今的世界历史》。作为伟大的思想家，黑格尔基于一种"巨大的历史感"，并不满意于这些历史学家把历史当作已经发生的经验事实进行堆积排列的做法，即只是依据一定的材料叙述历史中发生的行动、事变以及导致这些行动和事变发生的动机，他把这称为"实际存在的历史"，他要做的是透过这些历史材料或经验事实发现历史最内在的东西，也就是他所谓的"哲学的世界历史"或世界历史本身。在《历史哲学》的绪论中，黑格尔一上来就考察研究历史的方法，将之分为"原始的历史"、"反思的历史"和"哲学的历史"，在他看来，只有从哲学的高度审视历史，才能透过各种偶然性和特殊性的杂多，发现人类各民族发展"何以如此"的真正原因和内在根据，因此才是世界历史本身。这确实是一种很深刻的哲学洞见，一种属于"史观"层面的、具有革命性的见解。正如后来恩格斯所高度评价的那样："黑格尔第一次……把整个自然的、历史的和精神的世界描写为一个过程，即把它描写为处在不断的运动、变化、转变和发展中，并企图揭示这种运动和发展的内在联系"[①]。

---

① 马克思恩格斯文集：第 9 卷. 北京：人民出版社，2009：26.

黑格尔认为,"哲学的世界历史"是理性所把握的历史,理性构成了理解历史的最高原则。到此为止,应该说他的这种观点都还是正确的,而且是深刻的,问题是他把人们"理解"事物的过程当作事物自身产生的过程,把人们观念地"把握"事物的方式当作事物自身发生的方式。在他那里,"理性是世界的主宰,世界历史因此是一种合理的过程"①。世界历史是理性的产物与财产,是"精神"自己表现和实现自己的场合与舞台,是精神自身展开的过程。精神的本质是自由,世界历史也就是自由的实现,就像太阳的东升西落一样,东方国家相对于西方国家是比较低级的阶段,因为"东方各国只知道一个人是自由的,希腊和罗马世界只知道一部分人是自由的,至于我们知道一切人们(人类之为人类)绝对是自由的"②。在黑格尔看来,民族精神不过是"精神"的一种有限的具体形式,通过内在的否定要回归到"世界精神",人们的实际活动终归只不过是"世界精神"实现其目的的工具和手段;而且对于这一目的,各个人和各民族都是无所知的,他们是无意识地或者不自觉地实现了它,即使那些被称为英雄的"世界历史人物"也不过是"世界精神的代理人"。因为,在具体的人类活动中,人们"仅仅认得特殊性,而且只能支配特殊性"③,他们是在满足自己利益和欲望的同时,一起完成了那并不包括在他们的企图中也没有呈现在他们意识中的某种东西——世界精神的目的。

黑格尔关于世界历史的思想显然是唯心主义的、"头足倒置"的,但通过这种唯心主义形式所包含、所表达的历史观见解又无疑是很深刻的,不仅比那些罗列各个民族的历史材料的历史编纂学家深刻,而且比那些从这些历史材料中寻找表面的共同性或抽象的普遍性的思想家深刻。黑格尔对世界历史之总体性或整体性特征的揭示,对人类历史发展中的特殊性与普遍性关系的分析,透过貌似散乱无序的经验事实而寻求其"内在联系"的致思路向,通过"精神"基于自由本质实现的自我否定而对人类历史辩证运动过程的描述,无疑都是非常闪光的思想。特别是,他站在人类整体的高度,对基于市场经济的现代文明之历史优越性和必然性的揭示,对人类主体与民族主体的辩证关系的澄明,无疑都体

---

① 黑格尔. 历史哲学. 王造时, 译. 上海: 上海书店, 2006: 8.
② 同①18.
③ 同①16.

现了时代精神的精华，对后世的思想家包括马克思、恩格斯都产生了很大的影响。恩格斯称赞在"历史哲学、法哲学、宗教哲学、哲学史、美学等等，——在所有这些不同的历史领域中，黑格尔都力求找出并指明贯穿这些领域的发展线索"，"他在各个领域中都起到了划时代的作用"①，所以，即使在后来黑格尔主义被许多人抛弃批判、黑格尔在德国被当作"死狗"来对待的时候，马克思还是公开承认"是这位大思想家的学生"②。马克思吸取了黑格尔的世界历史的思想，但基于他创立的唯物史观及剩余价值理论对其核心概念进行了根本性的改造和创造性的转化，创立了科学的世界历史理论。马克思的世界历史理论与黑格尔的世界历史思想有着本质的不同，这主要体现在：

第一，黑格尔认为世界历史是绝对精神在时间上的展开和在空间上的扩展，是精神不断获得解放和自由的过程，"世界历史……表示'精神'的意识从它的'自由'意识和从这种'自由'意识产生出来的实现的发展"③。马克思则认为，"历史向世界历史的转变，不是'自我意识'、世界精神或者某个形而上学幽灵的某种纯粹的抽象行动，而是完全物质的、可以通过经验证明的行动，每一个过着实际生活的、需要吃、喝、穿的个人都可以证明这种行动"④。因为它从根本上说是社会生产力和交往关系发展的结果，是现实生活的人们、人们的吃穿住行的现实生活超越了民族国家的界限而与整个世界联系在一起的结果。

第二，黑格尔的"世界历史"，外延上基本可以等同于一般意义上的"人类历史"，是各个民族历史发展的总和。尽管黑格尔基于"巨大的历史感"力图将人类历史当作一个总体去探寻其内在联系，但他不能"历史地"看待世界历史的形成问题。换句话说，基于"绝对精神"展现自身的唯心主义框架，他更多地关注人类历史发展中的连续性、统一性而没有注意到其中的间断性和"质变"。马克思的"世界历史"则不同，它以"历史转变为世界历史"为对象性根据，而这是人类历史发展到近代以后各个民族和国家通过交往而连接成一个整体的结果，它与此前的各个民族在相互隔绝的地域中孤立发展的时代相比有着本质的差

---

① 马克思恩格斯选集：第4卷. 北京：人民出版社，1995：219.
② 马克思恩格斯文集：第5卷. 北京：人民出版社，2009：22.
③ 黑格尔. 历史哲学. 王造时，译. 上海：上海书店，2006：103.
④ 马克思恩格斯文集：第1卷. 北京：人民出版社，2009：541.

别。也正是这种差别,使得"世界历史""世界历史时代"的概念不仅具有特定的含义,而且具有现实性基础和重要的方法论意义,才可能成为"世界历史理论"的现实素材。

第三,黑格尔的"世界历史"正如他的整个哲学体系一样,虽然以矛盾的辩证发展为中心线索和动力,但却是一种不彻底的发展观。这表现在他的思想中不仅体现着一种欧洲中心主义,而且是一种欧洲目的主义,甚至可以说是德意志中心主义或目的主义。以往的一切发展到他这里、他的民族这里就停止了,因为绝对精神经过漫长的游历而回归自身,发展就停止了,历史也就终结了。马克思与之相反,黑格尔的世界历史发展的"终点"恰恰是马克思的"起点",通过对世界历史的形成、个人成为普遍交往的世界历史性的个人,来发现和揭示人类解放即真正的自由的全面发展的人的可能性和道路。马克思的理论是一种世界主义的理论、一种全人类获得解放的理论,自然也就超越了欧洲中心主义。

第四,黑格尔的世界历史思想属于他的历史哲学,亦即后世所称为的"思辨的历史哲学"。这种历史哲学的最大问题是,让历史的材料服从于思辨的"逻辑",局部服从于整体,特殊服从于普遍,具体的历史环境、历史条件,具体的民族及其英雄人物都不过是体现"世界精神"的某种工具;基于"科学之科学"的哲学观而形成的某种对具体实证科学的"傲慢",似乎唯有它才有把握"历史真理"的能力,唯有它所发现和宣称的才是超越具体历史发展过程的"永恒真理"。而在马克思看来,"在思辨终止的地方,在现实生活面前,正是描述人们实践活动和实际发展过程的真正的实证科学开始的地方。关于意识的空话将终止,它们一定会被真正的知识所代替。对现实的描述会使独立的哲学失去生存环境,能够取而代之的充其量不过是从对人类历史发展的考察中抽象出来的最一般的结果的概括。这些抽象本身离开了现实的历史就没有任何价值"①。"这些抽象与哲学不同,它们绝不提供可以适用于各个历史时代的药方或公式"②。恩格斯后来也说到,随着社会科学的发展,这种"历史哲学"就终结了,任何恢复它的企图,不仅是徒劳的,而且是一种思想的反动。

---

① 马克思恩格斯文集:第1卷.北京:人民出版社,2009:526.
② 同①.

二、世界历史理论的主旨及其在马克思主义中的地位

对于马克思的世界历史理论，这些年来国内不少学者依据文本资料做了很好的梳理和阐释，如：马克思关于世界历史的论述虽然散见于不同时期的文本之中，但绝非只是零散的"思想闪光"，而是一个"内容的系统"，且贯穿于马克思一生的思想发展中；马克思的世界历史概念来源于黑格尔，不是一个历史编纂学的概念而是一种哲学历史观的概念，但马克思对黑格尔的世界历史思想进行了"颠倒"，将之建立在唯物史观的基础上，从而成为科学的理论；世界历史是由资产阶级开辟的，是资产阶级的生产方式向全世界扩张的过程和结果，也是各个民族国家通过国际市场的普遍交往而使生产和消费连成一体的过程，并在经济交往的带动下形成了"世界性的文学"；正是世界性的普遍交往使人们超越地域的、民族的狭隘性，成为世界历史性的个人，只有在这种条件下共产主义才能成为经验的事实；马克思的东方社会理论，尤其是关于俄国公社可能跨越资本主义"卡夫丁峡谷"的设想，并非如一些人所说的那样是对世界历史理论的否定或断裂，而是对世界历史理论的具体运用，也是世界历史理论的重要补充；世界历史理论是唯物史观的重要组成部分，对于理解当今的全球化具有重要的方法论意义；等等。当然也存在一些分歧和争论，如：世界历史理论是唯物史观创立的前提还是唯物史观的运用，马克思的"世界历史"概念是单义的还是多义的，马克思基于世界历史时代的发展理念是单线的还是多线的，马克思的世界历史理论是否也带有一定的"欧洲中心主义"的倾向，他是否在后期放弃了世界历史的思想，世界历史是否也可以分为不同的阶段，当今的全球化与世界历史是什么关系，等等。应该说，这些梳理、阐释和争论，对于我们了解、理解和进一步研究马克思的世界历史理论都是必要的，是有积极意义的。但也存在一些问题，如一些论者比较拘泥文本，而对文本背后的东西或这些文本所蕴含的更深层的思想开掘不够；一些争论各执一方面的道理，而对世界历史理论的主题主旨和总体精神的领悟有所欠缺。这样一来，马克思的世界历史理论似乎就变成了马克思对于世界历史如何形成、如何展开的一种比较直观的实证的经验性描述，最多

展示了马克思的宽广视野和"惊人的预见力"。这就影响了我们对马克思世界历史理论的深刻的、准确的理解,影响了其方法论意义的发挥和当代价值的彰显。鉴于这个问题的复杂性,我们这里无法做全面的讨论,主要对世界历史理论的主旨及其在马克思主义中的地位进行一些分析。

我们先讨论世界历史理论在马克思主义中的地位问题。我们过去虽然都承认马克思主义是一个体系,但往往对这种体系性重视不够或理解不透,把不同的理论内容置放在同一个层次平面地进行理解和讨论,一些争论和混乱就是由此引起的。具体到世界历史理论来说,它与唯物史观以及剩余价值理论是什么关系?是否仅仅属于哲学而与经济学和社会主义无关?很显然,这个问题对于合理理解世界历史理论,具有一种前提性意义。我们认为,从发生学的角度看,马克思关于唯物史观的思想,关于资本和剩余价值的思想,关于劳动异化的思想,关于世界历史的思想,关于社会主义和共产主义的思想,恐怕都是交织在一起的,既相互影响又相互支撑,既有差别又互文互释,这从《1844年经济学哲学手稿》、《德意志意识形态》甚至《共产党宣言》中都能看出来。这种情况的出现,既是思想和理论的形成过程中一些主要概念的内涵与界限、彼此之间的关系与层次还没有最后确定的表现,更是理论所把握的对象自身的矛盾复杂性的一种折射和反映。在社会有机体的历史进化中,许多现象都是既互为前提又互为因果的:人既是历史的前提又是历史的结果,生产力与生产关系、生产与消费、私有制与异化、资本与剩余价值等都是如此,世界历史也既是资本主义的前提也是资本主义发展的结果。从这个角度看,说唯物史观是世界历史理论的前提固然可以,因为马克思确实是对黑格尔的世界历史思想进行了唯物史观的改造才形成世界历史理论的;说世界历史理论是唯物史观的前提也无不可,因为马克思唯物史观的形成离不开对近代以来的经济政治关系的研究,离不开他对黑格尔的世界历史理论的改造。同理,说世界历史理论是资本和剩余价值理论的前提固然可以,因为资本的原始积累与世界历史形成过程是连在一起的,没有对世界历史的认识就难以对资本的形成和运动达到科学的理解;而说资本和剩余价值理论是世界历史理论的前提也能成立,因为若是不懂得资本的运动和国际市场及其作用就无法理解世界历史的形成。所以,试图单义地规定谁是谁的前提就不仅不可能,而且没有意义，这种设问的方式恰恰是一种线性思维的表现。

但从思想体系的逻辑结构层次上看，如我们在前面指出的，世界历史理论作为一种理论，它是马克思运用其创立的唯物史观以及剩余价值理论全面地研究、分析近代以来经济和社会的运动及其发展趋势的结果，是具体地运用生产力和生产关系、经济基础和上层建筑矛盾运动的原理分析当时政治经济形势的特点和变化规律而形成的。我们知道，如同黑格尔一样，在马克思这里，"世界历史"不是历史编纂学的概念而是哲学历史观的概念。作为哲学历史观的概念，它首先意味着一种看待历史的角度和方法，针对当时占主流地位的唯心史观，马克思批评说，过去的历史观不是完全忽略了物质生产和生活"这一现实基础"，就是将之当作某种附带因素，"现实的生活生产被看成是某种非历史的东西，而历史的东西则被看成是某种脱离日常生活的东西，某种处于世界之外和超乎世界之上的东西"①。如果说法国人和英国人至少还抱着与现实有些接近的政治幻想，那么德国人就只在"纯粹精神"领域内兜圈子，黑格尔的历史哲学就是最典型的表现和最终成果。② 马克思正是抓住了物质生产和生活这个历史的"现实基础"，具体而深入地研究了这个"现实基础"的历史演变，才发现"世界史不是过去一直存在的；作为世界史的历史是结果"③。当时的许多历史学家都直观地将地理大发现看作世界历史时代的起点，因为确实是在地理大发现后人们才超出了过去的狭隘眼界，形成了符合实际的"世界"的概念和视野，才有了关于"世界历史"的著作。但马克思却超越了这种"直观"和"事实"，认为地理大发现既不是偶然的，也不是孤立的事件，在它背后有深刻的经济原因。国际贸易带来的巨大利益和商机，形成了地理探险的强大动机和稳定持久的资金支持，也促进了相关技术的飞速发展，这才有了地理大发现。而地理大发现反过来又为更加广泛的国际贸易和国际交往提供了可能，进而促进了手工业向大工业的转变，也为市场经济这种新的生产方式和交往方式向全世界扩展提供了可能。马克思说："大工业建立了由美洲的发现所准备好的世界市场。世界市场使商业、航海业和陆路交通得到了巨大的发展。这种发展又反过

---

① 马克思恩格斯文集：第1卷. 北京：人民出版社，2009：545.
② 同①546.
③ 马克思恩格斯文集：第8卷. 北京：人民出版社，2009：34.

来促进了工业的发展,同时,随着工业、商业、航海业和铁路的扩展,资产阶级也在同一程度上发展起来,增加自己的资本,把中世纪遗留下来的一切阶级排挤到后面去。"① 从这个意义上说,"历史向世界历史的转变"是由近代的国际贸易和工业化引发的,本质上是经济矛盾运动的产物。

世界历史理论又构成了科学社会主义的重要理论基础,不仅在社会主义从空想到科学的转变中起着重要的中介作用,而且是科学社会主义区别于当时流行的其他社会主义理论的重要依据或突出特征。从这个角度说,世界历史理论既属于唯物史观,又不限于唯物史观,它也作为科学社会主义的重要理论前提而包含在和贯穿于其实质内容之中。马克思的世界历史理论首先是把握了基于大工业和普遍交往各个民族连成了一个统一整体的这个"事实",但又并不是简单地"反映"或陈述了这个事实,而是服从于马克思的理论活动的总"目的",即分析人类解放的可能性及现实条件,论证共产主义和社会主义发生的历史必然性及根据。正是这个主题和主旨,使得马克思的世界历史理论蕴含着强大的批判功能,既是科学的理论维度的批判,也是价值维度的批判,更是作为二者辩证统一的历史性批判和总体性批判。马克思既肯定大工业和市场经济这种新的生产方式、交往方式的历史进步性,它消灭了分工的自然性质,促进了人口的集中和生产资料的集中,形成了人的全面需要和生产能力的体系,在不到一百年的时间里"所创造的生产力,比过去一切世代创造的全部生产力还要多,还要大"②;世界历史就是这种新的生产方式、交往方式的全球性扩展而形成的,因而具有巨大的历史进步意义,意味着人类告别人对人的依赖关系时代而进入以对物的依赖性为基础的人的独立发展时代。世界历史时代是资产阶级开辟的,本质上就是资本主义生产方式取代其他的生产方式而成为全球性主导生产方式的时代,也是资产阶级提出的以自由、平等、人权为核心的价值观念成为普遍的意识形态的时代,是资产阶级确立了自己的政治法律制度的时代。正是这些制度和观念将人们从封建的农奴制下"解放"了出来,实现了人的"政治解放"。但这个时代的出现并非是一些人所谓的理性战胜了愚昧、真理战胜了谬误,因而具有历

---

① 马克思恩格斯文集:第2卷.北京:人民出版社,2009:32-33.
② 马克思恩格斯选集:第1卷.北京:人民出版社,1995:277.

史终结的性质，相反，正如它的产生和胜利具有历史的必然性一样，它的灭亡、它被更高的历史阶段或时代所代替也是必然的。这个更高的时代就是社会主义和共产主义，这才是"真正的人"的历史的时代，是人的"自由个性"的时代。

确实，揭露资本主义的内在矛盾，论证其被社会主义代替的必然性，成为马克思一生的理论批判工作的主题和主线，在讲到资本主义的历史进步性时，往往用简略的语言一笔带过，在论述世界历史理论时也是这样。这就使后来的人们，尤其是革命队伍中的人们造成一种误解，似乎马克思不太强调、不太重视资本主义的历史进步性，而只是揭露它的剥削的残酷性和非人性，论证它灭亡的必然性。这种误解再与革命实践的激情相结合，以道德义愤、道德批判压倒甚至代替了对资本主义历史地位及作用的科学分析，于是资本主义变成了一种"万恶的"东西，革命就是要消灭这种东西，消灭得越快越好、越彻底越好。我们没有或很少注意，实际上马克思始终是把资本主义当作人类历史发展的一个必要环节和必要阶段、当作社会主义的历史前提来理解来对待的。没有资本主义大工业创造的发达的社会生产力、普遍的交往关系以及"人的政治解放"的条件，社会主义就是不可能的。正是因为这个缘故，在《共产党宣言》中，马克思不仅批判了空想社会主义，而且批判了"封建的社会主义"①，"小资产阶级的社会主义"②，"德国的或'真正的'社会主义"③，以及"保守的或资产阶级的社会主义"④，还把前三者标示为"反动社会主义"⑤。之所以是"反动的"，最根本的原因就是它们不理解资本主义的历史进步性，试图开历史的倒车，尽管用的也是社会主义的名称，尽管它们也提出要消除资本主义的矛盾和各种丑陋现象。

如果说民族"历史转变为世界历史"是一个在马克思之前很久就已经存在的历史事实的话，那么马克思的世界历史理论则通过对这一历史事实和过程的科学研究而揭示其中的发展规律，通过对作为世界历史之

---

① 马克思恩格斯文集：第 2 卷. 北京：人民出版社，2009：54.
② 同①56.
③ 同①57.
④ 同①60.
⑤ 同①.

本质与动力的资本主义生产方式和交往方式的分析来揭示它的发展前途，在这个基础上探讨社会主义的历史前提和实现条件。在马克思这里，社会主义本质上是一种由资本主义生产方式所造成的全世界工人阶级的运动，是人类进入世界历史时代后的一个新的发展阶段，是人类解放的伟大事业。完全可以这么说，不懂得马克思的世界历史理论，没有马克思的那种人类解放的情怀，就不可能真正理解马克思的科学社会主义理论。

我们这里强调"世界历史理论作为一种理论"，意味着它与关于世界历史的思想还是有很大差别的，它是一种有理论支撑的、经过论证了的思想形式，是"世界历史"概念经历从抽象到具体的上升过程而达到"具体概念"的形态。换句话说，若不经过借助于分工和交往、生产方式和交往方式、资本运动、剩余价值及其实现、国际贸易、国际市场、殖民地问题等进行的这个理论论证和展开过程，不了解马克思进行这种理论探索和理论论证的立场、目的、主旨，"世界历史"概念就始终只是一个抽象的或半抽象的概念。明白了这一点，就能够懂得，我们虽然一直强调观察问题要有世界眼光、全球视野，但由于我们缺乏对世界历史理论的深刻理解和完整把握，我们就只能停留在"眼光"和"视野"的单纯"放大"而往往缺乏"眼力"即分析能力的提高，更难以达到马克思那样的胸襟和境界。我们在"什么是社会主义、怎样建设社会主义"这个重大时代问题上的诸多误解和失误，在相当程度上，与我们没搞清马克思的世界历史理论，从而没弄清马克思的科学社会主义与其他流派的社会主义的差别，没认清中国的实际国情及其在世界历史中的实际地位，都是有着内在联系的。在今天我们建设中国特色社会主义的时候，特别指出这一点是非常重要的。

三、马克思世界历史理论中的民族主体与人类主体

海德格尔曾说："马克思在体会异化的时候深入到历史的本质性的一度中去了，所以马克思主义关于历史的观点比其余的历史学优越。但因为胡塞尔没有，据我看来萨特也没有在存在中认识到历史事物的本质性，所以现象学没有、存在主义也没有达到这样的一度中，在此一度中

才有资格和马克思主义交谈。"① 海德格尔的这个评论是很深刻的,关键词是"历史的本质性的一度中"。近几十年来在新科技革命带动下,现代化和全球化,确切地说是全球性的现代化浪潮,使得人们都能真切地感受到这种"世界性普遍交往"的效应,也使得"全球化"成为一个热词。现代化理论、世界体系理论、依附理论、后殖民理论等,都是立足全球视野来讨论社会发展问题或实现现代化的问题的。苏东剧变后,一些人宣布"历史终结了",另一些人则认为未来的世界冲突是文明的冲突;不要说那些反对马克思的人,即使是马克思主义阵营中的不少人,面对着信息时代、知识经济、消费主义、后工业、后现代这些新现象,也感觉到马克思主义确实是"过时了"。毫无疑问,两次世界大战、新科技革命、苏联的出现及瓦解,以及西方社会出现的许多新现象、新问题、新矛盾,都是马克思没有看到甚至无法想象的,拿一些具体的实例来否认马克思的个别论断是很容易的。问题是,后世的一些人在这样那样地说马克思已经过时了的时候,可曾注意和反思,自己是否深入到"历史的本质性的一度中",是否是在同等的高度、层次、境界上与马克思交谈对话?对于马克思世界历史理论所秉持的那种尺度、那种胸襟,他所言说的那个时代、所讨论的那个时代主题,我们是否获得了一种"真知",至少是做过认真的研读和思索?面对马克思这座人类思想史上的大山,我们是否会因为自己一叶障目动辄就轻言"超越"而自觉到肤浅和轻佻?在"创新"成为一种时髦语,"浮躁"成为一种时代病,众声喧哗"以新为真"的当下,这种严肃认真地大声发问,或许能使人们获得某种清醒,本身就是很有价值的,也是探讨世界历史理论的当代意义的必需工作。

世界历史的形成开启了世界历史时代,其所表明、所显示的是,通过经济活动、经济交往而带动的民族国家的形成以及相互依存相互影响的加深,人类发展的整体性和一体化的凸显,人类主体不再仅仅是思维的抽象而变成了直接的感性现实。如果说,在前世界历史时代,各个民族基本上都是在孤立的地域各自平行发展的话,那么在世界历史时代,这种局面就被完全打破了,各个民族国家的发展都受到了人类整体发展的影响和规定。与此相适应,民族国家主体与人类主体的关系问题就成

---

① 海德格尔. 关于人道主义的书信//海德格尔选集:上卷. 上海:上海三联书店,1996:383.

为一个带有根本性的问题，或许可以说是世界历史时代具有核心意义的问题。换句话说，在前世界历史时代，人们由于地域和知识的限制，总是也只能把本民族、本地区的文明直接当作人类文明，人的个体性和人类性的关系实际是以一种个人与民族的关系的面目出现的。经过长期的积淀，便形成了根深蒂固的但却狭隘的观念，即都是以自己的民族为人类的代表，以本民族的利益为最高的利益。黑格尔讲世界历史时是意识到这个问题并用他自己的方式来解决这个问题的。按照黑格尔的观点，民族精神只是世界精神的一种具体形式或特殊形式，由于人们"仅仅认得特殊性"，为个人的目的或民族的利益而努力奋斗，只是不自觉地执行了或实现了世界精神或世界意志，他们都是实现世界精神的自由本性的工具。黑格尔认为，人们只有认识到世界精神的自由本性及其实现的必然性这个"真理"，才能超越民族的特殊性和狭隘性。马克思更是自觉地抓住这个时代主题，并以不同于黑格尔的方式来探讨这个问题的解决途径。在马克思这里，观察问题的出发点是现实的个人，这是我们都耳熟能详的，但不要忘记，他还明确宣称"新唯物主义的立脚点则是人类社会或社会的人类"①，他所说的"问题在于改造世界"的"改造世界"也并非直观地、经验地理解的"改造世界"，而是实现人类解放的历史实践过程。在马克思这里，人的异化的扬弃，人超越地域的、民族的狭隘性成为世界历史性的个人，人的自由个性和自由人联合体的实现，都是人类解放的同义语。马克思始终是站在人类解放的高度、基于人类主体的尺度来提出和分析问题的，也是以人类实践的发展阶段、发展形态为基础来探讨解决问题的可能性及条件的。马克思说得好，"人类始终只提出自己能够解决的任务，因为只要仔细考察就可以发现，任务本身，只有在解决它的物质条件已经存在或者至少是在生成过程中的时候，才会产生"②。只有到了世界历史时代，通过各个民族之间的普遍交往暴露出了以个人与民族的关系代替个人与人类的关系的狭隘性甚至荒谬性的时候，才能提出超越民族狭隘性的问题，实现人类解放才是一个真实的、可能的任务。

这里需要说明的是，马克思确实主要是从阶级斗争和阶级解放的角度讨论如何实现人类解放的。在马克思看来，民族是自然形成的，是自

---

① 马克思恩格斯选集：第1卷. 北京：人民出版社，1995：57.
② 马克思恩格斯文集：第2卷. 北京：人民出版社，2009：592.

然分工的产物,而大工业消除了分工的自然性,"到处造成了社会各阶级间相同的关系,从而消灭了各民族的特殊性"①,当资产阶级还保持特殊的民族利益的时候,在无产阶级那里,由于"这个阶级在所有的民族中都具有同样的利益,在它那里民族独特性已经消灭"②。也就是说,世界无产阶级在形成的过程中就已经超越了民族的狭隘性,而无产阶级的最后胜利又与国家消亡联系在一起。现在看来,这个问题比他原来想象的要复杂得多。但这种复杂性只是证明了超越民族狭隘性的困难性,并没有丝毫消减其必要性和重要性,而马克思关于通过发展分工和普遍交往超越民族狭隘性的思想对于我们理解这个问题仍具有重要的指导性意义。

我们知道,民族主体与人类主体之间既是个别和一般的关系,又是部分和整体的关系,二者不是一回事,但又纠缠在一起。在人类实践还未形成整体性联系的时代,它们都是夹缠不清、晦暗不彰的。只有经过各个民族的世界性普遍交往,通过与"他者"的广泛接触和反思,人们的视野才超越了民族界限,这两种关系的本来面目才日益清晰,合理理解和对待它们才具有了历史前提。但世界历史发展又是很不平衡的,直到目前为止,这种世界性的不平衡性仍然非常突出和明显。正是这种不平衡性发展状态,换言之,世界性交往把处于不同发展阶段的民族置放在同一个平台上进行竞争和合作,形成了世界历史的特殊的两重性或矛盾性,又为认识和理解这两种关系设置了极大的障碍。

在世界历史时代,人类整体与各个部分的这种结构性关系被凸显出来,正如列宁所说,"世界历史是个整体,而各个民族是它的'器官'"③。普遍交往形成的有机性联系使得任何"部分"都受到整体的系统质的规定,成为整体运动过程中的一个环节或因素,也视其与整体运动方向的契合与否以及契合的程度而形成自己的特定地位和命运。这里所说的"系统质"和"整体运动方向",用今天我们都能理解的语言来说,就是"现代化"或"现代性",这意味着人类历史发展进入了一个新的阶段,即以工业文明为基础的现代文明的阶段。各个民族由于"处于不同发展阶段"而形成的所谓"先进"或"落后",是基于人类整体

---

① 马克思恩格斯文集:第1卷.北京:人民出版社,2009:567.
② 同①.
③ 列宁全集:第55卷.北京:人民出版社,1990:273.

发展的大尺度而确定的，也即是基于它的工业发展程度、它与现代文明的关系或距离而获得实际内容和具体规定的。任何一个民族，无论它有没有悠久的历史，也无论它在历史上曾经多么辉煌，如若它在现代化的过程中落伍了、落后了，那么在这种世界性的竞争中就必然落入挨打、受欺侮的地位，假如它还不能正视和承认落伍、落后，依然抱残守缺不思改进，不肯顺应和融入世界现代化的潮流，它面临的就可能是被淘汰的命运。整体的发展进步往往以某些部分的牺牲、被抛弃甚至毁灭为代价，甚至为前提，这就是历史发展的进步性与其具体过程的残酷性的两重性和矛盾性。这种两重性和矛盾性内在于历史发展的过程中，试图将之剥离开来只要一面是不可能的。只看到其进步性的一面，否认、抹杀、淡化其残酷性的一面，这种立场和观点往往容易为先发的、强势的民族的思想家所持有，是片面的、错误的，也是为其所在民族的侵略行为辩护的；只看到其残酷性的一面，更多地站在伦理主义的立场上对之进行道德谴责，而看不到或忽视其中蕴含的必然性和进步性，这多为弱势的、受欺侮的民族的思想家所坚持，也是片面的、错误的。其根源都在于未能超出民族的立场，不能从人类整体的高度、从整体与部分辩证关系的角度，来思考和理解世界历史的这种两重性、矛盾性以及它们发生的必然性。

　　既要肯定各个民族与人类之间的个别和一般的关系与部分和整体的关系有联系，又不能将二者简单地等同。这可以分两个层次来分析。每个民族都是个别和一般的统一，是民族性和人类性的统一，这正如任何人都既是个体又体现着人类的一般特征一样。这个道理作为最普遍的哲学道理，在任何时代、任何民族那里都是通用的。换句话说，一个民族无论多么落后，在它身上都不会只有因特殊条件而形成的民族性，而没有人类性或人类的共同性；相反，一个民族无论多么先进，与人类发展方向和趋势多么契合，其具体的观念、制度也都有自己民族性的一面，并非直接就是或完全等同于人类一般。任何把自己民族的价值观、制度模式宣扬为人类应该采用的统一模式的做法都犯了以个别为一般的错误。这是一个层次，另外一个层次就是，在世界历史时代，由于部分和整体之关系的凸显，由于人类实践的总体性与各个民族实践的相互制约、相互连通，更由于受到现代化这种"以太光"的影响，这种个别和一般的关系发生了一定的变形或特化。（1）任何一种有利于人类进步的发明创造，无论是科技方面的、管理方面的、政治制度方面的，还是文学艺术方面的，不管是哪个民族最先提出和创立的，通过普遍交往都变成了人类的共同财富或财富一般，可以为全人类各个民族共同享用。当然这几个方面也有区别，科技成果能够直接取用，管理和制度方面的成果就需要进行分析，分出一般性的形式和特殊性的内容，根据自己的具体国情借鉴性地、选择性地采用，或用冯友兰先生的概念，要抽象地继承和采用，而不能直接照搬。若是从人类的角度着眼，一切财富都成为人类的财富，都是人类共同的财富，欣赏也罢，吸取也罢，都不存在障碍。相反，如果总是执着于成果创造者的民族"身份"，谁创造的就只能是也永远是"谁的"，总是心存畛域和隔阂，那就不能充分地欣赏和吸取，其结果就是妨碍自己的发展和提高，证明了自己的狭隘性和固执性，除此之外，实在想不出还能有什么积极的影响。实际上，正是由于进入世界历史时代以后，许多发明创造都不必在每个民族那里单独进行和从头开始，而可以直接取用或通过转化而使用那些已有的成果，极大地增加了这些发明创造的价值，也使得人类整体进步以一种加速度的形式在进行。（2）人类现代文明和社会发展的一般性规律，往往是在哪些发展程度更高、更成熟、更典型的民族国家最先被实现和被发现，"工业较发达的国家向工业较不发达的国家所显示的，只是后者未来的景象"[①]。由于它们在发展过程中更多地体现着现代化的一般规律，所以在一定意义上成为"世界历史民族"，也引领了历史进步的潮流；它们在探索这些规律的过程中走过的弯路、失败的教训也都变成人类的共同财富，对于其他民族具有深刻的借鉴性意义。

然而，由于这种人类整体和部分、一般和个别的历史性矛盾在现实过程中具体地体现为一种部分对部分的对抗形态，即先进民族对落后民族的征服以及所必然引起的强烈反抗，这就很容易实际也确实使得许多人难以透过后者而发现前者所体现的必然性和进步性，也难以通过个别、杂多而发现其中蕴含的一般性的规律和趋势。这在落后民族那里表现得更为突出，比如普遍流行的伦理主义观念，主要从道德伦理角度，从本民族的立场，立足是否道德、是否正义，来理解先进民族对落后民族的侵略、市场的扩张和国际交往等。伦理主义不单是一种理论视角和

[①] 马克思恩格斯选集：第2卷. 北京：人民出版社，1995：100.

观点，更多情况下它与民族主义情绪、与判别爱国还是卖国的问题及其相应的政治立场纠缠在一起，对事实的理性分析与确认往往为基于爱国情绪和民族主义的价值判断所压倒、所淹没，而这种价值判断由于没有理清民族和人类之间的这种个别和一般、部分和整体的辩证关系，缺乏事实判断的支持，所以即使从本民族发展的角度来说，从本民族长远利益的角度来说，往往也是不切当、不正确的。结果，这种民族主义情绪越强烈，就越妨碍自己加入世界性的交往和现代化的潮流，越阻碍本民族的发展。对于这种世界性的交往和现代化的潮流，那些落后的民族和国家无论是欢迎还是恐惧，无论是积极加入还是顽强排拒，迟早都会被吸卷进来，被"化"掉。坚船利炮只是打开落后民族紧闭着的大门的形式，真正地、持久地起作用的是借大机器生产出来的质优价廉的商品，是市场经济所蕴含的那种自由、平等的文明精神。马克思说得好，"商品的低廉价格，是它用来摧毁一切万里长城、征服野蛮人最顽强的仇外心理的重炮。它迫使一切民族——如果它们不想灭亡的话——采用资产阶级的生产方式"①。正由于这些东西代表与表现了人类进步的趋势和方向，所以它们迟早能够获得各个民族的普遍认同。一个民族越能早一点认识到这个道理，越自觉地、主动地参与到世界性的交往和现代化的潮流中，越能自觉地向其他民族学习，与人类进步的趋势就越契合，现代化的过程就越顺利。

如果说在世界历史形成和发展的几个世纪里，由于民族间的恩怨情仇和意识形态的对立，人们难以超越民族的恩怨和狭隘，故而不能从人类整体的高度理解现代化的必然性和进步性的话，那么殖民体系崩溃、冷战结束之后，随着新科技革命而蓬勃兴起的全球化浪潮就使得现代化的威力和优越性展现得淋漓尽致，得到了几乎所有民族的认同，成为共同的追求。和平与发展成为当今时代的主题。一方面，广泛的、深入的国际性分工和合作产生了巨大的共同利益，也形成了一损俱损的刚性机制，为以对话代替对抗、防止大规模战争、维护世界和平提供了现实的可能；另一方面，日益严重的全球性问题形成的对人类整体的威胁，又只能通过所有民族国家通力合作才能得到缓解和解决，这也从负面确证着强化着人类主体、人类利益的现实性。一方面，随着以信息技术为基

---

① 马克思恩格斯文集：第2卷. 北京：人民出版社，2009：35.

础的互联网的出现，各个民族的文化成果作为人类的共同财富，能够为每个个人所欣赏、借鉴和吸取，同时任何个人的发明创造也都能直接转变为人类的共同财富，这种新的双向互动机制极大地增强了人类的创造能力，增加了各种发明创造的总量，也为其价值的实现提供了无比优越的条件；另一方面，借助于现代通信和交通工具提供的便利，个人在全世界范围内选择自己的工作、配偶、朋友等成为可能，为个人的价值实现提供了比以往广阔得多的空间。越来越多的跨国婚姻、国际家庭、移民等，使得"国籍"甚至"民族"成为一种个人可选择的选项。跨国公司本身就是多个国家的人才、资源结合在一起，在全球范围内进行生产和经营活动，而各种国际性组织又成为解决国家和地区间经济冲突的具体形式。尽管说在全球化时代，民族国家还是国际交往的主体，但上述这些情况却都使民族国家的地位和重要性发生了很大的变化，作为个人主体与人类主体的一个中介形式的性质愈益显现出来，国家主权至上也不再是绝不能商量的、毫不动摇的原则。许多国际性组织实际上已经形成了对成员国国家主权的一定程度的分享，而它们之所以能够存在并发生作用，正是以其成员国对主权的部分让渡为前提的。

当今的全球化本质上是世界历史发展的一个新阶段，它为人们超越民族的狭隘性提供了比以前有利得多的条件，但毕竟又受制于资本逻辑的作用，还属于"以对物的依赖性为基础的人的独立"发展阶段，没有也不可能使人们真正地超越民族的狭隘性。如何合理地处理民族主体与人类主体的关系，依然是一个具有根本性和全局性的大问题。毫无疑问，对于人类主体、人类共同利益、人类共同的危险，人们体会、认识得越来越清楚了，但一到涉及人类共同利益与本民族国家的关系，涉及为了人类共同利益各个国家应承担的责任和义务时，彼此的分歧又十分尖锐。和平与发展成为时代的主题，但两个问题都没有解决好，究其根源，根本还是这种民族国家利益至上的狭隘的民族主义。霸权主义，包括全球性的霸权主义和地区性的霸权主义，始终是国际和平的最大威胁和最大危险，是发生国际冲突和形势紧张的重要原因。而霸权主义不过是民族主义的一种表现形式，是有能力、有实力称霸的民族国家的民族主义，尽管它经常打着维护人类利益、维护世界和平与普遍人权的旗号。与之相对应并形成对极的，则存在通过反对霸权主义理论而过分强调自己之特殊性的另一类极端民族主义，如作为反对霸权之极端形式的恐怖主义。对此，人类如何才能脱出这种困境？

在民族主体与人类主体相互冲突的历史境况下，马克思站在人类解放的高度对资本主义生产方式的批判，包括他的那种批判方式，亦即现在西方不少思想家所说的"现代性批判"，重新受到普遍的重视。在世纪之交和千年之交的重要时刻，马克思被西方多种媒体评选为"千年来最伟大的思想家"或"千年伟人"。这当然并不是偶然的，更重要的是，它具有一种世界历史的象征性意义，而更具有实质性意义的，则鲜明地体现为在马克思主义指导下的"中国道路"的开辟。

四、以世界历史的视野审视和谋划"中国道路"

中国改革开放三十多年来，经济持续高速发展，已经成为世界第二大经济体，人民生活不断改善，国际影响力不断增强，受到世界各国的瞩目，也引起了国际国内思想家关于"中国模式""中国道路"的讨论和争论。纵观这场讨论，虽说对是否存在"中国模式""中国道路"分歧很大，但多以三十多年中国发展的事实为经验依据，与其他国家、其他"模式"的比较也多限于三十多年的经济发展方面。这似乎缺少了相应的历史厚重，不仅容易重蹈前些年讨论"东亚模式""东亚价值观"的覆辙，也不利于我们深刻地总结历史经验，正确地看待现实中存在的问题，更好地谋划未来的发展战略。

我们以为，应从世界历史的视野看待和审视"中国道路"，把对"中国道路"的思考放在中华民族遭遇西方文明并备受欺侮后，从如何谋求富国强兵民族独立到逐步承认和借鉴现代文明成果，自觉进行现代化建设、自觉融入世界历史进程的总体背景下，透视中国人民选择自己的发展道路、发展方式的曲折过程，总结中国在从前现代社会转变为现代社会这个巨大而漫长的社会转型过程中的经验和教训，并前瞻性地研究中国现代化道路通向何处、将导向一个什么样的结局，这条道路对世界上其他民族国家会有什么影响，对世界历史进程和人类解放会有什么意义，等等。

这无疑是一个非常宏大的课题，需要多学科通力合作，从多方面进行深入研究。从哲学的角度看，"中国道路"是中华民族进入世界历史时代以后，在探索实现现代化、跻身于现代文明国家的过程中形成的，其中经历了诸多的反复曲折，从清末的洋务运动到戊戌变法和"新政"，从孙中山的三民主义到新民主主义，从苏式社会主义到中国特色社会主义，构成了一个探索的谱系。透视这个谱系，我们会发现"现代化"作为一种目标指向而贯穿始终，或者说这就是一条探索中国实现现代化的曲折道路。这种探索案例又具有非常突出的典型性，比如，中国不像印度那样沦为英国的殖民地，主要受英国的影响，而是西方诸列强国家都在中国施展过拳脚，都留下了很深的印迹，但毕竟中国政府的许多决定还是以自己为主做出的；中国受苏联的影响很大，但中国革命又与俄国革命进程不同，不是利用了世界历史提供的第一次世界大战巨大间隙和世界资本主义链条上的薄弱环节的崩溃一举夺得政权，而是中国共产党领导中国人民经历了多年艰苦卓绝的斗争获得了革命的胜利；苏联以解体为代价重新转向了资本主义市场经济，而中国恰恰以向社会主义市场经济转轨为核心的改革实现了三十多年的快速发展。完全可以这么说，中国新民主主义革命的胜利是中国人心向背长期选择的结果，而从提出新民主主义到建立社会主义到与苏联模式决裂再到告别计划经济建设中国特色社会主义，都是世界历史赋予中国人民独立自主的历史命运选择。在这个探索过程中，从世界历史的高度理解现代化与市场经济的内在联系及其历史的必然性和进步性，始终与合理地把握中国的历史方位、确立中国的长远战略目标息息相关。

"中国道路"既是实存的，又处在不断调整、完善和探索新的可能性的过程中。这不仅因为中国的现代化"尚未成功"，还在路上，而且因为中国作为一个以马克思主义为指导思想的社会主义国家，存在着一个批判和超越既有现代性的内在诉求。这种超越性诉求，由于以人类解放为终极目标，由于能够站在人类的高度合理地处理民族主体与人类主体的辩证关系，便使我们要实现的现代化、现代性获得了一种新的内容、新的规定性，是在扬弃既有现代性弊端的基础上重写现代性或重塑现代性。

同时，随着苏联解体、苏联式道路的历史性关闭，中国特色社会主义实际上已经成为世界社会主义运动的旗帜，这样，"中国道路"就不单与中国人民的幸福和发展有关，更承载着全世界包括发达资本主义国家备受异化之苦的广大人民群众的希望。如前所述，世界历史的形成是与市场经济的全球化扩张为核心内容的现代化过程联系在一起的,是基于各国发展不平衡、"落后就意味着挨打"的经验事实激发出的民族努力为直接动力的。这就构成现代性形而上学的经验基础,而社会达尔文主义在相当程度上则成为其基本原则。抛开资本主义早期的大国争霸、殖民运动、贩卖奴隶、周期性经济危机等不说,仅是两次世界大战造成的惨痛后果,冷战时期苏美两个超级大国以热核武器为主的军备竞赛对人类生存的巨大威胁,后冷战时期发展主义和消费主义的理念造成的地球资源枯竭的现实危机,都促使人们反思和拷问现代性形而上学的合理性,反思和拷问"西方道路"的价值取向的合理性。工具理性对价值理性的遮蔽,资本逻辑对生存逻辑的压制,民族本位主义对人类共同利益的排拒,其所引致的异化、荒诞、愚蠢的现实,越来越促使人们普遍忧虑人类的前途和追问存在的意义。基于此前一些民族实现现代化总以掠夺、剥削和侵略其他民族为前提的历史经验,鉴于普遍囿于民族主义狭隘观念使得当今许多国家、地区冲突不断而带来的悲剧性结果,针对当代人类社会发展的困境和人的异化有增无减的问题,中国提出了合作共赢、和平发展、和谐世界的理念,旨在以人的自由全面发展为终极目标的"以人为本"统筹经济、政治、文化、社会、环境的整体性合理发展的理念,获得了国际社会的普遍认同和共识;中国在这种理念指导下快速而持续发展的实绩,真诚地与一切致力于和平发展的国家、政党相互尊重平等协商努力建立一个公正合理的世界秩序的行为,得到了国际社会的普遍赞赏。当人们把"中国道路"与"西方道路"相提并论,并寄予某种代替性选择的希望时,其深层根据正在这里,"中国道路"的世界历史意义也正在这里。

毫无疑问,从提出新的发展理念、新的发展观,到落实到实践中合理解决发展过程中所遭遇的各种国际国内问题,走出一条为世界所公认的成功道路,我们还有相当的距离,需要付出艰苦的努力。但同样毫无疑问的是,有无这种理念大不一样,在科学发展观的指导下,坚定我们走"中国道路"的决心,有利于我们自觉检视发展过程中的各种失误,客观分析我们面临的各种困难和问题,积极吸纳一切有利于和平、和谐发展的经验和意见,主动调整和完善发展战略,排除各种干扰,稳步前进,真正体现建设中国特色社会主义的道路自信、理论自信、制度自信。

我们必须充分认识到，我国现在还处于并长期处于社会主义初级阶段，面对国家大、人口多、底子薄而历史负担重的基本国情，中国成为世界第二大经济体后势必会遇到一些国家的战略性遏制和围堵，会出现一些更尖锐的国际摩擦，会遇到承担更多国际责任的要求。当前的这场世界性金融危机不仅对世界各国，对西方国家，对我国也造成很大影响，会使得许多国际矛盾更加尖锐、更加突出。总之，对于前进道路上的困难和风险，我们必须有足够的预判，对于坚持"中国道路"的艰巨性和长期性，必须有充分的思想准备。这就需要我们认真研究和处理好民族主体与人类主体之间的辩证关系，积极倡导从人类整体利益出发，合理对待和处理各个民族国家之间的关系，既不必刻意为"特色"而特色，更不能狭隘地把人类现代文明的共同成果拒斥为"西方文明""西方模式"；既要客观地承认各个国家维护自己利益的现实必要性和合理性，维护好中国的现实利益，又要高度警惕和防止民族主义的鼓噪，以"最大的诚意、最大的耐心、最大的努力"维护世界和平与地区和平。

我们坚持"中国道路"，绝不应也绝不能只承认和强调自己的特殊性，而是要在把握人类发展普遍规律的基础上，坚持把各个民族国家有权利选择适合自己的发展道路提升为一般原则，真正实现各个民族国家平等相待、彼此尊重，这同样是中国首倡和平共处五项原则的时代价值的再现。中国作为一个负责任的大国，要努力为世界各国提供一个和平发展、合作共赢、通过相互尊重平等协商来化解意见分歧和利益冲突的榜样，一个自觉站在人类整体高度努力建立公平正义的世界秩序的榜样，为实现"各美其美""美美与共"的人类解放事业做出自己的贡献。如此，"中国道路"的历史价值就能在人类历史宏阔发展进程中真切体现，马克思世界历史理论的当代实践就能在中华民族伟大复兴进程中充分展开。

民族立场与人类情怀[*]
——构建当代马克思主义哲学新形态的现实语境

总结当代人类实践的新经验和当代科学发展的新成果，针对当代人类面临的新情况和新问题，构建马克思主义哲学新形态，彰显和发挥其当代价值，是我们面临的一个重要任务，也是我们的一项重要使命。这种自觉意识是解放思想的产物，是当代实践的要求，更是总结中国社会主义建设和国际共产主义运动经验的结果，来之不易，非常可贵。关于马克思主义哲学新形态的问题，学术界还存在一定的分歧和一些理论上的误区，辩证地、合理地理解民族立场与人类情怀的关系，是解决上述理论问题的一个必要前提。

一

马克思主义哲学本质上是一种世界性的哲学，是世界无产阶级和人类解放的哲学。马克思在《关于费尔巴哈的提纲》中说："旧唯物主义的立脚点是'**市民**'社会；新唯物主义的立脚点则是**人类**社会或社会化的人类。"[①] 马克思以前的各种哲学学说，特别是近代启蒙运动以来的人道主义思潮，虽然也都自称为人类发现了真理，但它们多是从抽象的人

---

[*] 本文原载《学习与探索》2012年第3期，与黄志军合作。
① 马克思恩格斯选集：第1卷. 北京：人民出版社，1995：61.

出发，是哲学家头脑中想象出来的东西。马克思不同，他坚持从现实的人出发，考察了人类的生存基础即劳动生产和交往活动的历史发展，考察了"历史向世界历史转变"后的世界性交往所带来的各种效应，这样一来，他所说的人类社会或社会化的人类就不再是一个抽象的概念，人的自由而全面的发展也不再是一种美好的想象和愿望，而是建立在对历史发展实证材料的科学研究的基础上、建立在对历史发展趋势的预见上的具体的概念。

马克思曾批评旧唯物主义"至多也只能做到对'市民社会'的单个人的直观"①，而新唯物主义才能历史地看待"市民社会"的形成和发展，提出超越"市民社会"、将人的"政治解放"统一于"人类解放"的目标和任务。在马克思看来，从现代经济运动的矛盾中诞生和日益壮大的无产阶级是人类解放的现实物质力量，无产阶级对资产阶级的阶级斗争是实现人类解放的基本途径。"阶级斗争必然导致**无产阶级专政**"，而"这个专政不过是达到**消灭一切阶级**和进入**无阶级社会**的过渡"②。《共产党宣言》中明确宣称"共产党人为工人阶级的最近的目的和利益而斗争，但是他们在当前的运动中同时代表运动的未来"③，所以"共产党人到处都努力争取全世界民主政党之间的团结和协调"，也只有"全世界无产者，联合起来"④，才能获得最后的胜利。通观马克思的理论活动和实践活动，他对无产阶级的重视，尤其是对各国无产阶级如何联合起来进行斗争的重视，远远超过对民族性问题的重视。可以这么说，在马克思那里，民族问题本质上是一个阶级斗争的问题，或者说是从属于阶级斗争的问题。尽管马克思对民族关系和民族独立问题也做过一些论述，但他对各国共产党在无产阶级运动中的民族性立场问题关注比较少，这是一个不争的事实。国外有研究者就曾指出这与他的犹太人文化背景有关系。或许有这个原因，但我们更应该看到，这主要还是与他的世界历史理论直接相关。在他看来，通过经济发展和民族国家间的普遍交往，狭隘的地域性的个人、民族性的个人，将变成世界历史性的个人，也是在这个过程中，各国无产阶级的利益表现出突出

---

① 马克思恩格斯选集：第1卷. 北京：人民出版社，1995：60.
② 马克思恩格斯选集：第4卷. 北京：人民出版社，1995：547.
③ 同①306.
④ 同①307.

的一致性。只有到这个时候，经过这个过程，具有自由个性的人才是可能的，作为人类解放的共产主义才能成为经验的事实。相对于实现这种自由个性的人的解放目标，民族性不过是人的发展过程中的一个小阶段，甚至可以说是实现普遍交往和形成人的自由个性的一种限制或一种障碍性因素。

马克思的这种论证当然有着很强的逻辑说服力，但从另一方面看，他确实低估了民族性作为一种文化传统和意识形态对各国无产阶级及其政党的作用，低估了世界历史发展过程中民族利益和民族问题的复杂性。现在看来，实现共产主义将是一个十分漫长的过程。民族性、民族立场问题与人类解放的关系就是一个很突出的问题，是各国共产党、民主党，各国的理论家们都无法回避的问题。一方面，从理论上讲，全世界无产阶级是一家，无产阶级只有解放全人类才能最后解放自己；但另一方面，各个国家的工人及其组织又都受着本国历史传统和现实生活环境的影响，总是对本民族利益——特别是在出现国际战争时——予以优先考虑。无产阶级的爱国主义与国际主义之间是存在张力和紧张的，甚至在一定条件下会出现冲突。第一次世界大战时，西欧各国共产党提出"保卫祖国"的口号，受到列宁的批评，认为是背叛了马克思主义；列宁也曾代表苏联宣布，废除沙俄时代对中国的不平等条约，要归还中国的领土，但后来一条都没有实现。斯大林时期，在国际关系上同样是民族主义色彩很浓，甚至以民族利益为考虑问题的基本出发点。后来中苏两党论争，两国关系恶化，与其说是意识形态理论上的分歧所致，不如说是民族利益冲突的结果。各国共产党之间、各个社会主义国家之间尚且如此，更不用说社会主义国家与资本主义国家之间的关系了。就是说，社会主义国家与资本主义国家都以本国本民族利益为上，都以民族国家利益为制定外交政策的出发点。在当今的全球化过程中，一方面是各个民族国家之间的利益对立和利益矛盾成为突出的问题，另一方面则是通过各个民族国家的普遍交往，形成了越来越多的共同利益，全球性问题又是人类共同的问题，需要彼此合作才能解决的问题。人类主体已成为可经验的事实，而如何合理地处理和对待人类利益与各民族国家利益之间的矛盾、参与交往的众多国家的共同利益与单个国家的特殊利益之间的矛盾，正考验着政治家和理论家们的智慧。

二

毫无疑问,当今世界所发生的许多问题,如科学革命的巨大影响、生产力发展的新形式,社会财富形式的新变化、社会结构和无产阶级队伍的新变化、人的异化的新表现、环境和生态问题、民族问题的复杂性等,都是马克思没有看到甚至没有想到的,要从马克思的论述中找到现成的答案是不可能的。但这并不意味着马克思主义哲学过时了,不管用了,相反,马克思主义哲学的基本立场和方法,特别是其关于世界历史形成、人的普遍交往与人的全面发展、形成自由个性的关系的观点,其立足对人的异化根源的批判而形成的人类情怀,对于我们理解和分析当今全球化条件下的一些重大问题,仍然具有十分重要的指导意义。

马克思主义哲学作为无产阶级和人的解放的学说,作为随着实践和科学的发展而不断发展的理论,它始终具有一种强烈的反思和批判精神,而作为这种反思和批判精神的基础或支撑的,不是简单的怀疑,也不是无目的、无节制的"解构",而是对人类进步的信念,对人类具有解决自己面临的问题的能力的信任,是一种饱含理想主义的人类情怀。因此,它的反思和批判有着一个明确的指向,这就是促进人的自由全面发展和人类的解放。正是这一点,为它的冷静的科学分析注入了一种激情、一种责任、一种正义的因素,同时也形成了真理原则与价值原则通过相互限制、相互补充而达成的辩证统一。它坚持从现实的人的现实实践出发,但从不认为现实的都是合理的,相反,倒是认为现实的都是要被超越的,因而都是暂时的;这个被超越、这个暂时性,不是相对主义意义上的,不是没有方向的,而是人的需要和能力发展的"必然",也是朝向人的自由全面发展的目标的"应然"。马克思反对把共产主义作为现实应该与之适合的理想,认为它是批判和改造一切不合理的现实的运动,但作为这种批判的重要参照和尺度的还是人的自由全面发展。生产力和生产关系的矛盾运动问题,说到底是人的能力和这种能力的社会实现方式的矛盾问题,是人的发展的要求和这种要求受到限制的矛盾问题,具体表现为人的个体性存在、群体性存在与类存在之间的矛盾。而阶级与民族都不过是人的群体性存在的一种形式。因此，无论阶级之间、民族之间的矛盾多么尖锐，无论阶级性、民族性、国家利益表现得多么坚硬、多么牢固、多么不可否认，它们毕竟都是暂时性的，终究是要被扬弃的。这种扬弃是一个历史的过程，而这个过程又充满着矛盾和曲折。作为以马克思主义为指导思想、以实现人类解放为最终目标的共产党人，要为工人阶级最近的目的和利益而斗争，同时又始终"代表运动的未来"，始终怀有一种伟大的人类情怀，能够自觉地坚持从人类主体的高度观察和解决问题。

中国共产党是中国无产阶级的先锋队和代表，是中华民族的先锋队和代表，在进行民族民主革命的过程中，在建设社会主义社会的过程中，它坚持马克思主义的原则，始终把中国人民的革命事业与世界无产阶级求解放的事业联系在一起，与其他民族争取独立自由的事业联系在一起。在当今全球化的浪潮中，中国作为一个负责任的大国，在国际事务中发挥着越来越重要的作用。中国共产党坚决反对一切民族沙文主义和狭隘民族主义，反对世界霸权主义和地区霸权主义，过去和将来都是维护世界和平的重要力量，这一点是有目共睹的，也得到了各国人民的认可和赞同。当然，在这一方面我们过去受"左"的思潮的影响，犯过一些错误，造成了民族关系、党际关系、国际关系的一些隔阂和紧张。邓小平当年就公开承认，在处理中国与苏联、中国与南斯拉夫等两党关系、两国关系时，彼此都说过一些过头的话，做过一些过头的事；认为各个国家的人民都有选择自己的发展道路的权利，合理的态度应该是结束过去开辟未来、相互理解、相互尊重，求同存异、共同发展。尽管这些国家后来都发生了巨大变化，苏联、南斯拉夫等都解体了，但中国对待兄弟党、兄弟国家的基本态度，处理国际事务的基本方针并没有发生变化。中国一直在为争取一个良好的、和平的、和谐的国际环境而努力，中国自己的发展从来就不以损害别国的发展和利益为代价，中国追求的是实现互惠和共赢。

近年来国内有一种狭隘民族主义的思潮，打着爱国主义和中国特色的旗号，招摇过市，蒙骗了不少青年，这是值得我们认真反思的。狭隘民族主义不懂得民族存在的历史性和暂时性，更不明白民族独立与世界历史和人类解放之间的辩证关系，表现为一种民族本位主义和民族特殊主义，过分强调本民族的特殊性，拒绝从人类主体的高度，从各个民族国家发展的共同性的角度来理解社会发展的规律。这在理论上是错误的，在实践上则是有害的，看似爱国，实则害国。狭隘民族主义与社会主义格格不入，它本质上是一种民族的自私自利，是民族观念上的蒙昧主义，是造成民族矛盾的重要思想根源，也是地区的或世界的霸权主义的重要思想基础。这种思潮一旦占了上风，势必恶化中国与其他国家的关系，给中国的和平发展造成极大障碍。我们必须站在马克思主义的立场上，批判狭隘民族主义的理论错误，揭露其现实危害性。

三

马克思主义哲学体现了世界历史时代的时代精神的精华。人类解放的目标，决定了它的胸襟、气度、视野、情怀都超越了民族主义、地域中心主义的片面性，也扬弃了阶级的局限性。但这种超越和扬弃，不像一些宗教理论那样是悲天悯人式的，也不像以往一些哲学那样建立在抽象的人类、抽象的天人关系的基础上，而是建立在对大工业与市场经济造成的全面生产能力和需要体系、世界历史时代的普遍交往实践及其发展前途的理论分析和科学研究的基础上的。它并不否定民族的、地域的界限的现实性及一定的合理性，更是把阶级的分化、对立和斗争当作社会历史发展的一种动力机制，但它更看到了这些界限、这些斗争的历史暂时性，它们都是与生产力发展的一定历史阶段相联系的，也都是随着生产力和社会的发展而最终要被送进历史博物馆的，正如国家要自行消亡被送进历史博物馆一样。这种超越和扬弃，从辩证法的角度看，不是作为对自己对立面的简单否定和排斥，而是作为将"肯定"和"否定"都作为一个环节包含在自身之中的"否定之否定"的扬弃。由此也就可以理解，马克思所说的社会主义，绝不是简单地与资本主义"对着干"的社会主义，而是吸取了包含资本主义创造的一切积极成果的社会主义，经济方面如此，政治方面、文化方面也都如此。

我们现在构建马克思主义哲学新形态，既要总结当代人类实践发展的新经验、科学发展的新成果，提出一些新观点、新理论，增加一些新内容，也要根据人类实践和科技发展的新经验、新成果，检视、反思和纠正我们过去对马克思主义哲学的一些曲解、误解，从而完整地、准确地理解和把握马克思主义哲学的实质。推进马克思主义哲学的发展，这两个方面都是不可缺少的，但后一个方面更具前提性和迫切性。因为若是对马克思主义哲学内在的人类情怀缺乏理性的把握，不是自觉站在人类主体和人类实践的高度思考问题，只是自然自发地囿于民族的立场观察问题，一些误解就不仅难以发现，即使发现了也很难得到有效的纠正和消除。

一百多年来我们一直纠缠不清、纠结不已的"中西"问题，近年来屡起争执的普遍主义与特殊主义的关系问题，撇开争论的具体细节而追问其实质和前提，检视其所秉持的价值观念，就能发现其实根子还是如何理解民族立场和人类文明、人类情怀的关系问题。直观地看待"中西"，看似将之对象化而加以反思，但如果不能站在一个超越"中西"的更高角度，实际上这不过是"我""他"关系的一种变形，是将描述性的地理概念变成了价值性的文化概念。我们批评"欧洲中心主义"或"西方中心主义"或"资本主义"，岂不知我们的立场本来就是"中国主义"。如此形成的就是简单对立和片面否定，很难达到辩证的否定之否定的境界。一个具体例证就是，我们许多人一直坚持"我们的"和"他们的"畛域：凡是"我们的"，哪怕是我们老祖宗农业文明时代的，就是"中国特色"的，就是"好"的；凡是"他们"最推崇的东西，如市场经济，如民主、人权、自由、平等，如权力制衡的具体形式等，无论怎样都是"他们的"，是"资本主义"性质的，是"坏"的。我们很难从人类历史发展的高度，将这些东西都看作人类现代文明的有价值的成果，是全人类的共同财富，从而放心大胆地、理直气壮地吸取利用。即使不得不利用，也得先绕一个很大的圈子，从马克思那里或从我们老祖宗那里找到证据，证明这些东西也是马克思或我们老祖宗说过的，并不是"资本主义"的，否则就总觉得名不正言不顺。不破除这种狭隘心态，我们就难以彻底地解放思想，就总是容易受很大的束缚。实践证明，这对于我们的和平和谐发展是没有任何好处的。

构建当代马克思主义哲学新形态，与马克思主义哲学中国化联系在一起并以之作为重要的、主要的途径，这一点毫无疑问。问题是，我们必须克服长期以来流行的现在也仍有很大影响的一种错误观念和理论误区，即不是把马克思主义哲学当作人类智慧的时代性反映，当作时代精神的一种表现形式，而当作一种超时代的"永恒真理"或垄断了一切真理的发明权的学说。虽然我们过去也讲马克思主义哲学要随着实践和科学的发展而发展，但这里的"发展"主要体现在与我国实践相结合的"应用"过程中，是具体"应用"中的发展。至于作为普遍真理的基本原理，似乎已经被经典作家所穷尽，是不需要也不能"发展"的。在这种理论背景下，谁做出一些重要的理论创新，提出一些马克思恩格斯没说过的或与马克思恩格斯不同的新的观点、新的理论，往往都被看作离经叛道的"修正主义"。在我们看来，马克思主义哲学中国化与马克思主义哲学世界化这两个方面是具有内在关联的，因而需要兼顾。不能把"中国经验"等同于或局限于"地方性知识"，而是需要将之提升到马克思主义哲学的普遍性理论、提升到世界性意义的高度来理解、总结和论证。也就是说，要注意在总结"中国经验"时别忘了马克思主义哲学世界化这个维度。这就需要我们积极地与其他哲学进行对话，在相互辩难、相互启发中体现马克思主义哲学的世界性意义。

现在我们都很重视文化建设问题，提出要实施"走出去"战略，扩大中华文化的国际影响力。这确实非常必要和重要。但我们必须认识到，要落实这个部署，真正"走得出去"，形成国际影响力，就不单是一个语言问题，甚至可以说主要不是语言问题，关键是在文化交流、文化创造过程中如何将民族特色与人类情怀有机结合起来的问题。我们不仅要"面向世界"，更需要自觉地站在人类发展的高度、从人类主体的视野，审视和吸取各个民族文化的精华，还要提升和阐扬"中国经验"、中国文化所蕴含的普遍性价值和世界性意义。马克思创立科学社会主义，是在吸取了人类创造的全部文明成果基础上才实现的，社会主义的发展更是需要吸收一切文明成果，特别是现代文明的成果，正因如此，它才摆脱了以往盛行的也是难以避免的那种民族的、地域的、阶级的狭隘性，表现出人类的情怀和无比的优越性。社会主义核心价值体系本质上就是以人类解放为终极目标的价值体系，是最具人类情怀的、最符合人类共同发展和谐发展的价值体系。在当今世界性文化交流同时也是文化竞争的大舞台上，我们要有这种文化自觉和文化自信，必须积极地占领这个价值高地和道德制高点，并依此检视、反思我们以往文化创造理念、文化管理理念和理论宣传中的那些狭隘性、片面性，从而努力推出具有国际影响力的文化精品，造就无愧于中华文明的世界级文化人物、文化大师，争取获得全世界范围内的更多关注。

中编

马克思主义哲学中国化

当代中国哲学的转向与转型[*]

当代中国社会正在发生着深刻的转型。这种变化必然要反映到人们的行为模式和思想观念上，通过行为模式和思想观念的转变折射出来。表现在哲学理论上，不仅引起了对社会转型的哲学思考，也引起了人们对既有哲学的诸多思考。整个社会的价值观发生了重大变革，哲学观也正发生着重大变革。近年来哲学理论界的许多讨论和争论，已经不单单是对某些重大问题的讨论和争论，而且包含了对哲学本身看法的分歧，显示出哲学观的分歧。当代中国哲学正处在一个转型期，正发生着一种转向与转型。

一

近年来，我们看到许多这样的哲学文章题目或提法，比如哲学的生存论转向、哲学的价值论转向、哲学的实践论转向、哲学的人学转向、哲学的日常生活转向，等等。从这些题目或提法就可以看出，论者们基于新的思考，力图为哲学发展寻求一种新的方向。这些文章有共同的基础或出发点，即对现行哲学的不满；也表达了不同的意见，即对哲学应该是什么样的、哲学研究重点应该放在什么方面、哲学的核心应该是什

---

[*] 本文原载《中国人民大学学报》2005年第1期。

么等的不同理解。当然,在前者,不满的方面会有不同,在后者,也存在着一些共同的方面。我们这里关注的不是这些细节,而是总的趋势和方向,是宏观的方面。联系到20世纪80年代中期就开始的关于实践唯物主义的讨论,关于人道主义在马克思主义哲学中的地位和性质的讨论,关于类哲学的讨论,关于哲学与科学的关系的讨论,等等,可见这个倾向在那时就已经存在了。

上述这些问题主要发生在哲学原理的范围内,或者说发生在马克思主义哲学理论的范围内,我们如果再把眼光放开一些,那么就可以发现,这种对哲学的看法的改变实际上涉及更大的范围。其中有一个现象是值得一提的,这就是哲学的两个二级学科的更名。我们知道,在新中国成立之后,我们所谓的哲学理论成为马克思主义哲学的一统天下,哲学理论就是马克思主义哲学原理,对中国哲学的研究属于中国哲学史,对西方哲学的研究则属于西方哲学史。改革开放以后,这两个二级学科都改了名,被称为中国哲学和西方哲学。它们已不仅仅研究历史上的中国哲学和西方哲学,不只是一种史的研究,同时也关注现行的、当代的中国哲学和西方哲学,也包含理论研究和理论主张。这就意味着,哲学理论不单是马克思主义哲学理论,还有其他的哲学理论,由此而形成了许多人现在都认可的当代中国哲学理论格局:中国哲学、西方哲学、马克思主义哲学。这样一来,虽然马克思主义哲学的主导地位和影响力仍是毋庸置疑的,但中国哲学、西方哲学、马克思主义哲学三者之间有没有必要展开对话和争鸣、如何进行对话和辩驳的问题却被提了出来。绝不能小视这个问题,它牵扯到新中国成立以来我们一直未能很好处理的马克思主义哲学指导地位的问题,牵扯到学术上百家争鸣的地位平等的要求与政治上指导思想不能多元化的关系问题。

由此观之,对于"当代中国哲学"这一概念首先就有必要做些澄清。我们知道,在20世纪三四十年代,围绕冯友兰写的《中国哲学史》,就曾引起过关于"中国哲学"是"中国的哲学"还是"哲学在中国"的争论,核心是如何理解哲学一般与其民族特色的关系问题;50年代和80年代,对于如何理解和贯彻用马克思主义哲学指导中国哲学史的研究,也有过不同的意见;近年来,关于中国哲学合法性的讨论,表明在当今条件下人们对于中国哲学的看法仍然有着很大的分歧。近几年,"当代中国哲学"这个词频频出现,可这个概念的所指并不明确。

大致说来,"当代中国哲学"基本有三种意谓,或者说人们是在三种不同的所指上使用"当代中国哲学"这个概念。第一种,是在当代中国马克思主义哲学理论的意谓上使用,多在哲学原理界或马克思主义哲学界的文章中出现;第二种,是从中国传统哲学或中国本土哲学的现当代形态的意谓上使用,多限于中国哲学(史)界的文章;第三种,是把当代中国哲学当作一种总汇性、描述式的概念,指称当代中国存在着的各种哲学理论,将中国哲学、西方哲学、马克思主义哲学都包括在内。从逻辑周延性方面考虑,似乎第三种意义的当代中国哲学更加合理一些。当代中国哲学或中国当代哲学,原则上应该就是当代中国的哲学家们所研究、讨论、形成的哲学理论,这是从研究主体的角度规定的,是借以区别于当代美国哲学、当代英国哲学、当代日本哲学等的。哲学史的研究可以从对象方面规定,哲学理论则不能如此,而须从研究主体方面进行区别,不管中国哲学家们提出的哲学理论在资料渊源上、理论立场上、理论主张上有多少差异,都只能算是中国哲学,是中国的哲学家们创立的哲学理论。

如果我们这样理解当代中国哲学,当代中国哲学就不仅是在发生着转向,更重要的还是发生着一种转型,不单是某一种理论或某一派理论在研究核心、研究方向上的改变,而且是一种范型上的转变。这种转型是与整个中国社会的转型相一致、相匹配的,是与整个哲学观、哲学理念和哲学研究范式的转变相关联的。

二

讨论哲学转向的论者,大体总要借助西方哲学史的材料,比如从古代西方哲学的以本体论研究为中心转到近代的以认识论研究为中心,谓之"认识论转向",从近代关注认识论到现代关注语言学问题,谓之"语言学转向",等等。以此为借鉴、为参照,学者们提出了自己认为哲学应该关注的中心问题或核心问题:有的说应该以人学为核心,人学理论应该是当代马克思主义哲学的新形态;有的说应该以生存问题为中心,当代哲学应该是生存论哲学或生存哲学;有的则认为应该以价值问题为重心,以价值哲学为基础重构中国的哲学;如此等等。所谓转向,也就是要实现哲学研究中心的转变。应该说,这些学者提出的观点都很有启发性,所关注的重点问题或中心问题也都具有很重要的研究价值,这些不同的"转向"之见活跃了哲学研究,拓展了哲学研究的问题域,提供了多元化的研究进路,构成了当代中国哲学的一道风景线。

现在的问题是,这种转向是否如学者们所说的那样,由此就能引发出新形态的哲学或哲学形态的整体性转变?从理论逻辑的角度说,仅仅是关注重心和研究对象的转变,并不必然就能引发出新的哲学形态。从哲学史上的情况看,转向可能会引发转型,但并非必然引发转型。如果还是沿着旧有的范式进行研究的话,尽管所研究的问题有了转向,出现了新的发展契机,但总体上还是旧的式样,没有发生质的改变。哲学的转型意味着要出现新型的哲学,哲学理念、研究范式、提出问题的角度、解决问题的方式、衡量成就的标准、语境和话语方式等方面都会发生较大的改变。与此同时,不同的哲学理论、观点之间的地位和关系,也会发生相当的转变。这一点对中国哲学的发展来说,具有相当重要的意义,甚至应该被看作哲学转型的一种界标。

我认为,我们现在面临的不只是一个哲学转向的问题,更是一个哲学转型的问题。也就是说,当代中国哲学需要从整个哲学观、哲学与科学的关系、哲学与宗教和艺术的关系、哲学与政治和意识形态的关系、哲学研究方式或研究范式、哲学问题的性质和哲学解决问题的形式、哲学与现时代的关系、哲学理论派别之间的关系等方面进行总体的反思,需要立足当今时代的特点,对哲学的发展形态和应有模式有一个总体的把握和设计。我们的思想、设想、观念,肯定都带有我们这个时代的局限性,这是毫无疑问的。我们现在的问题不是克服这种局限性,而是跟上时代的要求,使我们的哲学能够真正反映时代精神。

三

当代中国哲学的转型是从哲学观的转变开始的。哲学观的问题是一个带有根本性的问题。从哲学史上看,哲学的每一次重大转型都是从对哲学自身的反思开始的,对以往关于哲学的理解、哲学的对象、哲学研究范式进行总的批判,提出一种新的哲学观,一种哲学"应该"如何的观念，尔后才会有一番改动，才会出现一种变革，才会形成一种繁荣。这似乎是一种规律。

在过去很长的一个时期内，我们实际是把哲学当作科学来看待的。在我们许多人的观念中，自然科学和社会科学都是"具体科学"，是研究世界的某一部分、某种特殊运动规律的科学，哲学则研究世界总体和世界的最一般规律。这种思路意味着哲学是一种"总体科学"，或如一些人所戏称的那样是"太上科学"，无论怎样，也还是一种"科学"。这里所说的哲学首先的、主要的就是指马克思主义哲学。在许多人看来，马克思主义哲学是科学的世界观，属于科学无疑。于是，哲学与科学的关系，实际上就变成了科学中的一部分与另一部分的关系，是总体科学与具体科学、一般科学与特殊科学的关系。既然马克思主义哲学是科学、是真理，而真理只有一个，那么与它不一致的其他哲学理论自然就是谬误，至多是包含了一些合理的成分；于是，有人提出了"真理有阶级性"的观点作为补充。真理具有阶级性的观点在"文化大革命"之后被人们普遍否定了，借科学和真理之名行强制之实的做法也被人们否弃了，可如何合理地看待哲学与科学的关系，如何看待哲学的理论功能与意识形态功能的关系，如何看待马克思主义哲学理论的真理性与价值性的关系，却始终没有得到很好的解决。近几年涉及哲学观的许多文章，可以说在相当大的程度上都是围绕这些问题展开的。

哲学与科学的关系问题，实在是一个非常复杂的问题，我们在这里无法做展开的讨论，只想指明的是，黑格尔曾把哲学当作凌驾于一切科学之上的"科学之科学"，是受到马克思和恩格斯的批评的。在马克思恩格斯看来，随着自然科学和社会科学的纷纷独立，传统的自然哲学和历史哲学就被从自然领域、历史领域驱逐出来了，终结了。哲学再也不需要像以往那样依靠臆想的联系来为人们编织出一幅"世界图景"，因为这幅世界图景已经可以由自然科学和社会科学提供的实证知识来描绘了。现在哲学所要做的是，依据科学所提供的材料，理清人类的思维过程与思维对象之间的合理关系，把合理地解决思维与存在的关系问题当作自己的任务。哲学只是一种世界观和方法论。任何试图恢复传统自然哲学和历史哲学的努力，都变成了一种倒退。

哲学作为一种世界观和方法论，其重大的基本问题是思维与存在的关系问题，但这里的思维不能简单地只从知识论立场来规定，它实际上就是人的精神生活，包括艺术和宗教，等等。艺术的方式、宗教的方式，与科学的方式一样，都是人类把握世界的方式，所以它们就都进入了哲学的视野，成为哲学反思的对象。如果说，科学更侧重客体的尺度，依靠实证知识来描绘现实的世界图景的话，那么艺术则更侧重主体的尺度，依靠想象为人创造出一幅理想的世界图景或理想世界的图景。如果说，宗教作为一种世界观，它更多地借助艺术所提供的想象空间，以颠倒而虚幻的形式来解决人的现实生存焦虑和灵魂不安的话，那么哲学世界观则需要从客体尺度与主体尺度的辩证统一角度，从事实与价值对立统一的辩证运动角度，从人对现实的适应性和超越性的辩证统一高度，为人提供一种价值理念和方法论的智慧。

哲学是一种世界观，也是一种人生观和价值观，它虽然也对世界、对人生、对价值做出一些基本的设定或预设，但更为重要的是，为人们理解世界、理解人生、理解价值提供了一种方法和智慧。任何哲学学说，都可以被看作特定的哲学家理解世界、理解人生、理解价值的一种结论、一种探索的结果；任何哲学学说，都是人类理解世界、理解自身、理解世界与自身之关系的历史长河中的一个片段、一个环节。尽管有许多哲学家都认为自己探寻到了世界和人生的终极，但没有谁提出哪种学说具有终极的意义。

四

哲学观的转变势必带来对待哲学的态度和研究路向的转变，但也要看到，当代中国哲学的转型是在当代中国的社会转型背景下发生的，在总体上是与之同步并相适应的。中国的文化传统和现行政治制度，哲学作为一种社会意识形态的地位和性质，决定了我国的哲学转型不可能太超前于社会政治所能允许、所能容忍的限度，决定了这个转型过程的长期性和渐进性。忽视这种背景和条件，提出一些不合时宜、不顾现实的主张，不仅不能促进当代中国哲学的转型，可能还会起到阻碍和迟滞的作用。

我认为，在一个可以预见的时期内，马克思主义哲学仍然在中国哲学中占据主导或主流的地位，但在内容上、在形态上会发生较大的改变,与其他哲学理论的关系也会有较大的变化。马克思主义哲学将更多地依靠自身的逻辑性和说服力,依靠对现实问题的解释力和预见力来确立自己的权威,来吸引自己的受众。马克思主义哲学会因为其内在的批判精神的张扬,在关注重大现实问题的同时与现实政治表现出一定程度的疏离,其学术性的色彩会有所强化,对人类发展共同面临的问题的研究将越来越突出,其论辩方式和话语形式也会发生较大的变化。实际上,近几年的马克思主义哲学研究,已经在逐渐转变形象和范式,逐渐抛弃一般唯物主义的本体论思维方式和体系哲学的模式,转向新唯物主义的实践思维和问题哲学的模式,逐渐克服单纯的知识论立场和认知论框架,融进大量的价值论和人学的内容。马克思主义哲学理论摆脱了以往按照"科学"模式来构造的统一格局,出现了侧重点不同、理解思路不同、叙述形式不同的多种解释形式,注重现实问题的应用性研究非常活跃,如经济哲学、政治哲学、文化哲学、社会哲学、历史哲学、发展哲学、管理哲学等;在坚持马克思主义哲学指导作用的同时,积极吸取其他哲学研究的成果,尤其是注重西方马克思主义哲学的研究成果和提出的问题,极大地拓宽了哲学研究的领域,丰富了哲学研究的内容。

西方哲学研究也走出了侧重史学模式的介绍和评述的阶段,正在将史与论结合起来,借鉴与吸收西方哲人的理论和方法,提出中国哲学家自己的看法,努力创建中国哲学家自己的新的哲学理论。比如,张世英先生的《哲学导论》,叶秀山先生的《中西智慧的贯通》《哲学作为创造性的智慧》,可以被看作他们自己创建的一种哲学理论。

中国哲学研究也改变了只将中国传统的哲学思想当作材料来处理的方式,力图按照"思维自己构成自己的道路"来探索中国哲学思想发展的内在规律,按照中国式思维的特点和特有的范畴,运用中国式智慧来创建新的哲学理论。张立文先生的《合和学》、杨国荣先生近来发表的诸多关于哲学的论文,是在朝着这个方向努力。20世纪中国哲学家创造的哲学理论,如胡适的哲学思想、冯友兰的哲学体系、金岳霖的哲学体系、熊十力的哲学体系、贺麟的哲学思想,也都得到重新研究和检验。

总之,当代中国的哲学研究和哲学理论,正在出现一种多元化局面。不同的哲学理论之间,正在逐渐形成一种在学术上平等讨论的合理关系。学者们再不以某个革命导师的语录作为真理的标准,而是诉诸对话和理论上的辩驳,看谁更合乎逻辑,更有说服力,更能合理地解释理论上的或现实中的问题。学者们也不再简单地按照科学发展的真理/谬误的模式来理解各种哲学理论的关系,倒是更倾向于从不同理论立场、不同价值观念的角度来理解不同哲学理论之间的差异和矛盾,以更宽容的心态来看待哲学理论之间的争论。哲学的理论性、学术性色彩在加强,政治性色彩在弱化,哲学的意识形态功能主要通过塑造中华民族的现代民族精神来体现,通过关注现代中国人的生存境况和精神生活、提供有中国特色的现代价值观念和思维智慧、提高中国人的文化创造力来体现,而不再通过解读、论证现行政策来体现。

在全球化和世界性交往的条件下,当代中国哲学正在从比较封闭的形态转为较为开放的形态。在哲学学科内部,正在打破多少年来人为设立的各种藩篱,将古今中外的智慧融通起来,积极寻求不同哲学理论之间的对话,寻求哲学与其他学科的对话。在对外方面,注重国际问题和人类共同面临的问题,积极寻求国际对话,参与国际哲学界事务,在国际哲学舞台上发出中国人的声音。理论资源的多元化、研究样式的多元化、理论结论的多样化,都正在为人们所普遍接受。当代中国哲学正在形成不同的派别、不同的理论,正在努力形成一种真正的百家争鸣的繁荣局面。通过不同角度对现实的理论批判和辩护,塑造着人们的价值观念,锻炼着人们的思维能力,从而为中国社会的顺利转型创造主体条件,为中国社会的发展和中华民族的复兴提供智力资源与理论支持。

马克思主义哲学中国化的几个问题*

　　使马克思主义哲学中国化，构建具有中国风格、中国气派、中国形式的马克思主义哲学，是当代中国社会发展实践的需要，是中华民族伟大复兴在理论上的要求，同时也是马克思主义哲学当代发展的需要。当代世界形势的变化和国际共产主义运动的严重挫折，已经将发展马克思主义的历史任务搁在了中国共产党人的肩上，搁在了中国理论家们的肩上；当代中国社会的深刻转型，急切需要用当代发展着的马克思主义作为指导。作为中国的哲学工作者，我们应该有这种历史的自觉意识和责任感。

一、马克思主义哲学中国化的当代理解

　　马克思主义哲学区别于其他哲学的一个根本性特征就是："哲学家们只是用不同的方式**解释**世界，而问题在于**改变**世界"。这种实践取向，规定了它与时代、与无产阶级和劳苦大众的内在联系，它是无产阶级的头脑，是劳苦大众改造非人的不合理现实的武器。它是站在无产阶级和劳苦大众的立场上对旧世界的批判，但它深知，"批判的武器当然不能代替武器的批判，物质力量只能用物质力量来摧毁"，它只有掌握了劳

---

* 本文原载《学术研究》2006 年第 3 期。

苦大众并为劳苦大众所掌握，才能变为物质力量。马克思主义哲学在全世界传播的历史，就是它被人民大众所掌握而进行革命性实践的历史。马克思主义哲学中国化的过程，就是马克思主义哲学传入中国并在中国得到运用和发展的过程，就是在化中国的同时被中国化的过程。化中国与中国化是同一过程的两面，是相互支撑、相互印证的两面，中国化是为了化中国，化中国就必须中国化。

我们知道，19世纪末到20世纪初，是马克思主义（哲学）在全世界广泛传播的时期，也是西方各种理论相继被引入东方国家的时期。与马克思主义（哲学）先后或同时传入中国的，还有自由主义、实证主义、无政府主义等，它们各自都有自己的代表和支持者。但经历了理论争论、相互批判和争夺受众的长期过程之后，最终被化开的、被中国人民和知识分子所认同的，还是马克思主义（哲学）。中国共产党作为中国的马克思主义政党，一开始就肩负起用马克思主义教育民众的任务，马克思主义在中国的发展壮大是与中国共产党力量的发展壮大相一致的，也直接地依赖着中国共产党力量的壮大而得到播散。无论这个过程中存在着多少艰难曲折、内外斗争，中国共产党最终还是领导人民取得了新民主主义革命的胜利。中国共产党的胜利直接就是马克思主义在中国的胜利，也是马克思主义（哲学）在中国的实现。新中国成立后，中国共产党利用政权的力量，不仅使马克思主义（哲学）成为国家意识形态，而且频繁地发动思想战线的运动，使马克思主义（哲学）广泛地渗透和深入到民众生活的各个领域，极大地改变了人们的思维方式和行为方式，但与此同时，规范化、教条化与行政组织化相结合，使民众的日常生活带上了强烈的政治色彩，思想教育成为国家政治的重要组成部分。"文化大革命"使这种实践达到了登峰造极的程度，也全面暴露了其固有的弊端和负面效应。当中国共产党彻底否定"文化大革命"，通过改革开放而逐步实现从计划经济体制向市场经济体制的转轨，并逐步融入世界经济发展潮流的时候，一方面是西方世界的发展，苏联的解体，另一方面则是中国当下实践与传统理解的马克思主义（哲学）的强烈反差，引起了不少人对马克思主义（哲学）的深度怀疑。重新理解马克思主义（哲学），重新认识社会主义，重新认识资本主义与社会主义的关系，从而重新规定中国社会发展的方向，这个时代性的课题尖锐地摆在了中国人民特别是中国共产党和中国知识分子面前。

之所以简略地回顾这一段历史，是想说明：（1）马克思主义哲学中国化首先是一种实际发生了的历史事实，是与马克思主义哲学化中国的实践活动具有内在统一性的历史。我们应该充分尊重这一段历史，尊重先辈先贤们在这个历史过程做出的巨大努力和功绩。（2）我们今天重新理解和建构当代中国马克思主义哲学，绝不能割断历史，对于先辈先贤们在理解和解释马克思主义哲学过程中发生的一些失误，一定要抱一种"同情的理解"的态度，抱一种历史主义的态度，而不能予以苛求。（3）我们应该用过程的观点来看待马克思主义哲学中国化问题，这是一个既化了又需要再化的过程，既是已有的历史又是一个我们正在为之奋斗的目标。也就是说，经过近一个世纪的努力，我们已经建立了一种可以称之为中国化的马克思主义哲学，它与其他国家的马克思主义哲学，包括苏联的马克思主义哲学、西方马克思主义哲学，都有着相当大的差别。在它的指导下，中国的面貌包括人们的思想面貌发生了很大的变化，它在化中国的过程中起了重大的历史作用，也已经成为现代中国文化的一个重要组成部分。但我们也必须看到，在当今经过了改革开放的中国，在当今的国际背景下，这种中国化的马克思主义哲学遇到了极大的挑战，而且可以说是前所未有的挑战。我们当前的主要任务是根据时代发展的新特点，重新构建具有中国风格、中国气派、中国形式的马克思主义哲学，以解决当代中国社会发展的问题，并重新思考人类解放的道路问题。马克思主义哲学中国化历史的研究要服从和服务于这个目标，对马克思主义哲学经典文本的解读和阐释，与西方马克思主义的对话等，都要围绕这个目标来进行。

马克思主义哲学中国化，并不是我们今天才提出来的，早在延安时期，毛泽东就提出了这个任务。但在那个时代，我们主要限于在"与中国实际相结合"的意义上理解"中国化"的问题。毛泽东思想作为中国化马克思主义的最大成果，被规定为"马克思列宁主义普遍真理与中国实际相结合的产物"。这固然有中国共产党和毛泽东的谦虚成分在内，即毛泽东思想不能与列宁主义并提，列宁主义与马克思主义一样，是具有国际意义的普遍性理论，毛泽东思想则只是限于中国的特殊革命道路的理论，是具体运用中的"应用性"理论。后来我们规定邓小平理论，基本也是沿着这个思路来的，要说有区别，就是所联系、所结合的实际的不同，后者是把马克思主义普遍真理与中国社会主义建设实际相结合的产物。我们遵循着中国式的谦虚，始终保持着学生的姿态，从未有过与老师处于平等地位并以敢于超越老师的心态来对待马克思主义哲学基本理论的创新问题。也许正是因为这种情结，对于那些动辄就讲马克思恩格斯的这个结论过时、那个原理失效，并提出一套新理论的西方哲学家思想家们，无论他们如何自称马克思主义者，我们一般都将他们视为离经叛道的不肖子孙，不肯承认其合法性。

站在我们今天的高度和角度理解马克思主义哲学中国化，恐怕就不能再简单地将之理解为把马克思、恩格斯、列宁的哲学思想与中国当今的实际相结合，具体运用这些哲学思想，在运用中使之具有中国特色，符合中国的实际情况，而是还应该理解为包含中国理论家们运用马克思主义的基本立场和方法，总结国际共产主义运动的经验，总结中国社会主义革命和建设的实践经验，研究当今时代人类实践面临的重大问题，利用我们自己的传统哲学智慧，并借鉴西方哲学特别是西方马克思主义哲学的理论资源，实现对马克思主义哲学基本理论的创新，为人类解放开出新路。换句话说，马克思主义哲学唯有创新才能发展，这个创新不单是运用层面的，更是基本理论层面的；当然首先要关注当代中国社会发展的问题，同时也必须关注当代世界和人类发展的问题。总之，在今天我们讲马克思主义哲学中国化，与保持、体现马克思主义哲学的当代性是一致的。缺少了当代性这个维度，中国化就化不好。

二、马克思主义哲学中国化的当代视野、根本目的和基本途径

马克思主义哲学中国化，构建具有中国风格、中国气派、中国形式的马克思主义哲学，这首先是当代中国社会发展实践的需要，是中华民族伟大复兴在理论上、文化上的要求，目的是指导我们合理应对和解决中国社会面临的问题。当今世界是一个经济、政治、文化内在地交织在一起的世界，是各个民族、各个国家在市场、科技、资源、人才等方面既激烈竞争又密切合作的世界，是经济一体化、政治多极化和文化多元化的世界，是各种资源全球性流动、机遇在全球交往中产生和风险在全球范围内播散的世界。作为一个经济迅速发展、实力日益增强、全面参

与世界性事务、影响日益重大的东方大国，中国的稳定、中国的发展、中国的经验、中国的失误都具有全球性的意义和世界历史意义。中国的问题许多直接就是世界性问题，国际上的许多问题同时也是中国的问题。这是世界历史时代特别是全球化时代的基本特征，是中国社会、中华民族发展的问题背景。因此，对中国社会实践面临的这些问题的认识，对这些问题的解决方式的探讨，都必须具有国际眼光和全球性视野。从哲学的角度上看，就需要从人类当代发展的新高度来讨论中华民族发展的问题，需要借鉴人类文明发展的新经验来审视中国人的问题。

马克思主义哲学是时代精神的精华，它必须与时俱进才能保持自己的生命力。当今时代与马克思当年所处的时代相比，有了很大的变化。科技革命及其引起的社会生产方式和交往方式的变化、社会结构和阶级结构的变化、生存方式和思维方式的变化，这些都是马克思没有看到甚至无法想象的。我们必须根据当代实践中出现的新问题、当代社会发展的新经验、当代科学发展的新成果，创造性地发展马克思主义哲学。

马克思主义哲学又是一种世界性哲学，它的立脚点是"人类社会或社会化的人类"，它的视野原本就是人类性的，终极目标是人类解放。中国作为当代马克思主义哲学发展的重镇，自然肩负着更多的责任，但又不能仅仅将之看作一种民族性的事业和民族性的问题。这就需要我们坚持发扬马克思主义哲学固有的基本立场和批判精神，不仅批判性地考察当代资本主义的矛盾，也批判性地考察社会主义建设实践中的矛盾，批判性地考察社会发展与人的发展所存在的矛盾，同时还得批判性地考察马克思主义哲学自身发展中所遇到的既有理论与实践经验之间的矛盾。为了实现马克思主义哲学基本理论的创新，我们不仅需要总结中国的经验，还需要结合当今时代其他国家发展的经验，不仅需要吸取当代科学发展的成果，也要广泛吸取西方哲学包括西方马克思主义哲学的成果。

在我们看来，在今天讲马克思主义哲学中国化，就是强调以中国人为主体实现马克思主义哲学的当代发展，这种马克思主义哲学应该是中国特色、当代性气质和人类性内容的有机统一，根本目的是提升中国人的思维方式和价值观念，增强和提高中国人的主体性，办好中国的事情和承担起对人类发展的责任。这些年来，针对过去的一些不足，中国的哲学工作者围绕着马克思主义哲学的当代发展问题做出了巨大的努力。

在经典文本解读、与西方哲学和西方马克思主义对话方面做了大量工作，取得了丰硕成果；在关注当代中国和世界的重大现实问题、总结实践经验、吸取科学发展的成果方面，在提炼问题、选择问题和解释问题的方式方面，也有很重要的改进和骄人的成绩。这几个方面，都是我们发展马克思主义哲学的必要途径，各有自己的独立地位和价值，当然也需要合理地配合和互动共进。但也存在一些不容忽视的倾向性问题，比如：为突出学理化而漠视甚至鄙视研究现实问题的倾向；忽视问题背景和语境，径直将当代西方哲学中讨论的一些问题当作我们的问题的倾向；在写作中，以引证代替论证、言必称西方哲学的倾向；在话语方式上，有意无意地"欧化"和学术化而忽略读者接受习惯的倾向；等等。这些问题都显示出我们一些研究者"中国化"意识的淡漠，也违背了马克思主义哲学为民众立言、为民众谋利的基本精神。中国正在成为国际上有着重要影响力的国家，中华民族正在以自立于世界民族之林的姿态展开活动，中国文化正在走向世界，显示自己的独特魅力。作为中国的马克思主义哲学工作者，我们要意识到自己肩上的责任，既不能仅仅"照着说"马克思的话，更不能仅仅"照着说"西方哲学家们的话，而应力图利用中国传统智慧和现代西方哲学的智慧，接着马克思说出我们的新话，显示当代中国人的智慧。以我们的问题为目的，包括实践方面和学理方面的问题，在世界性哲学对话中显示马克思主义哲学的独到和优越之处，显示马克思主义哲学的生命力。这才是一种合理的态度。

三、正确对待马克思主义哲学中国化的成果

使马克思主义哲学中国化，构建具有中国风格、中国气派、中国形式的当代马克思主义哲学，是一个总的目标设定。完成这个任务，是全体共产党员的权利和责任，也是所有立志于发展马克思主义哲学的理论工作者的权利和责任。对于他们的努力及其结果，都应该予以肯定和鼓励。这在原则上怕是没有什么问题的。但在实践的过程中，问题却不是这么简单，如何看待、评价、处理这些努力及其结果，是需要我们认真探讨、认真对待的重要问题。在这方面，我们是走过弯路，有着沉痛而深刻的历史教训的。

马克思主义哲学既是一种具有强烈社会批判性的哲学理论,在中国又是国家意识形态的核心和基础,是兼理论性与政治性为一身的学说。从理论本身的发展维度看,它虽然有着统一的根和源,但在发展中却必然会长出不同的分支,会存在一些异质性甚至冲突性的东西。因为后世的马克思主义者总是依据当时的具体实践,对许多问题关注的方面和侧重点会有所不同,理解的基础和方式会有所差别;纵使目标一致,各自选择的途径、获得的结果也会有歧异。这是一个不争的事实。各国的马克思主义哲学会有不同的样态,中国的马克思主义哲学界也有各种争论。但从政治运作的维度看,无论是在夺取政权的革命斗争中还是在取得了政权后的政治宣传教育中,又都在相当程度上不允许分歧和多种声音的存在,话语权力与政治权力总是结合在一起以维持理论的统一权威。这也是一个不争的事实。从理论自身的发展看,没有多样性、没有分歧和争论,就没有创新,发展就是一句空话;从政治的操作层面看,重大纷争就意味着思想分裂的危险和行动中的内耗。理论发展需要多样,而政治稳定则需要统一。这是两种不同的且具有排他性的逻辑,是两种在各自领域都具有合理性而一经结合就难以两全的选择困境。

马克思主义哲学作为一种实践哲学,其功能的发挥不能离开人民大众,只有为人民大众所掌握,成为人民大众认识世界、改造世界的思想武器,才能实现其使命。但我们不能想象人民大众都能成为理论家、哲学家,也不能期望马克思主义者都是理论家、哲学家。理论家、哲学家的使命是锻造和改进武器,人民大众则更多是在使用武器,其间有一个必需的环节,就是如何使人民大众掌握这个武器。这就是马克思主义哲学理论的宣传和普及工作。作为锻造和改进武器的理论研究,必须不断创新,也需要有研究者自己的个性和风格,故多样性往往成为侧重点。而作为宣传工作,又需要比较稳定、比较统一或比较一致的底本,否则宣传的结果就要大打折扣。在中国,无论在革命时期还是在建设时期,理论宣传都是政治工作的一个重要部分,因此,理论研究和宣传之间的矛盾就成为上述学术与政治的矛盾的具体表现或集中体现。我们应该正视二者之间的矛盾,吸取经验教训,充分认识解决好这个矛盾对于马克思主义哲学中国化的重要意义,力求通过制度创新和法制建设的方式寻求一种使矛盾暂时和解的"椭圆式"轨道。

如果说,在过去的革命战争时期和计划经济时期,政治与宣传的统一性原则居于首要地位,即使在一定程度上以牺牲理论发展为代价也具有价值合理性的话,那么在从计划经济转向市场经济、从封闭建设转向开放性竞争的今天,在中国的马克思主义成为马克思主义的主要代表的今天,为使中国的马克思主义哲学成为当代马克思主义哲学的一面旗帜,为探索中国社会主义事业发展道路提供富有成效的指导,为中华民族文化走向世界提供有效的整合基础,更加注重理论多样性,通过大力创新来积极推进马克思主义哲学的发展,就应成为一种更具优先性的选择。我们这里并没有贬低和排斥政治与宣传的统一性原则,而是说,应该从过去由政治权威所规定的统一性转化为在多样性理论观点基础上形成的共识意义上的统一性,由过去在真理与谬误简单对立基础上的排斥多样性的统一性转化为以多样性为基础的求同存异意义上的统一性。无论是求同存异还是达成共识,其前提都是尊重理论研究者探索真理的权利和以法律的形式来维护理论工作者的合法权益,同时这种法律形式也是消除过度纷争、形成理论共识的基本框架。

使马克思主义哲学中国化,构建具有中国风格、中国气派、中国形式的马克思主义哲学,首先是马克思主义哲学工作者的任务,同时也是中国所有的哲学工作者的任务,是整个学术界、理论界的任务,是全党的任务。政治领导人和党的领袖集中全党智慧,根据整个国家实践发展的全局性问题,提出新的理论和观点,这是对马克思主义和马克思主义哲学的重大发展。哲学家们也可以从专业的角度提出新的命题、新的观点,这也是对马克思主义哲学的发展,而且构成了全党智慧的一个重要方面。大家的目标和方向是一致的。但马克思主义哲学是一种实践哲学,主要还是一种哲学理论,它不可能代替具体方针、具体方案、具体措施,也不能要求哲学家们解决这些具体问题。由于人们从事的具体工作不同,观察问题的角度和理解问题的侧重点不同,出现不同的看法,提出不同的意见,都是很正常的,也是必然的。只有通过百家争鸣,通过各种理论主张之间的相互批判和对话,才可能实现学术理论的繁荣和发展。贯彻"双百"方针、发扬学术民主,是我们必须坚持的方针。现在的问题是,需要将这个正确的方针具体化,具体化为一定的法律条文、制度规定、评价标准、工作机制。依法治国是当今中国自上而下都认同的基本理念,正在各个领域得到贯彻实施,理论研究工作无论有多么大的特殊性,也不应被视为例外。

中国的市场化改革已经改变了国家社会一体化的传统格局，国家事务越来越侧重公共事务的管理和公共政策的制定。人民大众特别是年轻一代的法治意识和维权意识日渐自觉，对个人权利和社会公正的问题特别敏感、特别关注。他们对于传统的那种灌输式教育越来越表现出反感和拒斥，只接受自己理性认同的那些观念和能使人心悦诚服的理论。我们过去的那种宣传模式和教育模式难以有效地继续下去。中国社会的这种深刻转型需要深刻的理论设计和指导，这种条件下的现代政治实践需要有丰厚的理论储备，需要有多种政策方式作为备选方案，在多种选择方案间的优劣竞争中择善而从或折中妥协。这种新形势为中国马克思主义哲学的发展提出了崭新的课题，也提供了新的有利条件。中国化的马克思主义哲学理论研究，作为解决中国社会发展问题的一种思想探索，必须充分关注中国的重大现实问题，包括思想意识形态方面的重大问题，做出一些有现实根据的合理解释，提出一些切实管用的主意和有效的解决方案。中国的有关管理部门也必须切实解决真诚相信群众包括相信广大理论研究者的问题，必须从构建和谐社会的高度，对当代中国人民大众的思想观念、对当前中国的思想理论战线的状况及其成绩有科学客观的认识，真正树立"管理就是服务"的观念，切实改变以权力决定理论争论的是非对错来求得统一的做法。

马克思主义哲学中国化一直处在过程中，我们今天也不过是其中的一个阶段。总结历史教训，我们认为，当前最主要的，与其说是组织全国力量来搞出一个权威性的中国化马克思主义哲学的"定本"，不如说是创建一种能够促使马克思主义哲学理论创新的机制，创建一套使理论研究工作与宣传教育工作合理配合、相互促进的制度和体制。可以预见，在马克思主义哲学中国化的总前提下，出现的肯定是具有不同特点甚至在个别观点上还相互批判的马克思主义哲学理论。实际上，这种态势在中国哲学界已经出现，马克思主义哲学内部也出现了不同的派别。正是这些派别之间的竞争和论战，不同理论观点之间的争长竞胜，才显示出马克思主义哲学理论大树的繁荣茂盛，才表现出其旺盛的生命力，才能为马克思主义哲学的宣传教育工作提供学理的支持，才具有在世界性哲学对话中显示当代中国人智慧的基础。

"中国经验"与中国化的马克思主义[*]

一、问题的提出

马克思主义中国化,是要化出一个中国化的马克思主义,成功地建设中国特色社会主义,为最终实现人类解放提供坚固的基地。对于这一点,在马克思主义理论界,大概是没有什么争论的。现在的问题是,构建中国化的马克思主义,包括马克思主义哲学,是主要通过解读马克思恩格斯留下的文本,"照着说"并尽量说好马克思主义,还是主要通过总结当下中国的实践经验,创造性地发展马克思恩格斯的思想,"接着说"并尽量说好马克思主义?是仅仅满足于"说好"就完事,还是更侧重"管用",即体现其当代价值,首先是指导中国当下实践的价值?"说好"的标准究竟是什么,是更像原本原典的马克思,还是更有利于当下的社会主义实践?中国改革开放三十年,走出了一条新的道路,即中国特色社会主义道路,创造和积累了非常丰富、非常深刻的实践经验,但也引发和积累了许多严重的社会问题,我们作为马克思主义的哲学家、思想家,对这些经验、这些问题应该保持一种什么样的态度?是真诚地而非虚伪地、认真地而非敷衍地重视和总结这些经验,切实地而非虚应

---

[*] 本文原载《现代哲学》2008 年第 6 期。

故事地关切这些社会问题并为解决这些问题提出一些有益的建议,还是对这些经验和问题漠然视之,甚至认为这些都不是马克思主义哲学应该关心的问题?我觉得这些问题都是我们应该深刻思考的基本性问题。这么发问或许有简单的二分化嫌疑,但在涉及基本致思路向的侧重点方面,这么发问倒可能利于更好地敞亮真正的分歧所在和问题的要害。

中国的改革开放是以实践标准大讨论为契机和起点的。实践标准大讨论是一次伟大的思想解放运动,在这次运动中哲学界起到了非常重要的作用,同时实践标准讨论也引发了对许多重大哲学问题的重新审视和思考,极大地推动了中国马克思主义哲学的发展。但我们也必须看到,从此后几次思想解放运动的历史情况看,哲学界的声音是越来越弱化的,哲学理论的作用是越来越边缘化的。所谓"经济繁荣哲学贫困",就是这种情况的真实写照。这具有一定的客观原因:经济改革一直是中国改革的主战场,各种经济理论和经济学家们自然有更多的发言机会,社会学家、法学家的意见具有更大的现实针对性,能够引起广泛的注意;政治体制改革的滞后,经济放开而政治稳住的策略,使得存在诸多敏感话题和犯忌领域,言路不畅、言而无用也刺伤了理论家们关注现实问题的积极性;在广泛参与国际学术交流的背景下和过程中,确实需要注重对话间的术语和概念的统一,对西方思想的观念史的考察和梳理自然就成为显学。但还有一点实际也很重要,这就是由于受计划体制时期形成的学科建制及其哲学观的影响,学习哲学的学生不仅对自然科学知识缺乏了解,就是对经济学、社会学、法学、政治学、管理学等社会科学知识也知之不多,甚至关于中国历史和世界历史的知识都少得可怜。这样的知识结构和知识背景,就使得搞哲学的人对于哲学圈外的事情根本就不敢涉及,无法谈论,对于社会现实问题缺乏敏感性。从主观方面看,不可否认的是,我们许多研究哲学、研究马克思主义哲学的人,似乎更在意自己研究工作的"学术性",更愿意回到书斋中和原典文本中寻找真正的"哲学"问题,而对中国当代现实问题缺乏兴趣,有的甚至有意地对这些问题采取一种回避和轻视的态度。近年来,文本解读的研究方式似乎正成为主导性研究方式,"马克思哲学"概念流行,大有替代马克思主义哲学的趋势,恩格斯与列宁都被"搁置"起来,更遑论毛泽东与邓小平。在这种情况下,马克思主义哲学研究就只能变得越来越远离中国社会现实,越来越失去对重大社会现实问题发言的机会和能力,也越来越不受社会重视,成为一定小圈子里的一种自娱自乐式的"概念游戏"。我们在探讨着、争论着马克思哲学的"本真精神",可这种研究和探讨的方式却在很大程度上背离了马克思倡导的精神。

从马克思主义传入中国之日算起,已经有近百年的历史,自毛泽东在延安提出马克思主义要中国化,已经七十多年,马克思主义成为中国的国家意识形态,也已经近六十年了。这期间,中国社会的面貌发生了翻天覆地的变化,这些变化都与马克思主义有着直接的或间接的关联性,是马克思主义中国化和化中国相统一的历史过程。在这个过程中,我们既有成功的经验,也有失败的教训,无论是经验还是教训,都构成了我们继续前进的基础和基地的一部分,是现代中国历史和现实的一部分,也是我们积累下的一笔宝贵财富,这是谁都无法否认、无法抹杀的。中国从一个落后愚昧、任人欺侮的国家,变成了一个独立自主、日益强大、在国际事务中具有举足轻重地位的国家,这是一个基本的事实。在一个占世界人口近四分之一的国度所出现的这种巨大变化,在苏东剧变导致世界社会主义运动陷入低潮、资本主义制度在全世界占主导地位的条件下,坚持中国特色社会主义道路、高举中国特色社会主义理论的旗帜所形成的中国经验,无疑都是特别突出、特别另类、特别引人瞩目的。我们作为中国人,作为中国的理论工作者,没有任何理由菲薄和轻视中国经验,作为马克思主义哲学工作者,更不能脱离中国历史和现实的实际,离开中国经验去奢谈发展马克思主义哲学。我以为,中国的马克思主义理论工作者,尽管研究兴趣和具体分工有所不同,承担的具体任务和关注的侧重点有所差别,但这种不同与差别不应成为漠视中国现实、中国经验的理由,不应成为漠视努力构建中国化马克思主义的理由。否则,真可能出现道不同不相为谋的局面。中西马对话讲了好些年,之所以难以取得较好的效果,甚至名曰对话实则仍然是各说各话,一个重要原因就是,缺乏中国经验、中国问题这个现实平台,也没有达到构建中国化马克思主义的目标性共识。其实,不仅中西马对话存在着很大的困难,就是在马克思主义哲学界也分出了许多分支,各自守着自己的圈子,各自使用着不同的话语系统,缺乏共同的问题或话题,各说各话也就是不可避免的了。这种情况如果不能尽快得到有效的改变,马克思主义哲学就只能继续被边缘化,对社会的影响力就只能越来越弱,坚持和发展马克思主义哲学就会成为一句空话。这正是我们所忧虑的一个严重问题。

二、如何看待中国经验

"中国经验"这个词近来频频出现在媒体上，正引起人们的注意，但如何规定这个概念，无论在内涵上还是在外延上，到目前为止，都没有形成比较一致的看法，也就是说，人们是从不同的角度、在不同的含义上使用"中国经验"这个词的。主要有三种：第一种是从文学艺术的角度，批评中国文学与中国经验的疏离，以至许多珍贵的中国经验没有被叙述出来，叙事方式、表现方式由于受西方理论的影响，造成了与中国传统的断裂，与受众欣赏习惯形成很大的隔膜，造成文学生态的急剧恶化，影响了中国文学的发展。这种意义上的中国经验，更多侧重中国人的生活经历和生命体验的独特性及其艺术表现与欣赏方式的特殊性。第二种主要是从经济学的角度，认为中国经济改革和持续高速发展创造了世界性的奇迹，引起了许多国家的关注，其中的许多经验是现代西方经济理论无法解释的。林毅夫、温铁军都是这种观点的代表性人物，他们呼吁现代经济学家首先是中国的经济学家，应该重视和研究中国经验，使中国经验走出国门。这种意义的中国经验主要侧重中国在经济改革和发展方面的经验。第三种是从日常用法的角度，指中国各个地方在经济建设、政治建设、文化建设和社会建设方面的具体做法、具体经验，中央电视台专门开辟了"中国经验"栏目，对这些经验进行交流和传播。与"中国经验"相近似或关联性比较大的，还有"中国模式""中国道路"这两个概念，不过后二者更具总体性或宏观性。也有学者指出，用中国经验比用中国模式更合理，更具伸缩性和可接受性。

比较以上各种用法，除了第一种外，后两种基本都是将中国经验的外延限定为中国改革开放的经验、改革开放以来的经验。"中国模式""中国道路"基本上也是这样。这当然是对的，而且无论在引导中国的当下发展还是在扩大中国的国际影响方面，都具有很切实的作用。但若从马克思主义中国化和构建中国化马克思主义哲学的角度看，这种理解可能就显得有些狭窄，不足以包含中国经验的全部内容。中国改革开放的经验，是新时期中国共产党领导中国人民建设和治理国家的经验，但在这些领导人中，有不少人都是中国共产党建党时期的老党员，他们经历了中国共产党从革命时期到社会主义建设时期艰苦奋斗的全部历程，他们的许多经验都是从吸取以往的失败教训中获得的。尤其是新中国成立后二十多年的探索社会主义建设的经验，包括"大跃进"和"文化大革命"的惨痛教训，对于痛下决心进行改革开放，紧紧扣住经济建设这个中心不动摇，高度重视与处理好稳定、发展和改革的关系等，都具有密切的关联性。对领导人民进行改革的共产党人来说，这些经验之间具有不可分割的连续性，而对中国化马克思主义来讲，这些经验则具有相当的整体性，所以都应该属于中国经验的范畴。或许这么说更为合理，"中国经验"本身就是一个流变着的事实，在概念把握上也应该有层次和阶段区别，当今条件下我们说的中国经验，主要是中国改革开放以来的经验，这是最鲜活、最切近也最具现实意义的，而改革开放前中国探索社会主义建设道路的经验，新中国成立前中国革命斗争的经验，则构成了中国改革开放经验的背景和源头。

中国经验具有非常丰富而又非常复杂的内容，既包括成功的经验，也包括失败的经验（教训），还包括如何从失败中学习、崛起的经验；既包括革命的经验，也包括建设的经验；既包括高层领导如何审时度势运筹谋划的经验，也包括中层和基层在具体工作中的经验；既包括具有特殊性、个别性的经验，也包括一般性、普遍性的经验；等等。从总体上看，这些中国经验是马克思主义中国化和化中国双向运动的有机统一，是在理论联系实际的过程中既用理论指导实践同时又用实践修正理论、根据新的实践发展马克思主义理论形成中国化马克思主义的经验；它既是一个经济、政治、文化都比较落后的东方大国摆脱西方列强的压迫欺侮，成为一个独立自主的、初步发展的现代性国家的经验，也是一个封建传统制度和文化土壤非常深厚、非常坚固的国家，转变为开放的、强大的社会主义国家的经验。如果说，从中国革命的角度看，最大、最引人注目的是，顺应世界历史时代潮流把民族争取独立的运动与无产阶级革命运动结合起来最后导致了社会主义新中国的建立，那么，从中国建设和现代化的角度看，最大、最引人注目的则是，顺应和平发展潮流把社会主义与市场经济有机结合起来，闯出一条中国特色社会主义道路。中国道路在一定意义上成为中国经验的代名词，它不仅对于发展中国家实现现代化，就是对于积极探索人类解放道路也具有非常巨大的普遍性意义。

很显然，只从知识论或认识论的角度，从传统的感性认识与理性认识相区别的角度来规定中国经验，来理解中国经验，肯定是片面的、远远不够的。因为这里的经验，既包括感性的东西，也包括理性的东西，既包括一定理论指导下的实践过程和实践结果，也包括在这个实践过程中形成的观念的东西。它是中国人民接受马克思主义并用这个理论认识中国社会和世界进而改造中国社会和世界的统一过程及其结果，是中国人民反思自己的文化传统、批判自己的文化传统又形成新的文化传统的过程及其结果，也是中国人民不断总结和调适马克思主义与中国传统文化的关系、与其他非马克思主义理论的关系、与马克思主义理论的各种不同观点的关系，不断总结和调适各种理论观念与现实实践的关系，从而不断形成新的理论、新的观念，进行新的实践的过程。总之，各种因素、各个方面、各个层次、各个阶段之间，相互渗透、相互纠缠、彼此重叠、参伍交叉，形成了一种非常复杂的历史性积淀，又构成了现实生活的深厚基础。我们就生活在这种经验之流中，并在这种经验之流中获得新的经验，获得对历史的感悟、对现实的理解、对未来的设想。在这个意义上，历史经验、实践经验、现实生活实践，基本上是同义的，至少是同一序列的概念。相对于这种意义的经验，任何理论都是对它的一种抽象、一种切分，一种为了认识的方便而设计的策略或方法或模型。真正地明白了这个道理，就切断了各种形式的教条主义和理性主义形而上学的整个根脉，奠定了防止思想僵化、防止脱离实际，而解放思想、大胆进行理论创新的坚实基础。

三、理解中国经验方面存在的一些误区

在中国革命和建设的每一个重要阶段，在改革开放的一些关键时刻，总会出现思想观念的分歧和激烈的斗争。我们以往的说法叫路线斗争，国外的叫法是派系斗争，邓小平总结历史经验，废止了路线斗争的提法，并发明了一种新的策略，即"不争论"，试试看，让实践来讲话，这就是著名的"摸着石头过河"理论。邓小平的"摸论"和"猫论"可以说就是实践唯物主义的最形象、最生动的说法，是重视实际经验、基

于实际经验而大胆创新讲求实效的务实作风的最具体、最直接的体现。许多搞理论的人自始就对"摸论"和"猫论"不以为然,有人甚至讥之为"实用主义",其实这些人对"实用主义"的精髓和革命性意义未必真正了解。套用一句毛泽东当年针对一些人贬低功利主义的倾向而提出"我们是革命功利主义者"的话,可以说邓小平提倡的就是一种"革命实用主义"或"人民实用主义","三个有利于"标准就是这种革命实用主义的最好体现。"三个有利于"标准是实践标准的深化和具体化,不仅是衡量各种改革措施的根本标准,而且是衡量各种"理论"、各种"主义"的根本标准,是衡量我们的思想是否真正解放的根本标准。

中国改革开放的三十年,同时就是不断解放思想的三十年;改革开放不断深入,要求思想解放也不断深入。中国的改革开放,没有现成的模式可以遵循,没有既成的改革理论作为模板,只能依靠我们在实践中进行摸索,在不断借鉴别人的经验特别是总结自己的经验中进行创新,在解决自己面临的各种实际问题的过程中找到一条新路,确切地说是闯出一条新路,甚至是杀出一条血路。直到今天,我们仍然需要解放思想,因为我们的思想在不少地方还是被一些教条所束缚、被一些框框所限制、被一些言论所误导。具体到中国经验与中国化马克思主义这个论题来说,我觉得我们还存在着一些思想上的误区。

第一个是"本质主义"的误区。所谓"本质主义",是理性主义的一种前提性预置,它认为任何事物都是由其本质所规定或决定的,事物的现象或表现虽然复杂多样且多变易逝,但本质却不仅单纯一致而且一成不变,本质规定了这些现象的变化样式和运行轨道,某物的本质就是该物的"所是",不仅是必然的"所是",而且是应该的"所是"。本质只能靠理性把握,一旦把握了本质,理论就达到了真理,无论事物怎么变化,但道不变,本质不变,真理也就不变。在这种本质主义的视野里,差异、杂多、变化、偶然似乎都是假象,即使不是假象也是不重要的,唯有本质是真实的、重要的。很显然,这种思维方式是"决定论""预成论"的。理性主义其实就是各种形式的柏拉图主义。马克思曾通过批判黑格尔哲学揭示了所有理性主义的秘密,"黑格尔陷入幻觉,把实在理解为自我综合、自我深化和自我运动的思维的结果,其实,从抽象上升到具体的方法,只是思维用来掌握具体、把它当作一个精神上的

"中国经验"与中国化的马克思主义

具体再现出来的方式。但决不是具体本身的产生过程"①。马克思主张,要从现实的人出发,把存在、感性、现实都当作实践去理解,把事物以及人们对事物的认识、观念、理论都当作一个充满矛盾和差异从而才是生成的发展的过程去理解,"只要这样按照事物的真实面目及其产生情况来理解事物,任何深奥的哲学问题……都可以十分简单地归结为某种经验的事实"②。

由于我们长期以来没有真正理解马克思的实践思维方式对于颠覆旧哲学思维方式的革命性意义,一直受着理性主义和本质主义的影响,表现在社会主义问题上,总觉得社会主义创始人的理论把握了社会主义的本质,揭示了社会主义不仅"必然"要代替资本主义,而且"必然"是什么样子,也应该是什么样子,这样就为后人描绘出了社会主义的蓝图,而我们只是"按图建设""照章施工",应该怎么搞,不应该怎么搞,都必须时时参照"蓝图"和"本本",搞的"对不对"就在于搞出来的东西"像不像",建的"好不好"就在于建成的东西是不是符合"蓝图"的规定。我们时常把实践过程中的一些错误归结为没有弄清马克思的真实意思,似乎只要完全按着马克思的理论"蓝图"建设,就肯定不会犯错误。无论在计划体制建立时期还是在改革开放时期,我们的多次重大理论争论都深刻地受着这种本质主义思维方式的影响,我们总担心自己偏离了社会主义理论的航道,探索和创造社会主义的中国经验、中国实际始终难以获得一种合法地位,更不用说优先地位。有人曾经指出,我们是在一种始终捆绑着自己手脚的状态下参与世界竞争的,人家可以吸取和利用一切有利于发展自己、壮大自己的方法,而我们却总是先定地确立一个可以学习和利用的与不可以学习和利用的界限,无论它对于发展经济多么有效、对于改善社会管理多么管用。我们似乎完全颠倒了马克思主义理论与现实的我们之间的关系,不是把各种理论包括马克思主义理论当作我们实现自己的目的、壮大并发展自己的工具,相反倒是把我们看作实现马克思主义理论的手段或操作者,不是用我们当下的实践经验检验马克思主义理论的适用性和真理性,而是把马克思的话当作检验我们的做法是否合理、是否合适的根据。毛泽东曾用"有的放矢"这个成语,把马克思主义比作箭,是供我们拿来使用的,邓小

---
① 马克思恩格斯选集:第2卷.北京:人民出版社,1995:18—19.
② 马克思恩格斯选集:第1卷.北京:人民出版社,1995:76.

平也多次强调学理论要"管用",可这个意思远没有被理论界真正领会和贯彻。我以为,如果我们在这个重大问题上不能走出误区,我们解放思想就只能是枝节的、局部的而不能是根本的、整体性的,我们对于自己的经验就不能有一种正确的态度。

第二个是"地方性知识"的误区。"马克思主义普遍真理要与中国实际相结合",这是毛泽东在延安时提出的一个旨在反对教条主义的口号,不仅是反对王明的教条主义,更是反对当时苏联和共产国际的教条主义,特别是其在中国党和中国问题上的教条主义。由是之故,后来我们就把中国革命经验的典型代表毛泽东思想规定为马克思主义普遍真理与中国实际相结合的产物。这在当时的条件下自有历史的合理性,而且体现了很高的哲学智慧。建设有中国特色社会主义,是邓小平提出的解放思想冲破传统理解的社会主义观念的一个纲领性口号,于是对于改革开放时期中国经验的典型代表邓小平理论,我们也称之为中国特色社会主义理论,意味着在中国这个特殊国度建设社会主义的理论。这里面固然有中国传统的伦理因素在起作用,我们得谦虚地看待自己与马克思、恩格斯、列宁的关系,我们只是他们的学生,我们得谦虚地看待我们的经验,这只是符合我国国情的经验,即使在中国是成功的,别的国家也不能照搬。从这个角度说,我们的这种做法当然是得体的、合理的。但我们同时也必须看到,如果超出了这个界限,脱离了这种语境,过分地夸大中国经验的特殊性和地方性,总将之当作一种"地方性知识",恐怕就有很大的问题。在马克思主义理论研究中,这种倾向我以为还是相当严重的,有进行批评的必要。

任何经验,就其起源来讲,都是由具体的人在具体的时间、地点、环境、条件下从具体的实践过程中产生的,都具有特定的适用范围,都是具体的地方性经验即"地方性知识",但其中也蕴含着一般性、普遍性的东西,存在着经过提炼上升为一般性知识的可能。这种加工、提炼,正是理论研究工作的作用。这在一个国家内部如此,在世界范围内也如此。但世界上各个国家的发展很不平衡,有经济发达与不发达之分,历史地位和科学研究水平也有先进与落后之别。如果说在交往不很普遍尚未进入世界历史时代之前,这一点还不是很明显的话,那么到了世界历史时代就成了一个基本的经验性事实。因此,那些来自比较发达、比较先进国家的经验,那些从这些经验中产生的理论及其方法论,

"中国经验"与中国化的马克思主义

就容易得到传播,就容易得到其他国家的认可和重视,从而获得了一种世界性普遍性知识的地位。所谓欧洲中心主义,实际就是在这种条件下产生的。作为无产阶级革命理论的马克思主义,当然是反对欧洲中心主义的,但它只能产生于工业化和市场经济比较发达、阶级斗争比较尖锐、工人阶级力量比较壮大的欧洲,所以它尽管主要依赖的是西欧各国的经验,但在传播过程中一开始就是作为一种世界性普遍性知识定位的。相对于西欧国家,俄罗斯算是落后的,但当列宁领导的十月革命成功之后,至少对那些争取民族独立的国家的革命者来说,列宁主义是被作为世界性普遍性知识接受的。当然,中国现在还不是发达国家,可中国的改革开放所取得的巨大成就已经为许多国家所重视,为中国经验提升为世界性普遍性知识创造了现实的可能,所谓"北京共识"就是这方面的体现。实际上,对许多与中国处于相同或相似境遇的落后国家来说,中国经验作为一种实现现代化的经验,作为把现代化与本土化成功结合的经验,肯定具有重要的普遍性意义。从马克思主义发展的角度看,苏东剧变之后,中国无疑已经成为世界社会主义运动的重镇,中国共产党人必将承担更多的责任,依据中国经验而建构的中国化马克思主义将成为马克思主义队伍中最鲜亮的一面旗帜。

  作为中国的理论工作者,作为中国的马克思主义理论研究者,我们没有任何理由轻视或忽视中国经验的重要意义,也没有任何理由再坚持把中国经验只当作"地方性知识"的态度。中国在近代以来的落伍是全方位的,由此比较了解西方的知识分子就容易产生自卑心理,即使如胡适,也总觉得中国"万事不如人"。知耻近乎勇,知道自己不如人而放下架子拉下面子认真向人学习,这本身不失为一种科学的态度。但若是过度谦虚以至自卑,不能以平等的态度来进行学术评论和交流,总认为自己的经验微不足道,充其量就是一种地方性知识,这实质上是一种矮化自己的表现,是我们的主体性发展不足、自信心不够的表现。中国要面向世界、走向世界,不仅意味着要参与世界事务、吸取借鉴其他民族的经验,同时也意味着向其他国家介绍、输出自己的经验,在平等的基础上与之交流,相互尊重,相互学习。同样,在构建中国化的马克思主义时,我们既要注意马克思主义基本原理在中国的运用,注意运用过程中的发展,又要注意自觉地将中国经验提升到基本原理的高度,充实和发展马克思主义基本原理,为这个宝库增添新的东西。所谓"敢于说老祖宗没有说过的话",就是这个意思。

第三个是关于"中国特色"的误区,确切地说是刻意寻求中国特色的误区。中国经验是发生在中国大地上的经验,核心是中国改革开放中形成的经验,既然"开放",自然在内容上就掺进了许多其他国家、其他民族的东西,包含向其他国家、其他民族学习借鉴的结果,并不是那么纯粹、那么单一,但它毕竟是以中国人为主体形成的经验,是具有中国特色的经验。因此,如何合理地理解中国特色,对于理解中国经验也就成为一个重要问题。随着中国改革开放的成功、国际地位的提升,在一段时间内,民族主义情绪不断高涨。一些人受刻意寻求中国特色的观念的影响,着意从传统文化中寻找资源,在弘扬传统文化的旗帜下,许多古董式的东西被纷纷从历史博物馆中请了出来,一时间鱼龙混杂、泥沙俱下、沉渣泛起。具有象征性意义的事件便是,祭孔读经成为热潮,有人甚至建议要把孔教定为国教,大有只要中国特色不要社会主义、用儒家学说代替马克思主义的架势。面对这种情势,中国的马克思主义研究者却几乎没有什么回应。与此同时,对于对中国思想界影响很大的自由主义与新左派的论战,中国的马克思主义研究者也多作壁上观,极少有人参与,似乎那是另一个圈子的热闹。这种现象实在是很不正常的,体现出我们的马克思主义理论研究自我放逐、自我边缘化严重到了什么样的程度。

邓小平提出建设有中国特色社会主义,直接针对的是把马克思恩格斯关于社会主义的论述教条化所形成的各种束缚,提倡从这些束缚中解放出来,按照中国的实际情况,根据中国的特殊国情,来制定我们的各项政策,根据实践的结果来修正我们的理论、调整我们的政策。换句话说,社会主义没有固定的模式,不管是谁说过的,哪个国家干过的,无论其说得多么有道理,干得多么成功,对于我们都只有一定的借鉴意义,我们都不能照抄照搬,而必须根据我们的具体情况、具体问题,想办法,定政策。另外,对于那些非社会主义国家的一些东西,不管是西洋的还是东洋的,只要能解决中国的问题,就可以学习,就可以使用。用邓小平的话说,搞革命要靠实事求是,搞建设也要靠实事求是。实事求是是毛泽东思想的精髓,是马克思主义的精髓。实事求是必须解放思想,解放思想就是为了实事求是,为了能够在实践中大胆探索、大胆创新、大胆借用一切对我们有用有利的东西。不要怕别人说三道四,说违反了这个原理、那个原理，说不像这个主义、那个主义，就怕我们的政策和措施不符合实际，没有收到较好的实际效果，就怕耽误了时间和宝贵的时机，不能又好又快地发展起来。从这个角度看，"中国特色"首先是一个消极性、防守性意义的概念，是为在实践中创造的为实践所证明是管用的有效的但又没有所谓"理论根据"的办法、措施提供保护和合法性的，是为防止国内外的左派理论家振振有词的批评对我们的干扰而设置的一道防护网。其次才是一个积极性的概念，中国特色并不是谁预先设定或规定的，更不是中国传统文化中固有的，而是中国人民在当下的实践过程中创造出来的，是在按照中国的实际情况积极努力建设社会主义的过程中自然形成的。

这里我们强调"自然形成"，即是说不要刻意为之，因为一刻意就容易形成定式，就容易形成新的束缚，就会走向解放思想的反面。邓小平南方谈话的一个重要精神实质，就是敢闯、敢冒、不要怕，正像人喝了牛奶、吃了牛肉并不会变成牛一样，我们不要怕学习了、使用了西方国家的东西就会变成西方资本主义国家，就不是社会主义，就没有了自己的特色。总之，我们建设中国特色社会主义，既不是刻意要与谁区别开来，也不要老怕自己干的不像社会主义、不是社会主义。只要坚持"一个中心、两个基本点"的基本路线，只要牢记和遵循"三个有利于"标准，最大限度地解放思想、实事求是，把我们正在干的事情干好，把中国的现代化事业搞成功，就是中国特色社会主义。

中国传统文化是我们的一份宝贵资源，其中包含了许多智慧，属于全人类的智慧，这些当然需要弘扬，当然需要汲取，这是毫无疑问的。但我们也必须清醒地意识到，中国特色并不是由传统文化规定的，也不能刻意地从传统文化中寻找，更不能把传统文化的特色当作社会主义的中国特色张扬。中国特色是中国社会主义的特色，而不是离开了社会主义的中国特色，它是由现实的中国人民在建设社会主义的实践中创造出来的，是以我们正在干的事情为中心，综合地、全方位地汲取各种资源而自然形成和自然地表现出来的。中国人利用自己先人创造的智慧，如盐入水，毫无隔碍，汲取其他国家、其他民族的文化成果，也不应该有什么障碍。问题不在这里，关键是要把我们自己正在干的事情干好，干成功。"是真名士自风流"，只有干成功了，其特点和特色才能获得彰显与认可，否则，为特色而特色，舍本求末，怕只会落个邯郸学步的下场。说到底，这依然是当下我们的主体性意识不强、自信心不足的表现。我们还必须看到，传统文化毕竟是建立在农业文明基础上的文化，与建立在现代文明基础的社会主义和马克思主义具有很大的异质性，传统文化中那种浓厚的也是主导性的重义轻利、尊崇权威而忽视平等、崇尚人情关系而贬抑法治的价值倾向，那种厚古薄今、注重向后看、鄙薄创新的思维模式，对于中华民族的现代化事业，对于建立现代法治社会，对于建设中国特色社会主义，消极作用、束缚作用远远大于积极作用、激励作用。但传统文化是我们无法摆脱的根，其积极作用和消极作用都作为一种遗产、一种背景、一种先我们而定的东西存在着，我们能够做的只是科学地认识它、理解它，在这个基础上扬利去弊，取智慧去愚昧，在实事求是地解决我们面临的各种实际问题的过程中，在实现现代化改造现实环境的过程中，创造出新的人、新的社会、新的传统。这个过程中表现出的特色，就是最大的中国现代化的特色，是中国社会主义的最大特色。在这个过程中形成的、总结了这个过程的各种重要经验、能够指导这个过程顺利进行的理论，就是中国特色社会主义理论，就是中国化的马克思主义理论。

有必要重新评价"综合经济基础论"[*]

经济基础是唯物史观中一个非常重要的概念，从理论上说，它是把经济与政治、社会与国家权力连接起来的枢纽，是理解社会历史发展规律的一个关键；从实践上看，对夺取了政权成为执政党的共产党来说，如何理解经济基础，直接地影响到它怎样理解社会主义和采取什么样的方略建设社会主义。在今天，坚持公有制为主体、多种所有制经济共同发展已经被载入我国宪法和党的决议，但我们的不少哲学教科书和文章中却仍然重复着曾被歪曲与误解的单一经济基础论的经济基础概念，一部分同志仍然根据这种概念模式来看待和理解现实社会中的许多问题，一些重要的理论分歧就是由此产生的。因此，有必要重新提及我国理论界关于经济基础的讨论，并根据新的实践经验重新厘定关于经济基础的概念。

一、简略的回顾

我国理论界对经济基础的讨论是从20世纪50年代初期开始的，一直持续到"文化大革命"前夕，长达十余年。争论的焦点问题是如何理解马克思的"这些生产关系的总和构成社会的经济结构，即有法律的和政治的上层建筑竖立其上并有一定的社会意识形式与之相适应的现实基

---

[*] 本文原载《哲学动态》2000年第12期。

础"这段名言中的"这些生产关系的总和"。一派意见认为,"这些生产关系的总和"指的是一定社会中各种生产关系的总和,即所谓"综合经济基础"论;另一种意见则坚持,经济基础不是指一定社会中现存的各种生产关系的总和,而是特指占统治地位的那种生产关系各个方面的总和,即所谓"单一经济基础论"。争论双方既有哲学家也有经济学家,争论的现实前提或现实背景,是如何看待我们正欲建设和正在建设的社会主义经济制度问题:社会主义经济基础应该是多种所有制经济成分的混合,还是单一的公有制?当时争论的双方都对此闪烁其词。

当时的政治大气候明显地影响了理论家们,从上到下普遍存在的将社会主义理想化和纯化的情绪在相当程度上也起了作用。所以,"单一经济基础论"虽然在理论上有着明显的不能自圆其说之处,也不符合历史的事实,但最终还是成为主导性的、占统治地位的观点,被写进教科书和有关文件。"文化大革命"结束以后,随着实践标准大讨论的展开,又有一些文章提出应继续深入研讨经济基础问题,想为"综合经济基础论"正名,无奈响应者寥寥。从1962年艾思奇主编的中国第一本马克思主义哲学教科书到今天的数十种版本的哲学教材,除少数外,都在重复着这种经济基础的定义。改革开放的实践,已经打破了传统理解的经济基础的概念藩篱,建立了多种所有制共存并共同发展的体制,但我们的哲学理论教育和宣传却因袭着被实践否定了的经济基础概念。现在到了彻底打破这种思维定式的时候了。

二、实践已经回答了问题

理论的结论不应与现实实践相矛盾,这种实践既包括历史的事实,也包括当下的实践后果。那么,历史上可曾有过单一经济基础的事实?回答显然是否定的。

从历史上的情况看,大致可以说,任何一个国家和社会,其生产力的发展都带有一定的不平衡性,所以总有自然形成的各种生产关系与之相适应。在封建社会,既存在着封建的生产方式,也存在着一定数量的商品经济因素;在资本主义社会,特别在它的早期,遗留的封建经济因素是很多的,尽管资本主义生产方式已经成为社会经济的主导因素。即使在资本主义发达了以后,也不能说在经济上就全然都是资本主义生产方式,至少还存在一定数量的个体经济和一定数量的国有经济。经济基础作为历史观的一个基本范畴,是以历史上业已存在的经济事实为依据的,其实马克思早已对这一点有过明确的昭示,他在《〈政治经济学批判〉导言》中写道:"在一切社会形式中都有一种一定的生产决定其他一切生产的地位和影响,因而它的关系也决定其他一切关系的地位和影响。这是一种普照的光,它掩盖了一切其他色彩,改变着它们的特点。"[1] 在《〈政治经济学批判〉序言》中,马克思指出:"人们在自己生活的社会生产中发生一定的、必然的、不以他们的意志为转移的关系……这些生产关系的总和构成社会的经济结构"[2],即经济基础。马克思在这里的思想是一致的,也是很明确的,"这些生产关系的总和"即是一切社会形式中所存在的各种生产关系的总和,而不是占统治地位的生产关系各方面的总和。经济基础决定上层建筑,一个社会的上层建筑的性质和特点,就是由这些生产关系的总和以及它们之间的关系决定的,也主要是由它们来说明的。

确实,马克思也用过"资本主义的生产方式""资产阶级的生产关系""资本主义的生产关系"这些概念,这些是特指那种以资产阶级占有生产资料为基础的生产关系。必须明确区分以下两个概念:一是资本主义社会的经济基础,一是资本主义的生产关系。前者是人类历史发展过程中的一个特定阶段、特定社会形态的经济制度或经济结构,后者则特指以生产资料资产阶级所有制为核心的生产关系。在资本主义社会的经济结构中,资产阶级生产关系或资本主义生产关系无疑是占统治地位的生产关系,能够掩盖其他生产关系的色彩和改变它们的特点,但不能说资本主义社会的经济基础就只是由它构成,是它的几个方面的总和。如果这么理解,就势必会把不同层次的问题混为一谈,势必会形成一种理论困境。(1)无法理解和说明"随着经济基础的变更,全部庞大的上层建筑也或慢或快地发生变革"[3]。比如,既然封建社会只以地主占有土地的生产关系为经济基础,而把手工业、商品生产等都排除在经济基础之外,那么封建社会的这个经济基础怎么变更,才引起资产阶级革

---

[1] 马克思恩格斯选集:第2卷. 北京:人民出版社,1995:24.
[2] 同[1]32.
[3] 同[1]33.

命,才导致资本主义的上层建筑代替地主阶级的上层建筑?(2)难以解释不同的资本主义国家何以具有自己的特点。同样是资本主义国家,同样在经济基础中都是资本主义生产关系占统治地位,但英国的资本主义与法国的、日本的资本主义就有区别。造成这种区别的,除去文化传统方面的原因,更为重要的是各自经济基础中资本主义生产关系与其他生产关系的比重以及彼此之间的特定结合方式。

同样,对社会主义社会的经济基础与生产关系也应做出这样的区别。不幸的是,我们过去未能意识到这种区别的重要性,甚至还有意抹杀和混淆这个区别。我们离开了生产力发展的实际水平和状况,离开了是否促进了生产力发展这个最基本的标准,更多从伦理角度理解阶级的存在和剥削现象,片面地夸大非公有制经济的危害性,过度地排斥、压制甚至干脆消灭各种非公有制经济成分,试图建立一个以纯粹的社会主义生产关系为内容的社会主义社会的经济基础。其后果是,国民经济几乎到了崩溃的边缘,拉大了自己与发达国家的差距。

如果说改革开放前中国国民经济的濒临崩溃从反面证明了"单一经济基础论"是错误的,那么改革开放的实践及其取得的举世瞩目的成果,实则从正面证明了"综合经济基础论"的正确性。没有对非公有制经济的解禁,没有非公有制经济的蓬勃发展,我们肯定不会有今天这么大的成就,我国的经济发展肯定不会有今天这样大的活力。

三、从"三个有利于"标准看"综合经济基础论"

邓小平作为中国改革开放的总设计师,决意要对建立在单一所有制基础上的计划经济体制进行根本性的改革。他讲,过去我们坚持社会主义,但对"什么是社会主义"是不太清楚的,"讲社会主义,首先就要使生产力发展,这是主要的"①。邓小平认为,社会主义要搞公有制,但不能简单地把社会主义等同于公有制。他在著名的南方谈话中,明确批评了关于抽象地争论姓"社"姓"资"的问题,提出以"三个有利于"作为判断改革开放的政策和措施正确与否的标准,开展了第二次思

---

① 邓小平文选:第 2 卷. 北京:人民出版社,1994:314.

想解放运动。在南方谈话精神的推动下,十四大确立了建立社会主义市场经济的改革目标,中国的改革和经济发展进入快速推进的时期。

"三个有利于"标准是实践标准的具体化和深化。如果我们用"三个有利于"标准判断"单一经济基础论"和"综合经济基础论"的争论,答案就是很明确的。"单一经济基础论"是把社会主义纯粹化、理想化的结果,同时又是论证纯粹化的、空想色彩浓厚的社会主义观念的理论基础,是建立一大二公的所有制结构的理论依据。它不仅不适合中国生产力发展的情况,而且不符合马克思主义的基本精神。依此理论形成的治国方略和建设实践,使中国的经济和社会发展走了很大的弯路,受到很大的挫折。改革开放是一场新的革命,既是对实行了近二十年的计划经济体制的革命,也是对空想式的社会主义理念以及与此相适应的治国方略的革命。改革开放打破了公有制一统天下的经济格局,针对生产力的不同发展水平,在公有制为主体的前提下允许多种所有制经济成分和经营体制共同存在,积极发展各种个体经济,不断扩大对外开放规模,以优惠政策鼓励外国资本进入中国。这些既符合国际惯例,也符合中国国情,从而为中国的经济发展注入了新的血液,极大地促进了中国生产力的发展和产业结构的改善,激发与调动了人们的积极性和创造性,使中国焕发出新的活力。在生产力发展的基础上,人民的生活水平大大提高,国家的综合国力得到很大增强,在国际舞台上发挥着越来越重要的作用。这样比照,孰是孰非,孰优孰劣,洞若观火!

四、几点补充意见

第一,"综合经济基础论"最初是作为过渡时期的经济基础论提出来的,只是意味着从中国原来的殖民地半殖民地过渡到社会主义社会之间,经济基础是由多种所有制经济成分构成的,一旦过渡完成,似乎就该是纯粹的公有制经济了。从理论上探讨经济基础问题并论证"综合经济基础论"的合理性,这比之仅将"综合经济基础"限于过渡时期,认为其属于一种特殊时期的经济基础的观点,无疑深入了一步。但其中也有严重的问题。因为无论在国际上还是在国内,当时人们都没有认识到社会主义作为一个历史阶段的长期性,更没有认识到社会主义还有初级阶段和高级阶段的区分。社会主义初级阶段理论的提出，是社会主义认识上的一个重大飞跃，也为人们理解"综合经济基础论"的合理性提供了根据。在社会主义初级阶段，由于生产力还比较落后，并且发展很不平衡，为了保护和发展生产力，多种所有制经济成分并存就不仅是必然的，而且是必要的。从社会主义改造使公有制在质上占统治地位，由此以保障国家上层建筑的社会主义性质，到在量上扩展到各个领域、各个方面，直至最后消灭非公有制经济，这是一个逐渐发展的过程。换言之，"单一经济基础"作为社会主义高级阶段的目标，有它的合理性，但把它作为现阶段就要实现的任务，显然是超越阶段的。

第二，"单一经济基础论"成为"正统"的、权威哲学教科书的观点，并不是因其更有根据、更具说服力，而主要是非理论的原因起作用的结果。它一旦成为"正统"，便可借助主流意识形态的传播渠道大规模地向人们特别是青年学生进行灌输，时间既久，便形成一种思维定式和习惯。20世纪70年代末对重新评价"综合经济基础论"的理论讨论响应者寥寥，似乎就是一个明证。更为可怕的是，直到今天，它仍然被作为马克思主义哲学的一个基本原理讲授和传播着，并借助各种考试及其标准答案而得到强化。问题是，我们一方面在改革实践中现实地变革着传统一大二公的单一经济结构，寻求适合我国生产力发展的多种所有制形式，但另一方面却在各类学校中继续教育学生只有公有制生产关系才是社会主义的经济基础。这种脱节和背反造成了很严重的后果，以至改革削弱了社会主义的经济基础甚至改革改掉了社会主义的论调长时期不绝于耳。

第三，社会主义的生产关系是以公有制为特征的生产关系，这里突出的是这种生产关系的本质特征，是这种生产关系区别于其他生产关系的标志所在。社会主义社会的经济基础或者说社会主义国家的经济基础，强调的是一个国家的经济结构，是一种国家制度不同于另一种国家制度的根据。社会主义的国家必然是在经济基础中社会主义生产关系占统治地位或主导地位的国家，但不一定是以完全的、纯粹的社会主义生产关系为经济基础的国家。占统治地位或主导地位是一种质的规定，至于在这个前提下在量的方面扩大到多大比例为宜，则由生产力发展的实际水平以及历史传统的因素综合决定，它并不影响这个国家的社会主义性质，最多只是表现着不同的社会主义国家的特色或发展阶段。社会主义国家的上层建筑当然要保护社会主义生产关系的主导地位,但同时也必须根据自己的实际情况和生产力发展的要求扶持、保护那些非公有制经济成分,除非它们已经成为危害社会主义生产关系之统治地位的因素。

第四,人类社会发展是一个自然历史过程,这是马克思创立唯物史观时形成的一个重要观点。马克思所谓"人们在自己生活的社会生产中发生一定的、必然的、不以他们的意志为转移的关系,即同他们的物质生产力的一定发展阶段相适合的生产关系"①,强调的是这些生产关系发生的自然性和必然性。马克思还说,即使人们认识到了社会发展的必经阶段和规律,也不能取消这些阶段和废止这些规律。确实,在社会主义制度建立之前,无论是封建的生产关系还是资本主义的生产关系,首先都是自发地产生的,生产力和生产关系的矛盾多表现为生产关系落后与生产力的发展要求的矛盾。在社会主义建立之后,才出现了生产关系超越生产力发展阶段而不适应生产力的问题。忽视生产力发展的实际水平和内在要求,过分强调生产关系的反作用,以某种理念为蓝本,运用国家行政命令的力量人为地改造生产关系,试图通过这种形式的生产关系来拉动生产力的发展,是造成生产关系超越生产力发展阶段的根本原因。这种思路,虽然使用着先进的生产关系能够促进生产力发展的理论术语,实质上是夸大国家政权的作用、是国家决定社会的唯心史观的理论。这个教训值得我们永远牢记。

---

① 马克思恩格斯选集:第2卷.北京:人民出版社,1995:32.

两种思维框架的紧张与整合[*]

在中国改革开放三十多年的历程中,一直存在着一些重大的理论争论,如市场经济姓"社"姓"资"的争论,如何总结吸取苏共垮台教训的争论,如何看待民主社会主义经验的争论,如何看待改革前三十年与后三十年的关系的争论,如何看待"普世价值"的争论,等等。在这些争论中,尽管基本倾向和观点差别很大甚至尖锐对立,但大都声称自己坚持马克思主义,确实也都能列出一些理论根据和事实材料为自己的观点辩护。有争论、敢争论、能争论,不同观点能够表达出来并交锋论辩,这首先是好事,是学术生态好转的表现,也是政治民主化的一种表征。透过这些争论,我们发现,无论论辩双方是否自觉地意识到这一点,实际上都存在着两种不同的思维框架或思维路向:一种可称作"革命的思维框架",另一种则可称作"现代化的思维框架"。对于这两种思维框架的区分,就我接触的材料看,在中国近现代史学界,杨念群就论述过这个问题,在哲学界,梁树发、安启念及其他一些同志提出过"革命哲学"与"建设哲学"、"斗争哲学"与"和谐哲学"的区分问题,他们的观点都是很有启发性的,也表明不少人都已意识到这个问题。但在我看来,这两种思维框架的紧张绝不限于史学领域,也不仅仅是一个以和谐思维代替斗争思维的问题,它们之间的差别要深刻得多,其影响也要普遍和严重得多。因此,从哲学的角度主题式地讨论这两种思维框架

---

[*] 本文原载《中国人民大学学报》2009 年第 6 期。

的源起、差别及紧张，探讨能否进行合理的整合，对于理解当前理论界的一些争论，深入研究当代中国的现实问题，都具有很重要的意义。

一

唯物史观和剩余价值理论作为马克思的伟大发现，构成了社会主义从空想到科学转变的基石。剩余价值理论揭示了资本主义剥削的秘密，论证了剥夺剥夺者的历史合理性及公正性，而唯物史观则从人类历史发展的高度揭示了阶级与剥削现象的历史必然性及其在一定范围内存在的合理性。马克思在当时的语境中，虽然也对资本主义的历史进步性也给予了相当高的评价，但中心议题则是揭示资本主义的内在矛盾及其历史暂时性，揭示其为社会主义所代替亦即社会主义革命的必然性。尽管马克思主义一开始就是作为革命理论闻名于世的，但它的革命性却建立在严格的科学性的基础上。这也正是科学社会主义与其他各种名号的社会主义的本质区别之所在。

马克思主义是通过苏联传入中国的，是经过苏联人改造过的"马克思列宁主义"；同时，由于中国近代特殊的历史境遇和文化背景，中国共产党人所理解和优先注重的自然也就主要是马克思主义中关于阶级—造反—革命的内容，并逐渐形成了一种革命思维框架。1949年以前，由于中国共产党的主要任务是发动革命夺取政权，所以革命思维能够得到较好的运用和发挥，如主要从道德角度批判剥削的不公正以启发工人农民的阶级觉悟，把未来社会理想化以鼓动青年人的革命热情，确实都收到了直接的效果，取得了很大的成功。新中国的成立，从直接意义上说，革命—造反的任务已经完成，建设一个现代化的新中国成为主要任务。这一点在决策高层甚至在整个社会基本都是认同和明确的，但由于种种原因，我们继续沿着革命思维的轨道来理解建设现代化的新中国的目标和道路，从而在一些根本方面违背了马克思从现实人们的物质生产、经济生活出发理解全部社会现象的科学方法论，不懂得或忽视了马克思关于两个"决不会"[①]的深刻历史意义，不懂得也不重视研究现代

---

① 马克思恩格斯选集：第2卷. 北京：人民出版社，1995：33.

社会发展和现代化过程的客观规律性,仍主要从马克思所批评的伦理主义角度理解阶级和剥削现象,这并非出于经济发展的必要,而更多是出于道德义愤而决定消灭阶级和剥削。我们虽然也知道整个国家生产力落后、生产社会化程度低下且十分不平衡的国情,却以"一张白纸好画最新最美的图画"的浪漫主义为号召,轻易地否定了新民主主义阶段的必要性,脱离马克思的语境,试图以所谓"先进生产关系"来拉动生产力的发展,以战争时期的经验和特殊管理办法来管理社会,实现社会发展。其结果不仅是整体性地超越历史阶段而确立社会主义建设目标,而且整个地违背了社会经济—政治现代化的基本方向,如按照小农模式进行工业建设从而阻断了生产社会化过程,用行政权力控制一切、国家完全吞没了社会,法律形同虚设,公民权利得不到保障,等等,最后导致了"文化大革命"这种民族性大悲剧。

我们在探索道路上出现的失误绝不是偶然的,其重要原因,就是对于"什么是社会主义、怎样建设社会主义"并不很清楚。不是哪一个人不清楚,是许多人都不清楚,而且还觉得自己很清楚。之所以如此,深层的思想根源或作为无意识的思维前提就是这种革命思维框架。所谓革命思维框架,大致可以被看作"以阶级斗争为纲"的框架,其主要内容或特点有:(1)脱离唯物史观理论体系孤立突出阶级分析方法,将整个人类历史简化为阶级斗争的历史,认为这是坚持不坚持历史唯物主义的分水岭。(2)离开生产力与经济发展的背景和基础,片面理解阶级关系,否定阶级合作作为一种常态在社会经济发展中的作用,过分强调国家作为阶级专政实行镇压的一面而有意遮蔽弱化其作为公共管理机构的职能,过分强调社会主义与资本主义对立的一面而忽略它们都属于现代文明而具有共同性的一面,马克思主义的实质被概括为"造反有理",革命就是造反,就是均贫富,就是与资本主义"对着干",等等。(3)从道德浪漫主义的角度理解"革命"和政权的作用,崇尚彻底解决问题的一揽子计划,一味地追求"纯粹"和"统一"。既然私有制是万恶之源,那么只要强行消灭了剥削阶级和私有制,就能解决一切问题。(4)简单地理解阶级立场、政治立场、道德动机与具体的思想认识的关系,似乎立场对了认识就一定对,思想、观点出了问题就一定是立场有问题。这就为无限上纲上线提供了理论根据,把本来党内、革命队伍内正常的意见分歧和思想争论都当作社会上阶级斗争的反映,把本来属于关于如何进行社会主义建设的具体策略性的意见分歧当作革命路线同"修正主义"的斗争,不是鼓励保护而是排斥打击党内外敢于独立思考、敢于说出不同意见的同志,制造了大量的冤假错案。"左"的路线之所以难以得到纠正,而且宁"左"勿右,越来越"左",都与革命思维框架有着直接的关系。

二

党的十一届三中全会实现了党的思想路线和政治路线的拨乱反正,果断停止了"以阶级斗争为纲"的口号,使中国逐渐走上了正确的现代化道路,同时也逐渐转变为立足现代化思维框架来思考问题和制定政策。这里所说的现代化思维框架,以唯物史观为基础,以马克思的世界历史理论为重要支点,以实现中国的全面现代化为主要任务,以实现人的自由全面发展的共产主义为终极目标。第一,它恢复了马克思主义作为一种认识社会历史发展规律的科学方法论的严肃性,将社会主义理解为人类文明发展到世界历史阶段的产物,是建立在现代生产方式和生产力高度发展的基础上的,是整个资本主义文明自我扬弃的结果。换言之,没有高度发展的生产力和普遍交往关系,在人们还为争取生活必需品而斗争并受着人的依赖关系严重制约的时候和地方,不可能存在真正的社会主义。① 从这个角度看,社会主义与资本主义就不是以往教条式理解的你死我活、决然对立的关系,而是充分吸取资本主义创造的一切文明成果的扬弃和被扬弃的关系。当然,对利用世界历史发展的不平衡性率先发动革命并取得了胜利的共产党人来说,面对资本主义国家的包围、封锁和颠覆的阴谋,突出强调社会主义(国家)与资本主义(国家)之间的对立性、敌对性,对资本主义国家实施反"妖魔化"的宣传战略,有实践上的必要性和合理性。这正是冷战时期意识形态斗争的一个特点。但若是过度强化这一点而忘记了二者之间本质的历史联系,就不仅是自欺欺人,而且会产生严重的实践恶果。正是基于这种科学态度,我们才能真正正视自己的落后,敢于承认中国还是"不够格的社会

---

① 马克思恩格斯选集:第1卷.北京:人民出版社,1995:86.

主义",还处在社会主义初级阶段,承认我们对"什么是社会主义、怎样建设社会主义"还没有搞清楚,承认我们的经济体制、政治体制、科技教育体制等都存在严重的缺陷,都需要进行深刻的改革,等等。

第二,现代化思维框架并不否认意识形态斗争的必要性和作用,但能够恰当地估量意识形态的现实基础和实际影响,尽量避免从社会主义与资本主义决然对立的角度抽象地思考问题。它立足世界性的现代化潮流和现代文明的背景,注重各种理论和经验对中国社会发展的实际功效,以是否有利于中国实现现代化为基本评价标准和原则。邓小平多次强调的"换脑筋",在很大程度上就是要实现这种转变,后来提出的"三个有利于"更是为"换脑筋"提供了权威注脚。正是基于这种评价坐标的转换,中国的内外政策导向发生了重大变化:对外交往关系不再以意识形态划界,鼓励和吸引外国企业、外国资本进入中国,西方发达国家成为中国的主要贸易伙伴;国内方面,解除了公有制不能动的魔咒,打破了市场经济等同于资本主义的教条,承认按生产要素进行分配的合法性,以宪法形式承诺保护私有财产,等等。

第三,现代化思维框架以一种开放性的心态和现代眼光考察与理解当今世界的各种变化,确认和平与发展是当今时代的主题,确立了只有改革开放才能实现现代化的理念。在这种思维框架下,我国积极加入各种国际组织,普遍与各个国家进行经济交往、政治交往和文化交往,广泛地借鉴其他国家的发展经验包括发展现代民主政治的经验,主动地修好与其他国家的共产党、社会民主党的关系,真诚地尊重各个国家的人民选择自己发展道路的权利,站在现代文明的高度纠正了对现代化的狭隘理解(如四个现代化),矫正了以往对国家的本质与职能、国家与政党的关系、国家与社会的关系的褊狭观念,提出了建立现代民主法治国家的政治理念,政治文明、生态文明、公民权利、保护人权、权力制衡、公共领域等概念都在主流媒体中频频出现,许多都被写进党的正式文件。

毫无疑问,中国正试图以一种新的形象、新的姿态活跃在当今世界舞台上,以一种国际社会大家庭中负责任的成员的面貌和身份参与国际事务;同样,中国共产党和中国政府也正试图以一种新的形象、新的姿态出现在国民面前,获得国民的支持和信任,重塑自己的合法性基础。如果说"三个代表"重要思想的提出表现了一种从"革命党"向"执政党"的理念转变的话，那么，依法治国、依法行政、权力制衡、公平正义、和谐社会、以人为本、科学发展等观念的提出，则表现了国家开始从"专政""统治"向"民主""法治"的理念转变。

三

我们必须看到，革命思维框架长期处于主导地位，并通过国家行政措施渗入社会生活的各个方面，几乎成为一种普遍的思维模式、社会心理或集体无意识，而改革开放后我们又始终没有对之进行系统的清理，没有指证其局限性以及将之极端化后的严重危害性，所以，直到目前为止，这种思维框架的影响还是非常巨大、非常普遍、非常深刻，"换脑筋"的工作并没有得到很好的展开，两种思维框架之间的紧张随处可见。

比如说关于社会转型的问题。社会转型论原本就是以现代化思维框架考察中国近代以来历史和现实的产物，具有社会学与历史观的双重意义，为较好地理解和评价近代中国的社会变迁、分析现实中国发生的诸多问题及其走向，如为什么必须搞市场经济、为什么必须要依法治国等，提供了一个合理的分析模式。但在坚持革命思维框架的一些人看来，从计划经济向市场经济的社会转型就是向资本主义的转型。他们虽然承认市场化取向的改革促进了经济发展，但认为这掏空了公有制基础，导致阶级和剥削重新出现，两极分化严重，社会矛盾尖锐。一些人鼓吹民粹主义，主张叫停改革，清算资本家的"原罪"，进行第二次"革命"。

现在看来，我们极有必要根据马克思主义的科学方法论，对革命思维框架的合理性范围及局限性进行一次比较彻底的讨论和清理，厘定阶级斗争理论和阶级分析方法在整个马克思主义体系中的合理地位及其约束条件，剥离与纠正以往形成的一些误解和附加，并注意清除其发散在许多方面的影响。否则，解放思想就难以彻底，"换脑筋"就难以顺利展开，积极大胆地吸取现代文明的各种成果就难以落到实处，中国现代化事业就总会受到各种干扰。

建立多层次的立体型统一战线[*]
——学习邓小平统一战线理论的几点体会

统一战线理论是我们党把马克思主义普遍真理与中国革命的具体实际相结合，根据中国的特殊情况而制定的一种重要的战略性理论，是中国共产党团结民众克敌制胜的一个法宝。在改革开放的新时期，邓小平以一个伟大的战略家的胸襟，非常重视统一战线问题，并将之予以创造性的发展和灵活的运用，指导我们党建立了最广泛的统一战线，为顺利推进改革开放事业，实现祖国和平统一，争取一个较好的国际环境，奠定了坚实的基础。

一、总结经验，重新起用统一战线这个法宝

统一战线理论，作为我们党的一种战略性理论，它的起源至少可以追溯到毛泽东的《中国社会各阶级的分析》一文。在这篇论文中，毛泽东运用马克思主义理论，全面、系统地分析了中国社会各个阶级的经济地位和利益矛盾及其对于革命的态度，解决了"谁是我们的敌人？谁是我们的朋友？"这个"革命的首要问题"，规定了中国革命的对象、革命的领导阶级和基本依靠力量、革命者可以争取和团结的中间力量。后来，毛泽东提出"团结一切可以团结的力量，调动一切可以调动的积极

---

[*] 本文原载《前线》2000年第2期，与路日亮合作。

建立多层次的立体型统一战线

因素"的思想,形成了一套完整的统一战线理论。在中国革命取得了基本胜利的1949年,毛泽东总结中国共产党成立二十八年的经验,指出:"一个有纪律的,有马克思列宁主义的理论武装的,采取自我批评方法的,联系人民群众的党。一个由这样的党领导的军队。一个由这样的党领导的各革命阶级各革命派别的统一战线。这三件是我们战胜敌人的主要武器。"① 毛泽东把统一战线与共产党领导、人民军队并提,可见统一战线的重要性。

应该说,从遵义会议奠定了毛泽东在全党的领导地位一直到新中国成立初期,我们党对统一战线工作是下了功夫的,运用也是十分成功的。不幸的是,随着社会主义改造运动的胜利,党的主要领导人和一些干部骄傲了,不谨慎了,对社会主义建设的艰巨性、复杂性认识不足,滋生了严重的急躁情绪,"左"的倾向逐渐抬头。在我们党的历史上,无论在哪一个时期,"左"的倾向一直都是统一战线的大敌。"左"倾主义者认识不到革命任务的艰巨性,总想马上就得到成功,自然也就抱怨群众的落后,嫌弃其他革命派别的不坚定,夸大中间力量的危险性,要求革命队伍必须是纯洁的、高度一致的。他们在政治上采取激进路线,在组织上实行关门主义政策,结果使革命力量遭到削弱甚至失败。20世纪50年代中期"左"的倾向抬头并逐渐得势,犯的还是同样的毛病。政策越来越"左",组织上越来越要求纯洁,关门主义越来越严重,把许多本来属于朋友的、属于中间力量的都推到对立面去了,结果必然是越来越孤立。到了"文化大革命"期间,连我们党的许多高级领导干部都被打成叛徒、特务、走资派,更遑论团结其他党外人士、搞统一战线了。尽管毛泽东晚年在周恩来的协助下打开了与西方世界的关系,并提出了"三个世界"的理论,但总体上看,是他自己毁弃了亲手创立的统一战线理论,毁弃了这个曾使我们取得节节胜利的重要法宝,使中国的社会主义建设事业遭受到严重的损失。

邓小平作为一个伟大的战略家,深知统一战线的重要性。在新时期一开始,他便以"当家人"的身份,出任政协主席,以修好与民主党派的关系,重建统一战线。邓小平深刻地指出,在我国新的历史时期,"统一战线仍然是一个重要法宝,不是可以削弱,而是应该加强,不是

---

① 毛泽东选集:第4卷.北京:人民出版社,1991:1480.

可以缩小,而是应该扩大。它已经发展成为全体社会主义劳动者、拥护社会主义的爱国者和拥护祖国统一的爱国者的最广泛的联盟。新时期统一战线的任务,就是要调动一切积极因素,团结一切可以团结的力量,为在本世纪内把我国建设成为现代化的社会主义强国而共同奋斗,还要为促进台湾回归祖国,完成祖国统一大业而共同奋斗"①。在他的领导和支持下,在纠正党内的冤假错案的同时,为知识分子重新"脱帽加冕"恢复名誉,为错划的右派平反,为受到不公正待遇的民主人士落实政策,为海外华侨回国探亲访友提供方便,落实少数民族政策,扩大其自治权力,发展民主党派力量,发挥其参政议政和联系海外爱国力量的作用,等等。同时,广泛开展与国外的各界人士、政党和朋友们的交往,恢复了与各国共产党的正常联系和往来。统一战线工作与其他方面一样,获得了新的生机,得到了蓬勃的发展,出现了崭新的局面,为全面推进改革开放和现代化事业起到了不可替代的作用。可以毫不夸张地说,没有统一战线这个法宝,没有把各种爱国力量、友好人士都团结起来而形成的这种祥和局面,我们的改革开放和现代化事业就肯定会遇到更多、更大的困难,肯定不会取得今天这么辉煌的成就。

二、高瞻远瞩,构建统一战线的宏伟框架

统一战线属于一种战略性理论,只有从战略的高度才能认识和理解它的重要性,也只有高瞻远瞩地从制定和实现战略性目标出发才能合理地构建它的宏伟框架,确立一系列相应的政策。毛泽东当年在制定抗日民族统一战线、制定打倒蒋介石的民主统一战线时是这么做的,邓小平在制定新时期的统一战线时也是这么做的。以党的十一届三中全会实现工作重点的转移为契机,在正确判断国内国际形势的基础上,通过一系列重要讲话,邓小平提出了关于新时期统一战线的基本思路和大致框架。

邓小平的统一战线思想可以说是从三个层面展开的。第一个层面是直接围绕我国的社会主义现代化目标而形成的,这就是工人阶级领导

---

① 邓小平文选:第2卷.北京:人民出版社,1994:203.

的、以工农联盟为基础的社会主义劳动者和拥护社会主义的爱国者的广泛联盟。在这个层面上，工人阶级是主体和领导阶级，工农联盟是基础和基本依靠力量，要团结的是全国所有的社会主义劳动者和拥护社会主义的爱国者。拥护社会主义、希望和支持国家现代化而不是反对社会主义、反对国家现代化的各个阶层、各个党派、各种人士，都是我们团结的对象。从空间范围上看，这当然包括港、澳、台和一些海外人士。这个联盟的基本原则是拥护社会主义，对于联盟者中存在的各种不利于社会主义的思想自然要进行斗争，当然这种斗争不同于对于那些反对社会主义甚至企图颠覆社会主义的势力的斗争。斗争是为了求团结，团结是目的，斗争只是手段。

第二个层面是由广大的爱国者构成的广泛联盟，其目标是实现祖国的和平统一。这个联盟以上述第一个联盟为主体和基本力量，是团结一切爱国人士和党派，联合一切爱国力量而形成的，其范围不仅包括大陆的、港澳台的各种爱国力量，也包括各种华侨、华裔中的爱国人士，还包括一些希望和有意于中国统一的国际力量。它的基本原则是爱国主义和中国统一。凡是爱国的、拥护和赞同中国统一的力量，都是我们团结的对象，都是我们要竭力争取的朋友。在这个层面上，我们反对和与之斗争的是那些分裂祖国的势力，那些希望中国分裂的势力。有一些人，他们并不拥护社会主义，甚至还存在一定的反对社会主义的思想和情绪，但他们是爱国的，希望祖国统一、愿意祖国强大的，我们照样可以与他们交朋友，求同存异，在共同爱国的合作中加强了解，缩小分歧。在这里要特别防止的是，绝不可以把上述第一个联盟的原则和标准当作第二个联盟的原则，乱斗一气，看似革命，看似立场坚定，实质是不利于实现祖国统一的。

第三个层面是反对霸权主义、维护世界和平的广泛联盟，这是一种特殊的国际性联盟。在第二次世界大战期间，就曾形成反法西斯主义的联盟，第二次世界大战之后，中国参加过社会主义阵营，形成反对帝国主义的联盟。在20世纪70年代，毛泽东提出"三个世界"的理论，团结广大第三世界国家，争取第二世界国家，反对超级大国的霸权主义，其实就是统一战线理论在国际事务中的运用。苏联解体，冷战时代结束之后，和平与发展成为当今时代的主题，但一些国家仍然不放弃霸权主义的政策，凭借自己强大的经济军事实力，到处插手，干涉别国内政，成为当今世界不安宁的重要根源。中国作为一个发展中国家，迫切需要发展自己的经济，也迫切需要一个和平的环境。中国的统一大业，也需要获得国际上的朋友们的理解和支持。这种客观形势，使得中国在国际交往中必须多交朋友、广交朋友，尽可能地团结一切爱好和平、反对战争和霸权主义的力量，结成最广泛的维护世界和平的统一战线。

当然，在维护世界和平的国际性统一战线中，中国不是主体，也不是领导者，或者说本来就没有领导者，而只是作为国际社会中的一员、作为一支爱好和平的力量起作用。大概正由于这些不同于上述两个联盟的特点，有人认为统一战线不包括这个层面。我以为这是没有道理的。邓小平在《新时期的统一战线和人民政协的任务》中就讲过，要积极开展人民外交，"加强同国际朋友的友好往来，为发展国际反侵略扩张的统一战线作出自己的努力"[①]。

这三个层面既相互区别又密切联系，形成一个多层次的、立体的有机整体。朋友总是越多越好，只嫌其少，不嫌其多。我们的原则就是多交朋友，广交朋友，交各种各样的朋友。国内的朋友要交，国外的朋友也要交，长期的朋友要交，短期的朋友也可以交。经济上能合作的，政治上能相互支持的，思想上能相互声援的，都是朋友。在不同的层面有不同的原则，但这些原则必须灵活运用。不计前嫌，不念旧恶，不惧怕短暂，不苛求同心；有情的可以为"友"，无情的也可以作"朋"，哪怕只是同路人，同走几步也好。只要我们心中有数，就不怕扰乱了我们的阵线。

三、审时度势，灵活运用统一战线的法宝

统一战线的总原则，是在分清敌、我、友的前提下团结一切可以团结的力量，调动一切可以调动的积极因素，实现我们的目标和任务。为了真正发挥其作为"法宝"的作用，必须审时度势，灵活运用。在灵活运用统一战线方面，邓小平为我们树立了光辉的典范。

---

① 邓小平文选：第2卷. 北京：人民出版社，1994：188.

建立多层次的立体型统一战线

发展生产力，加快经济增长速度，增强国家综合实力，实现现代化，这是我们的第一大任务，是我们的大局，是我们一切工作的重点和中心。为了实现这个艰巨的任务，必须结成最广泛的统一战线，不仅要团结一切可以团结的力量，把各种积极因素都调动起来，而且必须认真工作，把消极因素转化为积极因素。邓小平具体地分析了20世纪80年代的形势，认为我国的知识分子不仅已经成为无产阶级的知识分子，而且是发展经济中的主要依靠力量，必须落实知识分子政策，包括为错划的右派平反，尊重知识，尊重人才，为他们创造更好的工作条件，发挥他们的特长和聪明才智。地主富农、资本家、工商业者和他们的子女，经过几十年的改造，已经成为社会主义劳动者，不应该再把他们当作敌人对待，而应该把他们团结起来，让他们发挥自己的一技之长，为社会主义现代化做出贡献，还应该利用他们与海外的关系，把一些海外的朋友、亲戚召唤回来，为祖国的繁荣出一把力。各民主党派人士、无党派人士、宗教界人士，都是具有爱国精神的，是希望祖国繁荣昌盛的，要尊重和团结他们，为祖国的建设献计献策，参政议政；港澳台同胞、华侨、华裔、海外留学人员和各种海外朋友，凡是拥护中国统一的，热心中国现代化事业的，就都是我们的朋友，都应该团结起来，并创造条件使之报国有门。总之，在新时期，我们的统一战线要宽一些再宽一些，朋友要多一些更多一些。正是本着这种精神，针对一些人提出的要打击那些私人企业家的观点，邓小平斩钉截铁地讲，不能动他们，一动就会引起人心不稳，不利于社会主义现代化建设；他再三强调，基本路线要管一百年，动摇不得。1989年春夏之交的政治风波以后不久，邓小平就讲，海外的留学生，包括从大陆跑出去的知识分子，无论过去的政治态度如何，无论说过什么不适当的话，发表过什么声明，都欢迎回来看一看，觉得不好还可以再出去，绝不加以阻拦，回来工作的要加以妥善安排。他强调，这个政策不能变，要坚持下去。

为了实现祖国统一大业，需要建立包括台湾各界人士和国际人士在内的统一战线。只要是拥护祖国统一的中华儿女，无论何党何派，无论身处何地，都是我们应该团结的力量；只要是赞成一个中国——中华人民共和国是中国唯一合法代表的国家、政党和国际力量，就都是我们的朋友。我们在团结它们的时候，一定要考虑和照顾到它们的经济利益，一定要找到彼此的利益共同点，政治上求同存异，经济上彼此互利。只有这样，才能搞好关系。邓小平多次讲，外国的资本家总是要赚钱的，没钱赚，人家肯定不会来大陆投资，我们要充分考虑到这一点，让人家有钱可赚。他创造性地提出的"一国两制"的战略构想，就是充分考虑和照顾到各方面的利益和要求而巧妙解决香港回归祖国问题的一个方案，也为解决台湾问题实现和平统一提供了一种崭新的思路，是灵活运用统一战线理论的一个范例。

在反对霸权主义维护世界和平方面，同样需要一个全世界爱好和平力量的大联盟，需要广泛的统一战线。维护世界的持久和平，不仅符合中国的利益，也是全人类的共同利益之所在，而只有经过全世界爱好和平的人民和各个国家的共同努力，才能遏制霸权主义和世界大战的危险，实现和平与发展的目的。苏联解体，冷战时代结束之后，国际局势和力量组合发生了新的变化，邓小平审时度势，提出未来的世界是多极的世界，"现在旧的格局在改变中，但实际上并没有结束，新的格局还没有形成"①，正处在从旧格局到新格局的转换中。他认为，世界矛盾的焦点在于建立什么样的国际政治经济秩序和怎样建立这个秩序，中国作为多极中的一极，在建立国际政治经济新秩序中应发挥更重要的作用。中国积极参加各种国际组织和区域组织，与不同制度的国家搁置意识形态的分歧，在平等互利的基础上扩大经济、技术合作，在和平共处五项基本原则的基础上广泛地与其他国家建立友好关系。在与周边国家因领土主权发生争执而一时又不好解决时，可将主权问题先搁置起来，共同开发。在联合国组织中中国以常任理事国的身份主持公道，团结和联合一切和平力量，为解决地区纠纷、维护世界和平、建立国际政治经济新秩序而努力。

在邓小平看来，统一战线是我们在各方面克敌制胜的一个法宝，是必须认真做好的一项重要工作。他多次强调，统一战线工作不仅是统战部门的事，不仅是政协的事，也是党和政府各个部门的事。江泽民在1993年11月全国统战工作会议上指出："各级党委都要有这种政治认识和战略眼光，把统一战线看作党的总路线总政策的重要组成部分，把这个法宝牢牢掌握起来，作为党委工作的重要一环。"因此，我们的各级干部要有统一战线的意识，要从战略高度理解统一战线的重要性，坚决克

---

① 邓小平文选：第3卷.北京：人民出版社，1993：353.

服各种关门主义的错误倾向,切实注意搞好与各个党派、各界人士的关系,自觉地、真心实意地团结各种力量,调动一切积极因素,化消极因素为积极因素,组成浩浩荡荡的革命大军。做到了这一点,就一定能够克服前进道路上的一切困难。

坚持革命功利主义[*]

一

中国的传统文化向来对"功利"持贬抑态度，最为极端的表现便是董仲舒的那句名言："正其谊不谋其利，明其道不计其功。"虽有事功派的反动，但其终未成为主流，扬义抑利一直是占统治或主导地位的思想。这套理论的社会历史渊源，是农耕社会重农抑商的普遍心态，其阶级内容说到底就是一种"统治术"，是愚民政策的体现，而它的理论实质，用毛泽东的话讲，则是一种"口头上反对功利主义，实际上抱着最自私最短视的功利主义的伪善者"[①]。然而，经过上千年的反复宣讲和价值诱导，这种东西便被深深地植入人们的意识，成为一种根深蒂固的生活态度、评价模式和思维方式。它固然培养出了一些"义士"，但也造就了许多"功利主义的伪善者"，普遍地形成了人们的双重人格。这种恶劣影响在中国革命和建设过程中也时时表现出来，那些长期盛行的"左"的理论和政策，无论外表上看来多么冠冕堂皇，多么振振有词，拆穿了看，总可以发现其中扬义抑利甚或扬义灭利的思维逻辑和评价逻

---

[*] 本文原载《天津社会科学》1999年第6期。
[①] 毛泽东选集：第3卷. 北京：人民出版社，1991：864.

坚持革命功利主义

辑，总可以发现其大唱高调而不讲实际、不求实效、不让人们重视物质利益尤其不能讲个人物质利益的特征。

功利主义是近代西方商品经济发展的产物。近代的功利主义原来就是作为扬义抑利传统的对立面而出现的，它是市民阶层和资产阶级反对封建贵族阶级自己搞纵欲主义而对社会宣扬禁欲主义道德的理论反映。尽管它建立在个人主义基础上，但就它重视人的物质需要和物质利益，反对封建主义虚伪的道德教条和神学教义，适合了经济发展的要求并推动了社会经济进步来说，它是有历史的进步意义的。马克思主义并不一般地反对功利主义，恰恰相反，它倒是坚持用人们在一定社会中所处的经济地位和实际利益来解释人们的思想与行为动机，坚持物质生产和物质利益在整个社会发展中是起决定作用的因素，在价值观上，它坚持功利价值（首先是物质价值）是其他一切价值的基础，人民大众的利益是共产党人一切行动的出发点。唯物史观，作为社会认识论和方法论，它是符合人类历史发展实际的科学的理论；作为价值观，它是拥有广泛基础能得到人民大众普遍认同的因而也是最合理的价值观。这种价值观，便是革命的功利主义，或叫无产阶级的革命的功利主义。

"革命功利主义"是毛泽东在《在延安文艺座谈会上的讲话》中提出的，当时针对的是一些文艺工作者"为艺术而艺术"的思想，具体论述的是文艺与人民群众的关系、文艺与人民革命事业的关系，中心思想是文艺要为人民大众服务、为革命服务，服务的好坏要看是不是丰富和提高了人民大众的文化生活，是不是有利于人民革命事业的发展。毛泽东说："文艺批评有两个标准，一个是政治标准，一个是艺术标准。按照政治标准来说，一切利于抗日和团结的，鼓励群众同心同德的，反对倒退、促成进步的东西，便都是好的；而一切不利于抗日和团结的，鼓动群众离心离德的，反对进步、拉着人们倒退的东西，便都是坏的。"[1]他还特别强调，这里所说的好坏，不只是看动机，还要看效果，并且主要看效果，"社会实践及其效果是检验主观愿望或动机的标准"[2]。新中国成立以后，在《关于正确处理人民内部矛盾的问题》中，毛泽东仍坚持两个标准的思想，不过有两点不同：一是政治标准的具体内容有了变化，这是历史条件变化了的缘故；二是将范围扩大，不但包括文艺而且

---

[1] 毛泽东选集：第3卷. 北京：人民出版社，1953：825.
[2] 同[1].

包括理论研究。那么，是否可以说"革命功利主义"仅仅限于处理文艺、理论研究与政治的关系，不宜将之扩大？换言之，革命功利主义仅仅是处理个别问题的方法还是可以作为无产阶级价值观的一种概括的提法？我以为做后一种理解更为合适、更为合理。毛泽东在讲战争的战略和策略、讲政治斗争、讲经济建设等问题时确实没有提到革命功利主义，但那是因为这些领域本身直接就是以功利价值为主的领域，直接讨论的就是利害得失问题，而强调以人民目前利益与长远利益的统一为各项工作的根本出发点和检验其是非成败的标准，正是革命功利主义的实质所在。相反，如果仅将之局限于理论、文艺等意识形态与政治的关系，倒是很容易导致片面的、狭隘的功利主义，"文化大革命"前和"文化大革命"中的事实就是例证。

毛泽东晚年犯的错误，最根本的是违反了实事求是原则，同时也与他没有很好地坚持革命功利主义有关。由于对人民群众的物质需要、物质利益以及如何更好地满足这些物质需要注意不够，对物质生产力在整个社会发展中的决定性作用理解得不够深刻和精当，在对公平和效率的关系、剥削和阶级斗争的作用等一系列问题上，更多的是从伦理主义角度而且是从扬义贬利的角度出发予以理解和阐释，再加之将革命战争年代的一些经验和做法做了不合理的外推，于是在指导思想上过分强调政治运动的作用，过分强调理想的作用和思想道德的约束作用，而轻视甚至反对物质利益、物质刺激的作用和法制的约束作用。这就使得我们多年来所理解的社会主义，实质上是一种伦理社会主义。毛泽东的悲剧既是他个人的悲剧，也是我们民族的悲剧。这一方面是说，由于整个指导思想上的失误，中国逆世界潮流而动，为禁绝人们的私心和物欲而大搞阶级斗争、文化革命、思想革命，把强调搞经济、抓生产和重视人民物质利益的主张当作错误路线来批判，结果错过了经济发展的大好时机，拉大了自己与发达国家的差距。另一方面则是说，他的思想失误，以及一批高层人士认同和支持他的观点，其思想根源乃是我们民族长期形成的扬义贬利的道德至上传统，乃是在这种传统的熏陶下形成的思维方式和评价模式。历史再一次证明，只要不破除这种前现代的思维方式和评价模式，中国的现代化事业就难以顺利进行。

贫穷和落后的事实深刻地教育了人们。不搞好经济，不发展生产力，不提高人民群众的物质生活，只有死路一条。这是中共第二代领导人从总结历史经验中得出的结论。要搞好经济，要尽快地发展中国的生产力，就必须坚持革命功利主义，充分重视物质利益在人们活动中的基础性作用，重视各种理论、各种方法、各种手段，包括外国的一些管理经验和方法对于提高生产率的实际效用。邓小平反复重申、多次强调的这些道理，随着市场经济体制的建立和逐步完善，越来越得到人们的理解，成为国人的共识。

二

邓小平是一个务实的政治家，也是一个最注重实际的实践家。研究邓小平理论，不能仅限于他的著作和讲话，还必须结合他的领导实践，捕捉他在实践中体现的那种一以贯之的精神和作风，把握他的领导艺术中那些未必行诸文字的基本立场和方法。邓小平没有说过"革命功利主义"，但他的思维逻辑和行动逻辑，他对许多问题的评价和态度，却处处体现着革命功利主义。革命功利主义确实是邓小平理论的一个突出特征，是邓小平价值观的根本内容。对此，我们可以从以下几个方面予以粗略的勾画。

"贫穷不是社会主义"，在今天这似乎是人人都能明白的简单道理，可我们千万不要忘记，中国人是付出了极大的代价才明白这个道理的。在中国这样一个贫穷落后的国家搞社会主义，一直受到两大问题的困扰：一个是贫穷，一个是阶级剥削或不平等。在马克思那里，阶级的存在是贫穷即生产力有了一定发展同时又发展不足的结果，消灭阶级和剥削是经济发展到一定阶段的要求，而不是道德要求。但由于马克思以最发达的资本主义作为考察对象，所以消灭贫穷的问题已经解决，消灭阶级剥削既是生产力发展的要求也是合乎道德的。但在中国，问题要复杂得多。在理论（事实）上，贫穷和剥削孰因孰果，在实践（价值）上，消灭贫穷和消灭剥削孰轻孰重，都是需要仔细考量的。可惜的是，受传统扬义贬利的思维方式和评价模式——如"君子忧道不忧贫""不患贫而患不均"——的影响，也与对"革命就是阶级斗争""社会主义就是消灭阶级"的片面理解有关，决策层几乎未经多大争议就决定了首先消灭阶级和不平等的路线。社会主义＝没有阶级剥削，社会主义＝平等，这种对社会主义的伦理主义理解从根本上就使我们选择了一条超越中国实际国情和违反经济发展规律的"左"的路线。党的八大关于社会主要矛盾的论述是建立在阶级已经消灭所以发展生产力才是主要任务的基础上的,因此并没有从根本上超越对社会主义的伦理主义理解,没有摆脱对贫穷和剥削关系的倒因为果的理解。因此,一旦发现还有那么多"右派",发现那么多人还想"单干"(拥护"包产到户"),发现人们还有"私心杂念",马上就"重提阶级斗争问题",要"以阶级斗争为纲",全面放弃了八大路线,以至后来发生"文化大革命"。直到国民经济濒临崩溃的边缘,人民生活贫困到极点,"左"的路线遭到彻底破产,人们才重新思考这个问题。邓小平讲"贫穷不是社会主义",这确实是总结几十年的惨痛教训得出的结论,也是最大的拨乱反正。"什么叫社会主义?什么叫马克思主义?我们过去对这个问题的认识不是完全清醒的。马克思主义最注重发展生产力。……社会主义阶段的最根本任务就是发展生产力,社会主义的优越性归根到底要体现在它的生产力比资本主义发展得更快一些、更高一些,并且在发展生产力的基础上不断改善人民的物质文化生活。"① 邓小平反复强调,社会主义首先要消灭贫穷,给人民以看得见的物质利益,我们的政策对不对、好不好,"归根到底要看生产力是否发展,人民收入是否增加"②,"空讲社会主义不行,人民不相信"③。正因如此,当一些人看到改革开放中出现了雇工和剥削,对特区是否"姓社"很怀疑,主张改变政策时,邓小平坚决予以反对,认为是"得不偿失",对社会主义不利,对人民不利。这一点可说是邓小平一贯的思想。早在1948年,针对当时一些人反对资本家剥削,要求关闭一些工厂、商号,邓小平就指出,"听起来是革命思想,一算账就知道这不是革命思想,并可使革命遭受失败"④,因为这"要影响到比资本家剥削所得多得多的人民的生计"⑤,"我看这不是打倒了资本家,而是打掉了人民的生计"⑥。

现代化建设是我们当前最大的政治。新中国成立以后,我们一直强

---

① 邓小平文选:第3卷.北京:人民出版社,1993:63.
② 邓小平文选:第2卷.北京:人民出版社,1994:314.
③ 同②.
④ 邓小平文选:第1卷.北京:人民出版社,1994:106.
⑤ 同④.
⑥ 同④102-103.

坚持革命功利主义

调"政治挂帅""思想领先",而政治的内容就是"以阶级斗争为纲",是思想上"兴无灭资""斗私批修",频繁的政治运动和法定的政治学习都是围绕这个中心而进行的。提倡者和坚持者的逻辑是,只有这样才能巩固无产阶级政权,才能保障社会主义江山永不变色。发展到极端,便是"宁要社会主义的草,不要资本主义的苗"①,"宁要贫穷的社会主义和共产主义,不要富裕的资本主义"②。邓小平从根本上就是反对这种逻辑和思路的,用他的话说"一算账就知道这不是革命思想"③,"革命是要搞阶级斗争,但革命不只是搞阶级斗争。生产力方面的革命也是革命,而且是很重要的革命,从历史的发展来讲是最根本的革命"④。不搞经济,或经济搞不好,人民生活极端贫困,怨声载道,国防也没有基础,怎么巩固政权?邓小平认为:"社会主义现代化建设是我们当前最大的政治,因为它代表着人民的最大的利益、最根本的利益。"⑤ "能否实现四个现代化,决定着我们国家的命运、民族的命运"⑥,"经济工作是当前最大的政治,经济问题是压倒一切的政治问题"⑦。当然,其他方面的工作都要搞好,但经济建设、现代化建设是中心工作,一切都要服从于这个中心,服务于这个目的,并以是否有利于生产力的发展为判断标准。

"不讲物质利益,那就是唯心论"⑧。经济建设是中心工作,那么发展经济靠什么?靠人民群众。如何调动人民群众发展经济的积极性?邓小平认为,根本的、主要的是靠人民群众对物质利益的关心。针对以往把重点放在依靠向人民灌输革命思想、启发人民群众的道德觉悟这种路线,他讲:"革命是在物质利益的基础上发生的,如果只讲牺牲精神,不讲物质利益,那就是唯心论。"⑨ 这真可谓一语中的,鞭辟入里。根据多年的实际工作经验,邓小平指出:"不讲多劳多得,不重视物质利益,对少数先进分子可以,对广大群众不行,一段时间可以,长期不行。"⑩

---

① 邓小平文选:第3卷. 北京:人民出版社,1993:91.
② 同①233.
③ 邓小平文选:第2卷. 北京:人民出版社,1994:106.
④ 同③311.
⑤ 同③163.
⑥ 同③162.
⑦ 同③194.
⑧ 同③146.
⑨ 同③146.
⑩ 同③146.

不能把人民群众对物质利益的关心当作自私自利的表现，也不能把人民群众对"一平二调""平均主义"这种不合理的分配政策的不满当作落后的表现。不从群众的实际生活和思想觉悟出发制定政策，是脱离群众，把少数先进分子的要求当作广大群众的要求，也是脱离群众；脱离群众，必然脱离实际。脱离群众、脱离实际的政策只能导致低效率或无效率，只能导致经济停滞或倒退。可以说，邓小平发动经济体制改革，就是以依靠人民群众对物质利益的关心从而调动起人民群众的生产积极性促进生产力发展为指导思想的。

"一手抓建设，一手抓法制"①。依法治国，是邓小平的一贯思想，他多次告诫全党，"要坚持两手抓，一手抓改革开放，一手抓打击各种犯罪活动。这两只手都要硬。"② 打击犯罪活动，主要是法制问题，至于杜绝和预防犯罪，则既要靠法制的威慑，也要靠思想政治工作，所以邓小平也讲"一手要抓改革开放，一手要抓严厉打击经济犯罪，包括抓思想政治工作"③。但我们必须明确，法制的威慑作用与思想政治工作的教育作用是不同的范畴，在理论基础和作用机制方面都是有区别的。法制立足的是功利价值，是依靠强制使违法者受到惩罚，包括付出生命的代价，从而起到威慑、警示和预防的作用。思想政治工作则主要依靠说服教育启发人们的思想觉悟和道德自觉，从而"耻于"犯罪。中国历史上有关于德治和法治的争论，就是区别了这二者而对二者孰更重要、孰更基础的争论。社会主义市场经济是法治经济，市场规则以及社会规则包括政治活动的规则都只有以法的形式被明确规定下来，才能取信于民，才能保障社会的长治久安，才符合人民群众的根本利益。精神文明建设当然很重要，但它必须以法制为基础，并对建立健全社会主义法制起辅助作用；道德教育当然很重要，但这种道德必须是有利于社会主义市场经济健康发展、有利于建立新的合理的社会秩序和人的全面发展的新道德。

"计划和市场都是方法"。邓小平革命功利主义最集中、最突出地表现在他对目的与手段之辩证关系的理解和运用上，也表现在他的"算账"思想方面。总的目的是经济发展，国家富强，人民共同富裕，这既

---

① 邓小平文选：第3卷. 北京：人民出版社，1993：154.
② 同①378.
③ 同①306.

是社会主义的基本内容,也是我们搞社会主义的根本目的。相对于这个目的,其他都可以说是手段,是达到目的的方法。如果承认这一点,在这一点上达成共识,那么就理顺了人们的思路,极大地开阔了手段选择的范围,至于哪一种手段更合适一些、更好一些,就需要进行一番"算账",看看是否有利于实现这些目的,看看哪一种更有利一些。任何手段和方法都会有一定的弊病,会带来一些害处,我们只能权衡利害,利大于害者取之,害大于利者弃之。总之,要根据实践的效果来比较、来评价、来检验。要说解放思想,这才是最大的解放思想。正是在这个基础上,邓小平才坚决支持联产承包责任制,支持搞特区,支持大胆吸取资本主义的各种先进管理经验;也正是在这个基础上,他创造性地提出"一国两制"的构想,创造性地提出搞社会主义市场经济。简而言之,相对于这个目的,各种手段都可以试,只要符合"三个有利于"标准,各种方法都可以用。邓小平在南方谈话中提出的"三个有利于"思想,可以看作他对自己一生革命经验的总结性概括,是很值得我们再三深思的。

三

多年来我们在理论宣传和教育中,甚至在理论研究中,一直不敢或不愿提革命功利主义,在强调物质价值、功利价值时总觉得有点理不直气不壮,老害怕与实用主义划不清界限,这固然与认识上的一些误区有关,但更主要的还是自觉不自觉地受着传统扬义贬利的思维方式和评价模式的束缚。如果不能自觉地摆脱这种扬义贬利的思维方式和评价模式,那么就无法克服认识上的误区,更为重要的是,就不能真正杜绝形式主义和讲大话、讲空话的恶劣习惯,真正形成从实际出发讲实效、重实绩的风气。

扬义贬利,是以义利对立为前提的。如果说,在封建社会,这种义利对立反映了维护封建等级秩序的道德规范和信念与人民大众争取基本生存权利的矛盾,反映了统治阶级与人民大众之间根本利益的冲突的话,那么在社会主义社会,人民成了国家的主人,最有利于人民利益的同时也就是最大的"义",义利在根本上是统一的,任何把二者对立起来扬义贬利的思想和做法都是错误的、有害的。在人民利益中，当然还会出现整体利益与局部利益、集体利益与个人利益的矛盾，但它们不是对抗性的矛盾，不是不可调和的矛盾，因此不能用扬义贬利的办法来解决，而是要用相互兼顾的办法来解决。离开局部利益和人民大众的个人利益而讲整体利益，离开眼前利益而讲长远利益，只能成为空头革命家，只能成为"左"气十足的理论家。因为损害了人民大众的个人利益和眼前利益，也就架空了、虚化了整体利益和长远利益，听起来很革命，一算账就发现是不利于革命甚至会使革命遭受失败的。

革命功利主义以人民群众的长远利益和眼前利益的合理统一为基础，以精神价值和物质价值的有机结合为特征，它强调物质利益、功利价值是一切价值的根源和基础，但反对只讲功利价值甚至把一切价值都还原为功利价值的错误理论。这种还原论的功利主义，也即西方近代以来的功利主义，它一方面以个人利益为考察一切问题的基础，否定整体利益的实在性，另一方面否认价值的质的区别，把一切价值都还原为功利价值，甚至还原为个人痛苦和快乐感受的量的加和问题。尽管它在反对封建主义道德的过程中起过积极的作用，但它以抽象的人性论和价值主观论为基础，在理论上是错误的。它名曰要为道德寻求客观的根据，实际上却否定了道德，取消了道德价值的相对独立性。革命功利主义强调功利价值和实绩的重要性，但坚决反对狭隘的功利主义。狭隘的功利主义有两种表现：一是只重物质利益，只重功利价值，对精神生活和精神价值不重视，或是片面地要求理论、艺术等要为政治服务，为现行政策论证；二是只重眼前利益和暂时利益，忽视长远利益。总之，都属于急功近利，只算"小账"而忘记算"大账"。应该看到，在改革开放和市场经济的发展过程中，地方主义、本位主义现象有所抬头和滋长，片面强调经济效益忽视社会效益的现象有所增加，个人利己主义倾向也有所蔓延，这些都是需要认真注意的。但是，绝不能由此得出结论说，必须重新起用扬义贬利的老办法。恰恰相反，要有效地抑制这些负面现象，只能靠完善和加强法治、靠深化体制改革理顺利益关系，同时加强精神文明建设。

坚持革命功利主义，理直气壮地宣传革命功利主义，强调无论出台什么政策和措施都要注意可行性与实行后的实际效果，无论做什么工作都要广泛地比较、选择手段和方法，都要讲究实效与效率。还是那句

坚持革命功利主义

话,"不管白猫黑猫,抓住老鼠才是好猫"。这是否会导致实用主义?这是人们常常最为担心的一个问题。其实,革命功利主义和实用主义的界限是不难划清的。实用主义的哲学基础是经验一元论,属于主观唯心主义;虽然它也讲实践,但它讲的实践不同于我们讲的人民群众改造世界的实践,而是个人的行动和活动,是个人经验的组成部分;在价值观上,它把一切价值都归约为效用价值、工具价值,只认个人为价值主体,所以,它讲的有用,就是对我有用,并且对我当下有用,对我妥帖地安排经验有用。尽管它后来也发生了一些变化,但它的实质并没有变。革命功利主义则以唯物史观为基础,承认价值的多样性,既肯定效用价值、工具价值的重要性,又不把一切都归约为效用价值、工具价值,它强调人民大众的眼前利益和长远利益的统一,强调各种价值的合理组合、整体优化,强调判断价值要符合实际的价值状态和发展。这显然都是与实用主义大相径庭的。我们只要坚持人民利益为最高目的,就可以大胆地选用各种方法,大胆地创造各种形式。这根本不是实用主义而是革命功利主义。

在全民族集中精力搞社会主义市场经济,在我们积极参与世界性交往、世界性竞争的今天,我们必须高举邓小平理论伟大旗帜,坚持实事求是,坚持革命功利主义,以人民群众的眼前利益和长远利益的统一为一切工作的出发点,以"三个有利于"为衡量和判断各种政策、各种措施、各种手段是否正确的标准,在全国形成讲实际、做实事、重实效的风气,力戒各种大而无当的空话、套话,杜绝各种形式主义的花架子,如此,才可能切切实实地做好各项工作,包括我们的思想政治工作,使中国早日实现现代化,自立于世界强国之林。

"三个代表"重要思想与马克思主义哲学的发展*

一、从哲学的高度全面地理解"三个代表"重要思想

"三个代表"重要思想，是江泽民集中第三代中央领导集体的智慧，集中中国共产党人和中华民族的智慧，在马克思主义、毛泽东思想和邓小平理论的指导下，深入分析当今时代的特点和世界形势的发展趋势，深刻总结国际共产主义运动的经验教训，认真反思执政党自身建设和领导国家的经验教训，全面总结我国改革开放以来尤其是十四大以来十三年的经验教训，针对我们当前实践中面临的诸多重大问题，而做的各种重要讲话和各种重要理论观点的总和，是一种具有内在逻辑一贯性的理论体系。"三个代表"是它的一个总名称、一个标志性概念，当然也是它的一种本质性的集中概括。它反映了当代世界与中国的发展变化对党和国家工作的新要求，是加强和改进党的建设、推进我国社会主义自我完善和发展的强大理论武器。

"三个代表"重要思想的提出不是偶然的，它是历史的与现实的丰富实践经验的概括和反映，是中国共产党第三代中央领导集体在应对复杂多变的国际国内局势过程中的集体智慧的结晶，也是中华民族、中国

---

* 本文原载《马克思主义中国化的新篇章》（高等教育出版社，2004）。

共产党人智慧的集中体现。

改革开放真正使中华民族以一种独立平等的身份和积极主动的姿态进入世界,参与各个国家之间的竞争和协作。中华民族面对着风云变幻的世界形势,应对着各种挑战,注视寻找着各种有利于发展的机遇。在这个大博弈的棋局中,各个国家都作为自己民族利益的代表,摒弃任何不切实际的空想方案,非常现实地在权衡各方面利害得失的基础上制定发展壮大自己的内外政策,都在积极地发展经济壮大自己的综合实力。中国参与国际竞争和交往的过程,是我们真实地了解外部世界和资本主义国家的过程,是在同别的国家的比较中重新认识自己、在新的形势下重新自我定位的过程,是重新反思和修正自己的内外政策的过程,也是重新认识社会主义与资本主义之关系的过程。尤其是在遭遇了苏东剧变、国际共产主义运动陷入空前的低潮之后,许多残酷的新事实摆在我们面前,逼迫着我们对过去许多我们自认为是正确的思想观念进行深刻的反思和检讨。

我们知道,与苏联一样,中国是在经济、政治、文化比较落后的基础上开始自己的社会主义建设的。由于受多方面因素的影响,我们在相当程度上犯过严重的教条主义错误,在经济发展、政治文明和文化建设方面造成了一系列的失误,直至爆发了"文化大革命",极大地恶化了党和人民群众的关系,也恶化了人们对共产党和社会主义国家的信任。邓小平集中全党的智慧,以大无畏的气概,破除了个人迷信和对本本的迷信,拨乱反正,解决了"什么是社会主义、怎样建设社会主义"的历史课题,开辟了建设中国特色社会主义的道路。在邓小平理论的指引下,中国的改革开放和经济建设取得了举世瞩目的成就,中国社会主义制度的物质基础和社会基础得到了稳固。然而,我们前进的道路并不平坦,我们面临的形势仍然非常严酷。改革开放的深入进行和社会主义市场经济的建立,使得经济制度、政治制度和文化观念方面许多深层的矛盾暴露了出来,失业率增加带来的压力,经济发展不平衡带来的压力,大面积腐败引发的社会问题,社会财富分配不公引起的矛盾,不同地区、不同行业之间的利益冲突和矛盾,各个社会阶层、社会群体之间的矛盾,都需要我们予以正视、予以化解,并通过法律化、制度化的形式予以协调和解决。中国全面加入世界经济大循环,全面参与世界事务和世界秩序的维护管理,世界范围内的任何突发性事件,新科技革命诸多领域中的任何异动,国际上反华势力集团的任何挑战,都需要我们做出及时的反应和应对;从国际共产主义运动的角度看,苏共垮台后,许多人,包括反对社会主义的人和关心社会主义事业的人,都把目光聚焦到中国共产党身上,中国共产党的举动确实具有了"世界历史意义"。

中国共产党的第三代中央领导集体在带领中国人民解决这些复杂尖锐的矛盾的过程中,进行了积极大胆的探索,创造出了许多新鲜的实践经验,中国的理论界和思想界,以理论研究、理论争论和理论创新的形式,为认识和解决这些新的矛盾、新的问题,探索着新的答案、新的可能。没有实践中出现的这些新问题,没有为解决新问题而形成的这些实践探索和实践经验,没有这些年来思想界、理论界所做的重要的理论探索和思想准备,"三个代表"重要思想的提出就是不可能的。

二、"三个代表"重要思想体现了马克思主义哲学的发展

在马克思主义、列宁主义、毛泽东思想和邓小平理论中,哲学始终起着一种理论基础和方法论指导的作用,只有从哲学的高度,才能发现其各个方面的理论和各种理论观点的内在关联性与逻辑一贯性,才能发现其普遍性的指导意义。对于"三个代表"重要思想,同样也是这样的道理。"三个代表"重要思想,是坚持马克思主义哲学的普遍原理,深入分析当代国际国内形势和我们面临的重大问题,并为解决这些问题而提出来的一整套理论。它的提出,是马克思主义发展过程中重要的、具有里程碑意义的事件。它具有非常丰富的内涵,从多个方面继承发展了马克思主义、毛泽东思想和邓小平理论。这里,我们主要讨论它对马克思主义哲学的创新。

第一,"三个代表"重要思想突出彰显了社会主义建设实践的主体性和时代特征,丰富与发展了马克思主义哲学的实践观和主体性理论。马克思主义哲学是一种实践的唯物主义,它坚持从现实的人和人的现实实践出发来观察社会历史,坚持对一切现象、对象、感性都立足实践活动来理解,认为哲学的使命就是为现实实践服务。"三个代表"重要思想作为马克思主义发展的一种新成果,当然在基本指导思想和方法论上

是遵循马克思主义哲学的这个基本原理的,但它所依赖、所关注的实践是当今时代的实践,是中国共产党作为执政党所领导、所进行的新时期的社会主义建设实践。这场伟大实践的主体是中华民族、中国人民,而中国共产党是这场伟大实践的策划者、领导者、指挥者。我们党历经革命、建设和改革,已经从领导人民为夺取全国政权而奋斗的党,成为领导人民掌握政权并长期执政的党,已经从受到外部封锁和实行计划经济条件下领导国家建设的党,成为对外开放和发展社会主义市场经济条件下领导国家建设的党,国内外形势和环境发生了很大变化,中国人民的素质、能力、需要和要求也都发生了很大变化,中国共产党的成分构成和整体能力、面临的具体问题和任务也发生了很大变化。这些都是革命导师和先辈没有遇到过的,我们必须增强自己的主体性、发挥自己的主体性,认真研究所面临的新情况、新问题,提出解决问题的新方法,创造出能够有效指导新实践的新理论。"三个代表"重要思想就是这样的新理论。它纠正了在以往相当长的一个时期内把马克思等革命导师关于社会主义的规定当作社会主义建设的"蓝图"而我们只是按图施工的工程队观念,克服了把马克思等革命导师根据他们那个时代资本主义的现实实际所做出的关于社会主义与资本主义之关系的理论僵化、凝固化的教条主义倾向,抛弃了忽视和贬低我们自己的主体性、不根据我们所处的现实条件和现实利益来进行独立判断、制定路线方针的迂腐观念,强调必须从中国和世界的历史、现实、未来着眼,要根据我们所处的发展阶段、我们的发展需要和现实利益,要根据我们所从事的新实践、新经验,敢于突破前人的某些论断,敢于说前人没有说过的话,敢于进行理论创新。正是有了这种转变,我们才能对市场经济做出新的认识,对社会主义与资本主义的关系做出新的理解,对共产主义的实现问题做出新的预测,对如何保障国家长治久安的重大战略安排做出新的调整。

第二,"三个代表"重要思想非常重视和突出实践的辩证法,丰富和发展了马克思主义哲学的辩证法理论。(1)中国共产党作为中国的执政党,是中国社会主义建设实践主体的核心和领导力量。在当前的时代条件下,建设中国特色社会主义,实现中华民族伟大复兴,全面建设小康社会,应对国际风云变幻和各种突发性事件,维护我国的安全、利益和尊严,关键在于中国共产党。所以,抓住了党的建设这一环,切实提高党的执政能力、扩大与增固执政党的阶级基础和社会基础,就抓住了所有工作的枢纽和重心，抓住了当前实践中面临的由各种矛盾构成的矛盾体系中的主要矛盾和矛盾的主要方面，从而为顺利开展其他方面的工作奠定了坚实的基础。（2）中国共产党作为执政党，如何处理党的建设所涉及的各种矛盾，如何解决党领导全国人民建设中国特色社会主义过程中的各种矛盾，如何既保持自己性质的先进性又兼顾所代表的社会利益群体的广泛性，如何处理社会稳定与积极改革和发展的关系、提高效率与维护社会公正的关系、扩大生产规模与保护生态环境的关系、调动劳动积极性与保护投资积极性的关系，如此等等，都是一些非常棘手的两难问题，都需要有很高的智慧和能力才能予以妥善解决。要合理理解和解决这些矛盾，最根本的一点就是，从根本上转换作为革命党时所形成的一整套突出矛盾斗争性的斗争哲学的观念，彻底转换把阶级矛盾、阶级斗争绝对化为理解社会历史发展问题的唯一视角的革命思维模式，极大地重视和突出矛盾同一性的作用，突出马克思所说的"椭圆式"的矛盾暂时解决方式的现实功能，突出妥协与和谐在社会发展中的作用。"三个代表"重要思想，立足新的实践和时代要求，成功地实现了这种观念的转换，坚持最高纲领与最低纲领的辩证统一，坚持扩大党的阶级基础和社会基础并重，坚持工人阶级利益和中华民族利益的统一，坚持用"和合"的方式缓和、钝化、化解实践中的各种矛盾，表现出了极高的辩证法智慧，保障了我们的路线、方针、政策既不割断历史又不迷失方向，既不落后于时代又不超越阶段。（3）现代实践不同于以往实践的明显特征是，整体性、系统性突出，知识智能性因素加强，创新性效益十分明显。现代实践的这些特征，凸显了制度体制和管理协调工作的重要性，凸显了科学技术的决定性作用，凸显了创新能力和设计理性的重要意义。"三个代表"重要思想，针对现代实践的这些新变化、新要求，从保障国家长治久安的治国方略和战略高度审视问题，提出了一系列重要理论观点，如发展高新科学技术实现生产力跨越式发展的观点，强调哲学社会科学研究重要性的观点，弘扬优秀民族传统文化增强民族凝聚力的观点，法治与德治相结合的观点，等等。尤其是高度重视创新问题，在党的十六大报告中，江泽民特别指出，"创新是一个民族进步的灵魂，是一个国家兴旺发达的不竭动力，也是一个政党永葆生机的源泉"，强调"实践基础上的理论创新是社会发展和变革的先导。通过理论创新推动制度创新、科技创新、文化创新以及其他各方面的创新……

这是我们要长期坚持的治党治国之道"。这些观点中包含了丰富的实践辩证法思想，极大地发展了马克思主义的辩证法理论。

第三，"三个代表"重要思想直接继承了邓小平理论求真、务实的原则和风格，丰富和发展了马克思主义哲学真理与价值相统一的理论。真理与价值相统一是马克思主义的一个基本原则，也是马克思主义哲学作为实践唯物主义的一种内在要求，马克思主义就是为无产阶级的解放事业服务的理论。"三个代表"重要思想，把忠实代表广大人民群众的根本利益作为根本落脚点，把体现人民群众的意志和利益作为我们一切工作的出发点与归宿，把执政为民当作本质要求，这些都是与马克思主义、毛泽东思想和邓小平理论相一致的。"三个代表"重要思想的创新之处即是对马克思主义真理与价值相统一的原则的发展之处，主要在于：（1）它根据当代实践的特征和当前社会实践的要求，本着解放思想、实事求是、与时俱进的原则，对人民群众及其根本利益做出了科学的分析，为坚持真理与价值的统一开辟了新的境界。人民群众是一个历史的范畴，在不同的时代和历史时期其内涵与外延范围是有所变化的，江泽民根据实现民族复兴和全面建设小康社会的实践要求，科学分析我国现阶段社会阶层分化的具体情况，明确指出，"包括知识分子在内的工人阶级，广大农民，始终是推动我国先进生产力发展和社会全面进步的根本力量。在社会变革中出现的民营科技企业的创业人员和技术人员、受聘于外资企业的管理技术人员、个体户、私营企业主、中介组织的从业人员、自由职业人员等社会阶层，都是中国特色社会主义事业的建设者"，我们要"努力形成全体人民各尽其能、各得其所而又和谐相处的局面"。这就明确了他们都属于人民群众，他们之间出现的矛盾都属于人民内部矛盾，尽管他们之间会有一定的利益矛盾，但其根本利益是一致的，他们是能够和谐相处、同舟共济、共同奋斗的。中国共产党既是中国工人阶级的先锋队，也是中华民族的先锋队，既要代表工人阶级的利益，也要代表全体人民和中华民族的利益，以此作为我们制定国际国内政策的基本出发点，以此作为我们进行价值判断、权衡利害的根本标准。（2）它依据马克思主义哲学关于人的全面发展的理论，适应社会主义市场经济和现代世界文明发展的要求，把人民群众的根本利益与人的全面发展结合起来，通过"努力促进人的全面发展"这个既带有理想性又具有现实性的环节，将社会主义初级阶段的基本纲领与实现共产主义的最高纲领有机地结合起来，把坚持集体主义精神与尊重和保护每个人的合法权益、尊重和扩大个人自由自主的权利有机地结合起来，把发扬科学精神与发扬人文精神辩证地统一起来，为我们积极吸取全人类各民族的文明成果，全面发展先进文化，全面促进人民素质的提高，建立健康文明的生活方式、行为方式、精神生活，提供了合理的价值坐标和评价标准。

三、"三个代表"重要思想促进了马克思主义哲学的发展

"三个代表"重要思想是一种发展了的马克思主义，是马克思主义在中国发展的新阶段，同时也为进一步发展马克思主义哲学提供了范型，指明了方向，创造了良好的理论条件和社会条件。

第一，"三个代表"重要思想本身就是解放思想、实事求是的典型，是与时俱进的典型，是理论创新的典型。"三个代表"重要思想的产生，既又一次证明马克思主义哲学是一种与时俱进的、充满生命力的理论，同时也为进一步发展马克思主义哲学提供了极好的范型。它再一次表明，实践没有止境，创新也没有止境。我们要突破前人，后人必然会突破我们。这是社会前进的必然规律。要创新，就必须有敢于突破前人、突破权威的理论勇气，就必须坚持解放思想、实事求是、与时俱进的精神，还需要具有为民族复兴、为人民利益谋发展谋利益的责任心。

第二，"三个代表"重要思想为我们指明了加强哲学理论研究、推进理论创新的基本方向。哲学是时代精神的精华，是反映在思想中的时代。马克思主义哲学理论必须关注与重视对现时代和现实实践中的重大问题的研究，必须以我们所处的时代为背景，以我们正在从事的事业为中心，对这些新的问题提出新的解释，找出新的解决办法，在指导现实实践的过程中检验我们的理论，丰富和完善我们的认识。马克思主义哲学理论的研究必须端正学风和文风，不能搞成只有少数人才懂的"象牙塔"里的"纯理论"，更不能搞成没有阶级立场的所谓"价值中立"的"纯学问"。

第三，"三个代表"重要思想并没有终结理论研究或垄断理论创新，

相反，它提出了一系列重大理论问题，促使我们去思考，去研究，去进行哲学理论创新。比如，先进生产力的发展要求到底有哪些？先进文化与落后文化怎样判别？文化的民族性与时代性是什么关系？先进文化的发展方向与人的全面发展是什么关系？如何理解政治文明概念的内涵及历史演变？执政党的执政规律与政治文明是什么关系？科学技术是第一生产力与唯物史观关于经济基础上层建筑的原理是否相抵牾？如何看待知识经济或信息时代知识分子的社会地位和阶级属性？在当今经济全球化时代，生产力的跨越式发展的可能性和条件是什么？如此等等。对所有这些问题的研究，当然需要诸多社会科学的联合攻关，但哲学的思考和研究肯定是必不可少的，也是相当关键和重要的。中国的社会在转型，中国人的价值观念和思维方式也需要转型且正在转型。没有哲学理论的创新和哲学的转型，我们的思维空间就难以拓展，整个民族的理论创新能力就会受到极大的限制，而只有在对这些问题的研究中，在总结和概括其他学科研究成果的基础上，哲学理论才会有发展和突破。

第四，"三个代表"重要思想为繁荣哲学理论研究和理论创新营造了良好的政策环境与浓厚的学术氛围，有利于我们进行哲学理论创新。江泽民在多次讲话中指出，要加强哲学社会科学的研究，并特别强调哲学理论作为世界观和方法论的指导作用，特别强调理论思维能力与创新能力的培养。在"三个代表"重要思想的指引下，国家各级政府加大了对哲学社会科学研究的投入力度，在人才培养和交流、项目规划和管理、成果奖励和宣传推广等方面都制定了相应的鼓励政策，为哲学理论研究创造了良好的政策环境。可以说，这些年来是我国历史上学术环境最好的时期，是哲学社会科学工作者和知识分子生活待遇提高幅度最大、社会地位逐步上升的时期，是广大知识分子相对最为自由、心情最为舒畅的时期。我们有充分的理由相信，在"三个代表"重要思想的指引下，中国的哲学理论研究和整个社会科学的研究，将会出现一个大发展、大繁荣的新局面。

加强理论研究，不断提高党的执政能力[*]

中国共产党诞生已经八十年了。在这八十年间，中国的面貌发生了翻天覆地的变化，中国共产党从一个只有几十个党员的组织变成了具有六千多万党员的执政党，领导着中国人民经过了艰苦卓绝的斗争，使中国从一个积贫积弱的国家成为在世界舞台上举足轻重的国家，从一个半封建半殖民地的国家变成了一个社会主义的国家。尽管共产党也犯过错误，甚至是严重的错误，但她所取得的辉煌成就和伟大胜利，即使连我们的敌人也不能不承认，也不得不佩服。回顾历史，慷慨悲壮；展望前途，任重道远。作为中国这样一个具有十三亿人口的国家的执政党，作为以实现共产主义、解放全人类为使命的政党，我们没有丝毫的理由为已经取得的成就而骄傲自满，相反，我们有一千个理由一万个理由谦虚谨慎、戒骄戒躁，不断学习，不断总结经验，坚持以江泽民提出的"三个代表"的标准要求自己，不断提高自己的执政能力，开拓新的局面，以更大的成绩赢得广大人民群众的信任和拥护。如此，无论国际风云如何变幻，无论遇到多大的困难，我们都不会为困难所压倒，最终的胜利就一定是属于我们的。

---

[*] 本文原载《"三个代表"与理论创新——纪念中国共产党建党 80 周年论文集》（经济科学出版社，2001）。

一、总结历史经验，深刻认识提高执政能力的重要性

中国共产党是以马克思主义理论武装起来的党，在建党之初就立定了推翻不合理的社会制度，实现社会主义最终实现共产主义的宗旨。马克思和恩格斯花费了毕生的精力，进行了艰苦的科学研究，揭示了资本主义社会的内在矛盾，论证了社会主义代替资本主义的历史必然性，使社会主义从空想变成了科学。但是，马克思主义创始人明确宣示，社会主义对资本主义的这种代替既是社会基本矛盾运动的必然结果，在其现实性上又是通过共产党带领无产阶级和人民大众进行努力奋斗而实现的。列宁根据时代的新变化，发展了马克思主义，并领导俄国无产阶级取得了十月革命的伟大胜利。十月革命的胜利，开创了人类历史的新纪元，作为无产阶级先锋队和忠实代表的共产党第一次成为执政党，无产阶级和劳动人民第一次成为国家的领导阶级，用无产阶级专政的国家武器来展开与国内外资产阶级的斗争。十月革命的胜利，极大地鼓舞了世界无产阶级和广大受压迫的民族。第二次世界大战以后，在东欧和亚洲出现了一大批社会主义国家，特别是中国革命的胜利，壮大了社会主义阵营的力量，世界无产阶级革命运动出现了风起云涌的大好局面。

不幸的是，从20世纪50年代中期开始，社会主义阵营出现了分裂，先是南斯拉夫，接着是中苏两党以及两国关系的交恶，严重削弱了社会主义阵营的力量。更为不幸的是，到了20世纪90年代，当中苏关系逐渐解冻和缓，终止了长期对峙，开始修好两党、两国关系之时，苏联和东欧社会主义国家却出现了重大变故，执政几十年的共产党被迫下台，甚至解散，坚持了几十年的社会主义制度瓦解了，苏联遭到了解体的厄运。西方一些政治家、预言家宣布资本主义不战而胜，这自然不是事实，但国际社会主义运动遭到重创、陷入低潮却是无可争辩的事实。这个严酷的事实为各国共产党特别是成为自己国家的执政党的共产党上了沉痛的一课，提出了严重的警告。面对这种重大的挫折，任何立足从外部寻找失败原因的解释都是软弱无力的、难以服人的，任何把这种重大失败看作少数党的领导人背叛行为的结果的看法都是肤浅的、自欺欺人的。根本原因还在自己，在共产党本身。

西方资本主义国家从来都把社会主义看作眼中钉肉中刺,从社会主义存在的那一刻起,它们就没有停止过对它的围剿、封锁、分化和颠覆,这是它们的一贯方针,是不值得奇怪的。但这毕竟是外部因素、外部原因,决定不了事物的性质,外因总要通过内因才能起作用。共产党的主要领导人固然由于其特殊地位,对党和国家事务具有重要影响力,但如果说是他们的错误行为与决策决定了党和国家的命运,这不仅直接与唯物史观的原则相冲突,是英雄史观的表现,而且也只是肤浅地触及表面原因。假如一个具有几百万党员的党为它的少数领导人所左右,那么这正说明这个党本身就是有严重问题的,假如在一个具有两亿多人口的国家里人民对于一直自称是代表人民利益的党的下台、解散无动于衷,平静如常,那么这正表明人民已经不再把这个党看作代表自己利益的党,把它的下台、解散看作与自己无关的事情,表明这个党已经脱离了人民,丧失了人民的信任和支持。除此之外,不可能再有什么别的解释。

社会主义事业是人民的事业,人民是社会主义革命的主体,也是社会主义建设的主体。无论社会主义革命还是社会主义建设,都离不开共产党的领导,任何否定党的领导作用崇尚人民自发性的理论都是错误的、有害的,但同时也必须看到,共产党只有取得人民群众的信任,才能真正地实现这种领导作用。要取得人民的信任,就必须真心实意地为人民办事,全心全意地为人民服务;就必须依靠自己的领导能力,不仅是真心实意地为人民办事,而且要把事情办成,把事情办好。对作为执政党的共产党来说,就是要不断提高自己的执政能力,提高自己处理国内外事务、驾驭复杂多变的局势的能力,使我们的事业节节胜利,给人民以看得见的利益。全心全意为人民服务,是一个立场问题、党性问题,只有共产党才站在人民的立场上,以人民的利益为自己的利益。没有这一条,就不可能取得人民的信任。但这只是必要条件,或者说,有这种动机和愿望是必要的但还是不够的,还需要有足够的能力,才能把这种愿望现实化,落到实处。想为人民办事是一回事,能够把事情办好是另一回事,但二者又不可分割,缺乏了任何一条,都可能丧失人民的信任。

中国共产党成立已经八十年,成为执政党也已经五十多年。总结我们的历史经验,可以说,有许多失误,包括像"大跃进""文化大革命"

这样的失败，并不都是立场和动机出了问题，而主要是对国情和实际情况认识不清，处理矛盾、驾驭局势的能力不够造成的。而人民群众对社会主义的信念问题，实际上就体现为对共产党的信任问题。共产党执政能力的高低，能否使国家的生产力快速持续地发展，创造出高于资本主义的劳动生产率，能否更好地实现社会公正和共同富裕，直接地影响着社会主义制度优越性的具体体现。我们应该看到，现代科技革命所导致的实践系统化、全球经济一体化、国际竞争加剧的客观态势，中国社会转型而引起的经济成分多元化、利益主体多元化、人们的价值观念多元化的现实矛盾，改革开放本身的极端复杂性和深化改革所必然会遇到的各种困难，这些都使社会主义制度面临着巨大的挑战，都对中国共产党的执政能力提出了新的要求。全党同志必须充分认识到我们所面临形势的严峻性，充分认识到提高党的执政能力的现实迫切性和重要性。

二、加强理论研究是提高执政能力的重要途径

对任何执政党来讲，提高执政能力都是十分重要的，这是它能否保持和巩固自己的执政地位的关键所在。而对于中国共产党，这一点尤其重要，因为这不仅关系到自己的执政地位，而且关系到无产阶级和广大劳动人民的根本利益，关系到整个国家的阶级性质。全党同志都应该从这个高度来理解问题，来关心党的建设。

提高党的执政能力，从根本上取决于做好两件事。第一件事是加强共产党自身的廉政建设，提高党员特别是干部党员的自律性和纪律性。"其身正，不令而行；其身不正，虽令不行"（《论语·子路》），只要我们的党员和干部，坚持全心全意为人民服务的宗旨，坚持以"三个代表"的标准要求自己，廉洁奉公，率先垂范，我们党的领导就会具有崇高的威信，就会形成一种无形的巨大力量。第二件事是提高党的预见能力、决策能力和管理国内外事务的能力，能够带领着人民从胜利不断走向胜利。这也是党的领导具有威信的重要基础。要做好这两件事，都需要加强理论研究，对党本身的情况、存在的问题，对国内外的经济、政治形势，对群众的需要和要求，对我们制定的政策和策略的可行性，等等，做到心中有数，胸有成竹，只有这样，才能真正地管理好党的事

务，管理好国家的事务。

马克思等革命导师从来都十分重视理论研究工作。马克思说，批判的武器不能代替武器的批判，物质的东西只能靠物质力量来摧毁，但理论一旦掌握了群众，就会变为巨大的物质力量。列宁讲，没有革命的理论，就不会有革命的运动。毛泽东说，指导一个伟大革命运动的政党，如果没有革命理论，没有历史知识，没有对实际运动的深刻了解，要取得胜利是不可能的。实践是理论的来源和基础，但理论又对实践具有重要的指导作用。实践的失误来自理论的迷误。总结中国共产党几十年的历史，无论是革命时期还是社会主义建设时期，凡是党的指导方针和路线出现重大错误，总要带来革命事业的挫折和失败。特别是当共产党成为执政党以后，理论上的错误甚至会导致民族性的、全国性的灾难。"文化大革命"就是最突出的例子。以邓小平为核心的党的第二代中央领导集体在危难时刻力挽狂澜，纠正了党在指导理论和方针上的错误，我们的事业才又胜利前进了。

我们应该清醒地认识到，现代人类实践非常复杂，影响非常深远、广泛。我们在改革开放后日益融入世界性的经济大循环和政治潮流，冷战虽然结束但国际形势仍错综复杂、变幻莫测，突发性事件随时都可能发生；中国又是一个大国，国内各方面的发展很不平衡，各地区之间的差别很大，中国正处于社会转型期，各种观念、各种力量都在强烈地表现自己，各种社会矛盾交叉重叠，处理起来十分棘手；中国在国际事务中又居于很重要的地位，言论行动举足轻重，非一般小国可比；作为这么一个国家的执政党，面临的决策任务是十分艰巨、非常繁重的，要驾驭复杂的局势，仅靠一般性经验是远远不够的。只有依靠科学的理论研究，依靠全党的智慧，全面了解各方面的情况、资料、数据，把握多变易逝的现象中带有规律性的东西，才能提高我们的预见性，提高科学决策的能力。

改革开放二十多年来，中国的社会结构发生了重大变化，经济成分多元化，利益主体多元化，人们的价值观念也出现了多元化格局，新的社会结构在激发社会活力、促进社会发展的同时，也带来了许多新的问题。这种新的形势需要有新的思路来应对。可以说，稳定、改革和发展是中国在实现社会主义现代化、顺利实现社会转型过程中的三位一体的重大问题，如何处理好三者的辩证关系，需要执政党具有很高的管理能力和协调能力，特别是需要通过制度建设和体制创新来保障。而如何建设新的制度，如何创造新的体制，都需要进行深入的理论研究，要有一定的理论贮备，要对发展的多种可能性进行理论的探索；对一些具有战略性、全局性的问题，对一些重大的改革项目，都需要组织力量进行全面的调查研究，提出多种可供选择的方案，对各自的合理性从多方面进行科学的论证。只有在这个基础上，建立起来的制度和体制才可能保持相对的稳定性，也才能具有相应的权威性，才能增加群众的信任感和稳定感。否则，朝令夕改，政策多变，必然会失信于民，这就会增加改革的阻力和难度，同时也不利于社会的稳定和发展。

党要管理好社会，首先要管理好自身。我们党成了执政党以后，掌握了很大的权力，当然也带来许多新的问题。权力失去监督，就必然带来腐败，绝对的权力必然导致绝对的腐败，这是现代政治学揭示的一条规律。如何把人民交给我们的权力用好，如何防止腐败，是我们党必须严肃面对的一个重大问题，也是对我们党的一个严峻考验。固然，号召和要求我们的所有党员，特别是担任领导职务、掌握一定权力的党员，加强学习和党性修养，提高自身的政治素质和道德境界，坚持全心全意为人民服务的宗旨，是十分必要的，但更为重要的是，要通过一定的制度、法规、纪律，通过一定的组织措施，对权力进行必要的监督，从严治党，只有这样，才能有效防止腐败现象。再有，党的领导与政府管理行政事务、与人民代表大会进行立法和监督之间应该保持一种什么样的关系，党的领导与司法独立是什么样的关系，如何通过一定的制度和机制来进行，都需要根据中国的特殊国情，根据现代新的情况，进行深入的理论研究，探索其中带有规律性的东西，用以指导我们管理党的工作。党的建设、党的领导本身就是一门严肃的学问，是一门科学，不下大力气进行研究是根本不行的。江泽民最近提出的"三个代表"重要思想，是我们党总结新形势下党的工作的新经验，是对马克思主义党建理论的重大发展，同时，也为我们提出了新的理论研究的任务。比如，什么是先进生产力的发展要求，什么是先进文化的前进方向，最广大人民群众的根本利益在现在的具体体现是什么，如何才能代表先进生产力的发展要求和先进文化的前进方向，如何才能保障真正代表人民群众的根本利益，都是需要我们进一步深入研究的重大理论课题。

总之，在现代实践条件下，科学理论对实践的指导作用空前加强了，对执政党来说，必须将自己的活动纳入深思熟虑的范围，置于科学理论的指导下。只有这样，才能有效地减少决策中难以避免的不确定性和风险系数，提高自己的执政能力，提高自己驾驭复杂局势的能力。

三、搞好理论工作要注意处理好的几个关系

应该说，我们党对理论工作一直是很重视的，加强学习，加强调查研究，加强理论研究工作，是我们党一贯的方针和要求。但也不容讳言，我们在这方面的工作还有许多不尽如人意的地方，有许多值得改进甚至值得进行重大改革的地方。我们认为，要加强理论研究工作，搞好理论工作，需要处理好如下几个关系。

第一，理论研究与宣传的关系。理论研究与宣传的关系是一个具有很强的政策敏感性、需要特别慎重对待的问题。马克思主义理论本质上是指导实践、改造社会的理论，只有通过宣传，它才能为广大群众所理解和掌握，才能变成物质的力量。正是本着这个原则，我们党从来就十分重视宣传工作；借助宣传进行教育，明确我们工作的任务、目标、政策和计划，搞通人们的思想，首先是各级干部和骨干们的思想，上下同心，形成统一的意志和力量，这是我们各方面的工作取得成就的一个重要条件。这是一条很可宝贵的经验和方法，革命年代如此，建设时期同样需要如此。但这条经验之所以有效，有一个必要前提，即我们依靠理论研究，摸清了各方面的情况，制定了正确的方针和路线。若是缺乏理论研究，许多东西搞不清楚，没弄明白，那么就无法做好宣传工作，以其昏昏使人昭昭总是不行的，即使努力宣传，做好了宣传工作，统一了大家的思想，也难以保障取得胜利，甚至还会导致失败。"大跃进"就是一个例子。从这个意义上说，理论研究是根本，宣传只有依靠这个根本，凭借这个根本，才能取得应有的效果。不懂得这个关系，或是割裂、颠倒了这个关系，宣传就可能流于末途，虽可以一时有效，但最终总是不能持久的。

理论研究与宣传毕竟又是不同的工作，各自有自己特殊的规律和要求。理论研究的过程是一个探索的过程，即使研究者们的政治立场是一

致的，但由于掌握情况的程度不同，着眼点或侧重的方面不同，往往总会形成不同的观点和看法。这不仅是很正常的，而且是理论研究所必需的，因为不同观点的分歧和争论是获得真理的必要环节。宣传工作则是一个使某种理论、观点以及依此而制定的方针和路线获得人们的认同，力求形成统一思想的过程。这个任务就要求它必须统一口径、统一说法，如此才能取得较好的效果。分别地说，都没有问题，综合地看，就有了矛盾。如何将这种多样性的要求与统一性的要求合理地结合起来，是一个很大的难题，也是一个我们长期没有处理好的问题。我们过去的许多失误，在一定程度上说，都与我们没有处理好这个关系有关。过度地强调宣传的重要性，以宣传的要求对待理论研究，甚至动辄就上纲上线地胡乱联系，因为某种理论观点不符合某种限定的宣传口径就随意地宣布其为错误，甚至怀疑理论家的政治立场，予以压制和批判。实践证明这是非常有害的。改革开放新时期以来，我们确立了"研究无禁区，宣传有纪律"的方针，注意将学术问题与政治问题区分开来，鼓励理论工作者大胆地进行探索，鼓励提出新的理论、新的观点，包括对思想政治工作和宣传工作进行科学的研究与探索，极大地激发了理论工作者的积极性，极大地繁荣了理论研究。改革开放二十多年，是我国理论研究工作取得最大成绩的时期。其中的许多成果，为我们党进行改革开放的决策提供了重要的理论支持。我们应该总结正反两方面的经验，摆正理论研究和宣传工作的关系，通过制度和体制使二者良性循环、互动互进。

第二，基础理论研究与应用研究的关系。如同自然科学研究一样，在社会科学和理论研究中也有基础研究与应用研究的分别。总体来讲，理论研究作为一种思想上的探索活动，任务是搞清楚对象的现状和规律，找到解决问题的办法。但基础研究与应用研究各有所侧重，如果说基础研究侧重摸清情况和搞清规律，那么应用研究就是在这个基础上找到利用规律的方法，侧重解决实际问题。应用研究往往与当下实践具有更为切近直接的关系，是为着当下实践服务的，基础研究相对说来与当下实践的关系要稍微疏远一些，具有更多的理论性质。这两个方面是不可偏废的，犹如重工业和轻工业的关系，对前者重视不够，发展不够，后者就缺乏适当的理论背景和厚度，会影响其深入地进行。中国是一个大国，作为这么一个大国的执政党，不仅要使国家在经济实力和政治实力方面有足够的发展，在国际上有相应的地位，同时负有弘扬民族文化的重大责任。这就要求我们在重视对现实问题进行理论研究的同时，对那些与当下实践的关系较为疏远但具有重大理论意义和文化意义的课题予以适当的关注与重视。基础研究与应用研究各自面临的"实际"是不尽相同的，不能简单地把一些属于基础性研究因而缺乏直接应用性价值的理论看作脱离实际的理论。对一些带有战略性、全局性的问题，包括文化发展的战略性、全局性的问题，要组织力量进行攻关，多方面、多学科地进行研究，尽可能增加理论的储备，对一些重大问题要有多种解决方案。在这个基础上，在进行相关决策时才可能广泛地进行比较，才可能真正地实现择善而从。

我们应该摆正基础研究、应用性对策性研究和实际决策的关系，决策必须建立在科学研究和充分论证的基础上，从体制上和根本上解决领导先做出决策，然后让理论工作者为其寻找理由和论据的不良习惯。这实际是把理论工作者当作宣传工作者、把研究部门当作宣传部门来对待的表现。

第三，党内研究与社会研究的关系。加强理论研究是全党的大事，同时也必须依靠党外的社会力量来进行。在党内，各级领导都要注意理论的学习和亲自调查研究一些问题，但由于这些领导负有繁重的任务，不可能拿出较多的时间和精力做研究工作，也没必要都成为理论家。党内的一些专家，组成一定的研究机构，比如新时期各级都成立的体制改革委员会、政策研究室等，对一些现实问题进行专门的调查研究，拿出具体的意见和方案。这种智囊团体制是现代社会分工发达的结果，也是由现代决策的复杂性决定的。但一般说来，智囊团组织重点研究的是与现实决策密切相关的一些问题，所进行的多是一些应用性的、对策性的研究。所以，还必须借助各级社科院和高校的研究力量，对各种课题进行有计划、有分工的研究，特别是一些基础性理论课题的研究。后者即所谓相对于党内研究的社会研究。应该看到，在我们的各级社科院和高校中，积聚了一大批具有相当水平的专家和学者，这是一笔很可宝贵的智力资源，是一支重要的理论队伍。在我们的各级党校中，也有一批高水平的理论工作者，他们介于前二者之间。这三支队伍具有各自不同的理论视野和考虑问题的视角，各有自己的优长之处，应该将党内研究与社会研究有机地结合起来，将上述三支队伍合理地组织起来，使之分工协作、经常交流、相互切磋。对于中国经济体制改革和政治体制改革的一些重大问题，让三者分别进行研究和设计，再综合比较各家理论的优长劣短，形成综采各家之长的合理方案。

除此而外，为了充分利用全社会的智力资源，实现智力资源的合理配置，还可以采取重大课题社会招标制的办法，或组建一些国家性的开放式研究中心，加大对理论研究的资金支持力度，借助现代科技手段加强对理论研究成果的管理，减少一些重复性研究，同时加强对既有研究成果的资源共享和深度开发利用。

应该使全党同志特别是我们的各级领导同志都树立起重视理论学习、尊重理论研究工作的风气，认识到这既是提高每个同志的理论素养和工作能力的重要途径，也是从根本上提高党的执政能力的重要途径。我们应该明白一个道理，现代实践对理论的依赖越来越突出，科学理论对实践的指导作用越来越重要，只有自觉地把实践中的问题提高到理论层面，依靠各种专家进行综合研究，积极探索解决问题的多种可能途径，比较各种解决方案的优劣，才能减少损失，少走弯路，提高整个工作的效率和效益。理论研究也是一种低投入高产出、能够带来极大效益的工作，是值得我们认真做好的工作。

按照"三个代表"的要求，加强和改进党的建设*

江泽民总书记的"七一"重要讲话，全面总结了中国共产党八十年的光辉历程和基本经验，系统阐述了"三个代表"的深刻内涵，明确提出了加强和改进党的建设的基本要求，回答了在新形势下"建设一个什么样的党、怎样建党"这个当前国内外人士都非常关心的重大问题。江总书记的讲话，是对马克思主义党建理论的重大发展，是21世纪的"共产党宣言"，是我们党的立党之本、执政之基、力量之源。我们现在的一个重要任务就是，认真学习、深入宣传、身体力行讲话精神，按照"三个代表"的要求，切实加强和改进党的建设。

一、居安思危，深刻认识当前形势的严峻性

中国共产党是用马克思主义列宁主义理论武装起来的党，在八十年的不平凡历程中，几经艰险和磨难，从最初只有几十个党员的小党，发展成为拥有六千多万党员的世界第一大党；她为了取得中国革命和世界反法西斯战争的胜利，牺牲了成千上万的党员；在20世纪中叶，她领导中国人民，在近百年战乱的废墟上恢复经济、重建家园，取得了社会主义改造的伟大胜利，建立了相对独立完整的工业体系，解决了当时世

---

* 本文原载《新时代的理论纲领》（中国人民大学出版社，2001）。

按照"三个代表"的要求，加强和改进党的建设

界上许多政治家都认为无法解决的中国人的"吃饭问题"；在 20 世纪 80 年代，她发动了举世瞩目的改革开放运动，用仅仅 20 年的时间，使中国的国民生产总值翻了两番，使中国人民进入了小康社会，又一次创造了世界公认的"奇迹"。可以说，在当今世界的诸多政党中，经历过如此不寻常的经历，付出过这么巨大的牺牲，创造过这样伟大的"奇迹"的，恐怕只有中国共产党。中国共产党在中国的执政地位是历史地奠定的，是中国人民的历史选择，没有共产党就没有新中国，没有共产党就不会有中华民族的伟大复兴。

然而，成绩只说明过去，胜利中潜伏着危机。人无远虑必有近忧，党无远虑也必有近忧。在步入 21 世纪之际，江总书记怀着深刻的忧患意识，总结我们党的经验，反思国际共产主义运动的教训，直面我们当前遇到的各种严重问题，提出了"三个代表"重要思想。我们必须居安思危，戒骄戒躁，谦虚谨慎，深刻领会"三个代表"重要思想的历史意义，深刻认识我们面临的各种挑战和当前形势的严峻性，提高党建工作的自觉性。

对于中国共产党领导中国人民所取得的伟大胜利，世界上有些人是很不舒服的，过去如此，今天同样如此。一些反华、反共势力，出于自己的阶级本性和战略利益，并不希望中国强大，它们把中国的发展和壮大看作对自己的威胁，想尽一切办法予以阻碍和遏止，它们把搞垮中国共产党、搞乱中国作为一种基本战略，抓住一切机会对中国实施分化和西化。对此，我们必须有清醒的头脑，绝不能掉以轻心。

列宁亲手缔造的苏联共产党，具有几十年的执政历史，在抗击法西斯捍卫苏联的战争中曾牺牲了无数的优秀党员，也曾使苏联成为唯一能与美国抗衡的超级大国，但由于内外政策的失误，由于严重的腐败，由于脱离了人民群众，被人民抛弃了，下台了，解散了。令人扼腕叹息，令人痛心疾首。沉痛的前车之鉴，深刻的历史教训，事关生死存亡，我们怎能不牢牢记取。

冷战虽然结束，但世界局势并不安宁，国际风云诡谲难测，突变性事件时有发生；中国要入世，要真正全面地参与到国际经济大循环的急流中，参与到全球性的经济、金融、科技、文化、政治的激烈竞争中，机遇与挑战并存，利益与风险同在；改革进入关键阶段，各种深层问题都被暴露出来，各种矛盾盘根错节，各种力量都有自己的利益要求，各

种观念都在强烈地表现自己，牵一发而动全身，一步走错步步被动，一招不慎满盘皆输。所有这些，都需要执政党具备极强的预见能力、极高的协调本领、科学的决策和管理能力，以及统揽全局、统筹兼顾的领导艺术。这对我们党是一个严峻的考验。

反观我们党，大量的老干部要退下来，大量的年轻干部要走上各级领导岗位，从地方到中央新老交替处于一个关键阶段；年轻干部有突出的年龄优势、知识优势，敢于创新、富有活力，但相对缺乏经验，党性锻炼、党性修养也有不足之处，对党的信念、对社会主义的信念有些人并不是那么坚定。更让人担心的是，在市场经济条件下，各种诱惑增加了，形形色色的糖衣炮弹、社会上的各种腐朽观念都对党的干部产生了影响，一些投机分子也混进了党内，一些党员干部为人民服务、立党为公的观念淡薄了，争权夺利、讲排场、比享受、捞实惠的思想增长了，在党的领导干部中出现了严重的腐败现象。各种官僚主义和腐败现象极大地败坏了党的风气，败坏了党的形象，糟蹋了党的声誉，毒化了社会空气。人民群众怨气很大，党的威信急剧下降，党群矛盾、干群矛盾在一些地方已经达到了很尖锐的程度，党的建设已经到了非抓不可、非大力整顿不可的地步。

中国共产党的命运就是社会主义中国的命运。中国共产党向何处去，中国向何处去，已经成为国际和国内许多人都心存疑问的问题。我们的朋友在关注这个问题，我们的敌人也在关注这个问题。江泽民"三个代表"重要思想就是对在新形势下"建设一个什么样的党、怎样建党"这个问题的明确回答，是我们新时期党建工作的指导方针。

二、与时俱进，永远保持党的先进性

中国共产党之所以能够成为中国人民的坚强领导核心，之所以能够创造出伟大的"奇迹"，一个重要原因就在于她能够与时俱进，保持自己的先进性；中国共产党要克服前进道路上的各种障碍，化解前进道路上可能遇到的各种风险，坚持和改善党的领导，在改革中解决自身存在的严重问题，担当起把全体中国人的力量凝聚起来，向着社会主义现代化目标前进的重任，关键的一点仍然是要与时俱进，保持自己的先

按照"三个代表"的要求，加强和改进党的建设

进性。

中国共产党是马克思主义理论与中国工人运动相结合的产物，中国共产党从诞生之日起，就抱定了为无产阶级和广大劳动人民谋解放的信念，抱定了最终实现共产主义和人类解放的宗旨。中国共产党的先进性既是由她的性质决定的，更是靠她自己的努力才能保持、才能实现的。在面临新的形势和新的问题的今天，我们更需要总结历史经验，深刻认识什么是先进性、如何保持自己的先进性。

中国共产党是工人阶级的政党。工人阶级是社会化工业大生产的产物，是先进生产力的体现者和承担者，是发展先进生产力、实现现代化的物质力量。同时，工人阶级受剥削和压迫最深重，革命性最强、最彻底，最大公无私，只有解放全人类才能最后解放自己。中国共产党的这种阶级基础、阶级性质就决定了她不像其他的政党和政治集团，她没有自己的私利可图，而是以无产阶级和最广大人民群众的利益为自己的利益。特别是在掌握了政权之后，在巨大的利益和权力诱惑面前，她能够与时俱进，时刻注意保持自己的先进性，时刻牢记为人民服务的宗旨。这是其他任何政党所不可能做到的，是我们党的政治优势、政治号召力和力量的重要源泉。党的领导需要改善，但这一点绝不允许动摇，也不能动摇，如果动摇了这一点，党就从实质上被掏空了，就徒有虚名了。

中国共产党是马克思主义的政党。马克思主义是工人运动、工人阶级的要求和时代发展的要求在理论上的反映，本质上是与时俱进的理论，这是它最突出的理论品格。中国共产党坚持马克思主义解放思想、实事求是的精髓，在把马克思主义普遍真理与中国具体实践相结合的过程中，创造性地发展了马克思主义，产生了毛泽东思想和邓小平理论。毛泽东思想解决了中国革命走什么道路的问题，指导中国革命取得了胜利，邓小平理论回答了"什么是社会主义、怎样建设社会主义"的问题，指引我国社会主义进入蓬勃发展的新时期。邓小平理论是当代中国的马克思主义，也为我们在社会主义时期发展马克思主义提供了光辉典范。

中国共产党是工人阶级的先锋队，也是中国人民和中华民族的先锋队，中国共产党必须根据中国人民、中华民族在新时期遇到的新形势、新机遇、新挑战，坚持用马克思主义的立场、观点和方法，研究我们在实践中出现的新矛盾、新问题，提出新理论、新任务。只有这样，她才

总能站在时代的前列，保持自己的先进性，起到先锋队的作用。"三个代表"重要思想，就是在当前国际国内的新形势下提出来的新理论。

代表中国最广大人民群众的根本利益，这是我们党的一切工作的出发点和归宿，是我们党能够永远保持先进性的根本前提。但作为执政党，要贯彻这一点，要把这一点落到实处，就必须代表先进生产力的发展要求，抓住当代科技革命和经济全球化所提供的重大机遇，想尽一切办法促进生产力的发展；就必须代表先进文化的前进方向，吸取各民族的先进文化成果，创造出科学的、健康的、具有民族风格的各种文化产品，满足人民群众不断增长的物质生活和精神生活的需要。在今天国际经济竞争、科技竞争、人才竞争日趋激烈的形势下，就是要像江泽民总书记在庆祝中国共产党成立八十周年大会上所说的那样，"敏锐地把握我国社会生产力的发展趋势和要求，坚持以经济建设为中心，通过制定和实施正确的路线方针政策，采取切实的工作步骤，不断促进先进生产力的发展。这是我们党始终站在时代前列、保持先进性的根本体现和根本要求"，"牢牢把握中国先进文化的发展趋势和要求，坚持以马克思列宁主义、毛泽东思想、邓小平理论为指导，立足于建设有中国特色社会主义的实践，着眼于世界科学文化发展的前沿，不断发展健康向上、丰富多彩的，具有中国风格、中国特色的社会主义文化，满足人民群众日益增长的精神文化需求，引导广大人民群众从思想上精神上正确武装和不断提高起来。这也是我们党始终站在时代前列、保持先进性的根本体现和根本要求"。

总的说来，"三个代表"重要思想，既具有理论的创新性和前瞻性，是中国共产党第三代领导集体总结历史经验，对马克思主义党建理论和社会主义理论的重大发展，又具有强烈的现实针对性，是我们加强和改善党的建设、保持党在现时期的先进性的根本指导方针。我们必须以"三个代表"重要思想为指针，将之贯彻落实到党的建设的各个方面，贯彻到改革开放和社会主义现代化建设的全过程中。

三、创新体制，不断提高党的执政能力

江泽民强调指出："我们必须继续围绕在新的历史条件下建设一个

按照"三个代表"的要求,加强和改进党的建设

什么样的党和怎样建设党这个基本问题,进一步解决提高党的执政能力和领导水平、提高拒腐防变和抵御风险能力这两大历史性课题,全面推进党的建设新的伟大工程。"

我们党从一个领导人民为夺取全国政权而努力奋斗的党成为一个领导人民掌握全国政权并长期执政的党,从一个在受到外部封锁的状态下领导国家建设的党成为在全国改革开放条件下领导国家建设的党,党的地位、党所面临的形势和任务都发生了重大的变化。特别是在从计划经济转变为社会主义市场经济之后,投资主体多元化、利益主体多元化,人们的生活方式、行为方式、思维方式和价值观念都发生了很大的变化。中国即将加入世贸组织,这意味着我们将全面参与到世界经济的大循环中,各国的金融机构、商业机构和企业集团将大规模地进入中国,国际性竞争将全面展开。与此同时,各种利益集团,包括国内的和国际的集团,为了自己的利益,也将会利用一切机会对共产党施加各种影响,并想方设法钻法律和政策的空子。这一切,都势必对中国共产党的执政能力和领导水平,对中国共产党的预见能力、决策能力和驾驭复杂局势的能力提出严峻的挑战。我们必须充分认识形势的严峻性,充分认识提高党的执政能力的重要性,大胆而稳妥地探索新的执政方式,积极地进行制度创新、体制创新,实现执政方式的合理转换。

共产党是代表最广大人民群众的根本利益和整体利益的,而人民群众的根本利益就体现在各种具体利益之中,整体利益就是由各方面的具体利益构成的。在实行市场经济的今天,不同地区、不同阶层、不同集团,都会成为不同的利益主体,各自又都有长远利益和眼前利益的区别。这样,各种利益之间的矛盾和冲突就带有了必然性,利益冲突是其他各种冲突的根源,规定了不同主体对于改革政策和措施的基本态度。使我们的政策和措施正确反映并有利于妥善处理各种利益关系,在维护人民群众之根本利益、整体利益、国家长远利益的前提下兼顾和保障各种眼前利益,把二者有机地统一起来,通过合理的利益调整、利益平衡而减少反对力量,化消极因素为积极因素,把各方面的积极性都调动起来,绝不是一件简单的事,要求执政党必须要有相当高超的协调能力和决策能力,必须要有及时迅速地了解各种情况和进行理论预见的能力。如果缺乏这些能力,即使动机再好,即使为人民谋利益的愿望再强烈,也可能事与愿违,把事情搞糟,最终损害了人民群众的利益。我们过去

犯的许多错误,包括像"大跃进"这样的严重错误,并不都是动机出了问题,成心要损害人民的利益,而是认识能力不够、预见能力不够所造成的。

我们党成为执政党已经有五十多年时间了,但在改革开放之前,外部封锁严重,与国外的经济交流较少,国内是计划经济体制,我们党基本上是在一种相对封闭的条件下领导国家的,党的意志就是国家的意志,直接贯彻下去,要求全国不折不扣地予以执行。改革开放以来,形势大变,我们建立了社会主义市场经济的基本框架,同时又广泛参与到世界经济和全球性市场的大循环中。市场经济是自由竞争的经济,同时又是一种契约经济、法治经济,必须依靠一整套的市场规则才能顺利运行;市场经济时代的行为明显地带有一种博弈的性质,既是与其他竞争者的博弈,也是被管理者与管理者的博弈。作为执政党,作为整个社会的管理者,必须适应形势的变化,改变执政方式,尤其是改变长期在计划经济时代形成的领导观念。比如,在党的系统中,在政府上下级之间,必须令行禁止,不允许打折扣,不能搞上有政策下有对策,但政府在制定政策和确立规则时,就必须考虑到社会各种主体的立场和行为原则,必须正视上有政策下有对策这个基本事实,将政策考虑得更加周全,并且要有相应的审查、监督机制相配合,尽量做到无空子可钻,尽量要使政策具有一定的持久性和连续性,这样,这些政策才具有权威性,人们才能形成合理的预期,减少短期行为和投机心理,保持社会的稳定和秩序。再比如,在制定法律的过程中,共产党作为执政党起着重要的作用,但我们的法律作为国家意志和人民意志的体现,具有最高权威性和尊严,党的领导必须在法律允许的范围内进行,党必须坚决维护司法独立和法律尊严,绝不能搞党高于法、权大于法那一套。还有,在国际交往中,共产党作为执政党制定的对外政策,既要反映和代表中国的利益,又要代表和维护中华民族的尊严,只有不断提高预见能力和决策能力,才能在驾驭复杂局势中处于主动地位,在风云变幻的国际舞台上起到应有的作用。

要有效地提高党的执政能力,必须加强理论研究,在体制创新上下大功夫,探索新的执政方式。我们应该清醒地认识到,我们现行的政治体制、决策机制、执行和监督反馈程序,在相当程度上还保留着计划经济时代的特征,我们党的执政方式在相当程度上还不适应社会主义市经济时代经济发展和社会发展的需要。官僚主义盛行、行政效率低下、腐败现象严重，制约了生产力的快速发展，影响了改革的深入进行，导致了社会不公正现象的加剧，引起了人民群众对党和政府的不满情绪。造成这些现象的原因是多方面的，但最根本的病因还在于体制。邓小平早就指出，体制问题更带有根本性和全局性。通过深化政治体制改革，包括建立合理公正的干部选拔任免制度、审查监督制度、奖励惩罚制度等，增加决策的透明度，提高决策的民主化和科学性，既是提高党的执政能力的需要，同时也直接显示了我们党的执政能力，显示了我们党与时俱进、立党为公、执政为民的品质。

社会主义初级阶段是一个相当漫长的历史时期，我们的事业要依靠几代人、十几代人甚至几十代人的不懈奋斗才能成功。党的政治路线要靠组织路线来保障，组织路线要靠一定的体制来落实。通过体制创新，把大量德才兼备的年轻干部选拔到各级领导岗位上来，把那些实践证明是不合格的干部清除出去，这是保障我们的事业后继有人、兴旺发达的根本问题，是社会主义国家持续发展的命脉所系。江泽民在"七一"讲话中把提高党的执政能力和反腐防变能力当作我们必须解决的两大历史性课题，体现了我们党的清醒头脑和远见卓识。我们一定要按照"三个代表"的要求推进政治体制改革，进行体制创新，交给人民一份满意的答卷。

四、从严治党，努力改善党的社会形象

江泽民深刻指出，我们一定要深刻认识和吸取世界上一些长期执政的共产党丧失政权的教训。党执政的时间越长，越要抓紧自身建设，越要从严要求党员和干部。从严治党，是保持党的先进性和纯洁性、巩固党的执政地位的重要保证，全党同志一定要从党和国家生死存亡的高度，充分认识反腐倡廉工作的重大意义，一定要以党风廉政建设的实际成果取信于民。

苏联共产党是列宁亲手缔造的党，在执政几十年后被赶下了台，被解散了，苏联也解体了。更为重要的是，苏联的广大党员和人民群众对于这一重大变故无动于衷，平静如常。这说明了什么？有人说，是因为

西方反共势力实施西化战略的结果,主要是党内出了戈尔巴乔夫这样的叛徒,是他提倡的公开化断送了苏共。这种解释是非常肤浅的,但却是能够误党误国的,如果我们相信了这种解释的话。西方反共势力对于共产党执政的国家从来没有放弃过和平演变的西化战略,但这毕竟是外因,戈尔巴乔夫对于苏联共产党的垮台确实起了重要作用,但这也不是根本原因。如果一个人或几个人能够搞垮一个党,那么这恰恰说明这个党的体制和机制是有着严重问题的;如果一个党的广大党员和干部在党的生死存亡关头不声不响,漠不关心,那么这就说明他们已经不再把这个党看作自己的党;如果人民群众对于号称代表人民利益的执政党的下台和解散无动于衷,甚至表示庆幸,那么这正说明这个党已经长期脱离了人民群众,成了只代表少数人利益的党,甚至成了压迫人民的党,证明人民群众已经对她失望至极、厌倦至极,认为她的下台也许是一件好事。无论共产党过去有多大的功绩,有多么光荣的历史,如果长期脱离人民群众,甚至站到人民的对立面,那么就必然要被人民抛弃。这个血的教训我们必须牢牢汲取。

对共产党来说,党的纲领是一面旗帜,是她的先进性的理论表现,而党的作风则关系党的形象,关系人心向背,关系党的生命。因为人民群众是最注重实际的,党的作风就是党的形象的实际体现,是党是否代表人民群众利益的具体表现,也是人民群众对党的信任感的重要基础。党制定路线方针、政策要以人民群众的利益为出发点和归宿,这些路线、方针、政策要靠各级党组织、各级干部去具体地实现和执行,在执行中倾听人民群众的意见,及时发现问题和错误,根据实际情况进行修改和纠正,结果如何要向人民做一个交代。在所有这些环节中,没有好的作风是根本不行的。毛泽东曾经把我们党的优良作风概括为理论联系实际、密切联系群众、批评和自我批评,这是我们党区别于其他政党的显著特点,是我们党能够克服困难、立于不败之地的重要保障。但是,我们必须清醒地看到,夺取了全国政权成为执政党之后,生存的危险消失了,外部压力相对减轻或解除了,权力的腐蚀作用开始出现了,党的这些优良作风在相当程度上被一些人忘记了,我们的不少党员特别是担任领导职位的党员居功自傲、不思进取、无所作为,贪图享受、攀比待遇,争荣誉、争地位,讲排场、摆架子,滋生了严重的官僚主义和形式主义。一些领导干部包括高级领导干部一方面向党要官要权,想方设法

按照"三个代表"的要求，加强和改进党的建设

地跑官揽权，另一方面又把人民交给的权力、党交给的权力当作私人资本，不是为人民干实事，而是向人民、向下级耍威风。更有一些干部经不住金钱和美色的诱惑，逃不脱人情和亲情的羁绊，贪污腐化，徇私枉法，不以为耻反以为荣，直至走到了触犯刑律的地步。赖长青、成克杰之流不仅严重违反了党纪、败坏了党风，也严重违反了国法，且贪污的数目非常巨大，令人惊心动魄。更为可怕的是，在这些年还出现了集体腐败问题，整个领导班子全盘烂掉的不在少数，在个别地方正不压邪，不跟着腐败就无法立足。党内的不正之风与社会上的不正之风相互引发、相互激荡，已经严重地败坏了党的形象，引起了人民群众的极度不满。我们必须认识到党的状况的严重性，认识到腐败问题的严重性，不下大决心、花大气力进行整治，后果不堪设想。这绝不是危言耸听。

党内腐败现象的大面积出现，固然与市场经济时期的环境条件有关，但更与我们党自身的管理制度、监督机制不健全有关，与党内民主生活制度不健全有关，与整个国家的政治体制改革滞后有关。坚持从严治党，必须按照"三个代表"的要求，坚持标本兼治原则。首先，从制度层面予以考虑，积极推进政治制度改革，用权力制约权力，严格防止权力过于集中在少数领导人手里的现象；以责任约束权力，权大者必须责任重，出了问题必须负责，接受相应的惩处；以时间限制权力，坚决废除领导干部终身制，不允许长期担任重要职务；以法纪规范权力，严防越权、擅权、弄权；以民主监督权力，要把党内监督、人大监督、群众监督、舆论监督结合起来。其次，全党同志都要注重和加强党的作风建设，加强理论学习，提高党性修养，提高自身素质，严格要求自己，既要密切联系群众，又不能把自己混同于普通老百姓，要起到先锋模范作用；党组织要严肃党的纪律，对那些不合格的党员坚决劝其退党，把那些严重违反党的纪律的分子坚决清除出去。只有如此，才能切实保证党的队伍的纯洁性和先进性。再次，各级党组织都要坚决贯彻党的民主集中制原则，凡属重大决策、重大问题，必须由党委集体讨论，不允许个人说了算。要把集体领导与个人分工负责有机结合起来，提高工作效率，克服违反民主集中制的个人专断、家长制、一言堂现象，也要防止集体负责人人不负责的软弱涣散现象。各级党组织都要维护中央的集中统一和权威，不允许各行其是，更不允许欺上瞒下。最后，发展党内民主，拓宽党内民主渠道，坚持过好党内民主生活，党员的民主权利必须

保障，在党纪面前必须人人平等，不允许有任何特殊党员存在。各级党组织和每个党员都要在法律的范围内行事，做依法治国的典范、民主政治的典范。

中国的事情要靠中国人民，要靠中国共产党。我们党有六千多万党员，比一些中等国家的人口总和还要多，只要我们从严治党，管好党的各级干部，管好党的各级组织，管好每个党员，增强党的团结，保持党的活力和战斗力，改善党的形象，就能成为领导人民群众实现现代化的中坚力量，成为中华民族凝聚力的核心，我们就能克服前进道路上的任何困难，抵御任何风险，战胜任何敌人。

五、扩大基础，切实巩固党的执政地位

改革开放以来，中国的社会结构发生了巨大变化。民营企业大量出现，外资企业不断增加，中外合资企业也日益壮大，在第三产业领域，各种非公有制的公司、商店、服务中心、中介机构等更是遍地开花。股份制的引进，国有公司、金融机构与其他企业可以相互持股参股，使得产权结构更为复杂。中国的经济结构已经变成了一种混合制经济结构，非公有制经济占据了相当比重，成为我国经济发展的重要构成部分。坚持公有制为主体、多种所有制经济共同发展，坚持按劳分配为主、多种分配方式并存，已经被载入宪法，非公有制经济和其他分配方式都受到国家法律的保护。与此相适应，社会阶层构成出现了新的情况。民营科技企业的创业人员和技术人员、受聘于外资企业的管理人员和工程技术人员、个体户、私营企业主、中介组织的从业人员、自由职业者等构成了新的社会阶层，他们通过诚实劳动与合法经营，为发展社会主义社会的生产力和其他事业做出贡献，他们也是中国特色社会主义事业的建设者。

面对社会经济结构的新变化，社会阶层构成的新变化，我们党应该采取什么样的对策？作为一个国家的执政党，在制定政策时是否要考虑到照顾这些新的社会阶层的合法利益？是把他们作为自己的社会基础还是当作自己的对立面？允许不允许他们中的优秀分子加入共产党？这些都是我们必须认真对待的大问题。"三个代表"重要思想对这些问题做

按照"三个代表"的要求，加强和改进党的建设

出了科学的回答。

长期以来，一些人受狭隘的、僵化的、教条的观念的影响，拘泥于经典作家的个别结论，把阶级斗争观点绝对化，不懂得共产主义的实现需要一个相当长的准备时期，尤其是忽视中国还长期处于社会主义初级阶段这个历史事实，忽视党在革命时期的战略策略与作为执政党在和平建设时期的战略策略的差别，把共产党代表工人阶级利益保持纯洁性与扩大自己的执政基础对立起来，表现为严重的"左"倾幼稚病。正是在这种"左"的指导思想的支配下，新中国成立以后我们没有及时把工作重点转移到经济建设上来，对个体工商业者、对私营企业主都采取了不合理的政策，把广大知识分子看作异己力量，把他们当作自己的对立面，严重打击了他们的爱国热情和建设社会主义的积极性，造成了很大的危害。邓小平第三次复出后，大胆纠正了这种错误，明确宣布知识分子是工人阶级的一部分，为右派摘帽平反，并提出了让一部分人先富起来的政策，民营经济和非公有制经济得到很大的发展，受到包括知识分子在内的广大群众的积极拥护。面对改革开放后出现的新形势，以江泽民为核心的第三代中央领导集体坚持解放思想实事求是路线，审时度势，提出"三个代表"重要思想，对这些新出现的社会阶层的政治地位做了科学的分析，表明了党对其的态度和政策，扩大了我们党作为执政党的社会基础，扩大了我们党的社会影响，这对于推进中国特色社会主义事业具有十分重要的战略意义。

任何一个执政党，欲想稳固自己的执政地位，都必须提高自己的执政能力、改善自己的社会形象，同时还需要扩大自己的社会基础。这是政治学中的一条基本道理。中国共产党作为执政党，要服从这个基本道理，所不同的是，中国共产党作为工人阶级的政党，作为马克思主义的政党，还必须保持自己的先进性。确切地说，中国共产党必须把这几个方面与保持自己的先进性有机统一起来，把先进性的要求贯彻到这几个方面。要深刻地理解这一点，我们需要把握好两个"统一"，这就是中国共产党作为工人阶级先锋队和作为中华民族先锋队的统一，党的最高纲领和现阶段最低纲领的统一。

中国共产党是中国工人阶级的先锋队，也是中国人民和中华民族的先锋队，在过去进行民族民主革命时期是如此，在今天建设中国特色社会主义实现中华民族伟大复兴时期也是如此。中国工人阶级的利益与中

华民族的整体利益、中国最广大人民群众的根本利益是完全一致的，是不能分割的。中国共产党当然首先要代表中国工人阶级的利益，但同时也要代表广大农民群众的利益，还必须考虑和代表其他社会阶层的合法利益，在这些利益要求出现冲突时，要以中国人民和中华民族的长远发展与根本利益为基础，注意找到平衡点，找到合理的解决办法。实现现代化，建立一个经济实力雄厚、政治清明、文化繁荣的国家，是中国人民的根本利益，是中华民族的根本利益，也是中国工人阶级的根本利益，代表了最广大人民群众的根本利益，同时就代表了工人阶级的根本利益。任何把二者割裂开来并对立起来的做法都是错误的，也是危险的，都可能使党的先进性架空或抽象化，使党的政策脱离现时大多数人的具体利益和实际觉悟水平，削弱党的社会号召力和社会影响力。

解放全人类、实现共产主义，是中国共产党的最高纲领，但在不同历史阶段共产党又有自己的最低纲领。在新民主主义革命时期，毛泽东就曾讲过，我们是最高纲领和最低纲领的统一论者，反对任何将二者割裂开来只要最高纲领不要最低纲领的"左"倾思想，也反对只要最低纲领而不要最高纲领的右倾思想。在今天，我们党也必须把最高纲领与现阶段的最低纲领有机统一起来，既要树立远大的共产主义理想，又要踏踏实实地为实现党在现阶段的基本纲领而不懈奋斗，扎扎实实地做好现阶段的每一项工作，切实地代表最广大人民群众的根本利益，代表先进生产力的发展要求和先进文化的前进方向，把先进性和广泛性相统一，为在21世纪中叶实现社会主义现代化而奋斗。

我们从事的社会主义和共产主义事业是光荣而伟大的事业，是需要千百万人团结一致共同努力才能实现的事业，是需要十几代人甚至几十代人的不懈奋斗才能实现的事业。我们必须充分认识建设社会主义伟大事业的艰巨性和长期性，按照"三个代表"的要求，加强和改善党的建设，把全社会各阶层中承认党的纲领和章程、自觉为实现党的路线和纲领而奋斗的优秀分子都吸收到党内来，把全民族的先进分子和精英人才都吸引到党的周围，扩大党的社会影响，巩固党的执政基础。干革命总是拥护的人越多越好，搞建设也是支持、参与的人越多越好，反对的力量越少越小越好。团结一切可以团结的力量，调动一切可以调动的积极因素，形成浩浩荡荡的建设大军，我们的目标就一定能达到。

深化价值观研究与构建当代中国价值观体系[*]

中国当代哲学价值论的研究，大致自 20 世纪 90 年代中期始，逐渐将中心落在价值观研究上，社会各方面对价值论的重视也主要体现在这一方面。但是，不客气地说，我们在这方面的工作和努力，我们所提供的理论观念和精神产品，还远远没有达到满足社会需要的程度。中国社会正发生着深刻的转型，可我们在观念和理论上仍存在诸多含糊、迷茫甚至混乱的情况。我以为，我们应该以构建当代中国价值观体系为目标，围绕问题，有的放矢，进一步推进和深化价值观研究。

一、重新反思中国传统价值观

当今中国是从传统中国发展而来的，无论人们在观念上、理论上如何进行超越，或号称实现了跨越，实际上任何人都无法割断这个历史过程。传统是现实的根，是现实的源，不理解传统就无法认清现实，对传统的弊端就指认不准，在现实实践中就很可能不知不觉地走旧道履覆辙。这两个方面，在当今中国都有着大量经验根据的支持。传统成为传统，能够传下来，就表明其还具有生命力，继续影响着现在的人们，其中起作用的一个重要渠道就是价值观。价值观既是人们评断是非好坏的

---

* 本文原载《华中科技大学学报》2007 年第 2 期。

一种标准和原则，也是人们以为的合理地看待事物、知人论世的一种方式，一旦确立，就具有一种普遍化的社会性性格，能够薪火相传地延续下来，也能够横向地播散或流传。唯有这种为实际生活着的人们所相信、所信奉而延续流传的观念，才是真正能起作用的，也是真正具有生命力的。至于那些仅仅存留在经典文本中的思想、观念，也就是那些为理论家、思想家所提倡的属于理想主义的东西，恐怕更多只具有思想史意义，而与现实生活中人们借以知人论世、进行行为选择的实际价值观有着很大差别。

马克思早就指出过，正如看一个人不能以他所说的话为依据一样，了解一个时代不能只看它的意识形态和观念文化。但我们许多搞理论研究的人恰恰忽视了这个道理，把古代思想家写在书中的价值观当作那个时代人们真实奉行的价值观，比如把中国儒家经典中的价值观当作中国传统的主流价值观，无论是激烈地反传统派还是保守主义者，基本上都以此来看待传统，只是各自侧重的方面不同罢了。他们都忘记了一个基本事实，就是汉武以降的历朝统治者，尽管嘴上讲的是独尊儒术，但在制度安排上却"百代都行秦政制"，施行的都是法家那一套东西。阴法阳儒，儒表法里，宣扬的价值导向与实际的价值取向形成冲突，其重要后果之一就是导致了普遍的双重人格：从知识分子到普通老百姓，都奉行嘴上讲仁义道德，似乎都只为正其义明其道而努力，但实际上却斤斤计较地进行着利害盘算，谋利计功，不落人后；明里都在讲人性本善，诚信为根，谦让是本，经教化皆可为圣贤，但暗里却坚信人心险恶，有罪推定，处处设防，输诚失信，在在有之。我们尽管无法对过去各朝的价值观予以实证的调查，但通过正史、野史和其他文献的记载可以知道，现实生活中的人们并非把儒家经典中的那些理想的也是高调的东西当作评价标准，国家政治生活中如此，人们的日用伦常中也如此。

如果说鸦片战争之前中国社会是一个比较封闭的社会，那么自此以降，西方文化就随着其商品、商人、传教士等开始逐渐渗透进来，经20世纪初的新文化运动对民主和科学的推崇，西方实用主义、自由主义、无政府主义、空想社会主义等各种思潮更是大举进入。在价值观层面，民主、共和、宪政、法治、平等、自由、权利等，都在冲击以往中国本土的家天下、等级制基础上的君臣父子、仁义礼智信观念的同时，为世人特别是知识分子阶层所广泛接受，形成了近代以来的新传统。中国被强行拖进了现代化过程,成为半封建半殖民地社会,全盘西化固然不现实,但保存国故却更无可能,不过是一些文化人的一厢情愿。加之严重的城乡二元化,一方面是城市文化和知识分子观念形态的云翻雾起,另一方面则是广大农村和农民原生态生活的死水微澜。中国的价值观在固有的多元混杂的基础上,突现出传统性与现代性的矛盾冲突。还有共产党人所开创的延安传统,因在新中国成立后变成国家的主流观念,其影响和地位就绝不能以一地一派的眼光视之,如何分析其缘起、构成和利弊,也是一件非常复杂的事情。

如此看来,对于中国的传统价值观,既不能以"礼仪之邦"来赞之,也很难用"民族劣根性"来贬之,其复杂性决定了我们很难用"一言以蔽之"的模式来概括。"取其精华、去其糟粕"原则固然不错,但如何在实事求是的基础上弄清其本来面目和来龙去脉,如何立足中华民族现代化和人的全面发展来确定合理的解释框架与评判标准,分清其精华与糟粕,是其所当是,非其所当非,却是一件十分艰难的工作。我们应该尽快将这方面的工作开展起来,结合伦理学史、美学史、经济学说史、政治思想史、制度发展史、教育史、民俗史等的材料,将中国的各种价值观及其历史发展,做一番系统的整理和梳理。这将是一件功德无量的事情。

二、当代价值观调查工程

关于开展这个调查工程的问题我们在好些年前就提出来了,但由于种种原因,至今也没有真正地开展起来。这是一项非常重要的基础性工程,是一件我们非做不可的事情。而且可以说,我们进行传统价值观的研究工作,也是与当今中国人的价值观调查相联系并为之服务的,是为了更好地了解和理解当今中国人的价值观情况及其变化趋势。

中国是一个人口众多、地域辽阔、各个地区经济文化发展很不平衡的国家,我们进行当今中国人价值观的调查,一定得特别重视这个国情,分别地以不同地域、不同信仰、不同阶层、不同民族、不同年龄段、不同行业人群的价值观为对象,对价值观的不同方面进行调查。毫无疑问,这是一件工作量非常巨大、非常艰苦复杂的工作,是一项需要与社会学、宗教学、民族学、教育学、经济学、政治学等学科进行联合,需要获得国家有关部门支持的庞大工程。

我们实现有中国特色的现代化,构建社会主义和谐社会,一个重要前提就是对中国国情有真切的认识。过去我们多把国情理解为物质性的、经济性的条件以及相关的教育、医疗卫生、体育等方面的发展情况,也通过人口普查等途径获得了比较全面的掌握。但是,我们对于"人情",即人们的生活态度,人们对当前经济制度、政治制度、文化制度以及党和政府工作的满意程度,对许多国家重大政策的了解和赞同的程度,对社会在权力、地位、财富、机会等方面的分配是否公正的看法,对人际关系和社会安全方面的看法,对党和政府的信任程度以及对社会发展前景的看法,人们的生活期望、信仰以及社会道德状况到底是怎样的,人们的实际评价标准到底如何构成以及人们对社会主导价值观到底有多大的认同度,等等,相对说来,就了解得比较少,甚至还没有将之纳入"国情"研究范围。实际上,这种"人情"不仅是最鲜活、最动态的国情,而且是制定政策的重要依据。

我们都说这些年来随着改革开放的深入,特别是随着从计划经济体制转到市场经济体制之后,人们的生活方式、行为方式和价值观念都发生了很大的变化,但到底发生了哪些变化,这些变化在不同阶层、不同地区的人们之间有哪些速率和程度的差别、有哪些方向性的差异,价值观方面的差别在什么条件下导致了冲突以及这些冲突带来了什么样的后果,我们都缺乏实证性的材料数据。可以这么说,我们所理解、所了解、所谈论的许多变化,都是或主要是在知识分子阶层中发生的,是通过一定的社会意识形式表现出来的,还有大量存在于生活方式和行为方式中的东西,大量存在于农民、工人和下层群众中的属于生活原生形态的东西,我们了解得并不是很多,有的根本就不了解。有研究表明,城市人群与乡村人群在价值观上的差别,城市中上层人群与下层人群在价值观上的差别,知识分子阶层与工农阶层在价值观上的差别,先富起来的一大批人与生活还比较贫困的人之间的观念差别,甚至老年一代与青年一代之间的观念差别,正在形成一种"断裂"状态。这种"断裂"不仅是描述性的,更主要的还是功能性的,它意味着人们在立场和评价方面的对立,也容易导致实际选择和行为上的对抗。这些年来大量发生的且具有增加趋势的所谓"群体性事件",就是这种对抗的具体表征,是社会不和谐、不安定因素的突出表现。而关于这些方面，我们恐怕还是相当不熟悉、不了解的。

在对本国人们的价值观进行比较细致而实证的调查的同时，也应对西方发达国家人们的价值观，以及其他发展中国家人们的价值观，进行适当的调查和研究。据我们所知，欧洲一些国家已经开展了这方面的调查研究，而且是持续不断的、追踪性的调查，以便对人们价值观的变化进行必要的对比分析。我们可以与西方国家合作，一方面将中国的调查纳入它们的计划，并获得一定的资助，另一方面也可使用它们的材料，使我们对西方国家的"人情"有比较实证的了解。对于其他发展中国家，则可选择那些与中国具有可比性的大国如南美的阿根廷、巴西以及亚洲的印度，通过有关组织，间接地进行一定的调查。另外，对于与我们有着较近的文化传统的邻国如日本、韩国等这些后起国家，对于曾搞过社会主义的俄罗斯和东欧一些国家，都应该积极地进行联系，将这种调查工作开展起来。

三、推动思维方式转变，构建当代中国价值观体系

现代化作为一种整体性的社会演进，不仅包括物质器具和制度层面的现代化，而且包括文化的现代化；不仅意味着社会教育水平、体育卫生设施、通信交通等交往条件和社会服务中介组织的现代化，更意味着人们的思维方式和价值观念的现代化。总之，是生产方式、交往方式、生活方式、思维方式和价值观念的全面的系统演进。任何一个方面的单兵独进，虽然看似效果显然，但实际都是无法持久的，也不能产生应有的合理效应。

中国是一个后发展国家，也是一个集权传统最为悠久的国家，在现代化和参与国际竞争的过程中，一方面需要利用国家政权的力量进行社会动员，组织和推进现代化进程，并整合民族资本的力量和全国资源来参与国际竞争，从这个角度看，中央权力和权威的弱化是不利于中国的现代化的。另一方面，现代化过程又是一个市民社会逐渐发育、社会自组织功能增强、个人从依附性走向独立性、国家政治权力逐渐回缩的过程，即是形成如一些人论证的"小政府大社会"的过程。这就在路径选

择和目标设定方面存在巨大的两难困境,同时也造成民众特别是知识分子的政治预期与实际的民主政治过程之间的巨大落差,是形成民众的政治冷漠感、社会冷漠感、局外人或看客心态等阻碍整个社会的现代化动员的重要根源。

这些年来,在国家倡导的意识形态系统和主导价值观外,自由主义、"新左派"、文化保守主义、民族主义等也都表现出现代化"谋划"的一些思潮。这些思潮既反映着一定的价值观,也内在地体现着一定的思维方式,二者是密切地联系在一起的。它们尽管主要存在于一些知识分子群体中,表现为这些知识分子群体的话语、行为,但同时也是社会矛盾的不同方面的折射,比如自由主义更多地与市场经济所诉求的个人独立、个人权利等相联系,"新左派"则抓住了现实生活中严重的社会不公正现象,文化保守主义与民族主义则呼应着中华民族和平崛起后的文化根基问题和增强民族凝聚力的问题。除此之外,各种宗教力量的迅速扩展和蔓延,也是一种不可小视的新动向。

中国社会价值观的多元化、异质化存在,并非自今日始,而是从来如此。问题是如何看待这种多元化和异质化,如何通过制度安排形成一定的和而不同、互动互补的机制,取其利而去其弊,扬其利而避其弊。这就既涉及价值观也涉及思维方式。无论传统思维的尚同排异的倾向,还是现实的统一思想的政治需求,我们历来对于多元化总是比较忌讳、比较反感的,宁肯"统就假"也不愿意"放而乱",宁肯要表面的形式的口服,也不愿意看见真实的不服与不和。我们一直未能从经济、政治和思想各个层次的"一统就死,一放就乱"局面中走出来,一直未能找到一种"统而不死,活而不乱"的制度形式和运行机制。现在我们要构建社会主义和谐社会,就进一步把这个问题的重要性突出了出来。和谐不是排除矛盾的和谐,不是排除异质性的纯一,而恰恰以承认多元性和异质性因素的存在为前提,以承认各种社会力量和社会群体的合法权利、合法利益诉求及其顺利表达为前提,通过协商与妥协而达到的一种和而不同、争而不乱的局面。这种和谐社会,是在求解各种不同利益之间的最大共同利益、各种不同价值观的基本公约数的基础上形成的,是经过确立一些共同认可的规则和约法、在这个基本框架范围内的谈判和妥协而达成的。国家和中央政府作为社会最大共同利益的代表,作为管理公共事务的最高代表,其权威就在于维护这些共同认可的规则和约法的威严，在于在引起纠纷的当事人之间公正地进行裁判。

要而言之，我们构建的和谐社会，是一种和谐安宁的现代社会，或者说是现代社会意义上的和谐社会，而不能是至少不应是传统等级制臣民社会意义上的和谐社会。因此，政治问题、政治理念必然是当代中国价值观体系中的核心内容，是无论如何都不能回避、无法绕开的关键问题。任何试图将价值观体系道德化的企图，都抽去了公民权利和现代民主政治的基础，有意忽略了价值观多元化和异质化的现实，主要是围绕着如何使个人成为一个温良恭俭让的"善人"、将各种普遍的"好"组合起来而形成的体系，势必将失去其时代特点和对现实的解释及批判意义，成为一种抽象的、超时代超民族的乌托邦理想。

对传统价值观的研究、对现实社会价值观的调查，既是为着了解历史和现实的人情世道，更是为着构建适合社会主义市场经济发展和现代社会的时代要求的价值观体系而服务的。希望我们能够通过价值哲学研究会的组织性活动，有计划地对这些工作做出一些安排，确定一些选题，大家分工合作，避免低水平重复，将有限的资源合理而充分地利用起来。

21 世纪中国新价值观的建设与展望[*]

一、我们面临的一个重要任务

世纪之交,在自然时间中不过是短暂而又平常的一瞬,但全世界的人们却非常重视这一交替。旧的世纪结束了,要回顾,要总结,感慨良多;新的世纪开始了,充满了可能,充满了信心,充满了希望。这一刻具有重大的意义,当然这是一种历史的意义、文化的意义,是人赋予的意义,而且是现代人赋予的意义。人就是这样,不仅要生活,要活着,而且要活得有意义,要给各种事物、活动赋予一定的意义。时间久了,习惯成了自然,忘却了这意义的起源,好像这意义是事物、活动原本就固有的。

意义是什么?一言难尽,但肯定不是我们叫作有意义的那些事物所固有的,而是这些事物对人的一种特殊关系,是事物对人的意义。意义是一种价值现象,是以人的尺度为转移的一种现象。所谓人赋予了一定事物意义,不过是发现了这些事物对人的价值,或是规定了这些事物的价值。这里的事物是个总称,时间点、空间域、实物性的存在、精神性的存在、历史的存在、现实的存在、想象的虚拟的存在、可能的未来的

---

[*] 此文原载《天津社会科学》2001 年第 1 期。

存在，都被包括在内。人为自己创造了许多精神性的存在物，艺术家创造的人物、事件都是想象的，理想也是想象的，但对人有意义，有价值。而且，正是因为有价值，才是一种存在，无价值的、价值不大和不久的，虽然曾存在过，但为人们所忘却了，被湮没在历史的尘埃中，不存在了。我们过去对"存在"范畴理解得太狭隘片面了，似有重新理解的必要。

  人们对事物赋予意义，理解和看待事物的价值，又不是随意的。这就涉及价值观。价值观是人们对价值的根本看法，也是对根本价值的看法。价值观与价值观念有一定的区别，这里且不论，权当作价值观念的简称。价值观是现实的价值关系的一种反映，是价值意识的一种形式。价值意识不同于科学意识，后者是对事物是什么、会怎么、为什么的知识，前者则体现了主体的立场、尺度，是一种主要反映主体性和主体态度的意识。价值观可被看作理智—观念层面的价值意识，是理性化的、以一定知识为基础的对价值的看法。它是人们看待价值和意义的标准，是人们的评价标准。人们的价值观不同，对同一事物的价值的看法也就不同，甚至会截然相反。

  在以往时代，受自然条件限制，交通工具不发达，各个民族在不同的地域中孤立地发展着，个体还没有从原始母体的群体中独立出来：一方面，一个民族的价值观，对内也就几乎可被看作每个人的价值观，至少彼此之间的一致性比较大；另一方面，各个民族都把自己的价值观当作唯一合理的价值观，不同于自己的就是错误的。但由于交往较少，所以价值观的冲突还不是很明显。市场经济使得交往频繁和扩大，民族历史时代让位给世界历史时代。第二次世界大战以后，特别是20世纪后半期，跨国经济、跨国公司普遍化，计算机网络化，全球经济开始了一体化的过程。经济的交流、互渗、合作带动了人才全球性流动，带动了政治和文化的交流，时至今日，经济一体化已成不争的事实。但在其他方面是否也要一体化，是否应该一体化，争论还很大。因为在现代的世界经济格局中，那些发达国家无疑居于中心的优势地位，它们借助经济上的先发优势，也借助落后民族中相当普遍的羡慕它们的生活方式的心理，试图把它们的那一套价值观当作普遍合理的，当作别的民族都应该遵从的。国际性交往自然就使价值观的差异和冲突彰显化了，文化霸权主义更突出了这个矛盾。

中国作为一个大国,作为一个有着悠久历史和丰厚而灿烂的文化传统的大国,自是不肯依附于人的。但要自立于世界民族之林,为人类发展做出较大的贡献,首先是经济发展和经济现代化的问题,同时还有一个光大我们的民族文化、建立一套既承接中华民族历史传统具有鲜明的中国特色,又适合现代生活的价值观的问题。这是摆在我们所有文化人、所有理论工作者面前的一个任务,一个非常艰巨而又意义重大的任务。

二、无可回避的现实:落后和优势

价值观属于上层建筑,是意识形态的核心,与一定的经济基础相联系,与社会经济发展和社会物质生活的水平相适应,具有突出的民族性和时代性,是民族文化中最核心、最灵魂的东西。人们对人的观念和人生的、社会的理想,对正义、平等、自由、权利和责任的看法,人们的道德观、艺术观、法治观、自然观、科学观等等,构成价值观的具体内容,从各个方面规定着人们的评价和选择,影响着人们对事物的认知和对生活意义的理解。

不同的民族受具体的地理环境、生产方式和生活方式的制约,形成了不同的民族文化和价值观。一个民族的文化和价值观就是一个民族世世代代的活动在精神层面上的反映与积淀。价值观的民族性实质上是民族主体性的一种表现形式,是民族主体长期实践和社会生活的产物与反映,反过来又对该民族成员具有重要的影响,使他们具有一定的民族凝聚力,顺利实现自己的身份认同和文化认同,维护具有民族特色的生活方式。文化和价值观的民族性对于该民族是一种共性,相对于人类文化则是一种个性和特色。众多的民族文化构成了人类文化的大花园,每种民族文化都是人类文化大花园中的一朵奇葩。从这个角度看,各个民族,无论大小强弱、先进落后,其文化和价值观都有自己存在的合理性。但若以整个人类的进化作为尺度,不同民族进化所达到的位置又是不同的,有先进和落后之分。这种时代性的划分,首先是也主要是根据经济发展水平做出的,是根据生产方式的性质进行区划的,文化和价值观具有一种从属性,也服从这种规定。这就是民族文化和价值观的时代性问题。若是在这一点上都无法达成共识,那恐怕对许多问题的讨论就没有共同的基础。

中国是一个有着几千年历史的文明古国,曾经在人类进化史上处于先进地位,但无论怎样,到了近代,中国落伍了。1840年以后,外国列强纷纷入侵,民族矛盾和阶级矛盾交织在一起,非常激烈尖锐,此后一百多年间,中国本土战乱频仍,几乎无一天安宁。14年抗日,中国倾全国之力,竭力求存,元气损耗甚大;3年内战,破坏惨重,国民经济几乎全面崩溃。新中国成立,好不容易获得了一个安定的环境,可以安心发展经济和文化了,无奈重大决策又屡屡失误,失去了大好时机,拉大了自己与发达国家的距离。一直到改革开放,才真正把经济建设放到应有的地位,各项建设才算逐步走上正轨。尽管20世纪的最后20年,中国有了巨大的进步,可毕竟起步太晚、差距太大,到目前为止,在世界各国的经济发展排名中,中国仍然是排在相当靠后的位次的。

知耻近乎勇,只有敢于正视自己的落后,才有摆脱落后的希望。有清一代,中国人不明世界形势,更不肯言自己落后。即使与西方列强交往,军事外交都吃了败仗,也仍然高倡阿Q精神,觉得自己在文化上比人强。到底还是鲁迅深刻,阿Q现境不如人,就转向过去,"我祖上比你们阔多了",直到今日,这种情结还盘踞在许多人的观念中。不肯承认落后,拉不下面子,就始终难以有一个正确的、真诚的态度,不仅对别人的长处短处难以形成正确的认识,对自己传统文化和传统价值观的优长劣短也难以达到一种合乎实际的理解。我们应该清楚,我们的传统文化和传统价值观本质上是一种农耕文化,是一种农耕社会的价值观,是一种建立在血缘宗法关系与等级制基础上的文化和价值观,属于马克思所说的人的依赖关系占统治地位时代的文化和价值观,比起以对物的依赖而实现的人的独立发展的时代来,这是一种时代性的差异。冯友兰先生早年曾说,中西的问题实质上是古今的问题,就表达了这个意思。中国要实现现代化,即是说目前还尚未现代化,正处于从前现代化的社会向现代社会过渡的阶段。中国人的价值观,如果不是仅仅从我们的报纸、书本、文件去看,而是从大多数中国民众的现实心态、情感方式、思维方式方面去看,应该说是与这个过渡时期大致相适应的。现在人们思想和行为中出现的许多混乱、无序,是这个过渡时期所难免的。

经济落后与文化和价值观的落后,造成了我们的劣势,但同时我们也有优势,即所谓后发展优势。发达国家作为前驱者,它们探索过程中的许多经验我们可以吸取,它们走过的许多弯路我们可以避免,它们现在出现的许多弊病我们可以预先防止,它们的许多现成技术我们可以直接拿来使用。正因如此,我们才可以用几十年的时间走过了它们用了上百年甚至几百年的时间才走过的道路。落后并不可怕,可怕的是不承认落后,抱残守缺,不思进取,我们只要从实际出发,虚心学习,就可以实现从落后到先进的转化。看不到这一点,肯定是不对的。

三、新价值观:重在建设

我们需要一种新的价值观,这个新,既是相对于我们传统的价值观而言的,也是相对于西方现有的价值观而言的。这是一种借助外缘而从本土文化中生长出来的价值观,但又不是内外因素自发地发生的价值观,而是我们自觉地建立起来的价值观。建设新的价值观,是全中国人民的共同责任、共同任务,这是没有问题的。可作为哲学工作者,这应该是我们的首先的、主要的责任和任务。

哲学是一种理论化的世界观,我们讲了多少年,大抵有点哲学常识的人都知道这个定义。世界观是什么,是人们对世界的根本看法。哲学也是一种根本看法,是理论化的根本看法。但是,在相当长的一个时期内,人们,包括哲学家们,在理解这个对世界的根本看法的时候,却把它转变成了对"世界根本"的看法。要弄清世界的根本是什么,成了哲学的主要任务。"唯物"也好,"唯心"也罢,一个"唯"字,表明都是围绕着世界的根本是什么而旋转的。马克思发现了这个毛病,指出哲学是人们在一定条件下创造出来的,它所表现的仅仅是人们对世界的根本看法,而人们是分属于不同时代的,一个时代的实践和社会生活发展到什么程度,人们的看法就达到什么程度。每一代哲学家们所以为的世界的根本,不过是他们所达到的认识的界限,根据不在于对象,不能只从对象方面去看,更主要的是从人、从主体方面去看,要从实践方面去理解。人们的现实实践才是人们的看法的根和本,是这些看法的根据所在。这就实现了从实体性、本体性思维方式到实践性思维方式的转变。

以这种新的思维方式看哲学,哲学就不单是总结科学对世界认识的成果，而且是总结、提炼人类活动与实践的经验和成果，并且最终就是为指导人类的实践服务的。哲学不能仅满足于解释世界"是什么"，更主要的是要指导人们"干什么"，要提供一套应该干什么、应该如何干的原则和方法，提供一套关于人的发展和人的社会发展的思想。这样一来，价值的问题就突出出来了，哲学理论同时就是并且首先就是一套关于人生观和价值观的理论。一句话，哲学非得关注价值和价值观不行，否则就失去了自己存在的一部分价值和意义，如果不说是全部价值和意义的话。

从哲学特别是马克思主义哲学的角度研究价值观，不同于从心理学、文化学、社会学等角度的研究，它立足人类生活实践中现实的价值关系运动，根据人的发展程度、社会关系和价值关系的运动状况，揭示价值观的一般结构以及产生、发展的一般规律。在这个基础上对不同民族的价值观进行研究和比较，指出其合理性与不合理性，以及合理与不合理的原因之所在，指出价值观冲突的根源之所在，从而确定应该吸取哪些观念、抛弃哪些观念，应该如何对待这些价值观之间的冲突。价值观、人生观、历史观和世界观是统一的，人的问题，人如何看待自己的存在、历史和发展前景，如何看待自己与自己活动的对象的关系，如何看待自己与自己活动的结果的关系，如何看待自己的思想与自己的活动的关系，构成了它们共同的核心问题。科学再发展，哲学也不会消失；因为人类需要哲学，需要哲学对这些每个时代的人们都在思考、都想解决而又不可能最终解决的问题做出回答。

哲学思维重在批判，批判就是追问，就是分析，但目的还在于建设，在于提出一套更合理的观念。在过去的革命年代，主要任务是批判，实践的批判和理论的批判，所谓"破"字当头，这是那个时代的特征和需要。现在是建设时代，光破就不行，必须立，并且重点是立。"破字当头，立在其中"，不完全对，在建设时期尤其不对。价值观建设也是同样的道理。我们必须立足中国本土的实际，经济的、政治的、文化的、心理精神的等各个方面的实际，历史的和现实的实际，全面吸取全人类的一切优秀文化成果，来建设我们的新价值观。

有着几千年历史的中国传统文化，已经融入了中国人的血肉，形成了体现在中国人的生活方式、情感方式、思维方式中的一种共同的民族性，也是中华民族的民族凝聚力的深厚来源。西方各国是率先实现了现代化的国家，它们的民族文化是属于现代化了的文化。中华民族要现代化，就要向先进的民族学习，吸取一切积极的、有用的东西，但一定不要忘记，这个积极，这个有用，是对我们有用，对我们实现现代化有用。因此，我们向人家学习和吸取人家的经验，并非要抛弃我们的传统，而是借别的现代化的民族的文化实现对我们传统文化的扬弃，实现一种创造性的转换。把民族文化的差异问题简单地看作不同阶级的价值观来处理，把我们的价值观看作最先进的、最科学的价值观，如在"文化大革命"期间所做的那样，这只能证明我们的幼稚和肤浅，绝不会带来新的文化、新的价值观念。

我们要建设的是中国特色的新文化、新价值观，这里还有一点是要注意的，这就是如何理解这种特色，是否需要刻意突出这种特色。在世界历史时代，在经济全球一体化的今天，文化的互渗、趋同是必然的，是不以谁的意志为转移的。这是一种倾向。但与此相反，为害怕失去自己民族文化的特点，许多民族特别是落后民族都在刻意保留和突出自己文化的传统特点，以对抗、抵御先进民族的文化霸权主义。我以为，这里的关键问题是民族主体的主体性问题，是我们的主体性问题。对其他民族而言，我们民族不仅只是"我们"，还包括我们的先人祖宗、我们的子孙后代，我们只是我们民族的一部分。在我们民族内部而言，"我们"就是我们民族的现实，是我们民族在现代的代表。我们要上对得住先人祖宗，下对得住子孙后代。但要做到"对得住"，首先的、根本的就是把我们现在要做的事情做好，把我们的民族搞得发达起来。只要把握住这一点，我们就不必有太多的顾虑。我们不必刻意地突出传统文化的特点，因为我们知道，在我们身上已经融入了传统的许多东西，我们无论怎么搞，无论搞什么，都消除不了我们身上的这种民族性，搞出来的自然就是带有中华民族特点的东西。民族性不是一成不变的，更不能说只有传统的才是民族的。我们所处的时代正是大变革的时代，是中华民族从农耕社会转化为现代工业社会的时代，我们肩负着文化民族性转变的任务和使命。刻意保留、坚持传统，就会裹足不前，影响到这种转变。文化霸权主义当然是要反对的，但我们只能站在现今时代的高度，站在人类文化发展的高度，而不是站在民族文化本位的高度，来理解和实行这种反对。我们不能消极地从保守的角度反对文化霸权主义，而是应该从积极进取的角度反对文化霸权主义。吸取一切对我有用的东西，无论这东西是传统的、本民族的,还是外民族的,包括那些搞文化霸权主义的民族的,不要一开始就心存畛域,怀抱芥蒂,而要虚怀若谷,冷静分析,以我为主,为我所用。鲁迅当年倡导的"拿来主义",就是这个意思。

四、对新价值观的展望

新价值观在建设中,具体如何,实在是很难说的,这里的展望,只能是就大的方面而言,同时也包含了许多希望的成分。

第一,它是具有现时代特征的、以人为本的。现时代的一个重大的问题,是人类共同发展中所必须解决的全球性问题,是生态危机的问题。一种观点认为,这些问题都是人类中心主义所致,因此必须克服和抛弃人类中心的思路,尊重各种生命的权利和内在价值,建立一种以各种生命平等存在的理念为基础的新伦理、新价值观。我们以为,反对人类中心就是反对以人为本,不但不合理,而且做不到。人类中心是人的一种无可逃避的宿命,人只能以自己为中心来理解一切,也只是为了自己的发展而谋划一切。生态问题现象上看是人与自然的关系问题,本质上则是一个国家与另一个国家、一个民族与其他民族、现存的这些人与将来的那些人的关系问题,归根结底还是人与人的关系问题,是如何处理眼前利益与长远利益的关系问题,是现代人如何理解自己的权利和对整个人类的责任的问题。离开这一点,说轻点是舍近求远,说重点就是有意模糊问题的实质。新价值观应是以人、以整个人类为本的,是在这个基础上确立的新的观念和规范。

第二,它是具有民族特色的、以人类和平发展为指归的。我们是中国人,同时又是现时代的人,是现时代的人类的一部分。我们的民族传统文化渗入到我们的骨髓中,想剔除也剔除不掉。中华民族作为人类的一部分,有自己独特的利益和立场,我们总是在这个前提下理解各种问题、做出自己的评价。我们建设的新价值观一定有中国特色,但必须防止和反对民族本位主义,要以人类的发展为指归。民族本位主义其实就是狭隘的民族主义和狭隘的爱国主义,它不但不合乎世界历史时代的潮流,而且会阻碍本民族的繁荣发展,也会成为危害世界和平的因素。现在我们面临的许多棘手的、难以解决的问题，根子就在于狭隘的民族主义。发达国家的狭隘民族主义是霸权主义的根源，不发达国家的狭隘民族主义则是地区动乱的根源。只有超越这种狭隘民族主义，以人类的发展为指归，确立的规范才具有时代的合理性。

第三，它是综合的、多元一体的、以协调为主的。权力真理论、强权就是真理的时代已经成为过去，在国际上，各个民族无论实力大小，其主体地位都应得到尊重，在国内，各个个人无论地位高低、能力大小，其主体地位也应得到尊重。不同民族有不同的价值观，不同个人也有不同的价值观，现代各国法律所规定的基本人权，就包括个人有言论自由、信仰自由的权利，即拥有自己认可的价值观的权利。因特网的出现使每个人现实地都成为世界公民，直接地接受来自世界各地的信息，这就更使人们的价值观呈现出多元化的特征，各种价值观之间的差异和冲突必然越来越突出。新价值观必须适应这种现实，一方面尽可能地吸取各种价值观的合理因素，使功利价值与超功利价值、物质价值与精神价值、个人的价值与群体的价值、义与利、理与欲等之间保持平衡，使之尽可能协调起来，另一方面承认多种价值观的合理性，宽容地对待各种价值观，协调各种价值观，缓和它们之间的冲突。协调与宽容将成为新价值观的主导倾向和基本特征。

第四，它是动态发展的、相对合理的，而非绝对的。新价值观在承认多元性、多种可能性的基础上，反对任何一元化、绝对化的企图，它认为所确立的这些规范、这些概念只具有相对合理的意义，是随着现实价值关系的变化而变化的，是可以在解决价值冲突的过程中灵活运用的，它的权威性建立在所依据的知识是真理的基础上，建立在尊重和理解的基础上，建立在以理服人、让人自觉信奉的基础上。它是指导性的而非指令性的，是一般性的而非具体性的。任何一个民族、任何一个国家，如果把自己的那一套价值观当作绝对合理的，对内否定个人有选择的权利，认为人们只能信奉这种价值观，这就是专制主义；对外把别国的价值观都看作错误的，教育自己的人民把别国的价值观都看作错误的，这就是文化霸权主义。这种观念恰恰是新价值观应该坚决反对和批判的。

全球化时代应有的价值视野[*]

一、如何看待全球化和全球化时代

全球化仅仅是一种经济现象，是经济一体化，还是全面涉及政治、文化和民族发展方向的问题？它是一种趋势、一种现实，还是某些国家为了自己的利益而故意炒热的意识形态战略或阴谋？全球化的实质是西方化或美国化，还是以各个民族国家的经济交往为基础而引致的在全球范围内的资源合理配置、文化交流、信息共享、民族国家通过合作而共同处理人类面临的全球性问题的历史潮流？等等，这些问题在理论界都是有着严重的分歧和争论的。我们认为，对这些问题有不同看法，是很自然的，但是从学理的角度看，要注意不能把事实判断与价值判断混淆在一起，也不能再沿用冷战时期的思维模式，否则，就难以实事求是地认识当今世界局势的基本走向，也会对思想观点的交流和对话形成障碍。

谈论全球化，得有一种话语背景，它是相对于什么说的，是在什么条件下、什么语境下说的。从目前学界的讨论来看，全球化这个概念至少可以有两层意思。一是狭义的全球化，即所谓全球学所提出、所研究

[*] 本文原载《人文杂志》2004年第2期。

的全球化，这是指从20世纪中后期开始的、以现代交通工具和通信工具为技术支撑的世界一体化过程，是指世界变成了一个"地球村"，人类主体面临着共同的全球性问题需要各民族国家共同协商合作才能予以解决的时代。另一是广义的全球化，它相对的是以往各民族相互隔绝、各自在不同的地点孤立发展的历史阶段，是世界市场形成和各个民族广泛交往的时代。从这个角度理解，全球化的进程，如一些学者所指出的，大约从14、15世纪就开始了，至少是开始酝酿了，其标志就是美洲的发现和印度航路的开辟。按照马克思的说法，资产阶级"由于开拓了世界市场，使一切国家的生产和消费都成为世界性的了……过去那种地方的和民族的自给自足和闭关自守状态，被各民族的各方面的互相往来和各方面的互相依赖所代替了"①。马克思当时所用的概念是"世界历史时代"。所以，有学者为了区别，认为广义的全球化相当于"世界历史时代"，狭义的全球化则是世界历史时代的一个新阶段，即从20世纪中叶开始的全球性问题凸显、各国之间相互联系相互依赖全面加强的时代。笔者也持这种观点。不过我认为，是在广义上使用全球化概念还是在狭义上使用这个概念，相对于承认还是不承认全球化是一种历史趋势和基本现实这种实质性争论来讲，只具有次要的意义。现在看来，从广义上理解全球化，似乎更有利于从历史的大尺度上看清其本质，看清其与先前时代的差别。

全球化或世界历史时代有一个发展的过程。大致说来，美洲的发现和新航路的开辟，为酝酿阶段和始发阶段；大工业普遍出现，国际市场初步形成，为确立阶段；从殖民体系的形成，到十月革命后两个世界市场的对峙，殖民体系的破产，为曲折发展阶段；20世纪科技革命带来的交通工具和通信工具的大发展，尤其是计算机技术和互联网的出现，为加速阶段或成熟阶段。在这几个世纪的发展过程中，总的趋势是各个民族国家的联系日益紧密，经济交往和相互依赖的程度不断增强，同时也带动了其他方面的交流、互补和融合。全球化过程之所以具有如此巨大而强劲的动力，克服了重重障碍而不断发展，根本上还是生产力和科学技术的发展所内在要求的，是市场经济的发展所内在要求的，体现为一种具有自然必然性的难以阻挡的过程。其间，尽管出现过殖民化运动

---

① 马克思恩格斯选集：第1卷. 北京：人民出版社，1995：276.

这种残酷血腥的形式，出现过争夺海上通道的战争、争夺殖民地的世界大战，出现过帝国主义阵营与社会主义阵营严重对立的冷战时代，等等，但毕竟这些都表现为全球化过程中的一些曲折，它们都没能阻碍全球化的进行。

十月革命的胜利，尤其是二战后一大批国家走上了社会主义道路，使全球化和世界历史过程出现了歧路：一路是由资本主义开启的世界市场化的道路，另一路则是由十月革命开启的反市场化的道路。这种局面维持了几十年之久，随着苏东剧变，中国通过改革开放走上了社会主义市场经济的道路，后一路径则基本宣告关闭，当今世界上几乎所有的民族国家都进入了统一的世界市场。这表明，虽然市场经济这种形式有其难以克服的内在矛盾，但它所能容纳的生产力发展空间还远远没有到头，它至今仍具有强大的生命力，对于那些落后民族，无论是否进行了社会主义革命，都是一个不可逾越的必经阶段。如果说苏东剧变和苏联解体后的市场转向，中国通过市场化改革而加入世界经济大循环，为建立统一的世界市场消除了政治方面的障碍，那么，建立在计算机技术基础上的互联网、大型轮船和飞机，则为全球化提供了交通通信工具和技术支持，各民族国家之间的经济往来、经济合作带来的巨大利益，共同解决全球性问题包括环境污染问题、人口问题、国际犯罪问题、金融风险问题、核风险问题等方面的实际需要，则为全球性合作提供了强大的动力，促进了全球化历史过程的全面提速。现在的世界真成了一个"地球村"。

特别应该指出的是，卫星通信和互联网的出现，不仅为人们进行信息交流提供了极其便捷的方式，而且整个地改变了人们的交往方式和生活方式。人类正在进入信息化时代。网络为各个民族国家之间的交往、交流和竞争提供了新的平台，为个人掌握全人类的文化成果提供了条件，为"世界性公民"的形成提供了真实的可能。尽管互联网出现的时间还不是很长，还存在着许多问题需要进一步解决，但它革命性地更新了全世界各个地区、各个国家之间的联系方式，加强了各个民族国家之间的相互依赖，尤其是加强了个人与整个人类世界的互动关系，这已经成为不争的事实。从这个意义上说，全球化已经成为一种基本的经验现实，是谁都无法否认、无法抗拒甚至无法逃避的潮流。固然发达国家由于其既有的经济、科技和文化优势，在全球化潮流中处于一种主导地位，会获取更多的利益，故而对此持一种更为积极或鼓吹的态度，但如果因此就认为全球化是某些国家的阴谋，认为全球化就是美国化，是美国的生活方式和思想观念的全球普遍化，那么这显然是不符合实际的，基于此种认识而对全球化采取一种拒斥态度，怕也有害无益。从历史的大尺度上看，尽管想控制历史发展方向的代不乏人，但历史终究是各种力量交互作用形成的合力的结果，有自己发生发展的节奏和规律，是谁都无法设计、无法控制的。殖民化时代大英帝国的霸权地位未能造成世界的英国化，当今美国的强势和霸权地位也肯定不能造成世界的美国化，不能造成世界的同质化。

二、全球化时代需要新的规则和新的秩序

马克思从人类历史发展的高度关注民族历史时代向世界历史时代的转变，他一方面注意到交通工具和国际市场的直接作用，另一方面则强调大工业是更为根本的因素，正是大工业造成了新型生产力，促进了市场的不断扩张，才有了新型交通工具和国际市场。但马克思的着眼点不在这里，而在于大工业使得阶级关系简单化，造成了庞大的无产阶级队伍，造成了全世界无产阶级利益的一致性和共同性，为进行共产主义革命提供了主体条件。"一般说来，大工业到处造成了社会各阶级间相同的关系，从而消灭了各民族的特殊性。最后，当每一民族的资产阶级还保持着它的特殊的民族利益的时候，大工业却创造了这样一个阶级，这个阶级在所有的民族中都具有同样的利益，在它那里民族独特性已经消灭，这是一个真正同整个旧世界脱离而同时又与之对立的阶级。大工业不仅使工人对资本家的关系，而且使劳动本身都成为工人不堪忍受的东西。"① 正是遵循这样的逻辑，马克思认为共产主义是全世界无产阶级的共同事业，也只有全世界无产阶级联合起来才能成功，而革命一旦成功，民族国家这样的东西就会因为失去作用而趋于消亡。现在看来，历史的具体发展情况比马克思设想的要曲折复杂得多。在当今条件下，民族性问题具有特别重要的意义，当今世界的诸多冲突，在相当程度上都

---

① 马克思恩格斯选集：第1卷. 北京：人民出版社，1995：114-115.

是民族利益冲突和民族主义情结作祟的结果。

前已述及,在世界市场和世界性交往的条件下,不但有个别资本家或资本家集团的竞争,而且更有不同的民族国家之间的竞争和冲突。在当今国际经济和政治事务中,民族国家还是主要的交往主体,各种国际性组织大都是以民族国家为单位而进行活动的,比如联合国、世界贸易组织、世界银行、欧盟、东盟、亚太经合组织,等等。各个民族国家都从自己的利益出发来思考和处理各种国际性问题,它们之间存在着广泛的合作领域,但同时也存在着各种冲突,包括经济上的利益冲突、政治冲突,还有观念冲突,等等。面对这种种冲突,必须确立一定的交往规则,必须建立一定的秩序,也需要有一定的维持这些规则和秩序的国际组织。应该说,20世纪的人类所遭受的许多灾难,包括两次世界大战和许多地区冲突造成的灾难,都是由于缺乏一定的规则和秩序的结果。上面提到的各种国际组织,也都是20世纪国际社会为了防止与缓和冲突而努力的结果,尽管说这些组织从结构到功能、从数量到质量,都还有许多不尽如人意的地方,有许多需要改进的地方,尽管说现行的国际规则和秩序,大都是由西方发达国家率先倡导而确立并且是更有利于它们的,但这些组织已经确立的这些规则毕竟在缓和与化解冲突方面起了相当的作用。可以这么说,如果没有这些规则和组织,当今世界还不知道会乱成什么样子。这也正是许多国家尽管对现行的一些规则感到不满,但都主张维护《联合国宪章》和联合国权威性的原因之所在。

历史进入21世纪,可美国对伊拉克的战争却开了一个非常不好的头。美国不顾国际舆论的反对,在没有联合国授权的合法形式下,发动对伊拉克的战争,使得联合国的威信受到极大伤害,不仅如此,美国还发出威胁,要按照自己的需要改造联合国,要把自己的意志强加于人。美国的单边主义和先发制人的霸权主义政策引起了各个国家的普遍不满,对《联合国宪章》的践踏及其后果更使得国际社会忧心忡忡。联合国正面临着一场新的危机。这场危机实际上是既有国际秩序的危机,也是支持这些秩序和规则的观念的危机。这场危机的核心问题不单是一些理论家所谓"冷战思维模式"的问题,从深层看,更是我们根深蒂固的民族中心主义或国家主义的观念已经变得过时、越来越不能应付全球化时代的形势的问题。

"冷战思维模式"是在美苏两个超级大国处于冷战局面的时代形成

的，它带有社会主义与资本主义对峙相持的强烈的意识形态色彩和两大阵营都在想方设法战胜对方的搏战特征。确实，在两个超级大国各自都在谋求世界霸权的冷战时代，它们各自都把对方妖魔化，把彼此的对立全面化、绝对化，而且似乎正处在一种你死我活的斗争状态。在此生死存亡之际，生存需要就成为压倒一切的需要，不顾一切地发展军事技术、大搞军备竞赛也就有了名正言顺的理由。这是一个恶性循环的时代。错误的观念导致错误的实践，错误的实践又造成真实的危险，核武库在不断扩充膨胀，核大战的威胁在日益严重，人类面临着真实地被毁灭的危险。在这个时代，其他的矛盾，如民族矛盾、经济冲突等都退到了次要位置，或是被掩盖和淡化了。随着冷战时代的结束，国际交往中的人为阻隔和政治藩篱被拆除了，新的交通工具和通信工具为世界各个国家的交往提供了良好条件，在国际经济的分工协作进一步加深、世界经济一体化的基础上，在全球性问题需要各个国家通力合作共同谋划的条件下，各个国家的人员往来、科技协作、文化交流、信息共享都大大扩展深化。但与此同时，以前在冷战时代被掩盖、被淡化的民族矛盾开始突出，各个民族国家之间的经济冲突、政治摩擦、价值观念的碰撞对立也都显现出来。各种地区冲突和局部战争不断发生，波黑战争、巴以冲突、印巴冲突、非洲的许多部族战争，都是其具体表现。和平与发展成为后冷战时代的时代主题，可种种的矛盾冲突却使得世界仍然很不安宁。苏东剧变、苏联解体之后，美国成了唯一的超级大国，国际军事力量对比和世界政治生态出现了严重失衡，美国凭借自己的经济、军事优势，到处插手和干涉别国事务，积怨甚多，"9·11"事件就是这种矛盾尖锐化的结果。美国借"9·11"事件扯起了反恐怖主义的大旗，形成了一种国际反恐联盟，这本来是具有积极的进步意义的。但美国政府却在反恐的旗帜下借机塞进自己的私货，积极推行一贯的霸权主义全球战略。美国的单边主义战略引起了包括法国和德国在内的许多西方国家的反对，更引起了世界各国的不安。霸权主义已经成为当代世界局势不稳定的重要因素，是当代国际社会不安定的重要原因。

霸权主义实质上是民族中心主义的一种特殊表现形式。表面上，它打着维护人类尊严、保护人权的旗号，似乎是为了整个世界的安宁和全人类和平发展的利益，实际上却是在扩展和巩固本民族的利益，是把自己的利益放在其他民族的利益之上。在理论上，它把本民族的人权标准和价值观念当作全世界都应该遵循的标准和价值观念，或隐或显地把自己看作判定全世界各种事务的是非对错的法官和维持世界秩序的警察。这种把本民族的利益置放在其他民族利益之上、崇尚强权即真理强力即正义的观念，这种把本民族的价值观念当作普遍适用的唯一标准的思维模式，正是已经过时了的民族中心主义的实质内容之所在。

全球化时代需要新的秩序和规则，而这些新规则的确立，需要立足新的形势、从新的价值视野来审视以往的思维模式和行为模式，需要有一定的新价值理念作为指导和理论支持。概括地说，需要各个民族国家超越以往奉行了多年的民族中心主义传统，从人类主体的高度平等地看待彼此之间的关系，要求抛弃冷战思维模式而采用一种通过合作谋求共同发展、通过谈判协商维护世界和平的思维模式。

三、全球化时代需要一种新的价值视野

全球化时代，从哲学的角度看，就是突出人类主体和人类共同利益的时代，是一种天下一家、共存共荣共发展的时代。人类共同利益已经不再是理论的抽象，而是一种可经验的事实。全球性问题就从反面证实了这一点。世界和平问题、能源问题、环境污染问题等就都不是哪一个民族国家的"私事"，而是危及整个人类生存和发展的"公事"，是需要各个民族国家共同协作才能解决的问题。建立新的世界秩序和交往规则，也不是哪一个民族国家就能决定和包办的事情，必须经过人类大家庭中各个成员的共同参与、平等协商才能奏效。在这里，科学技术的发展仍然是非常重要的手段，但更为重要的还是确立一种新的价值视野和价值观念。为此，我们呼吁：各个民族国家的理论家和知识分子首先应该积极行动起来，经过共同探讨和协商，提出和倡导一种新的价值理念，一种以人类主体为价值主体的价值体系。这种价值理念和价值体系并不决然地否定以往各民族的特殊的价值理念和价值体系，而是划定其合理的适用范围和使用场合，它本身就是一种由从各民族的价值体系中抽绎出来的一些具有普遍性的价值因素和价值观念而形成的、既基于各民族之价值又高于各民族之价值的规则体系，一种在人类主体层面通行的、各个民族主体都能认同和都应遵从的规则体系。

第一，我们应该超出在各民族孤立发展阶段形成的民族中心主义的狭隘性，倡导一种站在全人类利益立场上看待和思考问题的价值视野，倡导一种平等对待、合理协商、共建人类共同价值观的理念。

第二，我们应该超出简单地把价值观按照不是真理就是谬误来对待的认识论中心主义的思维模式，倡导一种各种价值观各个民族的价值观都有自己的历史背景，也都有优长劣短，需要相互理解、可以相互补充相互学习的价值论思维模式。

第三，我们应该超出简单的一元论的、普世主义的价值理念，倡导一种多元共存的、理性的、宽容性的价值理念。

第四，我们应该超出历史悠久但却野蛮原始的讲力不讲理、强权即真理、强力即正义的武力胜于一切的行动逻辑，倡导一种用对话代替对抗的平等协商、相互尊重的行动逻辑。

第五，我们应该超出长期以来形成的互相猜疑、互不信任的心态，改换成一种彼此尊重、相互信任、协商办事的心态。

第六，我们应该超越把国家主权当作不可超越的最高价值的政治价值理念，将之改换成一种在地位平等和权利责任对称的基础上积极组建与改造国际组织并认真遵从国际组织决议的理念，在国际组织的协议框架内通过对话协商、相互妥协来解决彼此间矛盾的理念。

形成这种全人类共同的价值理念，确立适合于全球化时代的价值视野，肯定是一项长期的、艰苦的工作，肯定会遇到许多障碍和困难，需要做大量的宣传、解释和说服工作。知识分子的特殊社会地位和理论修养，使得他们能够比较容易摆脱各种具体利益和传统习惯的局限，较多感受到全球化时代的时代精神和时代气息，较容易体会与认识到人类的共同利益和发展前景。知识分子的精神气质，使得他们能够比较容易超越一地、一族的界限，比较容易理解他人，比较容易在彼此间平等地进行协商和讨论，因而也比较容易形成人类层面的共识共见。知识分子应该担起这种使命，知识分子应该不辱这种使命。只要我们共同努力，相信一定能够取得可观的成果，几十年上百年后的人们是不会忘记我们作为先驱者的工作的。

全球化条件下的价值观念冲突与文化安全问题[*]

全球化已经成为当今世界的一个基本趋势。在全球化条件下,民族文化和价值观念的冲突出现了新的特点,文化侵略或文化殖民主义的问题逐渐引起了许多国家的警惕。作为一个发展中国家,我们有必要从文化安全的角度来看待当今世界的价值观念冲突问题,寻求一种战略意义上的应对之策。

一、全球化条件下的价值观念冲突的新特点

在以往时代,民族文化和价值观念的冲突大多是与民族战争、民族征服联系在一起的,而且是作为后者的一种副现象出现的。在当今时代,文化和价值观念的影响在扩大,作用在加强,文化产业化的趋势使得文化优势不仅成为经济、政治优势的一种支撑,而且成为增强国家综合竞争力的重要因素。与此相应,各个民族国家对文化和价值观念的自觉性与敏感性在普遍提高,把文化发展问题置放到国家长期发展战略的高度来思考和谋划。相对于以往时代特别是冷战时代,当今全球化条件下的价值观念冲突出现了一些新的特点:

第一,社会主义和资本主义的政治意识形态色彩在淡化,而民族主

---

[*] 本文原载《湖南师范大学社会科学学报》2002 年第 6 期。

义、民族传统的特点在加强和突出。社会主义和资本主义两大阵营的对抗，是冷战时代的一个重要特点，也是其重要内容。冷战结束之后，统一的世界市场已然形成，各种出于国家经济利益而出现的地域结盟，如欧盟、东盟、非统组织、亚太组织等纷纷出现，自然就淡化了社会主义与资本主义的政治意识形态色彩及其对立，而先前被掩盖的民族矛盾、民族价值观念的冲突则相应地被突出出来。波黑战争、海湾战争、巴以冲突、印巴冲突等都是民族矛盾激化的表现，也是民族文化冲突突出化的确证。

第二，如果说在冷战时代的不同价值观念主要突出政治色彩的话，那么在当今时代不同民族价值观念的复杂性和多层次性则得到了相当程度的展现，冲突在多方面展开，比如有与宗教信仰问题相连带的冲突，有与经济利益和立场相连带的冲突，有对生活目标不同理解方面的冲突，还有对人权不同理解的冲突，等等。电信传媒的发展、影视业的迅速壮大、互联网的出现，更为展现不同价值观念提供了新的平台，各种价值观念在超越国界地进行传播和交流的同时，也使得它们之间的各种差异和矛盾得到了广泛的显露。

第三，人员的国际性流动、经济机构的跨国界活动，使得各种价值观念不再是仅仅作为思想观念，而是与它们的主体结合在一起，与这些主体的活动结合在一起，更具有了实践性力量的特征。具体到中国而言，随着中国加入世界贸易组织而做出的各种承诺，外国机构将大量进入中国，这里不仅有商业机构、金融机构和跨国公司，还有教育机构、传媒机构、文化机构，这就使得其他国家的价值观念在中国有了自己的直接代表。外国机构进入中国是以享受国民待遇为条件的，这就为它们参与中国事务、影响中国的立法等提供了条件，从而可以启动法律程序维护其价值观念存在的权利。这种情况将会改变以往外来的价值观念仅仅作为个别要素而存在的状态，表现出一种整体性的自我维护能力，是它们作为一种价值观念整体而与中国本土价值观念的抗争和较量，这无疑大大加强了它们的影响力量。

二、全球化条件下的民族文化安全问题

文化安全问题可以说是当今世界上的各个民族、各国政府都开始重

视和关注的一个重要问题。文化安全问题更是东西方关系中的一个重要问题,是东方落后国家如何应对西方殖民主义的文化侵略的问题。后殖民主义理论是这方面的先觉者。后殖民主义提出了文化帝国主义的概念,萨义德认为,在我们这个时代,直截了当的殖民主义业已完结,但帝国主义却仍滞留在老地方,留在某种一般的文化领域,同时也从事着具体的政治、意识形态、经济和社会活动。西方发达国家变换了原来武装入侵的做法,改为通过文化刊物、旅行考察以及学术讲座等方式逐渐赢得了后殖民地人民。西方发达国家力图通过文化渗透来宣扬西方的价值观念和意识形态,通过用学术术语包装的价值预设、研究范式形成一整套的后殖民话语,并利用自己掌握的话语霸权来影响东方国家的知识分子,进而影响、同化其社会大众。后殖民主义理论提出的这些问题,虽然有些并不准确,但确实引起了人们的警觉和深思。

应该看到,在全球化条件下各个民族国家的价值观念冲突确实是非常复杂的。在这些冲突中,既存在着有意识、有预谋地文化侵略的问题,但也不能说全是文化侵略的问题,还有一个自发地产生影响的问题。而对落后国家来讲,无论是有预谋的文化侵略还是自发的文化影响,结果都是瓦解自己的本土文化结构,所以文化安全问题会显得更为突出和急迫,处理起来也相当棘手。发达国家作为先现代化的国家,凭借先发之利,不仅人民的物质生活优裕,而且制度安排、社会管理、文化发展、环境保护等方面都有无可否认的优长之处,这些对于落后国家的人民尤其是知识分子是有着相当的吸引力的。相比之下,人们对于本国现实生活中的落后状况和各种弊端,将变得更加难以忍受,落后的现实与人们较高的期望之间形成了一种紧张和矛盾。国家为了维护现行秩序和社会稳定,必须保持较多的限制和管制,必须从传统文化中为自己的合法性寻求论据和支持,这又激发了人们对传统文化的不满和批判,对政府宣扬的那一套理论的冷落、疏离和反感。这是其一。其二,落后国家必须开放,必须与发达国家交往,学习和借鉴其先进的东西,才能发挥后发展优势,使自己较快地发展起来。可西方发达国家为了自己的利益,为了保持自己的优势地位,绝不可能无条件地支持落后国家的发展。相反,它们总是想方设法使落后国家处于一种附庸地位,总是想方设法推行自己的价值观念,在文化上影响和同化落后民族。有人将我国加入WTO称作"与狼共舞",就表现了这样一种危机意识。其三,如何处理发展经济与发展文化、教育、科技事业的矛盾，也是一个相当难办的问题。对落后国家来讲，现实的生存问题都没有解决好，有限的资金只能优先投入那些能够马上产生经济效益的部门，文化、教育、科技等自然只能被放在次要位置来考虑。没有相应的文化建设资金投入，教育经费短缺，科研经费不足，再加上政治意识形态条件的相对不完善，我们就难以出现世界级的文化大师，难以出现世界级的科学巨匠，相反还会造成大量的精英人才流失，许多文化遗产得不到较好的保护。而一个民族的民族自信心和民族自豪感是需要靠这些东西来支持的。

三、要用积极的态度对待文化安全问题

中国作为一个具有几千年文明历史的东方大国，其国际地位和文化影响力甚至都不能与一些小国相比。在我国实现现代化和民族复兴的过程中，我们不仅需要关注国防安全、金融安全、网络安全，同样也需要重视和关注我国的文化安全。

全球化已经成为一种不可抵挡的潮流，不仅是经济的全球化，而且是政治和文化的全球化。我们一些同志只承认经济全球化或一体化，反对讲政治和文化的全球化，他们的初衷是想保持我国政治和文化的独立性，保持我们自己的特色，这当然是可以理解的。但问题是，经济与政治和文化具有很大的连带性，世界性的经济交往不仅是资源、商品、资金和服务在世界范围内流动，不仅是人员在世界范围内流动，也肯定会影响到经济结构和社会结构的变化，影响到观念和制度的变迁，所以必然带动政治和文化的互渗与互动。我国的文化安全问题是在全球化条件下产生的问题，也是在全球化过程中才能得到合理解决的问题。如果试图用躲避全球化甚至拒斥全球化来维护文化安全，这恐怕就整个地把问题理解偏了。

对待我国的文化安全问题，用拒斥全球化来保障民族文化的安全，如中东有些国家那样的消极做法，不仅无助于解决问题，而且会把事情搞得更糟。必须采取一种积极的态度，即一种理性的态度，它包括以下几个方面：

第一，理性地看待和理解全球化过程的必然性。全球化作为世界历

史进程的一个阶段，它不是某个人也不是某个国家有意发动的，而是以整个人类发展的历史积累为前提的，是人类文明发展的一种必经路径和必然结果。

第二，理性地分析和理解全球化进程的进步性。马克思在科学地考察了西方国家市场经济发展的历史过程，在国际市场刚刚形成的时候，就敏锐地预见到世界历史时代的来临，而且预言，只有到了这个时代，一切新的发明创造才不会因为偶然的原因而失传，才能成为人类共同的财富，广泛传播，充分发挥作用，也只有到了这个时代，个人才能成为世界公民，充分吸取全人类发展的一切积极文明成果，成为全面发展的个人。实际上，在这一百多年的历史中，一些国家之所以出现跨越式的、突飞猛进的发展，超过了先发展的那些国家，正是借助了国际交往；我国之所以能够在较短的时间内走过西方国家上百年才走过的路程，也是因为国际交往形成的后发展优势或后发之利。经济如此，政治和文化同样如此，只有不同民族不同国家相互交往、借鉴，在冲突中相互比较和学习，在交融中取长补短，才会有人类文化大花园的繁荣。

第三，理性地分析我国的传统文化以及民族文化与人类文化的合理关系。中国是被西方国家强行拖入现代化的历史进程的，挨打、战败、赔款、议和构成了中国近代史的主要内容。面对现实政治军事上的巨大失败，人们对传统文化采取了片面的甚至极端的态度：全盘西化和民族虚无主义。理性地看待我国的文化传统，一方面要注意它本质上属于农耕文化或前现代文化，它所依持的价值观念是与农耕时代的等级血缘关系相适应的，这一套观念已经整体性地不符合时代的要求，尽管其中的许多要素作为一种思想资源被纳入新的价值体系仍然能够发挥积极的作用；另一方面，我们要建立现代中国文化，又只能立足传统文化，必须对之实行"创造性的转化"，在继承中创造，在创造中继承。

第四，要有一种开放的心态和建设性的姿态。维护中国的文化安全，并不意味着一味要保持中国传统特色，而是说要在批判地继承传统的基础上建构一种具有生命力的、强健的中国现代文化和价值观念体系。这里的关键是中国人的主体意识，一种开放的心态和建设性的态度，以我为主，一切适合我的、对我而言是好的东西都可以吸取，一切有利于中国现代化的东西都可以利用，一切能够体现人类发展的成果都可以服膺，不管这些东西来自何方。全球性的交往、各种不同民族的价值观念的冲突和融合，对我国来说，既是严峻的挑战，也为我们建设中国现代文化提供了极好的机遇。正是有冲突，才有比较，才有刺激，才有竞争，才能激发创造性和活力；冲突中有交流、有理解、有解蔽、有融合，才能提供文化建设的各种材料、各种手段、各种可能。我们既需要迎接挑战，更需要利用好机遇，实现中华民族的伟大复兴，包括实现中国民族文化的伟大复兴。

社会主义核心价值体系与科学发展观*

建设社会主义核心价值体系，是党中央继提出科学发展观之后提出的又一个重大战略性决策，是贯彻落实科学发展观，使我国经济建设、政治建设、文化建设和社会建设沿着中国特色社会主义方向前进的重要保证。很显然，二者是有机联系、内在统一的，要取得良好效果，需要全社会各个方面、国家各个部门的共同参与和积极协作。但在目前的理论研究和宣传中，我们发现存在着这么一种不正确的认识和理解，这就是把建设社会主义核心价值体系与落实科学发展观当作两件事情，当作由不同部门分别管理、实施和完成的两项任务。造成这种情况的一个重要原因就是，把价值体系仅仅理解为一种思想观念性的东西，或者理解为一种价值观念体系。在这种理解下，建设社会主义核心价值体系似乎就只是思想文化建设方面的事情，是文化、教育、宣传部门的事情，而贯彻科学发展观则主要是经济管理部门的任务。这显然是一种误解，而且是一种不符合马克思主义价值论基本原则并对建设社会主义价值体系的实践很有危害的一种错误观念，有必要从理论上予以澄清和纠正。

一、价值体系是价值观念、价值规范和价值运动的统一

价值是人类实践生活中普遍存在的一种现象，是一种属人的主体性

---

* 本文原载《教学与研究》2009 年第 3 期。

现象。价值作为一定的对象对于人的生存与发展的意义，本质上表现为主客体之间的一种特殊关系，属于关系范畴，而不是如颜色、重量、体积那样表现客体自身属性的属性范畴。作为这种特殊关系，一方面，它必然与一定主体的实际需要和能力直接关联并为之规定，另一方面也与一定主体的价值意识、价值观念分不开，与主体的评价联系在一起。价值当然不能离开一定的价值客体或价值物，但同样不能离开作为主体的人，也不能离开人的价值意识和评价。离开了人和人的价值意识及评价，就没有价值问题。同一种价值物之所以对不同的人具有不同的价值，呈现出"因人而异"的显著特点，根本原因在于人们的需要和能力不同，这里的需要和能力也包括了精神生活的需要和能力，而价值意识和评价能力就都是属于精神方面的东西，如无一定的评价能力，就无法与价值物建立起对象性关系，也就不会有价值关系的发生和存在，就没有价值问题。马克思说，对于不懂音乐的耳朵，再好听的音乐也是没有意义的①，就是这个道理。

正是由于这个原因，历史上的许多思想家都把价值当作主观的东西，是由价值观念和评价来决定的。他们的错误，一是从抽象的人出发，把主观与主体混为一谈，主体就是主观，因此就把因人而异这种价值的主体性当作主观性；二是片面地强调价值观念和评价的作用，把价值不能离开价值观念和评价，当作以价值观念和评价为转移。因此，在他们那里，价值的问题就是价值意识的问题，价值标准就是人们的评价标准，价值体系也就是价值观念体系。20世纪著名哲学家罗素就曾认为，要想找到一种如同科学定律那样人们普遍认同、对所有人都有效的"价值"是不可能的，所以只能说价值是主观的。很显然，他并不理解价值作为关系范畴的这种特殊品格，并把自然科学定律那样的客观性当作唯一的客观性。

价值主观论的观点在西方国家具有相当的普遍性，甚至可以说是主流性的观念，在国内这种观念也有不小的市场。或许公开地主张价值主观论的并不是很多，甚至还认同价值客观论的观点，可在实际的运思过程中，许多人自觉不自觉地就滑向了价值主观论，比如，一些人把评价标准当作价值标准，一些人把价值冲突主要看作价值观念冲突，或者认

---

① 马克思. 1844年经济学哲学手稿. 北京：人民出版社，2000：87.

社会主义核心价值体系与科学发展观

为价值观念冲突是现实的价值冲突的原因，不少人把价值体系主要理解为价值观念体系，把价值导向与价值取向混为一谈，实际上都是这种倾向的表现。

价值主观论是价值问题上的唯心主义，或者说是唯心主义在价值论领域的表现，这在理论上是错误的，在实践中则是有害的，因为它把各种社会问题都归结为或主要看作人们思想观念的问题和道德品质的问题，而不进一步追问造成这些思想观念的社会原因和现实根源，总是在思想观念领域内兜圈子，不仅无助于现实社会问题的解决，甚至将之导向错误的轨道。改革开放前党内占主导地位的严重的"左"倾主义思想，只讲思想教育，不讲物质利益，忽视物质条件的限制，似乎只要人们确立了共产主义思想社会就能进入共产主义，结果极大地损害了人民群众的积极性，损害了社会主义的声誉。改革开放以来，随着社会主义市场经济体制的确立，社会阶层分化明显，利益主体多元化已成基本事实，基于利益基础上的分歧和冲突普遍增多，各种社会矛盾集中暴露，但一些人却总觉得这些矛盾和冲突都是由价值观念多元化所导致的，把实际的价值冲突当作价值观念的冲突或归因于价值观念的冲突，认为通过加强思想教育的办法就能解决这些问题。这种观点与"文化大革命"前的那种思路一脉相承，都是误国误民的。邓小平就痛斥过这种观念，说只讲思想教育不讲物质利益，对一些人可以对多数人不行，一段时间可以长时期不行，是唯心主义。[①]从这个意义上说，深入批判价值主观论并肃清其影响，自觉地将价值与价值观念、价值意识区分开来，把价值导向与价值取向区分开来，仍然是我们面临的一项重要任务。

我们批判价值主观论，但不能由此就走向另一个极端，即把价值与价值意识和价值观念割裂开来、对立起来。价值作为主客体间的一种特殊关系，是一种实际存在的而不是想象的关系，它不以主体的评价为转移，因而具有客观性的品格。但这并不意味着价值与价值意识和评价没有关系。离开价值意识和价值观念谈论价值，首先就把作为价值主体的人抽象化了，使之成为抽象的人，离开现实的人谈论价值，价值就变成了一种抽象的东西，一种仅仅在逻辑层面、理论层面存在而非在实际生

---

① 邓小平文选：第2卷. 北京：人民出版社，1994：146.

活中真实存在的价值。因为在现实生活和具体实践中，在人们的各种选择活动中，人们总是通过价值意识和评价来体验与感受价值，预测与选择价值，进而创造各种价值。正如不能设想没有意识的人是如何存在、如何实践的一样，也不能设想离开价值意识人如何把握价值和创造价值。同样的道理，我们不能简单地、抽象地将一个社会的价值体系理解为由各种实存价值构成的体系，而必须将之理解为现实的各种价值观念、价值规范和价值运动的一种有机统一，理解为基于它们的相互作用而构成的辩证运动过程。

社会是由众多的个人、家庭、组织等构成的，三者都作为一定的价值主体而存在，在价值创造和分配过程中，在社会交往过程中，会产生一定的冲突，其价值观念也会有差别和冲突。社会为了不至于在这种冲突中走向毁灭和解体，就必须形成一定的规范来约束人们的活动。这些规范既植根于一定的社会需要，比如维持秩序的需要、顺利进行交换和交往的需要等，是这些社会需要的表现形式，又依赖于一定的价值观念和文化传统，与一定的社会理想相联系。它们构成了社会评价标准或社会性的共同评价标准，同时也是人们认可、接受的判断是非对错的标准。这些规范具有评价标准和价值标准的双重性质。各种社会制度、法律规定、道德规范，就是这些价值规范的具体体现和具体形式，它们超越了单纯的个人主体和具体主体如家庭、集团等的特殊性要求，表现为一种具有主体间性和社会普遍性的规定性，既约束着个人主体又塑造和提升着个人主体，使之向普遍主体的方向发展。

这些价值规范构成了社会价值观念与实际价值运动的一种中介，也是维持个人与社会之间的必要张力并整合众多的个体性价值与社会性普遍价值之矛盾的一种枢纽或机制，是人们的各种行为之合理性和社会组织包括政府组织的各种行为之合法性的重要依据。价值观念作为一定文化的实质内容、一定的理想，作为民族社会的追求目标，都需要经过落实为一定的价值规范，并经过价值规范实现理想与现实的折冲而成为人们在实际生活中可能遵循的东西。一定社会的价值体系的合理性，在相当程度上就表现为价值规范的合理性；一定社会的价值体系建设，在相当程度上主要体现为价值规范的建设。

二、合理区分和处理价值取向与价值导向的关系

与这种对于价值体系的理解相联系，也针对目前在建设社会主义核心价值体系实践中出现的一些误解，我们认为有必要对价值取向与价值导向做一定的区分。

所谓价值取向，是指人们在实际的价值选择中所遵循的基本原则、所体现的基本趋势、所服从的基本规律。人们的价值选择，是其价值评价的外化或落实，固然受着一定的价值观念包括道德观念、人生理想等的指导，但同时更受着利益原则的支配，正如马克思说的那样，"人们奋斗所争取的一切，都同他们的利益有关"①。这里的利益既包括物质利益，也包括精神利益和其他方面的利益，还包括获得一定利益的各种社会条件，比如机会、资格、地位，等等。而社会的制度和法律，其基本功能就是形成一定的利益分配格局、权力和权利的配置框架，使各个层次各个主体的权、责、利之间形成既相互支撑又相互制约的关系，从而规定或规范人们的价值选择，维护和保障一定社会的秩序。所以，在任何时代、任何社会，人们的价值取向在根本上都是受利益原则支配的，是围绕着利益旋转的，但又受着社会制度和法律的制约，是在一定的制度框架下进行的选择。在任何时代、任何社会，制度都是最基本的价值规范，制度如果设计得比较合理、比较公正，符合那个时代、那个社会主体发展的水平和要求，就容易得到人们的普遍认同和遵循；制度的尊严性和权威性越高，违反制度的行为越是能够得到有效的惩处，遵纪守法就越会成为最合理的选择原则，人们就越容易形成合理的预期，因而能够有效地减少或弱化社会矛盾，社会冲突即使出现也能够被及时发现，并通过制度性机制得到较好的解决。在现代社会，依法治国之所以成为普遍性原则，就是因为这个缘故。

所谓价值导向，主要指国家通过文化、宣传、教育，通过社会舆论的作用，论证现行制度的合理性，同时提倡一定的价值观念，批判一定的价值观念，表现为思想家们和国家意识形态的某种希望或倾向，影响

---

① 马克思恩格斯全集：第1卷. 北京：人民出版社，1956：82.

着人们的价值评价和价值取向。很显然，在国家这个层面，相对国家主体而言，其价值取向与价值导向是统一的，这就国家意识形态层面的价值导向要与国家的制度性安排相配适，与国家利益相一致。也只有相配适和一致，这种价值导向才能更好地发挥作用，以收到预期的效果，否则，其对人们价值取向的影响就会大打折扣。

我们必须看到，价值导向说到底属于"说服"或"劝导"的范畴，不能强制性进行。不懂得和抹杀这个差别，按照德法一体或德主法辅的原则治理社会、治理国家，这是人治社会的表现，是社会发展还处于前现代时期的一个标志。在这种条件下，没有公民概念和个人权利概念，更谈不上保护公民权利的问题，君主甚至各级官吏都居于法律之上，法律不过是他们牧民的鞭子和可以便宜行事的工具，所以，如果觉得这种工具不合意、不好用，那么他们的个人喜好和道德观念就往往可以代替法律而成为判断有罪与无罪的界限，甚至成为自己管辖范围内是非曲直的标准。现代民主社会整体上扬弃了这种观念，遵循依法治国理念，严格区分属于法制管辖的强制性领域与属于思想观念和意识形态管辖的非强制性领域，注重保护个人的公民权利，实质上就是承认和保护公民个人的选择权利，包括信仰自由、思想自由、言论自由的权利，使整个社会运行包括官员们的决策和执政行为都被置于法律的规范与监督下，杜绝了国家权力、行政权力使用过程中的个人任意性，对保持社会稳定和社会持续发展起了积极的促进作用。

我们还必须看到，在思想文化和舆论领域从来就不存在也不可能存在只有一种价值观念，不会只有一种声音，也就是说，社会的价值导向往往是多"向"的，尽管各个方向的力度有所不同。一般说来，占支配地位的主导性价值导向构成一个社会的意识形态的主旋律，构成社会舆论的主流，其作用肯定会更大、更显著一些。但只有与社会制度相配适，把论证现行经济制度的合法性、政治制度的合理性当作自己的主要任务，并以制度的优势作为自己的后盾，才能更好地实现其"说服"和"劝导"的作用，实现其主导性价值导向的功能。而那些非主导性价值观念，因缺乏制度的保障，或受到相当程度的压制、批判，作用范围就要小得多，力量也要弱得多。

如此看来，一定的制度构成了价值导向和价值取向之间的中介性环节，一方面，从其设计与产生就体现着国家统治阶级所秉持的价值观念和价值导向,是其具体化、规范化的表现,也要求文化意识形态宣传把维护这些制度的合理性当作基本任务。另一方面,制度的设立,既受着现实生活中人们的具体价值评价和选择及其产生的各种矛盾与问题的限制,本来就是为着解决这些问题而存在和发挥作用的,同时又制约着、规定着人们的价值取向,表明哪些价值选择是国家支持和保护的,哪些是国家反对和禁止的。总之,价值取向、直接制约价值取向的社会制度和社会价值导向,它们都属于社会价值体系运行过程中的不同环节和组成部分,相互之间不能脱节而必须保持有机的联系。在文化意识形态宣传的价值导向方面,当然会表现出一定的超越性,增加一定的理想化成分,但绝不能超越现实制度太远,更不是越理想化、越先进越好,过度的"先进"必然导致脱离实际、脱离群众,倡导一些人们难以做到或者多数人难以做到的东西,最后沦为大话、空话、假话。在这一方面,我们是有过惨痛教训的。在今天市场经济实践使社会结构发生巨大分化、主体多元化、各种利益主体都坚持自己的权利主张的合理性和利益诉求的合法性已经成为基本现实的情况下,更需要正确理解和处理好国家政府的价值导向与社会大众的价值取向之间的辩证关系,改革宣传、教育方式,更新价值导向的内容,使之尽量贴近大众的实际需要、觉悟水平和行为能力,使他们感到可信、可敬、可亲、可行,更需要利用制度的力量,严格执法,使好人得到好报,坏人受到应得的惩罚。这样,整个价值体系的运行才能顺利进行,社会秩序才能公正合理、持久稳定。

三、建设社会主义核心价值体系与贯彻科学发展观

通过上面的分析,我们认为,社会主义核心价值体系与科学发展观是具有内在联系的。社会主义核心价值体系是科学发展的目标性设定,贯彻、落实科学发展观则是建立社会主义核心价值体系的现实途径,它们在实质内容上是相互渗透、相互贯通的,在功能和作用上是相互支撑的。对于社会主义核心价值体系,我们不能直观地、简单地将之理解为社会主义价值体系的"核心"内容体系,而是应该理解为以社会主义为核心的价值体系。也就是说,在当今世界多种价值体系并存且相互竞争的条件下,我们坚持的是共同富裕的社会主义道路,秉持的是促进人的

自由全面发展的共产主义理想和信念，这是社会主义核心价值体系的本质性规定，是"以马克思主义为指导"这个原则的基本内容。爱国主义的民族精神、改革开放勇于创新的时代精神以及以社会主义荣辱观为代表的各种规范，兼顾了当下中国社会主义的发展阶段和具体发展情况，体现了对其他价值体系的一些合理因素的包容，体现了社会主义核心价值体系在不同层次、不同方面的原则性规定。"以人为本"是科学发展观的核心，这里的以人为本，就是以更好、更合理地实现人民群众的根本利益为根本，以促进人的自由全面发展为根本，以最符合人性的方式最大限度地实现人的价值为根本。经济与社会的协调发展、各个地区各种产业的协调发展、社会与自然的协调发展、物质文明与精神文明的协调发展、个人与社会的协调发展等，都以最符合人性的方式最大限度地实现人的价值为根本目标，同时也是其具体表现。

马克思主义的历史观和价值观是内在统一的。人民群众是历史的创造者，是历史活动的主体，也是最基本、最大的价值主体。在以往不合理的社会制度下，人民群众创造了各种价值，可他们只是创造价值的主体，被剥夺了享受这些价值的权利，成为最没有价值或最多只有工具性价值而没有目的性价值的存在，所以这种不合理的制度必然遭到人民群众的反抗。只有到了社会主义社会，才为价值创造主体与价值享受主体的统一提供了可能，提供了条件。但这只是一种历史的可能，要把这种可能转变为现实，就必须通过制度设计，使构成人民群众的各个人、各个家庭、各个组织、各个阶层为社会提供的价值与其所获得的价值匹配起来，并为那些因为先天性不足或后天性致残的人群提供起码的生活保障，严肃地、积极地维护每个公民的人格、尊严，保护每个公民的合法权益，从而最大限度地调动起人民群众创造价值的积极性，最合理地实现每个人的最大价值。正是在这个意义上，社会主义价值体系是人类历史上最合理、最先进的价值体系，也是最能够保持其持续性发展、最具有生命力和远大前景的价值体系。

在当今全球化浪潮把各个民族、各个国家都卷入其中的条件下，在中国全面向世界开放、积极融入世界的条件下，各种价值体系都被置放到同一个平台上进行竞争，不单是思想观念层面和意识形态领域的竞争，更是各种价值体系的实际力量和历史优越性的竞争。其最终取胜的根据，就在于谁能赢得更多的受众和支持者，谁更能获得全世界范围内的广大人民群众的拥护和选择。当然，这些价值体系之间并非完全不同、决然对立，总还有一些基本的、共同的东西，其差别主要体现在核心价值的设置和各种价值的优先顺序上，体现在不同价值的结合方式上，体现在历史演进的方向上。社会主义核心价值体系，以人的自由全面发展为最高理想，以人民群众的根本利益为主要尺度，以符合历史发展规律为基本依据，正因如此，它才能获得人民群众比较普遍的认同，具有旺盛的生命力，具有最强的凝聚力和最大的吸引力。

由此可以明白，社会主义核心价值体系建设，绝不仅仅是创立一个价值观念体系的问题，也绝不仅仅是文化宣传部门、教育部门的事情，而是国家的各个部门、各级政府、各级领导、所有党员都应该积极参与，并带领广大人民群众一道来建设的事情，其中保持社会各种制度安排的合理性和维护这些合理制度的严肃性、权威性，将是最艰巨、最困难的一项任务，是需要全社会各个方面各司其职而又相互协调、通力合作才能奏效的。社会主义核心价值体系建设，是一项长期的历史性任务，是在改革开放的过程中切实按照科学发展观的要求，通过不断深化改革使各项制度、措施不断健全完善，形成良好的社会运行机制，建立富裕、公正、和谐的社会，将社会主义的优越性充分体现出来。所以，建设社会主义核心价值体系的过程，实际上就是壮大社会主义力量的过程，是用这一套价值体系吸引更多的人、更多的群众、更多的民族的过程，是促进以人类解放为指归的共产主义逐步实现的历史过程。

以党内民主推进社会民主：中国民主化道路的合理选择[*]

从世界历史的角度看，民主化是与现代化过程直接关联并是其内在特质的一种现象，正因如此，随着现代化的全球性展开，民主化成为一种世界性潮流。但正如现代化没有一个统一的模式、统一的道路一样，不同民族国家实现民主化的具体道路、民主实现的具体形式、政治民主的具体样式，又必然与各个民族国家的传统文化、实际国情相联系并受之规定，不能不带有各个民族国家自己的特点。这两个方面完全是一种辩证的关系，任何只看到或只承认一个方面而否认另一个方面的观点，在理论上都是错误的，都会影响到发展道路和发展目标的选择，给国家、给民族带来严重的危险和伤害。

一

唯物史观和剩余价值理论是马克思的两大创造性发现，而世界历史理论则是马克思运用唯物史观的基本方法，分析资本运动和市场经济的发展趋势而形成的结果。世界历史理论为我们研究现代化的全球性扩展过程、研究现代性社会的基本矛盾、理解社会主义与资本主义辩证的复杂关系提供了一个合理的分析框架，也是一个更有利于切入现代性问题

---

[*] 本文原载《教学与研究》2011年第5期。

的"中层理论"。我们过去在一个很长的时期内,由于对世界历史理论的重要地位缺乏应有的重视,直接诉诸唯物史观所揭示的"一般历史规律"来理解资本主义与社会主义,所以对它们之间现实而具体的复杂关系就难以形成合理的、符合实际的认识,或者说认识只停留在抽象的层面而难以上升到"具体概念"的程度。理论认识上的失误必然导致实践中的迷误和政策选择上的摇摆不定,对社会主义建设造成了很大的危害。具体到民主问题,由于我们未能站在世界历史发展的高度理解封建主义、资本主义与社会主义的关系,过于强调社会主义民主与资本主义民主的区别和对立,而没有充分认识到这二者都属于现代文明而与封建专制主义之间的根本对立,在这个战略大三角关系中,不是理性地、科学地看待资本主义民主的历史进步性,借鉴其中的合理因素以防止和克服封建专制主义的弊端,倒是自觉不自觉地沿袭了中国(封建主义)传统的思路来理解社会主义并反对西方国家实行的市场经济和民主制度,对"资本主义复辟"危险性的担心远超过对封建专制主义"复辟"的担心,在与资本主义"对着干"的过程中甚至在一定程度上与封建专制主义结成了同盟。直到发生"文化大革命"的浩劫,我们才真正认识到封建专制主义的极大危害性,才开始逐步走上建设民主法治社会的道路。

现在我们许多人都说民主化是世界性潮流,是世界大势,这自然是不错的,可为什么能成为世界性潮流、世界大势,并不是仅凭着经验就能够说明的。从世界历史理论的角度看,民主化是现代化的内在特质,没有民主化就不可能有现代化,没有民主化的所谓现代化只能是一种"伪现代化"。这是因为,现代化既不是如清末洋务派人士所简单理解的"船坚炮利",也不是后来不少人理解的以"富国强兵"为指向的"四个现代化",而是一种整体性的社会转型,一种从传统的农业文明向现代工业文明、从以等级制为基础的传统社会向以民主法治为基础的现代社会、从狭隘的地域性民族历史时代向以普遍交往为基础的世界历史时代的转型。现代化在经济层面依赖的是大工业和自由竞争的市场交换机制,二者结合并相互促进,使得生产社会化即形成了全面的分工和合作体系,全面的需要体系和生产能力;在社会层面,则需要人口的自由迁徙和适度集中,城市化过程构成了现代化的重要内容;各种产品、各种资源都成了商品,都可以通过市场交换来获得,人们都成了"市民",

市民社会逐渐发育起来。走出原来"熟人社会"而进入生人社会的相对独立的个人，面对着阴晴无定的市场风云，面对着同样是相对独立的其他个人的竞争，每个人都有选择的自由但后果必须自负，等等。在这种新的条件下，人们的观念、处理人们之间关系的方式、解决人们之间利益冲突的方式都发生了很大的变化，撇开情感、道德因素而对各种实际利益的精确算计和公开主张，经过平等协商确立的契约、为保护契约人的权利而对法制的公正性和权威性的要求，从纳税人的角度对公共管理机构的地位和功能的契约式理解，基于对公民权利的维护而对国家权力不合理使用的排拒，如此等等，这一切都构成了民主观念的最深刻、最普遍的基础。如果说，工业化、城市化、世俗化构成了现代化的经济的、社会的、观念的基础，那么理性化、民主化、法制化则是现代性政治的基本特征或内在特质。尽管可以说在前现代时期人类也有过关于民主的可贵尝试，如古希腊的城邦民主，但那仅仅是人类历史上的"灵光乍现"，既不具有"自发扩展"的基因，也根本无法普遍推广，所以很快就消失在历史的烟尘中。民主本质上是现代文明的产物，是建立在现代大工业和市场经济基础上的市民社会发展的必然要求，是由于普遍交往使人们摆脱了人对人的依赖关系而进入以对物的依赖性的基础的独立发展阶段的必然要求，也是"一切等级的和固定的东西都烟消云散了，一切神圣的东西都被亵渎了"① 这种国家被"祛魅"后的时代重新确立公共权力合法性的一种社会机制。

如果说大工业被证明是人类解决物品匮乏的最有力手段，市场经济是形成个人的普遍交往和主体独立性的基本条件，那么民主法治则是解决和纾缓这个时代各种复杂矛盾的合理而有效的途径，是最有利于使人们过"有尊严的生活"的一种保障。正因如此，民主成为最具吸引力和"自发性扩展"能力的一种具有世界性意义的东西，无论那些尚处于落后、专制国家的统治集团如何禁绝和批判这些民主观念，即使广大民众从未接触过这些民主观念，一旦经知识分子们的介绍、宣传、阐发，他们就总是能从内心里亲和并拥护这些东西。中国共产党当年在反对国民党专制统治的斗争中，高举民主的旗帜，从而获得了绝大多数知识分子和人民群众的拥护，就是典型的例证，在当今交往普遍化、资讯全球化

---

① 马克思恩格斯选集：第1卷. 北京：人民出版社，1995：275.

的时代，情况就更是如此。

二

"民主是个好东西"，这已经成为一种普遍的观念，一种在世界范围内流行的普遍观念。然而，这种观念也最容易成为一种抽象的和理想化的东西，尤其在那些尚未实现现代化、生活中缺乏民主并压制民主而人们正在努力为实现民主而斗争的民族国家，就更是这样。在这些国家，在当今的资讯条件下，来自发达国家的各种关于民主生活的信息影像资料，既传播着、扩散着民主的理念，也往往调高了人们对民主的期望值，使人们很容易把现实生活中的各种弊端都归结为没有民主的结果，同时又由于没有民主生活的实践经验而对民主问题的复杂性包括一些弊端缺乏切身的感受，似乎一实行民主就能解决一切问题。我们如果从世界历史的视野去看，就会发现，到目前为止，民主制度发展得比较稳健、社会问题解决得比较好的主要还是那些发达国家，在广大的发展中国家特别是那些原来作为殖民地半殖民地而后来获得独立的国家中，不少按照宗主国的西方民主模式构建了自己的政治体系，如印度和一些拉美国家，但经济建设成功的并不多，且阶级矛盾、族群矛盾、官员腐败等问题也长期未得到较好解决，两极分化、贫富悬殊、社会动荡、冲突不断，基本的社会秩序都难以形成。许多人将这种现象解释为民主"移植"过程中"水土不服"的问题，用我们的话说是"不能照抄照搬"。诸如此类的说法似乎不错，但基本都停留在经验解释的层面，我们如果深入地分析，就发现这些说法并没有抓住问题的实质。黑格尔曾讲过一句著名的格言，"真理不是钱币"，不是拿到就能随意使用的"东西"，即不是一种有形体的、感性的因而能够占有或拥有的"物件"。当我们说"民主是一个好东西"的时候，我们是否意识到这正是把它当作一个"东西"，一个能够随便"移植"的、植物般的"东西"，一个能够"照抄照搬"的、工程设计之类的"东西"？不反思这个前提是否能够成立，只在"移植"的过程、在"抄""搬"的过程中寻找失败的教训，显然就是本末倒置。至于那些从根本上就不认同民主是"好东西"，甚至连民主的实质是什么都没弄清楚就要坚决"拒斥""绝不搞"这一套的人，如果不是立场有问题，只是表达某种激愤情绪，那他们的观念更是等而下之，不值得与之进行理性的讨论。

民主，就其一般本质而言，是一种与"君主"专制相对立的现代性文明的价值观念，一种与自由、平等、人权内在联系又相互支持、相互为用的现代精神气质，一种基于这种价值观念和精神气质的社会治理方式，一种与市场经济相适应、以市民社会为基础、以现代法治为支撑的生活方式、社会制度和政治运行机制。我们可以按照领域将民主分为经济民主、社会民主、政治民主，或是分为民主制度、民主作风、民主习惯等，但这些都应被看作民主在不同领域、不同方面的表现，或者说是民主的不同表现形式，是受着民主的本质规定的制约并表现民主的一般本质的。如果离开这种本质的制约而把某种形式如民主作风当作某种独立的东西，就会得出一些荒谬的结论，比如说唐太宗能够与大臣们讨论一些问题能够纳谏所以比较"民主"，比如说封建国家是地主阶级的国家，对地主阶级实行"民主"，这些实际上都是把本属于现代性的观念当作超时代的东西到处乱套，是头脑糊涂的表现，也是"诬古"欺今的表现。

孙中山根据他所接受的美国人的思想，曾把民主表达为"民有""民治""民享"，他所要建立的国家是"民主""共和"的国家，即"民国"，用当今用得最多也最为普遍的表达，是"主权在民"，"人民当家作主"，这些都表现了"民主"与"君主"的对立，是从国家所属性质的角度立论的，是从反对"专制"的合法性着眼的，符合民主运动兴起和发展的历史情况。在"君主"统治时代，无论这个"君"是有道明君还是无道昏君，无论他是实际上"做主"还是大权旁落，也无论是一个人实行决策的所谓"寡头专制"还是一群人共同执政的所谓"贵族专制"，整个国家制度的性质都是专制制度，而其合法性的根据就是"家天下"或"君权神授"的理念。在这种制度和理念下，所有的官吏无非是皇帝或国王的"家臣"，老百姓则是皇家的奴仆，为皇家服役或纳税是老百姓的"本分"，是天经地义的事情。当资产阶级率领第三等级进行革命的时候，这场革命之所以被称为"民主革命"，就在于它从根本上颠覆了"家天下"或"君权神授"的理念，代之而起的是"天赋人权""（政治）权力人（民）授"，平等和自由都是天赋的、与生俱来的、谁也不能剥夺的基本权利，国家是人们之间订立契约的结果，国家官吏

以党内民主推进社会民主：中国民主化道路的合理选择

靠纳税人的税款来生活，自然也就是"公仆"，人民才是国家的主人。法国革命、英国革命、美国革命采取的形式尽管不同，革命后建立的政权形式或政体形式也有所区别，但三者的基本理念却是一致的。这些观念并非某个或某些思想家的天才发明，而是社会经济运动的产物，其最深刻的现实基础就是大工业和市场经济成为社会主导性的生产方式，在市场经济中成长和壮大起来的资产阶级再也不愿忍受封建国家的横征暴敛和贵族们寄生虫式的挥霍无度，他们要把国家的权力掌握在自己手里，把自己的思想赋予"普遍性的形式，把它们描绘成唯一合乎理性的、有普遍意义的思想"①。而"进行革命的**阶级**，仅就它对抗另一个**阶级**而言，从一开始就不是作为一个阶级，而是作为全社会的代表出现的；它俨然以社会全体群众的姿态反对唯一的统治阶级。它之所以能这样做，是因为它的利益在开始时的确同其余一切非统治阶级的共同利益还有更多的联系，在当时存在的那些关系的压力下还不能够发展为特殊阶级的特殊利益"②。也就是说，自由、平等、人权及其相互联系的民主思想观念，一开始并不是欺骗，而是作为革命的旗帜或宣言，作为"社会全体群众"的观念至少是他们都认同的观念而存在、而发挥作用的。在民主革命胜利、资产阶级成为统治阶级之后，一方面，这些观念被写进了宪法，实现了"人的政治解放"，但在另一方面，由于资产阶级的利益与其他一切非统治阶级的共同利益产生了冲突，为了维护自己的特殊利益，它又从这些观念和立场上倒退，尽可能只保持其形式的意义，而在内容上进行阉割使其残缺不全，比如以资产、性别、种族等条件作为人们拥有选举权的一种限制。只是经过工人阶级和广大群众的各种斗争，包括"依法"维权的各种抗议、游行、罢工等，才迫使国家取消了这些直接性的限制，实现了一人一票的普选制。普选制的实现是工人阶级斗争的一个成果，具有非常重要的历史意义，但同时也必须看到，无论是西方国家的议会选举还是其总统选举，都仍然设计了一些机制，以保障整个国家能够被控制在有产者代表的手中。"现代的国家政权不过是管理整个资产阶级的共同事务的委员会罢了。"③

从上面的讨论可以看出，把自由、平等、人权、民主这些历史上首

---

① 马克思恩格斯选集：第1卷. 北京：人民出版社，1995：100.
② 同①.
③ 同①274.

先由资产阶级提出的观念说成"资产阶级的"观念，是没有根据的，是错误的，它们不是资产阶级的专利，同样为无产阶级和人民群众所认同，并是其与资产阶级斗争争取自己的合法权利的重要武器。但是，把普选制当作"真正民主"的标准也是不对的，是一种从形式上看问题的观点，尽管说这种形式毕竟是一种历史的重大进步。至于说到"三权分立"，那更是作为"政体"方面，属于权力制衡的现代具体形式，并非天然就具有"资产阶级的性质"，或者说它本身并不具有阶级属性，这正如市场经济并不专属于资本主义一样。

民主的本质与民主的具体形式之间有差别，不能简单地混同，把某一种形式当作民主本身，同样，民主的实现道路也并非只有一条。由于各个国家的历史传统和具体国情不同，其实现民主的道路、途径，其形成的民主的具体样式，也都会有所不同，都是多种多样的，并没有一个统一的模式。由于历史发展的不平衡性，先行实现现代化的国家，亦即所谓西方资本主义发达国家，在实行市场经济的基础上通过不断试错的实践探索出了经济管理、社会治理、政治运行的一整套经验，对后发达国家来说，确实具有某种榜样的作用。欲使国家现代化而又不学习、借鉴这些现代经验，或是只学些皮毛以敷衍民众，固然难以取得应有的效果，但如果不顾自己的传统和国情，也未分清西方经验中一般性普遍性的与特殊性个别性的实质内容和具体形式，将其囫囵吞枣地"移植"或"嵌入"到自己的国家，那就几乎没有不失败的。殷鉴不远，教训多多，后来者不可不对之进行深刻的反思，予以慎重的对待。

三

中国自鸦片战争失败之后，被迫改变闭关锁国政策，与西方各国进行交往，从而被强行"拖进"现代化的过程。一百多年来，屡遭变故，命运多舛，直到中华人民共和国成立，才终结了半殖民地半封建社会外无主权内无民主、既一盘散沙又各自为政的混乱局面，为进行现代化建设提供了稳定的条件。但由于当时恶劣的国际环境，也由于如上所述的认识上的失误，加之领导人因胜利而滋生的骄傲和急躁情绪，我们过早地结束了新民主主义阶段，建立了排斥市场、消灭商品、违反生产社

以党内民主推进社会民主：中国民主化道路的合理选择

化规律的计划经济体制，民主法制建设方面不仅乏善可陈，简直可以说根本就不重视民主法制建设，相反对之采取的是一种虚无主义加实用主义的态度。最近披露的一些材料证明，不是哪一个领导人，而是相当不少的一批领导人，都嫌法治太麻烦，束缚手脚，主张靠开会、靠会议文件甚至靠领导人的讲话来治理国家，人治的倾向越来越严重，直到出现了"大跃进"特别是"文化大革命"这样的惨祸才醒悟过来，改弦更张，走上了改革开放、建立社会主义市场经济和法治国家的道路。改革开放三十年，我们在经济建设方面取得了巨大的成就，历史上第一次解决了物品匮乏的问题。市场经济不仅促进了经济的快速发展，也带动了整个社会面貌的根本性改变，广泛的社会交往，利益分化导致的明显社会分层，各种主体的利益冲突增加，公民意识的普遍觉醒，法治观念的逐渐增强，人们对基于社会公正、民主权利、自由平等的"有尊严的生活"的呼声越来越高，人民大众对民主法制的要求与因政治体制改革滞后而未能予以有效改进的社会管理模式、管理机制之间发生了尖锐的矛盾，政府的公信力和法制的尊严在急剧流失，日益增多的群体性事件和一些恶性事件就是最明显的证明。这些确实都属于邓小平所讲的"发展起来后的问题"，或发展中的问题，也属于"新时期人民内部矛盾问题"，但如若不能通过积极稳妥地加快政治体制改革，找到一种妥善解决这些矛盾的合理方式，而是犹豫拖延，任社会矛盾不断积累、不断激化，那么就可能危及社会稳定甚至酿成社会动乱的局面，使经济社会的持续发展成为泡影。这绝不是危言耸听。

中国共产党作为执政党是中国改革开放的领导者、组织者、推动者，也是中国保持政治稳定和社会稳定的最大政治力量，在当今中国，经济体制改革、政治体制改革、民主化建设、维护社会稳定等，都不能绕开和离开中国共产党，这不是一种理论推演的结论，而是一个不争的事实。中国作为一个地理广袤、由56个民族构成的、具有13亿人口的大国，是一个经济、政治、文化发展很不平衡的国家，维护国家的统一、社会的稳定、民族的团结历来都是最大的政治问题，也是经济持续发展的基本前提，是中华民族发展的核心利益。若没有一个强有力的中央政权，稳定就难以维持，就很可能出现封疆大吏各自为政、纠葛不断、冲突频生甚至有导致分裂的危险。自从秦始皇创设郡县制以来，尽管朝代更替，但"百代都行秦政制"，根本原因就在于此。中国作为一个后发展国家,在进行残酷的国际竞争过程中,面对那些跨国公司的"大鳄",只有依靠国家力量,才能有效地进行社会动员,集中有限的资源,形成一定的"拳头"和保护性措施,从而避免被各个击破的命运。这是从消极的方面说。从积极的方面说,中国的现代化过程正处于起飞阶段,正在改变既有的国际力量格局,各种国际势力出于自身利益的考虑,制造摩擦,挑起争端,对中国实施围堵,国内的各种矛盾错综纠结,到处都存在着顾此失彼的两难困境。消解、纾缓这些矛盾,化解这些争端,突破这些围堵,保持现代化的积极势头,使之能够平稳、持续地进行,至关重要。而没有一种高于相互冲突的各种社会力量之上的、能够居中调停并起平衡作用的权威,是无法达成这个目标的。在当今中国,只有中国共产党及其领导的中央政府能够充任这种权威,而没有任何一种政治力量能够代替她取得这种地位。所以,那种以各种理由要求削弱、消解乃至取消共产党领导的想法和做法,都是不利于中国的现代化事业发展和中华民族的根本利益的。

当然,承认这种权威的必要性并不等于认同这种权威的某种行使方式,也不等于直接承认这种权威的合法性。民主化要求的实质就在于要追溯和解决这种权威的合法性问题,是以制度化的方式建立保护公民权利并形成以权利制约权力的机制的问题。在许多人看来,民主就是选举,只要实行普选制,这个问题就自然而然地解决了。这显然是一种理想化的也是抽象化、简单化的观点,是一种脱离复杂的社会条件的理论推论。民主化是一个过程,绝不可能一蹴而就,普选需要各种条件,也得付出相当的成本和代价,国家的地域和人口规模越大,经济、政治、文化发展越不平衡,就越是如此。没有市场经发展所达成的统一市场以及各个地区间的密切联系和"有机团结",没有市民社会相当程度的发育所形成的"社会自治"能力的提高和各种公共生活习惯的养成,没有经济生活与政治运作的适度疏离所带来的政治权威对经济社会生活作用的弱化以及作用方式的极大转变,换句话说,当国家的统一、民族的团结、经济的发展、社会的稳定,在很大程度上都依靠政治权威和政治稳定的时候,就进行激进的政治体制改革,贸然实行全民普选,势必造成整个经济社会的很大混乱,打断中国现代化的进程,甚至造成国家分裂的严重危机。一些后发展国家如印度、巴基斯坦等老早就实行了全民普选,但各种社会矛盾依然十分尖锐,族群冲突不断,官员腐败严重,政府的动员能力、组织能力也没有什么提高；苏联、南斯拉夫等国家转轨过程中所出现的社会动乱、民族分离甚至国家解体，也与其推行激进的政治体制改革有关。这个惨痛的教训我们必须吸取。

中国的政治体制改革和民主化进程必须积极推进，因为各种社会矛盾、政治矛盾越是压制就越不利于合理解决，害怕政治体制改革的风险而有意拖延只能造成更大的麻烦、更大的风险，但激进的改革方案也绝不可取。李泽厚先生曾提出"告别革命"，实际是讲"告别"那种革命思维模式，那种总想一揽子彻底解决问题的激进方案，他提出的方案是自由优先、民主后置，即通过完善法制切实保障人民的自由权利得到落实，民主（普选）的问题可以推后一些，如英治下的香港。但如何实现，李先生没有提出具体的意见。我们认为，以党内民主推进社会民主，就可以作为一种适合当代中国国情的、合理的选择方案。中国共产党拥有八千多万党员，且多是各方面的精英人士，其中知识分子又占很大比例，都有较强的民主意识及较好的组织纪律训练。随着党和国家领导干部任期制与退休制的实施，退下来的许多领导干部都还有相当的精力和能力，在各个层级党内生活中都形成一种制约现任领导权力的力量。同时，长期处于和平建设年代、各级干部的年轻化和知识化，这些都使党在战争年代形成的那种集中领导的传统逐渐淡化，也难以形成毛泽东、邓小平那样的政治权威人物，民主协商将成为主导方面。党内高层对于首先在党内形成民主制度、民主机制，以提高执政能力、合理进行权力制衡以及权力的顺利移交，进而以党内民主推进社会民主已基本形成共识。总体上看，加强党内民主建设，需要通过制度化安排加强各级党代会的作用，完善党内权力制衡和民主决策的机制，加强党内监督和社会舆论监督，切实保障党员的民主权利，形成浓厚的民主生活氛围，同时需要利用广大党员对于社会各个方面、各个层次的影响及其维护公民权益、捍卫法制尊严的带头作用，进而积极推进社会民主制度建设。这样，就既为民主化培养了骨干力量，也保持了整个民主化进程的有序性和可控性，既在相当程度上保障了党的领导的权威性，又为进入民主的更高阶段打下了坚实基础。

总之，以党内民主推进社会民主，是目前能够获得最大共识上下都能接受也最符合中国实际情况的一种路径选择，是处理稳定、改革、发展之辩证关系保持现代化进程良好势头的一种比较合理的方案，是代价较小而收益较大的一种渐进性的政治体制改革方式。我们必须顺应民主化的世界潮流，顺应人民群众对于建立民主法治国家的普遍要求，从党内民主入手来推进社会民主，改善形象，给人希望，凝聚党心，凝聚人心。中国共产党有八千多万党员，这是中华民族实现民族复兴的先锋队，也是实现现代化、建立民主法治国家的骨干力量，切实保障每个党员的民主权利，发挥其推进社会民主的模范带头作用，目标坚定，群策群力，我们就一定能够像在经济建设中创造了三十年持续高速发展的世界性奇迹那样，在民主法制建设方面创造辉煌，走出一条中国特色民主政治道路。

再论以党内民主推进社会民主[*]
——关于党内民主的几个问题

中国改革开放三十年,经济建设取得了举世瞩目的成就,人民群众的物质生活水平有了非常大的改善,我们在政治体制改革方面,在民主法治建设方面,也做了很多工作,取得了不小的进步,但相对于经济体制改革及其成就,这方面的步子和成就要小得多,明显滞后于并且妨碍了经济体制改革的深化。中国当前出现的许多问题、许多矛盾,两种改革的不匹配、不同步无疑是很重要的原因。政治体制改革实质是民主化建设,不能绕开也不能离开共产党的领导,以党内民主推进社会民主,应被看作中国进行渐进性政治体制改革的合理路径选择,是符合中国实际情况、代价最小而收益最大、最能获得各方面认同形成最大共识的改革方案。但如何发展党内民主,仍有不少问题需要讨论,有一些错误的观念需要澄清。

一、党内民主的可能性问题

党内民主是否可能?是理解以党内民主推进社会民主的合理性的前提性问题。如果党内民主根本就不可能,那"推进"云云就是一种一厢情愿的空想。

---

[*] 本文原载《北京行政学院学报》2011年第2期。

现在确实流行着这么一种观念，认为党内民主是不可能的，是一些人为了拒绝进行政治体制改革的一个幌子。其理由或论据主要是两个，一个是理论上的，一个是实际经验的。从理论上说，政党作为一种政治组织、政治集团，其活动目的是夺取政权，其生成机制是先由几个创始人制定党纲党章，经过宣传鼓动，吸纳那些认可这些章程和目的的人员加入，然后滚雪球式地发展壮大。因此，政党的主体或核心是党魁党首，所要求党员的只是服从和忠诚，党魁党首可以更换，但这个机制始终不变，所以根本上就不具备民主化的基因和可能。在持这种观点的人看来，"党内民主"本身就是一个自相矛盾的概念。这种观点不能说全无道理，因为许多政党确实就是按照这个模式运作和发展的。但这种观点的最大问题是，把共产党混同于其他政党，忽略了共产党的特殊性质和特殊使命。"共产党人的最近目的"，是"使无产阶级形成为阶级，推翻资产阶级的统治，由无产阶级夺取政权"，但它"始终代表整个运动的利益"[①]，最终目的是实现人类解放的共产主义。所以，共产党尽管也以夺取政权为"最近目的"，但它不同于其他政党，把夺取政权作为最终目的，获得政权后就开始"分肥"，一切都为了"固权"。中国共产党以马克思主义为指导思想，尽管她是在白色恐怖的环境下成立的，对纪律和服从要求极严，但她以自己的"主义"和理想来寻求同道或同志，从来没有要求党员向党首效忠，也从来没有把党当作某个领导人的私有财产或夺取政权的武器，她是中国无产阶级的先锋队，是率领广大人民群众进行民族民主革命的先锋队，外争国权，内争民主，也正因此才获得了广大人民群众的拥护和支持，她的队伍才不断壮大。如果不是服膺于"主义"和理想，党内实行党魁独裁，怎么能够想象有那么多的党员宁肯牺牲自己的生命也不叛党？难道能说那么多的党员、那么多的烈士都是被党魁驯服的毫无自己意志的"奴隶"，才会做出这般举动吗？这显然是十分荒谬的。

从实际经验方面看，一些人认为共产党虽然号称没有自己的独特利益，但在取得政权之后，实际上已经成为一个既得利益集团，维护自己的统治地位成为她的最大利益。而在共产党内部，进入统治阶层的干部党员和一般党员或党员群众之间也存在着很大的矛盾，统治阶

---

① 马克思恩格斯选集：第1卷. 北京：人民出版社，1995：285.

层掌握着党内的权力分配和制度安排的特权,绝不可能让一般党员行使权利以有效地制约干部们的权力,所以党内民主实际上根本无法实现。我们认为这种观点的最大问题是,没有用全面的、发展的眼光看待问题,把党某一时期、某一阶段的特殊情况或不正常情况当作永远不变的,没有看到党的队伍构成的历史性变化。中国共产党成为执政党掌握了各级政权之后,如何处理领导与人民群众的矛盾、党员干部与一般党员的矛盾,确实是必须予以认真对待的问题。应该承认,由于受传统的"打天下坐天下"的封建观念的影响,我们许多同志长期对"权为民所授"的民主理念缺乏理解,党和国家的权力制约、权力监督机制也不健全,一些领导干部以权谋私,贪污腐败,影响极坏,不仅人民群众不满意,广大的干部和一般党员也很有意见。但这些腐败分子毕竟是少数人,不能由此就认为共产党整个地成为特权党、腐败党,否则就无法解释共产党为什么一直在为解决自身的腐败问题而斗争。我们必须看到,改革开放新时期以来,党的队伍构成发生了很多变化,党员中知识分子占了很大比例,他们具有较强的民主观念和权利意识,对民主法治的认同感要自觉和强烈得多,对民众的民主要求也能予以理解和支持,这是实现党内民主的重要基础力量,是党内民主建设的希望之所在。随着党和国家领导干部任期制与退休制的实施,退下来的许多领导干部都还有相当的精力和能力,在各个层级党内生活中都形成一种制约现任领导权力的力量。同时,长期处于和平建设年代、各级干部的年轻化和知识化,这些都使党在战争年代形成的那种集中领导的传统逐渐淡化,也难以形成毛泽东、邓小平那样的政治权威人物,民主协商将成为主导方面。党内高层对于首先在党内形成民主制度、民主机制,以提高执政能力、合理进行权力制衡以及权力的顺利移交,以党内民主推进社会民主已基本形成共识。无视这些积极的变化,对实现和发展党内民主持一种消极悲观的态度,显然是不对的。

总之,无论从理论上看还是从实践上看,认为党内民主根本不可能,言下之意,要实现社会民主就得让共产党下台,这种观点实际上还是因循着革命思维模式的结果,似乎只有打倒共产党或取消共产党的领导,民主问题才能得到解决。在我们看来,这种观点把非常复杂的民主问题简化为一种二择一的问题,是一种错误的观点。

二、党内民主建设的顺序问题

改革开放以来，针对以前党内民主生活极不正常的弊端，我们党在民主建设方面做了大量的工作，取得了相当的成绩，这是有目共睹的。但也不容否认，在党内民主方面也还存在不少问题，权力的结构和配置方式、权力的产生和罢免机制、权力的制约和监督机制，都存在不少漏洞和缺陷，滋生了大量的腐败现象；党员的民主权利没有得到很好的保障，打击报复现象时有发生，党内的领导干部与一般党员之间的矛盾在一些地方还很尖锐，等等。面对这些问题，需要进一步加强和推进党内民主建设，这是保持党的团结和凝聚力、改善党的形象、提高党的执政能力的重要环节与途径。一些人虽然也看到了这些问题，但是担心再扩大党内民主就会出现混乱局面从而影响共产党的权威和统一领导，因此反对搞党内民主，或虽不坚决反对但总是以稳定为由寻找各种借口予以拖延；另一些人则认为现在已经危机四伏，中央必须痛下决心，义无反顾，定下几条制度，以铁的手段全力推行，便可扭转局面，化解危机，如若一再拖延，便可能错过时机，酿成大乱。这两种观点看似相反，但实际上都是片面的，拒绝论、拖延论固不可取，但速成论也不妥当。党内民主的实现既不是一个自然而然的过程，也不可能下一道命令就可以一蹴而就，而是一个长期的建设过程，是一项复杂的系统工程。

党内民主建设可分为理论建设、作风建设、制度建设几个方面，这几个方面构成一个有机整体。制度建设固然是最为核心、最具长期性稳定性的东西，但制度应该如何设置，取何种制度为宜，并没有现成的经验和模板可以借鉴、利用，必须进行理论上的探索和论证，先进行一定的试点，在实践中通过不断试错、纠正的摸索过程逐步取得多数人的共识。没有这些前期工作，贸然推行某种制度，很难获得预期的效果，而且往往会引起巨大的反弹。中国这么大的国家，共产党肩负着这么重的历史责任，现代化进程又处于起飞阶段这么一个关键时刻，弄不好就会出现大的折腾、大的曲折，付出沉重的代价，这是我们谁也不愿意看到、谁也不愿意承受的。

因此，比较合理的策略是理论建设先行，严肃而公开地在党内承诺，允许并鼓励所有党员特别是理论工作者、党建工作者就党内民主的制度设计、路径选择、程序安排、可行性论证等问题，对党和政府部门的权力关系、党和各级人大机构的权力关系、党的领导与社会舆论监督的关系，甚至包括共产党与其他民主政党的权力配制、制约机制等问题，进行积极的思想性探索，允许和鼓励各种不同的观点、不同的设计方案进行争论。这种理论争论的过程，既是一个积极探索的过程，也是一个逐步培养人们的民主意识的过程，既体现了党的民主作风，也是共产党推进民主进程的一种公开宣示。在各种理论进行争论和相互辩难的过程中，民主问题的复杂性、民主进程中可能引发的各种问题都会得到较好的展示，这就既有利于人们广泛发表意见为解决这些问题献计献策，在一定程度上满足了人们对民主的期许和愿望，也有利于克服在民主问题上的各种简单化和理想化的观念，破除一些不切实际的浪漫主义空想，本身就是对民主作风与民主习惯的一种培养、学习、训练。

我们一些人囿于计划经济体制时期形成的观念，总觉得一旦放开舆论管制，允许讨论这些问题，人们的思想就无法统一了，社会秩序也就被搞乱了，就无法保持社会稳定了。其实这种观点实质上是观念决定现实的唯心史观的表现，也是不懂得市场经济条件下需要新的社会运行机制的表现。中国改革开放三十年，市场经济体制以及建立在这个基础上的新的生活方式、交往方式、思维方式和价值观念已经基本形成，经济与政治的适度疏离已成为现实，利益分化、主体多元化及其带来的思想观念的多元化，分散决策后果自负的刚性利益约束机制，既使得政治意识形态对经济运行和实际生活的影响大大降低，也使得统一思想进而统一行动的要求难以实现，只能主要依靠以法制为核心的社会规范作为共同标准来进行社会整合。换句话说，现在谁也不会像改革开放前那样根据报纸杂志上的社论和文章的精神来进行经济决策，谁也不会按着上级的号召来确定自己的行为选择，利益考量和法制约束已经成为人们行为选择的主要参数。舆论导向在任何时代都是重要和必要的，但若是仍固守计划体制时期即政治经济一体化时期的特殊经验，过度担心出现理论分歧和争论即所谓"杂音"就会引致思想混乱，削弱党的领导，破坏安定团结和社会稳定的局面，不仅实在没有必要，而且根本不符合实际情况。实际上，在当今以互联网为交流平台的信息时代，特别是近年来微博的出现，舆论的多元化已成常态，总还想像改革开放前那样通过行政命令的办法管住舆论、统一口径，几乎已无可能，而不顾实际效果还按照旧的一套去强行管制，除了以浪费大量资源并抹黑党的形象作为代价来获得表面的统一外，实在看不出还有什么利处、益处。世界其他国家包括我们自己的经验都充分证明，越是钳制舆论，越是限制言论自由，越是拒绝信息公开和透明，就越是事与愿违，不仅削弱执政党的公信力，而且往往使社会矛盾激化。我们应该顺应时势，转变观念，因势利导，把舆论多元化当作不同主体表达自己利益诉求的合理途径，当作了解社情民意的重要渠道，当作社会监督和推进社会民主化的重要方式。唯有如此，才能从根本上扭转被动局面，步入良性循环的正轨。

三、民主集中制的理解问题

我们党的组织原则是民主集中制，即集中指导下的民主和民主基础上的集中，是这两个方面的有机结合。但从过去的实践经验看，无论是苏联共产党还是中国共产党，基本都没有处理好这个有机结合的问题，都比较注重集中而忽视民主。如果说在夺取政权之前，由于白色恐怖的恶劣环境，由于坚持武装斗争而使得党的建设与军队指挥合而为一，注重集中和服从的一面具有实践的合理性，那么在取得政权成为执政党的和平建设环境下，再继续过去的这一套总是强调集中而忽视民主的做法就有问题了。

从理论上说，这种将民主和集中打为两截、当成两种事情的理解本身就很有问题，很不妥当。因为既然为两种事情，又为两部分人承担，那么无论在集中指导下实行民主讨论还是在民主讨论基础上进行集中决策，领导者都处于主导地位，讨论什么，如何讨论，最后如何形成结论，都由领导者决定，其他成员只能处于献计献策的地位，大家的地位是不平等的。这样理解的民主集中制，很显然就主要是对领导者进行决策的民主作风和程序的一种要求与规定，是把实行民主的权利要求、权利规定与决策需要集思广益的认识论要求混为一谈的结果，充其量只是一种"开明家长制"。尽管说这种"开明家长制"在特定实践条件下有一定的合理性，在防止"家长"的个人专断方面有一定的作用，但它与民主的本质要求是相悖的。

从民主发展的历史看，民主作为专制的对立面，首先的、主要的是一种权利要求和权力规定，而不是一种有利于达到决策科学化的认识论要求，这两个方面虽有联系，但绝不能混为一谈。作为权利要求和权力规定，核心的问题是保护权利和限制权力，以权利限制权力，同时也以权力制约权力，明确权力的授受罢免关系和权力责任关系，划定各种权力、各级权力的边界，从而形成一种权力制衡机制和监督机制。具体到党内生活中，如果说在反抗专制制度白色恐怖的革命年代，无法形成这么一套机制，那么在成为执政党后的和平建设时期，就应该努力形成这么一套机制，形成正常的、规范的党内生活秩序，并为推进社会民主提供一种样板。在这种机制下，集中不再是民主之外的另一种东西，民主和集中也不是由两部人各自承当的事情，民主过程本身就是形成集中意见和"统一意志"的过程；在这种机制下，既有自由又有纪律、既有统一意志又有个人心情舒畅的生动活泼的政治局面才能真正出现并因有稳固的基础而持续存在下去，而不再是依赖某个领导人个人的品质和作风的美好愿景，不再是千要求万呼唤也难以普遍出现的景况。

邓小平在谈到党和国家领导制度的改革时，就对家长制给予了严厉的批评，他说："家长制是历史非常悠久的一种陈旧社会现象，它的影响在党的历史上产生过很大危害"①。在他看来，"我们过去发生的各种错误，固然与某些领导人的思想、作风有关，但是组织制度、工作制度方面的问题更重要"②。发生"文化大革命"这样的浩劫，教训极其深刻，"不是说个人没有责任，而是说领导制度、组织制度问题更带有根本性、全局性、稳定性和长期性"③。"如果不坚决改革现行制度中的弊端，过去出现过的一些严重问题今后就有可能重新出现。只有对这些弊端进行有计划、有步骤而又坚决彻底的改革，人民才会信任我们的领导，才会信任党和社会主义，我们的事业才有无限的希望。"④ 我们应该从党的事业的高度，从国家长治久安的高度，认真领会邓小平的这些教诲，认真总结我们实行民主集中制的经验和教训，谋划我们的制度建设问题。

---

① 邓小平文选：第2卷. 北京：人民出版社，1994：330.
② 同①332.
③ 同①333.
④ 同①333.

四、党内民主和权力监督问题

民主的对立面是专制,始终是以防止专制为主要任务和主要目的的,在国家权力问题上是如此,在党内权力问题上也是如此。以党内民主推进社会民主,带动人民民主,为全社会实现民主起到一种模范和带头作用,关键就是通过制度化建设真正保障和落实每个党员的民主权利,并设计和规定好各级权力、各种权力的界限,既是以权利限制权力,也是以权力制约和监督权力,从而使各层各级的权力都受到必要而有效的制约,使各层各级的个人专断成为不可能。这是从消极的方面说。从积极的方面说,只有通过民主制度,广大党员的积极性才能得到真实的肯定和良好的发挥,各级权力组织的主动性才有更大的发挥空间和必要的保障,整个党组织的凝聚力才能得到真正的加强,各种腐败才能得到有效的遏制,党的执政能力才能得到真正的提高,党的形象才能得到明显的改善。

在著名的"延安对"中,针对黄炎培先生提出的中国历史上反复出现的"周期律"问题,毛泽东讲我们党找到了一个办法,这就是民主,以民主制跳出历史的"周期律"。共产党高举民主的旗帜,反对国民党的专制统治,在党内生活中、在根据地的各项管理中、在对待其他民主党派的关系上,都努力实践与贯彻民主原则和民主作风,从而赢得了民心,成为人民实现民主要求的代表和希望。民心所向就是大势所趋,得民心者得天下,正是由于广大人民群众的信任、拥护和支持,共产党打败了国民党。新中国成立之初,国际上有帝国主义的全面封锁和打压,国内更是问题成山、困难重重,但我们党依靠人民群众的信任,与其他民主党派真诚合作、同舟共济,逐步走出了困境,尽管我们在经济上还很落后,在民生方面还有很多问题,但政治民主开明、民族团结,整个国家出现了欣欣向荣的气象。可惜好景不长,党的主要领导人政治指导思想方面"左"的急躁冒进的东西开始越来越占上风,由此招致了党内党外的许多不满意见和抵触情绪,而压制打击不同意见的需要使得党内民主生活越来越不正常,与其他民主党派的关系越来越紧张,党与人民群众的关系也越来越恶化。从反右、反冒进到"以阶级斗争为纲",党内斗争越来越尖锐、越来越残酷，个人迷信和专制越来越突出，最后导致"文化大革命"这样的民族大浩劫。党的十一届三中全会全面否定了以"文化大革命"为登峰造极的"左"的路线，开始了思想解放和改革开放运动，使中国经济和社会走上了快速发展的道路，党内民主生活方面也通过建规立制逐步走上了正常化的轨道。改革开放三十年，在党中央的正确领导下，我们克服了种种困难，取得了举世瞩目的成就，这是任何人都无法否认的。但与此同时，因权力配置不合理和监督不力而形成的大面积腐败或者叫体制性腐败，使得民怨沸腾，正销蚀着共产党政权的合法性基础，涣散着共产党自身的凝聚力，瓦解着广大人民群众对党和社会主义的信任感。这是我们建党九十年来遭遇到的最为严峻的挑战。

历史的和现实的正反两方面的经验都证明，民主是获得民心的最鲜亮的旗帜，是监督权力、防止和遏制腐败的最有力的武器，党内民主也是增强党的凝聚力、加强和改善党的领导的最有效的途径。

在党内民主问题上，第一，要建立这么一种信念，党员是党组织的基础，也是党的主体，在党内生活中每个党员的地位都是平等的，任何党员即使是党的领导人也没有超出党章规定的特权。党的各级领导人的权力都是由一般党员通过一定的形式比如代表大会而赋予的，党的全国代表大会是党的最高权力机构，它选举产生的中央委员会、中央委员会选举产生的政治局，本质上都属于由代表大会授权而进行领导的执行机构。一定得理顺这个权力授受关系，负责和问责才能有章可循、主体明确。高放教授在这方面有很好的论述，应该引起我们的重视和讨论。

第二，在上述理念的指导下，使党内的民主选举落到实处，逐步以选举制代替委任制。选举制和委任制是权力授受关系的不同体现方式，也是两种相互对立的制度和价值取向。选举制体现的是"权为民授"，形成的向下负责的价值取向；委任制导致的则是向上负责的价值取向，使得各级干部都必然将眼光盯着能决定自己命运的上级领导，揣摩上级领导的意图和爱好，围绕上级领导的指示和标准来开展工作自然就是"最合理"的选择。从权力监督和防止腐败的角度看，选举制比委任制要有效得多、经济得多。道理很简单，自上而下的监督，尽管设置了专门部门，也是以点对面的监督，糊弄起来比较容易，而自下而上的监督，诉诸制度性以面对点的监督，就很难糊弄过去。

第三，要形成威而有信的党内生活规则和制度，切实有效地保障党章赋予每个党员的民主权利和要求，切实有效地划清和保障下级组织应有的权力。我们不能总是片面强调党员和下级组织执行中央决策的责任，而忽视保障党员和下级组织的民主权利，不能总是过多过分地要求党员和下级组织与党中央保持一致，而从不重视更不提倡党中央的决策路线要体现广大党员的意愿。各级党的委员会，也都需要建立公开而合理的议事规则和票决制度，使各个委员的权利能够得到合理的保障，这是防止现在普遍存在的"书记专权"弊端的有效途径。

中国共产党有八千多万党员，只要我们通过党内民主使广大党员的权利得到有效的保障，把他们的积极性都调动起来，使各级权力都能受到有效的监督，反腐败斗争就必然能够取得实质性的进展，党的凝聚力就能得到极大的加强，党的战斗力、影响力、号召力、执政能力也就得到极大的提高，以党内民主推进社会民主就能取得很大的成效。

民主是一个大学校[*]
——关于村级民主治理的几点思考

在中国现代化的总过程中，农业和农村始终是一块"短板"，是制约整个社会发展各个方面的深层根源，同时又是整个国家实现现代化的程度和水平的最真实的标志。在器物性层面是如此，在人的现代化和民主化方面也是如此。从这个角度看，我国的村级民主治理工程，作为推进现代化的一项基础性和战略性举措，是具有非常重要的意义的。因此，对于村级民主治理及其存在的问题的探讨和思考，就绝不应也不能仅仅局限于经验层面的就事论事，而必须从国家民主生活和现代化总体过程的战略高度来着眼。

一

村级民主治理，从政社合一的公社体制解体，国家主动收缩对农村的行政控制，通过"海选"形式由村民确定村民委员会，到颁布《中华人民共和国村民委员会组织法》及讨论修改组织法，已经走过了一段不短的路程，政学两界对村级民主治理这种新的实践形式及其经验的讨论也取得了相当可观的成果。然而，我们发现，在众多的相关文献中，一部分是由政府宣传部门撰写的宣传式报道，另一部分则是从社会学、政

---

[*] 本文原载《理论视野》2011年第5期。

治学角度进行的一些偏重于经验实证的研究论文和著作,从哲学高度立足国家民主生活发展和现代化总体进程来进行探讨的文章还比较少。即使从社会学、政治学角度进行研究的论文,也由于作者的立场和价值取向不同,对问题的理解有相当的差距,比如有的作者把村民自治当作村落"社会控制"的一种新形式①,有的学者则认为村民自治是村民自我管理的形式,不属于国家民主政治的范畴,更多的学者认为村民自治属于基层民主,但一般也都将其意义定位于基层。② 在我们看来,这些观点都是值得商榷的,也极大地限制了对村级民主自治之重要意义的理解。

我们知道,在传统的中国政治格局中,基本上遵循"政不下乡"的原则,政权控制一般都到县一级,农村的自治程度向来比较高。民国以降,政权下延至乡,但乡级政权力量相当薄弱,基于土地私有制和文化传统,乡绅阶层在农村具有很大的势力和威信,农村社会秩序在很大程度上依靠乡绅阶层来支撑和维护。共产党搞农民运动,首要任务就是发动农民将乡绅的权威打翻在地,依靠农会重建农村社会秩序。及至新中国成立,特别是社会主义改造之后,建立了政社合一的人民公社制度,国家政权的威力全面覆盖,农村的自治权被彻底摧毁。人民公社制度一方面极大地增强了国家政权对农村的动员能力和组织能力,使国家意志或国家制定的政策能够贯彻到中国辽阔大地的每个村庄,为工业化吸纳农村资源、进行原始积累,也为修建一些大型水利工程提供了重要条件和保障,但另一方面则在很大程度上消灭了广大农村因地理条件和传统而形成的生产方式、生活方式的多样性,将之强行纳入一个统一的框架,利用户籍制度、行政命令、军营式管理方式组织农业生产和农村生活,极大地限制甚至剥夺了农民的生产自由、迁徙自由、交往自由,扼杀了农民的生产积极性和创造力。其结果,虽然从表面上看较好地维护了社会秩序,在一些公共事务公共设施如卫生、教育、水利、道路方面也取得了相当的成就,但却严重阻碍了农村劳动生产率的提高和农业生产力的发展,造成了长期难以改变的粮食、油料、棉花等基本生活资料的"短缺"和"匮乏"。农民生活

---

① 丁卫华. 村落社会控制模式转型与农村群体性事件治理策略选择. "三农"问题研究,2010(5). 吴思红. 论村民自治与农村社会控制. 中国农村社会观察,2000(6).
② 于建嵘. 村民自治的价值与困境. 学习与探索,2010(4).

长期处于严重贫困状态,许多地方农民劳作一年连温饱问题都解决不了。"穷则思变",农村包产到户式的改革之所以率先发动,实在是这种形势逼出来的。

当前中国的村级民主治理或村民自治,是在联产承包责任制的基础上,在社会主义市场经济条件下进行的,自然不同于传统农业社会以乡绅为主而进行的"自治",更是对计划经济时代人民公社全面控制性体制的一种反动。尽管说现行的"村"仍是"行政村",以公社时期依行政命令而区划出来的"村"为基础,但村级民主自治,不仅必然要求界定村民与村委会的关系,而且必然要求重新划定"乡"与"村"的权力关系,还要求厘清代表党的领导的村党支部与代表村民利益的村委会以及直接体现村民意志的村民代表大会的关系。如何处理这几种关系,如何划定各自权力的界限,不仅是理论上的"分析"和"说明"问题,更要紧、更实质的是实践过程中的"确定"和"确立"问题,体现着对于不同权力来源的"代表"的基本态度,也是检验人们是"真民主"还是"假民主"或是"半民主"的态度的一块试金石。

二

村级民主治理,从经验的、直观的角度看,作为一种经验事实,固然属于基层民主,属于农村中的"村"这一级的基层单位、基层组织的民主,但它所包含的各种矛盾、处理这些矛盾关系的实践所蕴含的内容,却并非只限于村级或基层这个层面,而是有着更为广泛和深远的意义。

第一,村与乡的矛盾。实行村级民主治理之后,乡作为国家行政权力的基层或末端组织,是国家法定的管理所辖区域内的各个村的"婆婆"。麻雀虽小五脏俱全,乡级政权基本上就是当前中国行政机构的微缩或"克隆",从省到县到乡,都按照全面管理社会的原则来设置这些机构;乡级政权的权力和权威的来源是上级授权,代表着国家进行管理,经费来源也主要是财政拨款,以及农村各项税费的提留。而村级民主治理选举产生的村民委员会,则旨在处理村级事务和维护村民权益,其权力和权威的来源则是村民的授权。在现行体制下,乡级政权作为村的"上级"组织,不仅村委会和村民难以对之进行监督,而且往往滋生权力过度扩张和越界的冲动。因此,这两种不同来源的权力之间在许多方面就势必存在一定的紧张和矛盾。浙江的钱云会案例就是这种矛盾的典型表现。现在一些地方在实行乡级选举的试点,即使成功,也不过是使原有矛盾上移,变成村民选出的乡级政权与代表国家的县级政权的矛盾,因此并没有改变问题的实质。如果过于强化乡级权力,肯定会造成对村民自治权利的侵害,甚至使村级民主变成有名无实的形式。现在一些地方乡政府在"指导"的名义下操纵村级民主选举,或是通过给村干部发工资的形式来进行变性控制,已经造成了村民的严重不信任,极大地影响了村民民主选举的积极性。总之,解决由任命制和选举制产生的两种权力的矛盾,解决这种国家控制与村民自主之间的矛盾,具有实质性的、普遍性的意义。

第二,与上述矛盾类似但表现形式不同的,是村级党支部与村委会的矛盾。所谓表现形式不同,是说党支部与村委会都属于村级政权,党支部由党员选举产生,村委会由村民选举产生,党支部并不是村委会的"上级",二者的矛盾属于同级政权中不同机构的矛盾。而所谓类似,则是说党支部的职能是要贯彻上级党组织和党中央的方针,是代表上级党组织来实施对村级事务的领导的,而村委会的职能则是管理村级公共事务,处理村际关系以及与上级政权机构的关系,维护村民的权益;前者为上级负责,受上级监督,后者为村民负责,受村民监督。虽然在乡、县、市、省乃至国家一级都存在党委与政府机构由职能差异而演化出的矛盾,但由于各级干部都是党和国家任命的,党的领导也是国家明文规定的,所以相对说来问题还比较容易解决,比如党委书记实际就是"一把手",政府长官是"二把手",若二人难以配合就通过人事调动予以解决。但这个矛盾在村级政权中就很棘手。既然是村民民主自治,村民选举产生的村委会主任就可以不承认党支部书记是村里的"一把手",甚至在决定村级事务时不让党支部书记参与。如果乡级党委强行维持党支部书记的权威,那么就会造成对村民民主自治权利的侵犯。这里存在一个深层的也是普遍性的问题,即党的领导作用如何体现的问题。正如以研究中国改革闻名的郑永年先生曾指出的那样,"领导"本来是指思想上和行动上的"引领"与"指导",是形成思想共识的社会动员能力,但是,"党现在光行使统治权,而不是领导权","统治权在强化,但领导权在急剧衰落"①。党的威信本质上是靠其"领导"作用或先锋带头作用，靠老百姓的信任来形成来维护的，越是依靠统治、强制来维持，威信就越低，人们的逆反和排拒心理就越严重。表现在村级民主生活中，这一点就特别明显和突出。所以，在村级民主治理的过程中探索出一套合理解决党支部与村委会之矛盾的方式，对于解决党政关系这一在中国具有全局性意义的问题很有启发作用。

第三，村委会与村民代表大会的关系。村委会作为村级民主自治的权力机构和执行机构，由村民代表大会选举产生，向村民代表大会负责并受其监督，村民代表大会是村级的最高权力机构。这在理论上不存在问题，问题出在实践过程中，比如，村民代表大会及其选举是否真实地反映了村民的意志，村民代表大会如何通过具体措施如设立一定的专门机构实施对村委会工作的有效监督，特别是对村级财务的监督，如何规定各种社会性组织包括联户代表在村民大会中的地位和作用，在兴办一些村级公共事务或决定一些村级公共问题时哪些是村委会能够直接决定的，哪些需要经村民代表大会通过，村委会在执行村务过程中遇到某些反对力量的反抗，或者是遇到乡级政权的要求与村民利益的矛盾时，如何寻求村民代表大会的支持，在什么条件下村民代表大会有权罢免村委会干部或对之实行弹劾，等等。这些都是民主过程中难以避免的问题，需要认真学习探索、认真总结经验，才能找到一些合理的解决办法。

村级民主治理过程中会遇到大量的矛盾和问题，上述这三个矛盾是最主要、最基本、最普遍的矛盾，而这几个矛盾又不仅限于村级民主过程，在乡级政治、县级政治、省级政治乃至国家级政治中，在各种事业单位如学校和研究院所中，都能看到它们的影子。正因如此，研究这些矛盾以及找到解决矛盾的合理方式，对于整个中国的民主建设就具有普遍而深远的意义。

三

在我们不少人的心目中，民主是一个来自西方的"舶来品"，是属

---

① 郑永年. 中国改革的路径及其走向. 炎黄春秋，2010（11）.

于资产阶级的。不能照抄照搬，不搞这一套云云，都是建立在这个观念基础上的。就传统中国社会缺乏民主、不知民主为何物而言，这种观念具有一定的道理，但也只是具有一种片面的、肤浅的道理。民主，就其一般本质而言，是一种与"君主"专制相对立的现代性文明的价值观念，一种与自由、平等、人权内在联系又相互支持相互为用的现代精神气质，一种基于这种价值观念和精神气质的社会治理方式，一种与市场经济相适应、以市民社会为基础、以现代法治为支撑的生活方式、社会制度和政治运行机制。正因如此，随着现代化过程的全球性展开，民主成为一种世界性潮流。但民主又没有一个统一的模式，在不同的国家、不同的民族，实现民主的路径，所建立的民主的具体形式，又都是有差别的。把民主的某种方式、某种形式，比如普选，当作民主一般，是一种形而上学思维的表现。忽视民主作为现代文明的性质，比如说任何国家都是民主和专政的统一，封建国家是地主阶级的国家，对地主阶级实行"民主"，对农民阶级实行专政，这实际上是把本属于现代性的观念当作超时代的东西到处乱套，是头脑糊涂的表现，也是"诬古"欺今的表现。另外，也要反对民主问题上的浪漫主义情绪。我们中的一些人理想主义地看待民主，把我们现在存在的一切社会问题都归结为缺乏民主选举造成的，似乎只要实行民主选举一切问题都可以得到解决，而要不要实行民主就在领导人的一念之间；他们对于民主的复杂性以及由此引发的具体问题缺乏认识也没有了解的兴趣，不懂得民主发展一定是一个渐进的过程。这实际上是一种民主问题上的"左"倾幼稚病。

  在我们看来，民主化是大势所趋，但民主的过程又是艰难曲折的。中国走上了市场经济道路，必然造成市民社会的发展壮大，必然要求依法治国、完善法制，这些都在不断地为实现民主准备条件，现代化必然要求民主化。但我们也必须看到，民主是需要学习的，不仅需要向先进的国家学习，更需要在实践中学习。在游泳中学习游泳，在战争中学习战争，同理，学习民主的最有效的途径就是在实行民主的过程中学习民主。干部要学习，民众也要学习，接受民主的观念，培养民主的习惯，积累民主生活的经验，掌握处理民主过程中出现的各种问题、各种矛盾的合理方式，进而才能创建出适合本地区、本国家实际情况的民主形式。

  具体到本文的论题而言，在村级实行民主治理的过程，就是一个村民和村级干部学习如何对村级公共事务进行民主管理、民主决策的过程，是培养村民和村级干部的民主素质、民主习惯的过程，同时也是乡级干部和各级领导干部学习如何民主地对待民主自治过程中出现的问题与矛盾的过程，是理论家们通过一个个活生生的个案学习和探索如何处理民主的一般本质与特殊形式的辩证关系、民主的复杂性与有效性的过程。市场经济是一所大学校，民主也是一所大学校，所有人都是这所学校的学生。我们一定要认识到，这个学习过程需要付出一定的"学费"，要学会理解、宽容和忍受民主过程初期阶段的各种"乱象"，要适应因各种利益诉求的不一致而导致的争执、对立以及反复协商的麻烦。那种自认为先进总嫌大众落后的观念，那种自以为高明总想指导别人、一遇到反对意见就变脸跳脚的教师爷心态，那种总感到一放权于民就难以达到统一意志甚至惹出许多麻烦的担心，说到底都是不懂民主的本质的表现，都是阻碍民主发展的。对这些不合理的观念、心态和担心的有效克服，只能通过民主过程的逐步演进、完善和升级来实现。

民主是一所大学校，也是一个大熔炉。我们不仅需要民主的信念，而且需要进行民主生活的知识和习惯。说句不客气的话，由于我们缺乏民主生活的实践训练和切身体验，在我们每个人身上，包括在许多积极呼吁民主的人士身上，都还存在着不少非民主甚至反民主的因素。我们需要通过民主这所学校、这个熔炉，涤荡自身的这些非民主或反民主因素，学习如何真正掌握民主的知识，培育民主的精神气质，真正以民主的态度和精神来对待民主发展过程中出现的各种问题。没有这样一种认识，缺乏这种学习和锻炼，我们国家民主生活就容易出现较大的反复和折腾。村级民主治理，或许还是民主大学校的初级班，我们从中受到的还是初级的训练，但既然入了门，登堂入室就是完全可以做到的。

和谐社会研究中要注意的两个问题[*]

构建和谐社会的理念甫一提出,便得到社会各阶层的广泛认同,也成为理论界研究的一个热点问题。和谐的思想可谓源远流长,中外思想史上都有大量论述,对于我们具有相当的启发意义,但也一定要注意,我们今天说的和谐与古人所说的和谐有着很大的不同。综观中外思想史和当今的文献,虽然不少人从不同方面谈到和谐,但从总体的致思路向上讲,还是有着很大的不同。概而言之,一种是形而上学的消极和谐观,一种是辩证法的积极和谐观。注意区分这两种和谐观的差别,注意讨论社会和谐时的浪漫主义倾向,这在理论上和实践中都有重要意义。

一

可以从以下几个方面来看这两种和谐观的差别:

从思维方式看,前者以形而上学的思维方式为基础,把和谐与矛盾对立起来,害怕和排斥矛盾。它所理解的和谐,就是排斥矛盾的和谐,是一种无矛盾的或克服了矛盾后的和谐。所谓"大同",所谓"王道",老子向往的无知无欲"小国寡民"社会,宋儒倡扬的灭尽人欲后的"天理"流行的世界,都是如此。这是一种绝对的和谐。后者则合理地、辩

---

[*] 本文原载《哲学动态》2006年第6期。

证地看待和谐与矛盾的关系，它认为任何社会、任何时候都存在着矛盾，消除这些矛盾既无可能也不必要。和谐并不是没有矛盾，也不是排斥矛盾，而是包含矛盾于自身又对之进行限制或限定，是创造出一种使矛盾双方不至于发展为冲突的社会运行机制和社会正常生活的局面。总之，和谐是相对的、具体的，没有绝对的和谐。越是把和谐绝对化，就越使之带有乌托邦式的理想性质，越缺乏实际操作的可能。

从预设前提看，前者抽象地以社会为本，即把社会看作与人抽象对立的一种整体性存在，个人只是这个整体的组成部分，强调和突出的是社会整体秩序的绝对优先性，是个人对社会的义务，是下级对上级的服从，是人们对等级制度和身份差别的天经地义的道德认同。这种以社会为本将社会等级秩序合理化的观念，实质上不过是以统治者为本，因为他们是社会或国家的合法代表者。在这个前提下，礼也好，法也罢，都是统治者设立的管制人民大众的工具，或是诉诸家庭生活的亲情，如儒家，或是依仗某种"自然法"来论证现行礼法制度的合理性，如西方某些思想家，其最终目的都是将这些不合理的东西合理化。很显然，这里的和谐就是统治者所要求的各安其位、各守其分、各行其道、克己复礼的秩序，柏拉图的理想国、孔子理想的周公之治，都是这方面的例子。后者则坚持以人为本，即把社会看作人们的活动和交往关系的总和，而不是抽象的与人对立的独立性存在。它在现代社会理念的基础上审视人与社会的关系，首先关注的是人的权利、利益、机会的合理公正的分配，强调的是公民个人权利对各种社会权力的基础性作用和合理制约关系，诉诸的是不同阶层、不同主体之间的信任和协商。它坚持的是"依法治国"的法治原则而不是"以法治国"的人治原则，任何人、任何政党和团体都必须在法律的范围内和制约下活动，不允许有任何法外特权、法外公民存在。所以，和谐是以通过民主程序形成的公正的法制为基础的和谐，是以维护法制的尊严为前提的和谐，也是以遵纪守法、以法衡平、定分止争、争而不乱为底线的和谐。

从最终目标看，前者以单纯的社会稳定利于统治为目标，只要没有纷争，社会安定，就是天下太平，至于这种稳定和太平是不是能够促进社会进步与人的发展，多不在其考虑范围内。这是几千年来封闭的小农社会和家天下的形势使然的，也由此而获得现实合理性。重农而轻商，不是没有看到商业在搞活经济、方便民生方面的作用，而是因为怕商人流动性强、获利心重，影响了世道人心，威胁到统治权力和社会安定；崇让而贬争，并非没有看到竞争对于人才涌现、经济发展、社会进步的积极作用，而是因为竞争会产生不利于社会安定的效应；而绝圣弃智、神道设教、搞愚民政策，都是因为这些措施有利于社会安定，便于使家天下代代相传。后者则把稳定与发展理解为一种辩证的关系，认为二者既有差异和矛盾，又互相制约、互为前提、互相为用，以能够促进社会和人的共同进步、和谐发展为最终目标。稳定是发展的基础，没有稳定的环境就无法发展；而发展又是稳定的条件，不发展的稳定只能是死水一潭。改革开放、搞活经济、鼓励竞争、提倡创新、保护人们自由择业的权利，这些都可能带来一定的社会不稳定因素，但为了促进社会发展和人的发展，必须予以坚持。发展会带来新的问题、新的矛盾，发展后的问题和矛盾可能比不发展时还要多、还要复杂，经济上如此，政治和文化方面也如此，但不能因此就不发展，因为只有发展才能落实和维护好人民的权利，才能实现真正的、长治久安的和谐。

与之相联系并由之决定，从路径选择看，前者设想的是一种机械控制型的、通过等级制加强控制而实现的社会稳定。统治者始终把人民大众看作被管理、被控制的对象，所谓"牧民"即是这个意思，将整个社会当作一架机器，通过各级官吏对之进行控制，同时对这些官吏又从上至下地进行监督和控制。而官僚机构本身就具有一种不断膨胀的趋势，有一种不断扩展其管制范围的倾向，结果就需要设置越来越多的机构、越来越多的官吏。最后形成的就是一种权力控制型的社会，也是依靠各层、各级的行政权力将社会各个方面"管住""抓紧"的社会，是靠刚性的社会运行机制来维持的社会。要么管得很死，要么就因为疏于管理而导致混乱。后者则主要是依靠在社会自身各个部分的分工协作中形成的合理结构和运行机制而达成的有机型和谐，是主要依靠社会的自组织能力而良性运行的社会状态，政府权力主要限于社会公共领域、公共生活的管理，它不是高居于社会之上，而是"内嵌"于社会之中，主要不是实施控制功能，而是发挥服务作用。各种官吏、各种权力都受人民和舆论的监督，受法律和制度的约束。国家政府的任务仍然是管理，但这是一种顺向于社会的、以"理"为重点而不是以"管"为重点的、富有弹性而不是刚性的管理机制，是努力使社会分工充分发展，使社会结构日益合理，促使各种具有营利性质的服务机构承担社会中介协调的作用，各种非营利性的社会组织也相当发达，使社会运行体现出很强的自组织、自调节的形态，从而保持争而不乱、活而不散的既充满活力又具有秩序的稳态和谐。

最后，从运行效果看，在机械控制型的状态下，即使权力系统保持有效运作，压制和控制着各种矛盾，维持着社会的稳定与暂时和谐，这种稳定与和谐也比较脆弱，难以持久。因为它在很大程度上依赖处于权力源头的统治者的能力、品质、威信等个人情况，依赖社会官僚机构的具体情况，而这些都具有很大的偶然性。而且，为了维持控制的稳态，往往需要付出很高的制度成本，消耗掉大量的社会资源。而有机型的社会和谐，主要依靠的是社会自组织能力，因而制度成本会大大降低，社会活力则大大增强，是一种效益较好的和谐，一种不随着领导人的兴趣和注意力的转移而变更、不会出现人亡政息效应的和谐，一种能够长久维持、持续发展的和谐。

我们倡导的和谐观，自然应该是具有现代意义的、辩证的积极和谐观，我们构建的和谐社会，是以这种和谐观为指导的和谐社会。这是一种建立在经济发展基础上的、富裕并充满了活力的社会，是一种具有完备的法制和民主程序的现代社会，是一种比较公正的、抑制两极分化有利于朝着共同富裕前进的社会主义社会，是一种比较宽容的、各种不同观点能够合理竞争和平共处的现代文明社会。离开了这些内容，和谐社会就成为一种抽象的超历史性的东西，成为一种空洞的社会理念。

二

在讨论社会和谐问题的时候，有两种倾向是值得注意和防范的：

第一种倾向是理想化的、浪漫主义的倾向。纵观古往今来关于和谐的讨论，许多思想家不仅把和谐当作一种正价值，而且当作一种价值标准，比如，在孔子那里，克己复礼，天下归仁，善莫大焉。何以故？因为都按照"礼数"行动，君仁臣忠，父慈子孝，各种人际关系才能达到和谐，从而再现周公之世。在柏拉图那里，统治者得智慧、武士们要勇敢、生产者须节俭，各安其分，各司其职，社会才是和谐的社会，国家才是正义的国家。善在于和谐，美更在于和谐，甚至真也需要和谐，自洽论的真理观就是表现。现实中固然存在着诸多不和谐现象，但其因不和谐而成为不合理的存在，即需要改造或改进的存在，和谐成了一种理想，是诸善之根、诸美之源，是各种价值的总根据、总标准。

现实生活中充满了不公正、对立、对抗、冲突，最严重的就是战争，引起了诸多不幸的后果，人们普遍地憎恨对立、渴望和谐，思想家们也多从理论的角度和层面论证和谐的合理性是一种"应该"确立的状态。由此人们也就都把和谐与对立看作彼此冲突、有他无我有我无他的关系，似乎只有消灭了矛盾和对立，才能实现和谐。殊不知，当和谐被当作诸善之根、诸美之源而被竭力美化和理想化的同时，也就被置放到了与现实隔绝的彼岸世界，成了永远可欲可求但却无法实现的理想，正如宗教的天国从一开始就注定了其是不可能实现的一样。

与历史上的许多思想家不同，马克思主张从现实的人，从人们的现实物质生产与物质生活状况出发来考察社会和历史，把各种观念都看作这种现实生活的一种回声和反映。马克思不是以一种道德家的眼光来对各种社会现象做价值评判和理想设计，而是以一种科学家的眼光来分析社会历史的运动。正因如此，他不仅看到了各种社会矛盾、对立、对抗的历史必然性，而且进一步看到了对抗的历史进步性，看到了进步的对抗性和对抗的进步性在历史进程中的辩证关系。在马克思那里，消灭私有制、消灭阶级都不是出于道德的要求，而是经济发展的一种必然结果。

从这个角度反思我们过去社会主义建设几十年的经验，一个重要的教训就是，我们把社会主义理解得过于理想化、过于浪漫化了，超越了历史阶段以及具体国情和实践能力所能实现的限度。那时虽然没有提出和谐社会的观念，但实际上却认为这种社会主义社会是最和谐的社会：全面的公有制，没有剥削，没有压迫，没有根本利益上的对立和冲突，全国一盘棋，甚至全国如一人。经济上是有计划、按比例高速度发展，按劳分配，公正合理；政治上是既有集中又有民主、既有纪律又有自由、既有统一意志又有个人心情舒畅的生动活泼的局面；文化上是百花齐放、百家争鸣的和谐繁荣景象。因为目标过于理想，超越了历史阶段，把在未来的社会主义高级阶段才能办到的事情强行放在现在来办，结果就是欲速则不达，不仅无法实现，反而造成了重重矛盾。为解决矛盾，于是诉诸斗争哲学，在理论上把斗争绝对化，不斗则退，不斗则修，不斗则垮，而且似乎斗争本身也成了目的。从把和谐理想化开始到把斗争绝对化终结，总是在走极端，造成巨大损失。殷鉴不远，我们再不能重蹈覆辙。

第二种倾向是借构建和谐社会来否定以经济建设为中心的基本路线，有意无意地把现在社会上的许多经济矛盾、社会冲突归因于以经济建设为中心，把全面和谐发展与以经济建设为中心对立起来。这是一种危险的倾向。邓小平曾深刻地指出，我们过去最大的失误就是没有把工作重点转到以经济建设为中心上来，以为在经济很落后的条件下也能建立起平等的、民主的、和谐的社会。贫穷不是社会主义，贫穷条件下的那种和谐也不是我们所要求的社会主义的和谐。马克思早就指出过这一点，在生产力不发展的极端贫困的情况下，仅仅人们之间重新争夺生活必需品的斗争，就会使全部腐朽的东西死灰复燃。中国的现代化事业好不容易才走上了市场经济的正轨，我们才刚刚脱离了物资短缺、生活困难的窘境，刚刚为社会全面发展准备了基本的经济条件和财政条件。我们现在遇到的分配不公、赋税负担不合理、贫富差距扩大、城乡差距扩大、社会矛盾加剧等一系列问题，经济增长方式还没有根本转变，环境矛盾、资源矛盾都很突出，医疗卫生体制、教育科研体制、社会保障体制等方面的改革还面临很多困难，等等，这些都是引起近年来理论界对改革的反思和争论的现实原因，都是不容忽视的重要问题。然而，所有这些问题，都不是因为搞了社会主义市场经济，不是因为坚持以经济建设为中心的基本路线才产生的，而是改革不彻底、不到位、不配套的结果，只能通过深化改革，包括改革既往确定改革方案的决策方式来获得解决。我们绝不能因噎废食，更不能小有成就就头脑发热，似乎我们已经改变了贫穷落后的面貌。有学者认为我们社会的主要矛盾已经发生了转变，言下之意就是以经济建设为中心的基本路线已经过时，我们认为这种说法是轻率的、错误的。

政府公信力：现代公共生活秩序的核心问题[*]

随着中国改革开放运动的不断深入，整个社会的经济运行方式、社会管理机制、人们的思想观念和生活方式都发生了深刻的变化，人们的法治观念、公民意识日益增强，主体自觉性普遍提高，社会公共生活领域正在形成，所有这些都对摆正政府的地位、转变政府工作的职能、形成良好的政府形象提出了新的要求，为加速政治体制改革奠定了广泛的社会基础。我们应该充分抓住这一机遇，以提高政府公信力为抓手，树立廉洁、有效、公正的政府形象，促进社会公共生活的良好秩序的建立，这本身就是构建社会主义和谐社会的需要，也是其题中应有之义。

一、现代公共生活对系统信任的内在需求

社会主义市场经济的建立和现代科技成果的广泛运用，使得人们之间的交往活动日益频繁，人们生活的"公共化"程度空前提高。现代公共生活空间正在逐步扩大并日益成为人们生活的重要组成部分。现代公共生活是建立在普遍交往的基础上的，作为独立的公民之间、公民与各种社会组织之间以及各种社会组织之间的社会性交往活动的总和，具有以下几个显著的特点：

---

[*] 本文原载《天津社会科学》2008年第1期，与白春阳合作。

第一，交往主体或公共生活主体日益多元化，交往范围急剧扩大，交往频率大大提高。任何社会都是人们交往活动的总和，但在现代社会，除了个人之间的交往、家庭之间的交往，各种社会组织也纷纷出现，成为交往活动的主体或承担者，同时也成为扩大人们的交往活动的组织者和推动者。正是在这些组织的中介和推动下，人们的交往范围日益扩大，交往形式日益多样化，彼此都以一种平等主体的身份参与到公共生活的场域中来。特别是20世纪下半叶，在信息化浪潮推动下，一种全新的人际交往形式——网际交往正迅速普及，它不仅拓宽了人与人之间交往的空间范围，而且彻底改变了基于血缘、地缘、业缘的传统人际交往形式，使人们的交往实现即时性、开放性、广域性。在国际交往中，人们能自由地跨越民族与国家的局限，按照自己的需要和意愿平等地从事在现实生活中能够进行的各种活动，自由地同任何一个民族和国家地区的主体进行交往，互通信息，交流思想，切磋观点，这就为人们的交往提供了一个更为自由的非中心化的交流空间，"使在场和缺场纠缠在一起，让远距离的社会事件和社会关系与地方性场景交织在一起"[①]。

第二，在现代公共生活中，各种交往主体的独立性明显增强，权利意识明显提高。无论是作为公民的个人，还是作为法人的社会组织，都自觉地意识到自己法定的地位和权利，积极地维护自己的合法权益，当然也要承担起与所享有的自由权利相应的义务和责任。正是基于这种权利意识，人们对于各种外来的不合理的干预或干涉就变得难以忍受，对来自政府部门的那种居高临下式的"管制"就比较反感，相反倒是对政府提供的公共服务的缺失更为敏感，提出各种各样的批评。这在客观上就为实现"以权利限制权力"提供了一定的社会条件。

第三，在现代公共生活中，交往活动的组织化程度日益提高。这种组织化不仅表现在许多交往都是通过一定的社会组织来进行的，同时也表现在许多维权行为也摆脱了单个人行动的色彩，而是通过一定的组织来进行。许多社会组织，对于自己成员的合法权益都起着相当的保护作用，甚至一些组织就是以维护其成员的合法权益为目标和宗旨的，如消费者协会、律师协会、业主委员会，等等。这种组织化一方面为公民个

---

① 安东尼·吉登斯. 现代性与自我认同. 赵旭东，等译. 北京：三联书店，1998：23.

人维护自己的正当合法的权益提供了必要的途径和保证，另一方面也是社会自我管理、自我约束的必要形式，为政府权力的实施划定了一定的边界，对于政府权力的"越界"起到了一定的排拒作用。

总之，在现代公共生活中，人们的社会交往无论在广度还是在深度上都得到了极大拓展，将社会交往关系从传统的"差序格局"和自然性限制中解脱出来，并通过广阔的时空距离对之加以重构。利益和理性日益深入人们的日常生活，对社会信任也提出了新的要求。也就是说，除了社会成员之间基本的、必要的信任外，除了保持传统的由于熟悉而建立的人格信任或个人信任外，更需要依赖于通过社会制度安排而形成的"系统信任"，比如对社会各种功能性机构银行、各种中介机构、各种社会团体，对新闻媒体、政府机构等要有基本的信任，各种组织机构之间也都要有基本的信任。进一步说，国家通过法律制度对这些机构组织的活动规定了相应的责任，确立了一定的规范，如果出现失信就会由国家出面予以解决，使得它们必须保持一定的可信度。在现代生活和交往活动中，由于人们从"熟人社会"进入了"生人社会"，传统的人格信任模式及其相应的一系列观念显得越来越"力不从心"，而必须让位于这种新型的社会信任模式——现代系统信任模式，不然整个社会生活就难以顺利进行。系统信任就是通过法律和规则来保证的信任，是社会信任的制度化机制或制度化保证。它既在很大程度上克服了传统社会依靠个人了解而形成的人格信任难以适用于生人社会交往的缺陷，扩大了交往半径，提高了交往频率，使在任何个人、组织、国家之间建立广泛的信任成为可能，从而加速了分工和合作活动的社会化，促进了经济和社会的发展；也消除了人们进行交往时的后顾之忧，缩短了建立信任的时间，节约了交往成本或交易成本，为促进人们的普遍交往提供了社会性保证，从而提高了各种资源的利用率，提高了整个社会的活动效率。一句话，现代社会需要的是一种系统信任，能够适应现代交往的也只能是系统信任。在这个意义上，信任问题已经在很大程度上超出了伦理学的范畴，而具有广泛的经济学、社会学、政治学的内容。

完全可以这么说，现代公共生活秩序是靠社会信任系统维持的，也需要人们改变观念，从传统的人格信任转变为现代的系统信任。如无这种观念的转变，如不能建立起有效的社会信任系统，还是整个地依赖对个人的道德教育，依赖个人的道德自律，势必难以形成现代公共生活的合理秩序。

二、政府公信力：现代信任系统的关键环节

公信力（credibility）最初是西方大众传播研究中一个非常重要的概念。从总体上看，研究者对公信力这一概念的探求主要集中在两个领域：信源和媒介。前者指传者特性影响信息传播效果，如在霍夫兰模式中，就是指传者品质对传播效果的制约；后者集中于承载信息的渠道研究，如网络媒体与印刷媒体在可信度上的差异。但公信力的定义究竟为何，却没有一个达成共识的严密而准确的界定。华盛顿邮报的执行编辑费维说："我不知道公信力是什么，但失去了它就能感觉到它的存在。我们花了许多年才把那些信任找回来。我们曾经亵渎了公众对我们的信任。"乔治·华盛顿大学媒体与公共事务学院的戴索认为，"公信力是一种信赖，也是一个品牌"[1]。

随着现代社会学科之间的广泛渗透，这一概念逐步进入政治领域，"公信力"问题越来越受到广泛关注，它是指公共权力在面对时间差序、公众交往以及利益交换时所表现出的一种公平、正义、效率、人道、民主、责任的品性，是公众对公共权力的信任程度。公信力既是社会系统信任的一种重要因素，同时也是公共权威的真实表达，属于政治伦理范畴。[2] 一般认为，政府公信力就是政府在公众心目中的地位和公众对政府的评价，也就是政府信用的问题，具体来说，它包括三个方面：一是政府机构的社会形象或道德评价的问题，主要看政府能否做到依法行政、秉公办事、一视同仁，着重的是政府的道德形象；二是公众对政府机构和官员们行政能力的信任问题，即政府是否拥有对内管理好自身内部事务、对外管理好社会事务的能力，能否获得公众的认同和满意；三是对各种政策的信任问题，即政府出台的各项政策和规定是否公正可行，其制定的程序和过程是否合法，各种政策之间的协同性和衔接性如何，特别是新旧政策之间是否有一定的连续性，能否得到公众的信赖，

---

[1] 沈荟. 公信力：传媒经济与伦理的融合——对美国主流商业新闻媒体经营观的思考. 香港《中国传媒报告》，2004（4）.

[2] 王翠英. 现代公信力的道德价值. 光明日报，2005-07-26.

等等。

现代社会是一个由无数社会组织和个人及其活动构成的巨大系统，也是一个依靠系统信任的简化机制才能顺利运行的过程。在这个信任系统或信用系统中，政府信用或公众对政府的信任，即政府公信力，处于一种关键性的或核心性的地位，起着一种支柱性的作用。

一方面，政府信用的范围广、内容复杂，影响很大。众所周知，政府公共管理的客体主要体现为两个大的方面：一是国家事务的管理，如军事、国防、外交、法治、公安等；二是社会公共事务的管理，如经济、文化、教育、科技、社会保障、人口控制、环境保护等。很显然，政府的职能以及与之相应的行为所涉及的内容是多种多样的，政府信用的内容也最复杂、范围最广泛。正因如此，政府信用的影响对社会各个方面的影响更具广泛性、深远性。信用一旦流失，就具有很强的扩散性、长久的破坏性和巨大的毁灭性，修复成本往往比其他信用要大得多。

另一方面，政府信用是其他信用得以存在与发展的基础和前提条件。政府具有特殊地位，作为社会公众观念与行为的指导者，作为国家管理的实体存在，其活动和形象对全社会来说有着重要的指导意义和符号意义，容易引起公众的关注和效仿。比如说，政府的守信程度直接影响着企业和个人的守信程度，如果政府朝令夕改，那么无疑会助长整个社会的投机性心理和急功近利不考虑长远后果的行为。如果政府不能通过一定的制度性措施有效地惩罚那些失信行为，那么自然就会引起社会失信行为的广泛扩散，出现劣币驱逐良币的逆淘汰效应。正如孔子说的那样，"政者，正也。子帅以正，孰敢不正"（《论语·颜渊》），"其身正，不令而行；其身不正，虽令不从"（《论语·子路》）。

总之，在社会体系中，政府作为行政权力组织，其行为和形象具有非常广泛、非常重要的社会影响，这就决定了政府公信力在现代公共生活和社会信用体系中必然起着基础性、决定性、导向性的作用，对社会系统信任以及社会生活的良序建构起着不可替代的作用。同时我们还必须看到，公众的主体意识和权利意识越是自觉，对政府的要求就越高，政府信用就受到越普遍的关注。提升政府公信力，建立一个取信于民的、有信誉的政府就成为一个非常重要的问题。尤其在当代中国社会转型时期，一方面政府活动对整个社会的影响无比巨大，公众对政府的期待或期望也非常高，另一方面，这些年来伴随着经济的持续高速发展，确实积累了不少社会矛盾，城乡差距、地区差距、贫富差距都在扩大，各种贪污腐败现象大面积蔓延，许多政策的持续性和衔接性比较差，导致了社会不公正现象的加剧，社会普遍认为这些都是政府的责任，是政府没有管好的表现。政府的公信力受到很大损害，人们对社会改革的共识和信心已经受到很大程度的销蚀。努力提高政府公信力、增强民众对政府的认同感和信任感，是我国经济社会发展和现代化建设的必然要求，也是当前我国社会信用体系建设的重点和关键。

三、提升政府公信力的重大意义和现实途径

在当代中国，政府工作、政府形象始终处在公众关注的焦点地位。人民群众对改革的信心问题，在很大程度上表现在对政府的信任和信心问题；人民群众对现代化和社会发展前途的看法，与对政府的信任和信心有关，对社会主义的信念问题，也在很大程度上与对党和政府的信任和信心问题直接关联。这是中国的特殊国情、特殊民情，是与其他国家有所不同的。在市民社会还没有发育成熟的条件下，在作为一个后发展国家急切地要求实现现代化的过程中，政府是各种社会活动的发动者、组织者、管理者，是各种社会规章的制定者、执行者，政府集中了过多的权力，自然就承担了过多的责任。在社会转型时期尤其如此。政府既要保持社会发展的足够活力，又得维持必要的经济、政治、社会秩序；既要因应社会形势的变化不断出台新的改革措施和应对之策，又得保持政策的连续性和内在稳定性；既要大胆改革、锐意创新、开拓新路，又得谨慎小心避免大的失误；既要提高效率，又要维持社会公正；如此等等。很显然，要扮演好各种角色，满足各个方面的要求，确实是很难的。唯其如此，更需要公众和社会组织的支持、理解、谅解，而前提则是政府要取得公众和社会组织的信任。

取得公众和社会组织的信任与提高政府的公信力是一回事，都是对政府的要求。各级政府都要把这个问题当作一个根本的、重要的问题重视起来，以此作为深化改革的抓手和着力点，围绕这一点来开展工作。凡是做过承诺的，就一定要兑现；凡是事关公共事务方面的管理工作，

就一定要信息公开;该管的一定管住、管好,有了失误一定要向公众道歉、认错。抱着这种态度,保持这种作风,才可能建立起公众与政府之间的良好关系,为取得公众和社会组织的信任奠定坚实的基础。但这些都还是最基本的,除此而外,提升政府公信力、建设信用政府,还需要从以下几个方面着手:

第一,保持政策的公正性和透明性。政府机构执行自己的职能,一个重要方面就是制定各种各样的政策和规定,以作为各种管理工作的标准。制定这些政策,是政府机构的重要职能,也是法律赋予的一种权力,所以才具有权威性。但是,如果这些政策和规定明显不公正,那么尽管其制定的程序和过程是合法的、无可指责的,人们也会对之产生怀疑,产生抵触,从而增加执行的难度。尤其是在现代公共生活中,利益主体多元化,利益纠纷普遍增加,政府所制定执行的各项政策措施的公正性就显得格外重要。从某种意义上说,公众信任政府的前提就是相信政府是公平、公正的,只有相信政府是公正的仲裁人,是系统信任的保证者,公众才会放心,才敢于互相信任,正常的公共生活秩序才能得到维持。可以说,无论是制定政策还是执行政策,也无论是管事的政策还是管人的政策,公正性都是第一位的因素,也是渗透到其他各个环节和方面的东西。为了保证公正性,需要提高政策的透明性,各个国家的经验都证明,越是暗箱操作,越是缺乏透明性,就越是给一些人上下其手、以权谋私提供了条件。相反,保持必要的透明性,就使得政府工作处于公众的监督之下,能够大大降低制定政策和执行政策中的不公正性。2003年"非典"(SARS)危机对政府最沉痛的教训莫过于信息不透明带来的问题,引起了广泛的反思和批评。"非典"属于一种突发性事件,本身并没有那么大的危害和危险,但由于政府未能及时向公众及有关部门公布真实信息,结果造成民众对真相的各种猜疑,引起了抢购风潮,同时也延误了应对"非典"的最佳时机,最后形成了一种社会性危机。如果政府能将影响公众利益的重大决策、突发事件、重大案件等公开化、透明化,把遇到的问题以及解决某些问题的困难及时告之民众,那么就既可以很好地接受民众的监督,防止工作人员的失职,也能够落实民众的知情权,增进与民众的亲密关系,即使有些问题暂时无法解决,也可以获得民众的理解,从总体上增加民众对政府的信任。

第二,保持政策的科学性和稳定性。科学性是政策的生命,也是能够维持其稳定性的前提条件。只有决策科学化,才能保持这些政策的公正性和可行性,才能减少阻力,为其顺利实行提供必要的基础,为其保持稳定提供必要的条件。政策多变必然失信于民,而政策之所以多变,一个重要原因就是其本身不科学。各级政府应不断完善和充分加强科学决策的制度化建设,如重大问题集体决策制度、专家咨询制度、社会公示和社会听证制度、决策责任制度,以保证决策的科学性。政府在制定和实施公共政策时还应充分考虑到增加公共政策的稳定性,降低公共政策变更的随意性,特别是要加强不同方面的政策的相互照应与新旧政策之间的合理衔接,使整个政策系统保持比较好的协同性、完整性,这样公众才能形成合理的预期,提高对政策和政府的信任。

第三,加强国家公务员尤其是政府官员的廉政建设。国家机构是一种非人格化的存在,它的活动都是通过具体的公务员执行的,国家公务员的行为直接影响到人们对国家机构的看法与态度。政府信用,既可能因官员个人魅力而"增值",也可能因官员个人的恶行而被"掏空"或"污染",所谓一只老鼠坏了一锅汤,说的就是这个道理。任何时代、任何社会的民众都极为痛恨腐败政权及其贪官,如果执政者不能遏制与消除自己内部产生并不断滋长的腐败行为和现象,那么即使经济仍然在不断增长,人们的物质生活水平仍然在不断提高,但由于社会财富分配不公正,生活水平提高的速度和程度不同,民众的满足感就会被普遍剥夺,因此而对政府的信任就可能下降,政府的公信力就会下降,各种不满情绪就会影响甚至破坏社会公共生活秩序,我们期望的和谐社会就难以出现。我们必须看到,官员腐败现象的道德危害性和社会危害性远远大于其经济方面的危害性,会极大地损害执政者与广大民众之间的关系,扭曲与破坏执政者在广大民众中的信誉、形象和地位,以至于民众必然会对执政党的合法性产生怀疑直至否定。如不能有效地予以遏止和纠正,某种突发性的危机事件一旦出现——在当代这种高风险社会的条件下这些是极有可能的,就会因政府公信力的缺失而造成整个政治危机和社会危机,带来巨大的社会震荡。这绝不是危言耸听。

第四,积极地、主动地培育与扶植各种社会组织的发展和完善。直接地看,各种社会组织的存在对政府权力形成了一种排拒或限制;但从深层看,这些社会组织实际上是政府与民众之间的一种中介,在政府与民众出现矛盾时构成一种缓冲地带,是一种能够理性地实现和解的社会机制。随着社会经济和文化的发展，中产阶层必然壮大，人们的维权意识必然加强，各种社会组织必然出现。这些社会组织，一方面构成了具体的即一定区域、行业、阶层的民众利益的代表，另一方面也对这些社会成员有着一定的约束和管理的功能，是上情下达、下情上达的必要环节，是表达民众利益诉求的必要途径，也能够有效地化解民众的一些非理性情绪和不合理要求。也就是说，积极地培育与扶植这些社会组织的发展和完善，既可以提高政府决策的科学性，形成对政府工作的有效监督，也可以通过这些组织对公众进行必要的解释、说服工作，澄清一些误解，化解一些矛盾，增加公众对政府工作的理解，从而在公众与政府之间建立起良好的互动关系，提高政府的公信力。

总之，落实科学发展观，通过深化改革来解决改革中出现的问题，构建社会主义和谐社会，政府都处于一个核心地位，而提高政府公信力是政府各项制度改革和建设的一块基石。各级政府及公务员应牢固树立立党为公、执政为民的思想，注重公信力建设，增强公信意识，坚持科学决策、民主决策、依法行政、依法管理，唯其如此，政府的公信力才能得到切实有效的提高，建立良好的社会公共生活秩序才有坚实的基础，这是构建社会主义和谐社会的重要环节和重要保障。

以制度创新来保障社会公正[*]

我国社会的深刻转型,引起了生产方式以及人们的交往方式、行为方式、价值观念的深刻变化。在利益分化和重组的过程中,许多社会不公正现象被暴露出来,引发了大量的社会矛盾和冲突,严重地吞噬着改革中释放出来的社会活力,导致整个社会活动效率受损,影响着社会稳定和整个社会的发展进步,成为当前中国社会急需解决的重大问题。我们认为,进行理性的制度设计和安排、进行制度创新,才是解决问题的根本之道,也是我们全面建设小康社会的重要方面。

一

我国自改革开放以来,取得了举世瞩目的成就。我们成功地实现了从计划经济体制向市场经济体制的转轨,稳妥地处理了经济体制转轨过程中出现的各种重大问题,保持了生产力的持续而高速的增长,提前实现了2000年生产总值翻两番的目标,人民的生活水平有了很大幅度的提高,国家综合实力得到了很大的加强。但不容讳言的是,我们在取得巨大成就的同时,也遇到了非常严峻的问题。由于新旧制度交替之间难以避免的制度真空、制度缺环或制度性漏洞,该放的没有放开,该管的

---

[*] 本文原载《天津社会科学》2004年第4期,与张二芳合作。

没有管住，一方面导致国有资产大量流失和大量浪费，另一方面经济增长的实惠以及改革所付出的代价没有得到合理、公正的分配。在先富起来的群体中有相当一部分人不是靠诚实劳动致富的，借改革之机利用手中的权力多分多占的有之，搞权钱交易的有之，横征暴敛、中饱私囊的有之，偷税漏税的有之，欺瞒诈骗的有之，造假售假的更有之。相反，那些时下称之为弱势群体的无权无势无关系的人们，则承担着社会转型期所付出的各种代价，下岗失业，提前退休，工资拖欠，住房拥挤，医药费报销没有着落，孩子升学的费用难以凑齐，更不用说提起来连总理都要落泪的农民问题。当今中国贫富之间的差距不仅巨大，而且这种巨大差距的形成有相当一部分是与权力和腐败联系在一起的，故而也就变得更令人难以忍受，更具有爆炸性。

腐败和特权现已成为中国社会不公正的一个显著标志、一个重要根源，也成为中国社会发展的一个毒瘤。有研究者指出，中国的腐败几乎都与"权"字相关联，一是获取权力方面的腐败，二是使用权力方面的腐败，二者又连在一起。政治腐败、经济腐败、司法腐败、新闻腐败、学术腐败以及其他方面的腐败，其中都可以看到特权的影子，都可以发现权力的作用。其共同的结果就是，直接破坏了机会平等、权利平等的公正原则，造成了各方面的不公正现象。种种不公正现象未能得到有效的遏止和克服，就造成了人们对政府、对制度、对社会的不信任和不满，也诱发了普遍的机会主义倾向和急功近利的短期行为。更有甚者，使那些在竞争中落败的人产生一种反社会情绪，感到整个社会没有什么公正可言，许多恶性事件就是由这种非理性的反社会情绪所诱发的。

我们知道，中国传统社会是一个权力控制型社会，权力成为社会中最重要的资源，成为聚敛财富最灵通的法宝，"三年清知府，十万雪花银"，正是对权力聚财的生动写照。权力不仅使当权者本人显贵，还能给当权者的亲属、僚属带来一种特殊地位和特殊作用。所谓的"人治社会"，其实质就是这种特权横行的社会。虽然也有法律，但法律却成为当权阶级、集团和个人治理他人的工具，不仅权力高于法律，而且可以玩弄法律、玩弄财富甚至玩弄社会。长此以往，就形成了中国国民根深蒂固的认权不认法的心理习惯，也形成了任何当权者都可以用公共权力为私人谋利益、谋方便的心理习惯。这种影响在我们今天的社会生活中仍然到处可见，而且成为腐败现象滋生、蔓延的社会心理基础。从现实根源上说，中国的现代化是一种政府推动型的现代化，即权力推动型的现代化，这就使中国面临着一系列深刻的两难困境：现代化社会的目标设定是富裕、文明的和谐社会，是法制权威和公民权利的普遍确立，相应的就是政府权力的逐渐回缩，政府依法行政、依法管理，但在路径选择上，则必须依赖现有的权力结构和权力运行机制，否则无法推动现代化的进程；为了克服计划经济时代形成的高度集权的弊病，发挥地方和基层的积极性，鼓励地方和基层大胆探索改革之道，就得下放权力，增加中层、下层权力机构的自主权和利益份额，但对于下放下去的权力又存在"失控"之虞，又必须承受公权私用和权力"寻租"带来的各种弊端；为了发展生产力，必须搞活经济，必须转向市场经济体制，必须使市场主体有相当的自主权，而市场经济的求利逻辑又会使一些市场主体为了获得更多的优惠和利润，巧妙地利用各种行贿手段腐化相关管理者，以便能够获得批条、获得贷款、争取到国家订货和大型工程，甚至变性地盗窃国家财产。"寻租"和"纳供"纠结在一起，特权和腐败二位一体，极大地扰乱了市场经济健康发展所必须遵行的公平竞争秩序，极大地破坏了社会政治秩序，也极大地败坏了党和政府的形象，败坏了社会风气。

毫无疑问，改革开放使中国社会迸发出巨大的活力，这是我们经济发展与社会发展的根本源泉和动力，但大面积的腐败和严重的社会不公正现象的存在又在极大地吞噬这些活力，增加了各种交往活动的成本，造成了极大的资源浪费，降低和破坏着整个社会活动的效率。消除腐败，维护社会公正，已经成为一个必须引起政府和全社会高度关注的问题。

二

任何社会的存在，都需要一定的秩序和制度，制度就是维系社会秩序的纲纪。制度是人们实践和交往活动的产物，是为了更好地进行社会交往活动所必须制定的规范和规矩。社会作为一个有机体，其细胞就是个人，一定数量的个人以及他们的交往活动就构成了现实的社会。一个社会有机体的生命力，既取决于其细胞的活力，即构成这个社会的众多个人的活动能力，包括生产积极性、创造能力、交往能力等，也取决于这个社会管理这些细胞的自组织能力、自调节能力，取决于这个社会的制度和秩序。社会有机体的生命力，就是这种在一定制度管理和调节下的整体活力的表征，是细胞活力和整体秩序的相统一的表现。社会有机体的发育程度或发展程度，同样也取决于其细胞即个人的发展程度，取决于其结构分化的复杂性程度和管理协调的秩序化整合力。换言之，社会越是发展，其分工就越是细密，合作和交往也越是必要和重要，也越是需要用制度来规范、来整合具有离散性质的各种活动，以形成合理的社会秩序。用罗尔斯的话说，"制度的关键功能是增进秩序"①。

制度的好坏直接决定着社会的稳定和运行秩序，但制度并不是天上掉下来的，它就是人们总结实践经验和长期摸索的结果。关于制度的形成，在现代西方存在着两种相反的观点：以罗尔斯为代表的理性建构主义，强调理性的作用，认为制度是理性设计的结果；以哈耶克为代表的一派则崇尚经验和自发性的作用，认为制度是自发形成的。其实，二者不过是各执一偏。在我们看来，制度的形成，既有经验积累、自发形成的基础，也有理性设计、合理规划的一面。无论是自发性经验性的继承沿革还是理性的设计，都遵循着一定的原则，这就是社会公正或社会正义。从制度的发展史来看，制度总是沿着越来越公正的趋势演进的。

正义（公正）是制度的首要价值。第一，制度设计首先必须考虑到正义即社会公正。这是由制度设计的目的规定的。设计制度的基本目的是确立一定的社会秩序，保障社会稳定和良性运行。社会总是由无数的个人构成的，彼此之间存在着利益的冲突，存在着竞争，有竞争才有压力和活力，才能产生效率。但这种活力是细胞层次的活力，这种效率是局部的效率，若无一定的制度和规矩，社会各个成员之间、各个局部之间的恶性竞争就会导致整个社会的无序，导致整体效率的损耗和下降，严重的甚至导致社会的解体和崩溃。为了维持争而不乱、活而不乱的秩序，就必须确立一定的制度，而只有公正的制度才能更好地实现这个目的。"由于社会合作，存在着一种利益的一致，它使所有人有可能过一种比他们仅靠自己的努力独自生存所过的生活更好的生活；另一方面，

---

① 约翰·罗尔斯. 正义论. 何怀宏，等译. 北京：中国社会科学出版社，1988：4-5.

由于这些人对由他们协力产生的较大利益怎样分配并不是无动于衷的（因为为了追求他们的目的，他们每个人都更喜欢较大的份额而非较小的份额），这样就产生了一种利益的冲突，就需要一系列原则来指导在各种不同的决定利益分配的社会安排之间进行选择，达到一种有关恰当的分配份额的契约。这里所需要的原则就是社会正义的原则，它们提供了一种在社会的基本制度中分配权力和义务的办法，确定了社会合作的利益和负担的适当分配。"[1] 不考虑社会公正的立法和制度设计，产生的只能是恶法，只能导致周期性混乱的产生。

第二，公正是人们评价制度的首要标准。人们评价一个制度是不是合理，是不是认同这个制度并遵从这个制度，首先是看它是不是公正的。相反，人们反对、批判或抵制一个制度，首先和主要的理由也是它是不公正的。尽管说人们所持的公正观是不同的甚至对立的，但他们都总是首先诉诸公正，这就说明了公正的基础性、原则性地位。

第三，公正是制度权威性的根本来源，也是制度生命力的基本保障。任何制度都意味着对人们的一定约束，所以必须有一定的权威性才能被贯彻实施。这种权威性可以源于道德感召力，如制度维护和执行者以身作则的榜样性力量，更多的是源于某种强制力，对违反制度的行为予以强制性的惩罚，所谓严刑峻法即是。但从根本上看，制度的权威性来自其公正性以及由此而来的人们的较普遍的认同。从历史上的情况来看，一种制度越是比较公正，就越是可以减少强制性力量的威慑，而一种制度越是缺乏公正性，就越是需要强力来维持，但主要依赖强力来维持的制度总是短命的、不能持久的。

现代制度经济学的研究表明，一种制度越是比较公正，就越能得到多数人的认同和遵行，就越有利于人们产生合理的预期，避免与限制交往中的机会主义动机和短视行为，扩大交往规模和提高交往频率，减少与缓解个人之间以及个人和群体之间的冲突，降低社会交易成本。同时，也能减少社会管理机构，有效地降低制度维持成本，从而增加社会活动的整体效率。从这个角度说，公正的社会制度不仅是维持社会公正的利器，是维护社会稳定和秩序的基本途径，也是提高和增进社会活动效率的基本途径。

---

[1] 约翰·罗尔斯. 正义论. 何怀宏，等译. 北京：中国社会科学出版社，1988：7.

三

　　以制度创新来维护社会公正绝不是一句空洞的口号，也不是一种权宜之计，它与我们基本的社会理想，与我们全面建设小康社会的目标，与我们正在探索的解决现实社会问题的根本途径和治国方略的转变、社会运行机制的转变，都是联系在一起的。

　　我们知道，社会主义思潮是以批判资本主义社会的不公正的方式登上历史舞台的，社会主义观念传入中国为当时先进的中国人所认同、所接受，其中最吸引人、最打动人的地方就是它是一种更为公正的制度，是一种能够消除严重社会不公正现象的制度。尽管我们在理解和探索社会主义的过程中出现了很大的失误，但社会主义作为一种文化资源和制度资源，在现实的中国仍然具有非常重要的价值，是我们进行社会动员的一种巨大力量。我们进行改革开放从一开始就强调必须坚持社会主义原则，在提高劳动效率、解放生产力、增加社会财富总量的同时保障基本的社会公正。党的十六大提出的全面建设小康社会的目标，不仅意味着生产力的持续发展和经济上的富裕，而且意味着社会的公正和良好的秩序，意味着人的基本权利的实现和创造更能促进人的全面发展的条件。简而言之，我们所说的小康社会是标示着走出社会主义初级阶段而进入发达阶段的社会，是富裕的、公正的、文明的社会。社会公正是小康社会的题中应有之义。

　　中国现在面临的最大问题，是处理好稳定、改革和发展的关系，稳妥地实现社会运行机制的转型，形成法治型的既充满活力又有较好的自组织、自调节能力的社会。如前所述，目前存在的社会不公正现象，已经严重地影响到社会稳定，严重地吞噬着社会发展的活力，而其形成的重要原因就是我们的制度供给滞后，存在着巨大的制度漏洞、制度缺环和制度真空。我们当前深化改革的一个重要内容和基本方面就是，深刻总结二十多年来改革开放的经验教训，从制度设计和制度创新方面着手，加强制度的配套建设，尽量减少制度漏洞和缺环，尽快改变经济体制改革与政治体制改革不同步、不平衡而造成的权力失控状态，加快教育体制和医疗体制改革，建立健全社会保险制度和社会保障体系，深化农村体制改革和户籍制度改革，严惩各种腐败，使宪法赋予公民的基本权利真正落到实处，使社会弱势群体的基本生活和基本权利切实得到应有的保障。只有这样，才能从根本上解决或缓解社会不公正现象以及可能引发的各种问题，为维持社会既充满发展活力又有比较稳定的秩序奠定坚实的基础。

中国的改革是从打破平均主义的"伪公正"的制度设计理念、侧重激发活力提高劳动效率开始的。经过二十多年的改革，我们已经初步建立起了社会主义市场经济体制，激发细胞活力的任务可以说已经基本完成。现在我们面临的基本的、主要的任务是，从社会整体和谐发展的角度利用制度来整合已经激发出来的各种活力，使之能够形成合理而有效的"合力"，实现活力与秩序的有机统一。中国社会的持续发展，在很大程度上取决于我们能否及时地实现这种理念上的转变，进而实现社会运行机制的转型。

从哲学历史观的层面看，权力控制型的社会运行机制本质上是一种前现代社会形态的社会运行机制，是社会分工简单、交往不发达时代的产物。在前现代社会，一个国家各个地区之间、人们之间的交往都比较少，离心力比较强，要维护国家的稳定和统一，就必须依靠自上而下的权力来实行控制。国家成为高居社会之上的一种存在，国家官员即是代表国家管理民众、控制社会的特殊人格。这种社会运行机制，虽然在一定程度上维持了社会稳定，但这种稳定必然是低效率的、一潭死水式的稳定，是一种缺乏活力的稳定。这是与当时整个社会不追求效率的自然形态相适应的。而在现代社会，一方面，市场经济的发展培育出了市民社会，这是一种依靠契约来维持的、区别于公共政治生活的私人活动领域，一种具有某种自足性的、抵制国家大共同体外在干预的领域；另一方面，社会分工和交往的发展使国家根本不可能再用以往那种方式全面控制社会活动，而激烈的国际竞争又要求必须保持全社会具有较高的活力和效率，这就要求国家必须转换模式，从高居社会之上的存在变成社会的一个有机部分，从控制社会变成服务社会，从依靠特殊权威来管理变成依靠制度来管理。

现在的问题是，对于中国这样的后发达国家，一方面封建社会的传统形成了沉重的、无法摆脱的负担，另一方面现代化任务的急迫性又使得它们无法像发达国家当年那样比较从容地实现自然的转化，所以就特别需要依靠政府推动和发挥理性设计的力量,将制度设计、加强制度建设放在突出地位。可惜,我们过去对这一点缺乏足够的认识,付出了很大的代价。邓小平总结历史教训,曾深刻指出,"我们过去发生的各种错误,固然与某些领导人的思想、作风有关,但是组织制度、工作制度方面的问题更重要。这些方面的制度好可以使坏人无法任意横行,制度不好可以使好人无法充分做好事,甚至会走向反面"[1],"克服特权现象,要解决思想问题,也要解决制度问题"[2],"制度问题不解决,思想作风问题也解决不了"[3]。

可以这么说,我们现在面临的严重的社会不公正现象,尤其是大面积的腐败,在相当程度上是与我们的制度不健全、制度不合理联系在一起的,制度的原因是带有根本性的原因。我们应该对此有充分的认识,抓住这个主要原因,对症下药,将制度建设,包括广开言路集思广益、广泛吸取发达国家制度建设的经验、尽量设计适合中国国情和时代精神的制度体系、清理和废除那些过时而不合宪法的文件和规定、严格执法惩治各种违反制度和法律的行为,同时积极培育国民的公民观念、法治意识和公共精神,作为国家和政府的核心工作之一,作为全面建设小康社会的核心内容之一。唯有如此,才能从根本上解决或遏止社会不公正现象,为我国社会的长治久安和持续发展奠定坚实的基础。

---

[1] 邓小平文选:第2卷.北京:人民出版社,1994:332.
[2] 同[1].
[3] 同[1]328.

下编
现代中国公民文化建设

现代中国公民文化建设的几个问题[*]

随着改革开放和市场经济体制的建立，中国社会的经济已变成混合制经济，市民社会迅速发育，从传统社会向现代社会的转型到了一个关键时期。中国的文化建设需要适应这种时代要求，以现代公民文化作为基本定位，以形成公民文化的基本价值理念、启发和提升人们的公民意识、培养大量的合格公民为基本任务。从这个角度来总结我国文化建设方面的经验，反思五四新文化运动的精神实质和历史意义，反思传统文化的合理因素和不合理因素，反思本土文化与西方文化的合理关系，都能得到一些重要的启示。

一、中国现代文化建设的基本定位

至少自五四以来，中国在文化方面可谓是风起云涌、百家争鸣。1949年以后，与经济、政治模式相适应，大陆、港澳台地区的文化建设呈现出不同的样态。20世纪70年代末大陆开始改革开放，破除了对社会主义的教条化理解，极大地拓展了与港澳台地区的经济文化交往。随着港澳回归，中国各地区之间的文化交流和影响更趋密切，在政治意识形态色彩淡化的同时，中华文化基础上的趋同倾向更加突出。与此同

---

[*] 本文是作者2005年5月在台湾辅仁大学召开的"中国现代化的哲学省思"研讨会上的发言。

时，世界经济一体化带动的全球化浪潮，为中华民族的全面复兴既带来了机遇也带来了严峻的挑战，这需要我们对整个20世纪中国文化建设方面的经验和教训进行必要的总结，对中国文化建设的总体性质和地位进行合理的反思。

任何时代、任何民族的文化，作为一种观念形态的东西，总是与其具体的经济结构和社会结构大致相对应并与之相互作用。一定文化的总体性质和基本历史方位，也只有借助这种经济结构和社会状态才能得到合理的理解与说明。

近代以来中国社会的演进过程，本质上就是从传统的以小农经济为基础的等级制社会向以社会化大工业生产为基础的现代社会转变的过程，是中华文明从一种地域性文明逐渐融入和成长为世界性文明的过程。但这个过程不是直接起因于中国自身的发展要求，而更多地表现为外强的逼迫，是在西方列强用坚船利炮打开了中国古老的大门之后才开始的。这就决定了在很长的一个时期内，中国人对这一过程实际上采取着一种抗拒而不是顺应的态度，对这一过程的历史必然性及其合理性难以达到理性的清醒和自觉。我们先是用传统的前市场经济时代的文明来实现这种抗拒，如晚清时期，后又用经过中国化误解的社会主义来实现对市场经济时代文明的某种超越，如1949年以后一直到20世纪80年代，这种超越实质上仍然表现为对源自西方的市场经济文明的拒斥。直到20世纪快结束的时候，我们才认识到，市场经济作为社会配置资源的一种有效方式，作为社会历史发展的一个阶段，是无法拒斥也无法超越的。从整个人类发展的大尺度来看，大工业和市场经济虽然发源于西方国家，西方国家也正是借助大工业和市场经济才成为世界列强的，但它却不是西方国家的专利，相反，倒是这些西方列强成为向全世界其他民族推广市场经济的不自觉的工具，成为使封闭孤立的民族历史转变为世界历史的不自觉的工具。作为落后的民族，就像马克思当年所预言的那样，如果它们不想灭亡的话，就必须采取这种生产方式和制度形式，就必须融入世界历史进程。

中国传统社会，无论我们将之叫作封建社会还是别的什么社会，也无论它具有哪些自己的特点，其存在的主要基础都是自给自足的农业生产方式，虽然也存在着一定数量的手工业和商业活动，存在着一定数量的城市，但在整个社会结构中这些都表现为一种辅助性、次要性的东西。与自给自足的农业生产方式相适应,家庭或家族成为人们活动的基本单位,这既是一种生产关系也是一种社会关系,是一种以血缘关系为底色的、自然性的社会关系或社会性的自然关系。家庭成为人的存在的基本形式,个人从来没有获得独立的存在地位,他只是家庭的一个部分或因素,他的社会成就和地位首先就依赖于他的家庭的社会地位和力量,他生存与奋斗的使命也无非是光宗耀祖和福荫后代。家庭不仅在观念上而且在实际上都构成人们活动的内外界面,如果说有什么隐私的话,这隐私就是家庭的隐私,在家庭内部是不存在个人隐私的,中国人的自私和自利从来也不是私自己利自己而是私家庭利家庭。与之相应,家庭生活中的自然等级制一方面构成整个社会等级制的原始基础,另一方面也成为社会等级制的合理性的天然的情感依据。国家政权的"正统性"实质上是依靠"家天下"的观念而得到论证的:改朝换代本来是不同的武装集团势力角逐的结果,在观念上却被看作上天将统治天下的权柄从这个"子"交给那个"子"的结果,是天子家族中权力转移的结果;一旦转移结束,当权的这一家就获得了国家权力的垄断资格,不仅天下的一切都是他们家的,而且唯有他们家的人继承"大宝"才具有合法性,否则就是"篡权"。皇帝就是天下这个大家的家长,各级官员一方面是皇帝的奴才和家臣,另一方面又是自己辖区的家长,是老百姓的父母官。整个社会的等级秩序基本上就是按照家族的等级模式而形成的。在这种庞大的社会等级中,从国到家,从上到下,几乎每个人都存在着向上向下的两面性,即便是向来最无地位的妇女,多年做媳妇忍气吞声,一旦熬成婆,其专制的那一面也就突出为主要的方面,对自己的媳妇是很不客气的。传统社会多见的都是这种臣民性人格,少见的则是平等独立的公民性因子。

  从文化层面上看,儒家思想之所以能够在百家争鸣中胜出而成为主流思想,基本原因就在于它更适应这种家天下的等级秩序的要求,在于它能够更好地为这种等级秩序的合理性进行辩护和论证。儒家文化作为中国传统文化的主流或主体,本质上就体现为一种农耕时代的臣民文化,是通过教人做好忠臣孝子而培养臣民的文化。随着晚明以降中国社会内部商品经济因素的发展和城市市民阶层的兴起,对儒家思想之权威性的质疑和挑战就不断出现,五四新文化运动更是对之进行了颠覆性的批判。五四运动所高举的科学与民主的旗帜,可以看作建立中国公民文化的标志。尽管说五四运动也有这样那样的不足，但它所开辟的新文化运动的方向却是不能逆转的。

经过 20 世纪的艰难探索和积极努力，中华民族终于从一个积贫积弱的民族成为国际舞台上举足轻重的力量，中国的现代化建设取得了举世瞩目的成就。但我们也必须看到，中国社会的全面现代化，即从前现代的农业社会、等级制社会全面转向以社会化大工业生产为基础的现代社会，还有着相当的一段路程。中国社会全面现代化的实现，中华民族的伟大复兴，需要有现代公民作为前提，也需要有现代公民文化作为基本条件。我们的文化建设方略，应以现代公民文化为基本内容，以培养现代公民为基本目标，既不能沿袭旧式的臣民文化的老套，也要注意避免过度超前和过度理想化的倾向。

二、现代公民文化的基本价值理念

文化的核心是一种价值观念。正是这种价值观念，构成了一定时代的文化精神或灵魂，体现在哲学、道德、艺术、政治思想等各个方面，也落实到法治精神、国家理念、教育理念、伦理精神和制度设计理念等各个方面。文化的时代区别，从根本上讲就是这种价值观念的区别。

臣民文化的基本精神，如果要用一句话来概括，那就是"普天之下，莫非王土；率土之滨，莫非王臣"，总之，天下的一切都是大王的，大王既是一切价值的来源和所有者，也是各种价值的最终根据，其评判具有最高的权威性。国家至上实际就是皇帝至上，因为皇帝就是国家的人格化表现；官本位其实还是王权本位，因为一切官吏都是皇帝决定和委派的，官吏的命运都掌握在皇帝的手里；忠、孝、节、义，忠不仅排在首位，而且是其他各项的根本和根据；虽有法律，但法律直接以维护皇权为目的，皇帝又居于法律之上，法令的废立、法官的去留、判决是否有效，都以皇帝的意志为转移。在微观形态上，一个家族就是一个王国，族长就是这个王国的国王和皇帝。鲁迅就曾指出，如果说中国是一盘散沙，那么每个家长就是他的王国的"沙皇"。正是这种家国同构的制度模式使得王权和族权实现着合谋，谋杀了个人的独立地位和独立精神，禁绝了任何自由和平等意识的萌芽，培养出一批又一批听话听命的臣民和顺民，形塑出一代又一代的奴性性格。

公民文化是作为臣民文化的对立物，在批判臣民文化的过程中产生的。晚明时期兴起的对儒家权威和天理论的怀疑及批判，对性情的重视和对个性的张扬，在一定程度上就可以看作公民文化出现的先声或萌芽状态。但中国本土市民阶层和市民社会很弱小，还不可能提出比较系统的文化主张。鸦片战争特别是甲午海战的惨败，引起了知识分子对中国失败的思想文化根源的沉痛反思，西方文明的大举进入也为中国人提供了新的参考系。辛亥革命终结了皇权的统治，开辟了自由言论的广阔空间，上承晚清余绪，外接海外思潮，才有新文化运动的兴起。五四运动作为中国近代以来的启蒙运动和思想解放运动，对臣民文化的冲击是最全面、最具颠覆性的。五四运动"打倒孔家店"，激烈反传统，实际上主要是从政治方面、道德方面着眼，终结了儒家特别是宋明理学所维护、所论证的皇权至上灭绝人性的观点的统治地位；五四运动高扬民主和科学的旗帜，就是用民主来批判君"主"，用科学和理性来反对愚昧，反对无条件盲从的奴性；五四运动的根本精神就是"立人"，是确立自由、平等这些基本人权观念的合理地位，是用公民文化取代臣民文化。不幸的是，日本帝国主义全面侵华战争爆发，民族的存亡成为主要问题，救亡代替启蒙成为时代主题。更为不幸的是，此后的国际国内政治格局使得存亡的威胁一直难得趋缓，与此相适应，五四的启蒙精神不仅没有得到合理的接续反而受到了这样那样的歪曲。

公民文化秉持的基本价值理念，就是民主和民本的理念，但这里的民，不是以往理解的抽象的"人民"，而是公民，是现实的、具体的、具有法律规定的权利和地位的公民个人。所谓民主和民本，也就是以宪法规定的公民的权利和责任为基本价值尺度，以此作为国家理念、政治权力、经济制度、法律规章、教育理念、伦理精神等是否具有合理性合法性的依据。在公民文化的视野中，国家不是高于社会的实体性存在，它就是维护社会秩序和公民权利的一种制度性设施，政府和政治权力不再是为了控制社会而是出于管理公共事务的需要，其权威性也主要是源于公众的认同。公民在法律面前人人平等，不承认有任何特殊公民和法外特权的存在。由此也可以看出，公民文化首先是也主要是从政治层面着眼而做出的一种区分，是立足从传统社会向现代社会转型而进行的文化区别，它无意于也不能代替其他的文化分类的合理性。彰显公民文化的基本价值观念，本意就是促进公民的文化自觉意识和文化建设的公民权利取向。

从这个角度看，我们后来的许多文化论争和评价，实际上背离了五四新文化运动的言说语境，也未能真正继承、光大五四的"立人"精神。无论是带有比较强烈的革命色彩的反帝反封建的理论，还是带有民族主义色彩的继承传统的保守主张，都未能将启发现代公民意识、培育现代公民作为主要任务，未能以是否有利于维护公民权利作为文化建设的基本价值尺度，结果妨碍和迟滞了中国公民文化的发展进程，客观上也影响了中国现代化的顺利进展。

三、现代中国知识分子的文化使命感

现代中国公民文化的建设，当然是全体公民参与的一项宏大工程，也是在建设中不断提高公民的觉悟和素质的过程，是培养合格公民的过程。但知识分子群体在现代中国公民文化的建设过程中，仍然有着一种特殊的地位和作用。

知识分子作为一种社会分工角色，其存在方式自来就与知识、文化的传承延续和变革创新联系在一起，他们是社会进步和文化建设的中坚力量。知识分子由于掌握了较多的文化知识，因而具有较宽广的视野、较强的理性思维和判断能力，一般地说属于社会精英阶层，对于影响大众、形成舆情、引领时代文化思潮都起着重大的作用。尽管在现代社会，教育的普及、学科的分化和知识的专门化，以及知识的实用化、资本化，使得知识分子队伍发生了很大的分化，但知识分子的重要地位和作用并没有变化，甚至可以说更加重要了。现在的问题是，在知识分子队伍分化的同时，一些知识分子的立场也发生了变化，知识变成了谋求个人发达和发财致富的工具，而关注世道民生的文化使命感淡漠甚至消失了。

中国市场经济的发展极大地改变了人们的生活方式和行为方式，使人们从传统的家庭人变成了社会人，为人们的自由选择包括文化消费方面的选择提供了广阔的空间。人们在紧张的工作之余，为了排解激烈竞争的心理压力，确实需要许多放松的休闲的文化食粮来进行调剂，也需要使许多感性欲望得到一定的宣泄。各种传播媒体之间面临着激烈的市场竞争，争相以各种方式吸引读者、听众和观众，以获得较好的市场效益。市场经济创造了经济繁荣的同时也创造了一个市民阶层和市民社会，这个历史功绩是无论如何也应该予以肯定的，但同样也必须承认的是，市场经济在相当程度上将人们的一些卑劣的欲望诱发了出来，还制造了许多虚假的需要。市场经济的这些负面效应是需要从文化上进行批判的，市民的权利和自由的合理运用不但要承担起相应的责任，也需要有文化方面的规范和提升。市民与公民之间，绝不简单是一种经济身份和社会身份的平面性差异，还有一种片面和全面、低级和高级之间的差别。将人们从市民层次提升到公民层次，是文化建设必须承担的一项根本任务，也是作为社会精英的知识分子群体必须自觉承担的一项社会使命。

不客气地说，时至今日，中国知识分子并没有很好地继承与张扬五四学人的那种社会批判精神和文化使命感。我们对于建设公民文化还缺乏一种整体性的自觉意识，表现在具体运作层面，实际上存在着三种看似相反实则相成的迎合趋向。第一种是迎合低俗欲望的市场化倾向，其特征是非批判地看待市场的文化心理需求，用时下热门的话语说，就是竭力吸引人们的"眼球"，而不管这眼光是否是歪的、邪的、粗俗的、色情的、暴力的、狂妄的，甚至在迎合的同时培育着、诱发着人们的低俗欲望和市场需求。第二种则是迎合许多人带有浓厚愚昧色彩的英雄崇拜心理，借助影视传媒，各种武侠英雄、帝王将相、清官大老爷纷纷登场，各种封建文化的渣滓大量泛起和泛滥，即使在一些被称为主旋律的作品中，也仍然遵循着领导、英雄决定一切的逻辑思路，将现实矛盾的解决寄托在各种正确领导的作用上，其结果都是不断地强化着人们传统的臣民心理和奴化意识，在歪曲历史、歪曲现实的同时变性地起着愚民的作用。第三种是违心地迎合上级的口径和口味，对一些明显脱离实际国情的意识形态教条，对许多明显不符合现代法治原则的现象，缺乏应有的抵制和批判，而对那些非常突出的社会不公正现象、对那些非常尖锐的社会现实矛盾、对现实生活中大量存在的各种特权思想和特权行为及其形成原因，则缺乏应有的揭露和独立的判断力，更多是采取一种粉饰和辩护的策略。这种种"迎合"，都表现了知识分子中存在的非独立、不健康的倾向，都是与知识分子作为社会中坚力量的立场不相符的，与知识分子作为社会良心的职责相违背的。

中国社会的全面现代化、中华民族的伟大复兴，依赖于大量具有现代公民意识的人，其目的也在于造就大量现代性的人，实现人的现代化。人的现代化是一个过程，并且肯定是一个不均衡的过程，是一个先知觉后知、先觉觉后觉、先进带后进的渐化过程。知识分子作为社会精英，自然属于先觉的、先进的群体，作为社会中坚力量，当然应该发挥承前启后、承上启下的作用。他们不仅应该以自己的积极劳作和作品，参与中国现代公民文化的建设，引导文化发展的方向，为培养合格的现代公民营造良好的文化环境，而且应该使自己成为现代公民的楷模。中国知识分子是一个人数众多的庞大群体，若确实能承担起自己的文化使命和历史使命，带动广大民众积极奋进，对中国现代化的影响将是非常巨大的。

当代中国文化发展与研究的方向和趋势[*]

讨论当代中国文化发展的方向和趋势,或许有被划入后现代思潮多有讥刺批判的"宏大叙事"的嫌疑。但若仔细考量,后现代诸多学者之批评"宏大叙事",与其说是否定乃至取消立足宏观的叙事角度,不如说主要是批评以往盛行的那种宏大叙事的特定思维方式和叙事方式,即一种植根于理性主义对本质与现象的机械切分,进而依靠理性逻辑推演而将复杂的社会现象强行秩序化、简约化的努力。换句话说,不是不需要也不是不能从宏观的角度进行叙事,而是不能以传统理性主义的那种方式来进行,不能把某种叙事(方式和结果)当作唯一本真的或真理性的因而绝对排他的东西。他们的这些批评不仅对西方思想界有意义,对我们更具针对性,因为我们的传统喜"统"而恶"分"、崇"统一"而贬"多元"、扬"信"而贬"疑",宁肯"统而假"也不要"杂而真",这几乎已经演变成一种集体无意识,不仅表现在文化、舆论方面,而且可以说渗透到社会生活、政治生活的诸多方面。如此看来,后现代的这些批评与本文的论题或许倒正具有一致性,当代中国文化的发展已经开始注重批判和超越这种集体无意识,向着多元多样和兼容并包的方向演进。

研究当代中国文化及其发展方向,确实是一件很复杂也很繁难的任务,绝非一篇小文所能胜任,但抓住如下几个关节点进行透视和分析,

---

[*] 本文原载《理论视野》2009 年第 9 期。

不仅必要，而且有着重要意义。

第一，社会转型问题。社会转型既是一种对象性的客观事实，更是一种观察问题、理解问题的方式，是在现代化思维框架下理解和叙述近代中国之变化的方式。李鸿章当年曾有"三千年未有之大变局"的说法，之所以是"未有之大变局"，因为其正欲跃出或超越传统中国的社会经济、政治、文化结构，向着一种新型的社会形态转变。用我们今天的话说，就是从传统社会向现代社会演进。如果说，李鸿章的感叹主要基于一种历史预感，那么，对我们来说，由于有了之后百余年的历史经验，特别是正反两方面的经验教训作为体验和总结的基础，对"未有之大变局"这种社会转型的理解、认识就要深刻得多，具体得多。这里所谓的从传统社会向现代社会的转型，从中国自身讲，意味着从以小农经济为基础的专制社会向以社会化大工业为基础的民主社会转变，从人治社会向法治社会转变；从人类历史角度看，则符合马克思说的从人对人的依赖关系阶段向以对物的依赖为基础的独立发展阶段、从民族历史向"世界历史"转变的逻辑。对此缺乏一种自觉的意识，过分强调中国的特殊性，或是固执于传统的特殊性，或是执着于"革命"的特殊性，就会或流于保守主义或倾向激进主义。现时的一些文化走向的论证，都与此有着一定的关联。

第二，五四运动。理解当前当下的各种文化思潮及其演变，需要触及近代中国社会发展的历史脉络，需要从整个社会转型的角度进行一种宏观的观照。从文化层面看，无论如何也不能绕过五四新文化运动。在中国百多年的社会转型过程中，五四具有一种里程碑式的意义，它是中国人现代性文化自觉的标志，是中国新型的知识分子走上社会历史舞台的开始，是新式的或新兴的经济生活和政治诉求在文化上的反映。20世纪30年代达到高潮的文化大繁荣正是以五四运动为肇始的，也是五四精神结出的硕果。五四精神的核心是"立人"，是唤醒民众，呼吁每个人都要做理性的、独立的、自主的人，五四先贤们激烈批判封建礼教，就是因为它以"害人""吃人"为能事，以把人变成奴隶式的"非人"为宗旨，倡导科学以反对愚昧和迷信，高扬自由和民主以对抗专制与强权，其核心都是为了"立人"，为了人的现代化。但非常可惜的是，在其后的发展中，五四精神被歪曲甚至在一定程度上被中断了，五四的使命远远没有完成。

第三，文化市场化和文化全球化。20世纪30年代的文化大繁荣，直接原因是政治动荡引起的文化控制废弛，使文化人有了自由发挥的空间，深层原因则在于市场经济发展和文化市场化。正是这种市场化，使文化人可以依靠自己的文化作品来生存，而无须像传统的士阶层那样依靠体制来谋生，由此大大激发了文化人的独立性和创造力。今天的市场化，无论在广度上还是在深度上，都大大超过了20世纪30年代。市场没有国界，或者说市场必然要冲破国界，经济方面如此，文化方面也如此。马克思曾讲，随着国际市场的形成，民族历史向世界历史转变，必然出现"世界文学"，出现文化的全球化运动。时人多在文化产品作为商品的全球化流动的意义上理解这种全球化运动，实际上这只是一个方面，更主要的是文化资源的全球化运动，从生产到交换到消费的全球化过程。无论是哪个民族、哪个国家的文化，都以一种资源的方式为所有人吸收、欣赏、利用，也面向世界性市场进行谋划，只要为市场所认可，就能够获得进一步发展的动力。为了在市场竞争中获得认可，文化生产者的积极性、创造性被极大地激发出来，新的文化样式和产品如雨后春笋般涌现，并广泛而深刻地渗入物质生产过程，所谓文化产业、创意产业的出现就是明证。市场评价成为一种直接挑战政府权威评价、学术权威评价的存在，同时也使得精英文化与大众文化、高雅文化与通俗文化、生产性文化与消费性文化的矛盾激化了起来，为文化管理提出了新的难题。但无论如何，任何无视这个潮流并逆此而动的管理方式都势必难以奏效，最终难免遭遇被淘汰的命运。

第四，文化生产与文化生产力。现代复制技术曾为文化的快速而广泛的播散提供了可能，为文化的发展提供了强劲动力，而互联网的出现则更是直接地消解或泯灭着文化生产者与消费者、文化生产的私人性与社会承认之间的界限，在弱化或隐匿化外在空间界限如国家之间、城乡之间、不同城市之间的界限的同时，也冲击乃至摧毁着文化与政治的传统界限。简而言之，文化生产已经不再是文化人的专门活动而变成所有人都可以参与的活动，文化作品的"发表""出版"已经在相当程度上摆脱由文化部门进行审查的格局，任何个人的"意见"在鼠标点击的瞬间直接就变成一种具有社会性乃至国际性的观点。反过来，国外的各种观点、各种文化作品也毫无阻挡地进入国内民众的视野，成为他们批评或认同的对象。任何依靠外在力量确立的权威都正在失去自己的神秘光环，唯有依靠思想本身的合理性和力量来获得认同与尊重，依靠艺术自身的吸引力来形成相对的权威。文化生产主体的极度分散化，无数个人的要素形态的文化生产力得到极大限度的发展，但如何形成一种社会的文化生产力则无疑需要新的管理和整合。文化领域、文化市场一方面是生机勃勃，文化生产者的个性得到任意的张扬和挥洒，另一方面则是泥沙俱下、乱象丛生，这就势必要求在文化管理理念、文化生产关系方面进行革命性的变革。

文化作为人的本质力量的一种外化表现，其功能和作用说到底是"化人"，一定文化的性质就是看它希图化出什么样的人以及如何化。或许，正像经济市场化总会有这样那样的弊端一样，文化与市场的结缘也会出现一些弊端，但文化生产主体和消费主体的自由选择权利的确立与选择空间的扩大，势必使得文化多样化、多元化成为一种潮流和普遍现实。其实，这正是人的自由发展的一种表征，也是人的全面发展的一种条件。只是在这样的文化环境和文化实践中，在世界性普遍交往的条件下，人的需要的全面性、全面的素质和能力才能获得提高与确证，从而为进入人的自由个性的时代创造条件。

文化建设的价值之魂[*]

我们党历来重视文化建设和文化领导权问题。改革开放以来，我们党彻底否定"文化大革命"的理论和实践，深刻总结以往在文化建设方面的经验和教训，十二大提出社会主义精神文明建设的重要意义，十四届六中全会提出要积极发展社会主义文化事业、积极培育和完善文化市场，十五大明确提出文化是综合国力的重要标志，十六大报告阐明"文化建设和文化体制改革"的具体任务，十七大报告、"十二五"规划中都以专门章节对文化领域的发展和改革做出重大决策与全面部署，十七届六中全会更是专门讨论文化建设问题，通过了《关于深化文化体制改革、推动社会主义文化大发展大繁荣若干重大问题的决定》。《决定》指出，要坚持社会主义先进文化的前进方向，以科学发展为主题，以建设社会主义核心价值体系为根本任务，以满足人民精神文化需求为出发点和落脚点，以改革创新为动力，发展面向现代化、面向世界、面向未来的，民族的、科学的、大众的社会主义文化，培养高度的文化自觉和文化自信，提高全民族文明素质，增强国家文化软实力，弘扬中华文化，努力建设社会主义文化强国。《决定》中特别强调，"社会主义核心价值体系是兴国之魂，是社会主义先进文化的精髓，决定着中国特色社会主义发展方向"。这些都表明我们党对文化发展的重要性和规律性认识得越来越清楚，对文化建设的领导作用越来越自觉。现在我们的任务是，

---

[*] 本文原载《光明日报》2013年1月29日。

认真学习和领会《决定》的精神，按照《决定》的部署，将之切实落实到我们的各项文化建设工作中，促进社会主义文化的大发展大繁荣。

文化在本质上是一种价值现象和价值性存在。任何一种文化，作为人们实践经验的结晶和精神劳作的结果，虽都以一定的知识作为其内容的基础和支撑，但却以价值作为其内容的灵魂和精髓，体现一定的价值取向，具有价值规范和价值导向的功能。因此，从马克思主义价值论的角度理解文化和文化建设问题，对于我们科学地认识和把握文化建设中的矛盾，提高贯彻落实《决定》的战略部署、完成《决定》规定的"以建设社会主义核心价值体系为根本任务"的能力，都是非常重要的。这里，我们主要就文化建设中的三个问题进行一点讨论。

第一个问题，社会主义文化大发展大繁荣是通过文化建设、文化创新、文化创造来实现的，是通过广大人民群众的分工、合作、比较、竞争的形式来完成的，其中，各种文化单位、文化组织、文化公司、文化工作者构成文化建设队伍的正规军和骨干力量。一句话，文化建设作为一种社会性实践活动，其主体必然是多元化的。价值作为一种主体性现象，主体多元化意味着价值多元化、价值观念多元化，这是一个不争的事实。正是这种主体的多元化形成了文化创造的活力以及文化生产方式和文化产品的多样性，也正是多种多样的文化产品、文化样式为人们提供了多种选择的可能，从而满足了多元主体的多种文化生活需要，促进了主体的多方面能力的发展，进一步为文化创造提供了人才、资金和市场的支持，使得文化生产能够持续进行下去。文化的发展繁荣就是由这种多元多样的文化产品、文化样式确证的，百花齐放、百家争鸣既是文化繁荣的形象表现，也是促成文化繁荣的根本途径。当然，这多元多样的文化产品、文化样式中难免良莠不齐，会有"毒草""刺花"，低级趣味的且不论，"反动"意味的也会存在，所以就需要管理。问题是我们的文化管理部门、我们的管理理念，是相信人民群众和广大文化工作者还是只相信自己，是把人民群众和广大文化工作者当作有辨别能力的独立主体还是当作难辨是非、易受污染的"孩子"，是坚持法治的管理方式还是坚持以长官意志为准的人治管理方式。《决定》提出要改革不利于文化生产力发展的生产关系和管理体制机制，这就需要首先改变以往那种陈腐的管理理念，改变这种本来就违背社会主义精神的价值观念。否则，这种改革是很难取得实质性进展的。

第二个问题，文化产品都是包含一定价值意蕴的产品，如同物质产品的价值只有得到社会承认，只有被消费才能实现其价值一样，文化产品只有被承认、被欣赏、被消化吸收，其作用才能发挥，其价值才能实现。文化产品发挥作用的过程，价值实现的过程，当然有不同于物质产品价值实现的具体特点，但尽管如此，在文化建设、文化生产过程中，价值实现仍然是一个必须认真对待、认真研究的问题。我们在计划经济体制时期，文化工作全被纳入政治思想宣传的轨道，不计成本投入，不管受众感受。改革开放建立社会主义市场经济之后，文化市场业已形成，外国的文化产品全面涌入，受众的选择空间极大扩展、选择权利得到落实、选择能力大大提高，并成为文化产品价值能否实现的关键性因素。现在的矛盾是，已经市场化的文化企业必然关注其产品是否有市场，能否收回成本，受此制约，往往将经济效益放在第一位。而与之相反，国家投资的事业性文化单位对文化产品的价值实现以及效益问题关注不够，甚至根本不关注。一方面是低俗的文化产品、毫无文化价值的产品充斥市场，文化垃圾成堆成山，而一些真正具有文化价值和学术价值的东西却难以面世，另一方面是宣传性的东西往往引起逆反，难以取得预期效果；一方面是国家投入尽管随经济实力增强而大幅度增长，但总体还比较有限，另一方面是这些有限的文化建设资金投入和使用方式存在问题，使用效益差。文化领域泡沫涌腾，虚假繁荣，人民群众不满意，文化工作者不满意，党和政府也不满意。我们再也不能拿一年出版了多少种图书、制作了多少部影视作品等之类的文化GDP模式来衡量与判断文化建设的成就了，文化生产领域同样存在一个增长方式转变的问题。只有真正正视和重视这些问题，从价值实现的角度寻找原因，文化体制改革才能对症下药，抓出实效。

第三个问题，《决定》提出要实施"走出去"战略，扩大中华文化的国际影响力，这非常重要。但我们必须认识到，要落实这个部署，真正"走得出去"，形成国际影响力，就不单是一个语言问题，甚至可以说主要不是语言问题，要紧的关键的是在文化交流、文化创造过程中如何将民族特色与人类情怀有机结合起来的问题。我们不仅要"面向世界"，更需要自觉地站在人类发展的高度、从人类主体的视野，审视和吸取各个民族文化的精华，提升与阐扬中国经验、中国文化包括优秀传统文化中所蕴含的世界性意义和普遍性价值。马克思多次强调过，社主义、共产主义是人民群众的事业，是人类解放的事业，只有在世界性普遍交往的条件下才能成为经验的事实。社会主义对资本主义的否定，绝不是简单的拒斥，而是一种社会历史发展的自我否定，是包含了肯定的否定，是在吸取了其创造的全部文明成果基础上实现的否定。正因如此，它才摆脱了以往盛行的也是难以避免的那种民族的、地域的、阶级的狭隘性，表现出人类情怀和无比的优越性。社会主义核心价值体系本质上就是以人类解放为终极目标的价值体系，是最具人类情怀的、最符合人类共同和谐发展的价值体系。在当今世界性文化交流同时也是文化竞争的大舞台上，我们要有这种文化自觉和文化自信，必须积极占领这个价值高地和道德制高点，并依此检视、反思我们以往文化创造理念、文化管理理念和理论宣传中的那种狭隘性、片面性，努力推出具有国际影响力的文化精品，造就无愧于中华文明的世界级文化人物、文化大师，争取全世界范围内的更多受众。这本身就是我们的文化产品中所包含、所体现的社会主义价值体系在全世界范围内的价值实现的大问题。

五四精神是当代中国精神家园的根脉[*]

"精神家园丛书"的策划和第一辑出版,是一件非常可喜可贺的事情。正如丛书主编在"总序"中指出的,"我们又到了一个重建自己精神家园的时代",本丛书的出现,就表明了这么一种文化自觉,也体现了一种文化重建的主张。

改革开放是与彻底否定"文化大革命"直接联系在一起的,是建立在原来的路走不下去了这么一种上上下下的共感共识基础上的,它使中国真正回归到现代化的正轨和人类文明的大道。但随着市场经济建立及其带来的生活方式和价值观念的变化,随着国外的各种物品、各种思潮大规模地涌入中国,中国在现代化的同时正被"世界化"和"全球化",在"他者"的映照下,中国人的民族认同、身份认同、时代认同都出现了相当的问题。正是这种境遇,促使一些文化人、一些知识分子感受到一种"文化焦虑"或对文化安全的担心,从不同角度、以不同方式提出了"重建精神家园"的主张。尊孔读经以复兴儒学的观点,"以西为师"全方位国际接轨实现宪政民主的观点,都可以被看作重建精神家园的路径选择。按李德顺先生的说法,前者属于"向后看"的思路,后者属于"向外看"的主张,他认为都是不可取的,合理的应该是"以我为主"、以当代中国人民为主体的"向现实看"的思路。我赞同李先生的这种"以我为主"的思路。重建精神家园,建的是我们的家园,得我们自己

---

* 本文是作者 2011 年 5 月在"精神家园丛书"首发会上的发言。

来建，也是为我们能更好地生活来建，所以，我们在讨论、设计"建设方案"时，得先清点一下我们的"家底"，弄清楚我们已有什么，还缺什么，我们真正需要的是什么，我们在现有条件下能够得到什么；我们得明确自己的主体地位，得对自己的历史方位有一个合理的定位，得把民族性与时代性统一起来，既不能脱离时代性理解民族性，为特色而特色，把老祖宗那个年代的特色当作我们今天的特色，也不能脱离民族性来把握时代性，把自己给弄丢了。

在我看来，我们今天提出重建精神家园的时候，重新梳理、审视、评价五四新文化运动及其历史性功绩，是非常必要的。五四新文化运动是一场彻底的反帝反封建的爱国运动，也是以知识分子为主体的呼吁现代化的思想解放运动和文化革命。五四精神首先是建立在现代国家意义上的爱国主义精神，这里的"国家"不再是传统的一家一姓的封建帝王的"国家"，不再是与朝廷、政府合一的国家，而是人民的国家，以人民为主体的国家。五四高扬的民主精神，正是与这种国家概念相一致、相契合的，五四高扬的科学精神，也是以"开民智""新民""立人"为目标的。五四之所以被称为"新文化运动"，其主张的新文化的"新"处，从形式上看，在于为了普及文化教育而以白话文代替文言文，从而极大地促进了中国平民教育的普及和文化的发展，而从实质上看，则在于它倡扬的这种民主精神、科学精神以及与之相关联并作为其基础的个人独立、自由、平等的现代精神和价值观念。五四先贤们正是基于这种精神和观念，对传统文化特别是道德和政治伦理文化中的那种为等级制辩护而压迫人、侮辱人等不把人当人看的野蛮性毒素进行了彻底的批判与揭露，鲁迅甚至将传统道德的本质归结为"吃人"，把中国历史概括为"做稳了奴隶的时代"和"想做奴隶而不得的时代"。在五四新文化运动的影响下，中国出现了类似西方的"文艺复兴"和启蒙运动，出现了如同春秋战国时期的那种百家争鸣时期，造就了中国文化史上的又一座高峰和一大批文化巨人。

五四新文化运动是在中国社会现代化转型的漫长过程进入一个关键点的时候发生的，是近代中国人文化自觉的一个典型表现，而五四新文化运动所提出的任务，因之后中国的形势变动，并没有得到真正的实现。换句话说，继承五四先贤们的精神，完成他们未竟的事业，仍是今天中国人尤其是中国知识分子的一项重要任务。五四精神仍是当代中国重建精神家园的根脉。

相信和依靠群众是培育和践行
社会主义核心价值观的根本[*]

以习近平为总书记的党中央履新伊始,就在全党开展了群众路线教育活动,力图使我们党员干部都切切实实明白"权为民所授、权为民所用"的道理,弄明白实事求是与群众路线的内在联系、脱离群众必然脱离实际的道理。群众路线的基本内容就是一切相信群众、一切依靠群众,从群众中来,到群众中去,这构成了共产党政治路线、组织路线和工作方法的基础。我们培育和践行社会主义核心价值观,也一定要与群众路线教育结合起来,把相信和依靠群众当作践行社会主义核心价值观的根本。

社会主义本质上是人民群众自己解放自己的事业,人民群众既是社会主义国家的主体,也是社会主义社会的主体,这是马克思主义的基本立场和基本道理,是我们党相信群众、依靠群众的理论基础。马克思创立的唯物史观和科学社会主义,本身就是真理和价值、科学理论和价值观的统一。作为科学理论,它立足的是人类社会发展的规律,社会基本矛盾、"两个必然"、"两个绝不会"都是从这个角度着眼的。而作为价值观,它是无产阶级和劳动群众长远的根本利益的体现,是人民群众自己解放自己的革命事业的理论表述。正像恩格斯在总结马克思一生时所说的那样,"他毕生的真正使命"是"参加现代无产阶级的解放事业,正是他第一次使现代无产阶级意识到自身的地位和需要,意识到自身解

---

[*] 本文原载《北京日报》2014 年 1 月 5 日。

放的条件"①。在马克思这里，唯物史观就是群众史观，它强调生产力是决定社会历史发展的根本因素，又强调人民群众是历史的创造者，因为人民群众是物质生产活动的主要承担者，生产力的发展归根结底还是人民群众改造自然的实际能力的提高和发展，生产力与生产关系的矛盾本质上是现有社会经济关系、分配制度不能满足人民群众的生存和发展需要，从而束缚了、压制了人民群众的生产积极性和创造能力的矛盾。而解决这些矛盾的根本途径，说到底还是人民群众的革命实践活动。社会主义事业作为人民群众自己解放自己的事业，既是历史发展的必然，也是历史发展的应然。从这个意义上说，社会主义核心价值观本质上就是以人民群众为主体的核心价值观，是广大人民群众最期盼、最向往的共同价值目标和价值理想。当然，正如社会主义理论不是从工人运动中自发产生的一样，社会主义核心价值观也不会自发形成，它是作为工人阶级和民族先锋队的共产党在马克思主义指导下总结社会主义实践的经验而提炼出来的，通过倡导、宣传、教育而成为广大人民群众的普遍共识和共同信念，成为引领、整合各种社会思潮和其他价值观的主导性的观念形态。而这本身就是一个从群众中来、到群众中去的过程。

党的十八大提出的社会主义核心价值观，富强、民主、文明、和谐，自由、平等、公正、法治，爱国、敬业、诚信、友善，许多人习惯于将之理解为国家层面的、社会层面的和个人层面的价值目标，这固然不错，可我们更应该明白，这几个层面的区分并不是不同主体的区分，而是以人民群众为主体而形成的不同层面之目标的区分。主体的同一性规定了不同层面之目标的有机统一性，也规定了践行措施和实现路径的根本一致性。

我们这里强调人民群众的主体地位，一方面是说社会主义核心价值观本质上就是人民群众的共同价值诉求和理想，人民群众是社会主义核心价值观的主体，另一方面则是说践行社会主义核心价值观一定要相信和依靠人民群众，以人民群众为实践主体。一切宣传和教育，都是站在人民群众立场上进行的启发性教育，其目的也像恩格斯所说的，是使人民群众"意识到自身的地位和需要，意识到自身解放的条件"。如果不是这样，如我们在现实中经常看到的那样，一些同志总是嫌群众落后，

---

① 马克思恩格斯选集：第3卷. 北京：人民出版社，1995：777.

相信和依靠群众是培育和践行社会主义核心价值观的根本

总觉得群众很容易被错误思想污染，一些党政部门、宣传部门总是要求人民群众如何如何，规定不能如何如何，一如学校对待和要求学生那样，这恰恰表明这些人、这些部门只是把自己当作主体，而只把人民群众当作客体，当作教育、管制的对象，最多是当作实现某个目标的工具。可以断定，沿着这种思路践行社会主义核心价值观，其结果肯定南辕北辙的。

当然，说人民群众是社会的主体，并不否认人民群众也分为不同的阶层、不同的群体，在这个意义上也可看作存在不同的主体，他们各自的利益诉求、价值观念会有不同，在一定条件下甚至会发生冲突。随着社会主义市场经济的发展，这些都已经成为常态性的也是合法化的存在。对践行社会主义核心价值观来说，宣传、教育社会主义核心价值观的合理性、先进性，包括对其他价值观的引领性、包容性、共契性，以形成普遍共识和共同信念，是一个重要环节。但仅此还远远不够，还必须以社会主义核心价值观为指导，结合实际情况着力于社会制度和法制的建设，以制度和法律作为合理解决不同主体间矛盾的具体方式与社会公正的基本保障，也作为人们判断是非对错的共同标准。我们必须明白，各种宣传、教育都属于价值导向的范畴，属于倡导、说服、劝服的工作，制度和法律则属于不能违反的社会规矩。寓社会主义核心价值观于各种社会制度和规范之中，积极依靠群众维护这些制度和规范的严肃性与权威性，是我们践行社会主义核心价值观，形成良好社会公共秩序的关键环节。

市场经济与主体性建设[*]

以社会主义市场经济模式为基础重建中国的经济、政治和文化，已成为当代大部分中国人的共识。人心所向即大势所趋，故这成了当代中国的一种不可逆转的大趋势。与此相适应，中国人的主体性必然有一个大发展、大提高。近年来哲学界关于主体性问题的讨论，正是人们日益觉醒的主体意识和要求在哲学上的反映。研究主体性是为了建设和完善主体性，故而研究和探讨在现实条件下如何建设主体性就具有更重要的意义。

一

中国几千年来一直是一种自然经济占统治地位的社会，这种经济形态以及与之相适应的政治体制和意识形态都对人们的主体性有极大的压抑与束缚作用，它所需要和所培养的是奴性人格。新中国成立之后，我们一方面强调人民是国家的主体，但在另一方面，计划体制、政府管理一切的现实又使得作为人民一分子的个人、企业和基层单位缺乏应有的自主权，三者主要是执行上级命令和贯彻长官意志的"能动工具"。人民的主体地位和主体权利的严重削弱与得不到有效的法律保障，使得整

---

[*] 本文原载《江海学刊》1994年第5期。

个中国社会的"细胞"普遍缺乏活力,极大地浪费了中国的人力、物力资源,既阻碍了中国经济的发展,也使得中国的政治、社会风气、人心、人气出现了某种畸形变化。

几十年正反两方面的经验和教训,终于使我们认识到市场经济阶段的不可逾越性,我们终于找到了发展中国的正确航线。这是一个了不起的事变,它的重要历史意义随着时间的推移会更加明显和突出。社会主义市场经济的建立,必然会对政治、文化、科学,对整个社会风气、社会道德、人们的心理和生活方式产生深刻而广泛的影响,这是毫无疑义的,这里我们仅就它对人们的主体地位和主体意识的影响做一点考察。

首先,它促进了人们的主体地位的确立。从自在的意义上说,各种社会活动都是人参加的,作为活动的担当者,人就处于主体地位。但若在这种意义上讨论主体性,就不过是指出人具有哪些特性,也就不过是把平常所说的"人性"这个概念换成"主体性"概念而已,过去我们关于主体性的讨论,多多少少是存在这个缺陷的。我们所说的主体和主体地位,自然不是在这种意义上说的,它是指人的一种社会地位和权利,是同人在一定社会关系中所具有的自主权相联系的。市场经济怎样促进了人们的主体地位的确立?从历史上看,市场经济要求市场上的交换者必须是具有独立意志的主体因而能够为自己的承诺(签订合同就是一种承诺)和行为负责,这就肯定了交换者的主体地位。这种地位受到法律的保护,使得主体的自主权利成为法律规定的权利。而法律为了能为保护这种自主权寻找合理的根据,就得假定人人都具有平等和自由这种基本人权,就得在理论上以在法律面前人人平等为基本原则,也就必须摧毁以往等级制的法理和原则。我们现在搞社会主义市场经济,同样也有这种过程和作用,否则,平等交换就根本无法实现,市场经济就不过是一句空话。

其次,它促进了人们的主体意识的高涨,促进了人们对自己的主体地位的新认识。人们的主体地位,不仅表现为人们是社会活动的担当者,而且表现为人们是各种社会角色的"本体",是各种权利和责任的承担者。可是,在前市场经济时代,由于劳动尚未获得一般化的表现形式,一个人往往一生就从事一种劳动、从事一种职业,一定的社会角色便固着于"本体"之上,所谓的权利从根本上表现为他所担任的那种社会角色的权利,道德也是一种"职业道德"或"角色道德"。人们根本不可能从人的"本体"亦即与社会角色相对而言的"自我"的角度反思自己的主体地位。而在市场经济条件下,劳动获得了一般化的表现形式,各种具体的劳动不过是劳动的特殊表现,一个人可以而且必须时常变换工作和职业,人们的职位才真正如戏剧舞台上的"角色"一样在不断地变换。只有到了这个时候,人们才从这种不断的角色变换中感觉到"我"与我所扮演的角色的区别,才能把反思的焦点对准我的"本体",既从社会角色、社会职务的层面又从角色"扮演"者即"我"的层面思考自己的地位、权利和责任。这才是一种真正意义上的主体意识。在思维达到了这个深度的时候,人们才可能树立起合理的平等、自由观念,才可能真正重视自己作为一个人所应有的尊严和权利并奋力捍卫。

主体意识的觉醒和高涨在各民族国家都普遍地表现为对平等与自由的追求,在中国亦如此。市场经济体制的推行和成熟,改变着中国老百姓既羡慕做官又害怕做官的心理,改变着人们不愿也不会用法律保护自己的权利和利益的观念,人们逐渐有了"纳税人"的意识,即是我们养活国家官员,官员理所当然就应该为我们服务的思想,不仅要求能批评官、告官,而且要求能罢免官、选举官。无论在社会活动中还是在家庭生活中,都强调自己的权利,都要求能得到平等的对待。简而言之,平等与自由作为基本人权已成为普遍共识,追求平等与自由已成为一种普遍的社会性思潮和时尚。

毋庸讳言,市场经济在促进人们主体意识觉醒的同时带来了一些负面效应,例如,一些人只顾自己的权利和私利而践踏他人的权利,损害他人的利益,一些人只讲权利不讲责任,只讲自由不讲纪律,在一定程度上使得自私自利的意识有所抬头甚至恶性膨胀。这些情况说明很有必要加强主体性建设,使得人们的主体意识朝着健康的方向发展。

二

市场经济的核心和要义是市场,即以市场作为生产力要素和资源配置的基本手段或途径。一方面,市场俨然是一个无情的法官,一定的计划是否合理,一定的私人劳动能否为社会所承认,什么样的人才是社会所需要的人才,什么样的作品是公众所需要的作品,都在市场上见分晓，都由市场"说了算"。人们无论怎样抱怨，都得服从市场的"判决"。但在另一方面，市场又给人们提供了众多的机会和自由选择的可能，在市场面前人人都是平等的。市场的平等是一种资格的平等和机会的均等，而不是结果的平等。相反，市场以结果的不平等为手段实现着优胜劣汰的规律。正因如此，它在为人们提供发挥才能的广阔天地的同时，也给人们加上了沉重的压力。这正是它能激起人们的活力、创造性和主动性的奥秘所在。

很显然，在这种以市场竞争机制为社会运作的基本原则的状态和条件下，人们为了能在竞争中取得有利地位，就必须努力用各种知识充实自己，不断提高自己的素质和能力。因为若缺乏必要的知识和能力，就难以对变化不定的局势做出正确的判断，难以对自己行为的利弊得失做出恰当的评价，从而无法做出正确的选择，这是其一。其二，人们既然是独立的行为主体，既然根据自己的意志和评价做出选择，那么就必须为自己的选择及其后果负责。权利总与责任相联系，选择总伴随着一定的风险，而且越是重要的选择，越是带有创造性的选择，越是能导致巨大成功的选择，其风险就越大。这就要求主体除了具备较好的知识结构之外，还必须有良好的心理素质，其中就包括风险意识和责任心。风险意识和责任心不是"教"出来的，而是在竞争的实践中磨炼出来的，是在市场竞争中被"逼"出来的。过去我们成天教育人们要敢字当头，要勇于负责，可最后人们还是唯唯诺诺、谨小慎微，还是谁都怕负责任。而在今天，小到在自己的地上决定种什么的农民，大到公司老总，都自觉负责任进行选择和活动。因为市场和利益构成了一种强制约束，使他们不得不负起责任来。其三，要有较强的时间观念和效率及效益意识。市场竞争法则是"优胜劣汰"，何为优何为劣？最主要的一点就是看劳动效率。在决策正确的前提下，劳动效率越高即劳动生产率越高，其效益就越好，劳动过程中越是节约，其效益也越好。一切节约归根结底都表现为时间的节约。在自然经济时代，虽然也有"一寸光阴一寸金"的格言，但绝大多数人都缺乏时间观念和效率意识，因为在实践中没有惜时如金的必要性。只有到了市场经济时代，"时间就是金钱"才成了实实在在的经验和真理。时间和效率都与效益直接统一起来，因为与利益直接相关而受到人们的普遍重视。既然时间是财富，那么人们在珍惜自己的时间的同时也学会不浪费他人的时间。其四，要有较强的适应能力。市场如江湖，风云诡谲，变幻莫测，成功与失败、幸运与不幸常常交替而来。这就要求主体既要把握时机，果敢决策，又要不断调整自我，适应形势的变化。适应性绝不只有消极的意义，相反，它是主体力量强大的一种表现，是主体生命力旺盛的表现。

三

市场经济是一种法治经济，这一方面是说必须用法律的形式肯定并保护交换双方的平等权利，另一方面是说必须确立一定的市场活动规则以规范人们的行为，只有这样，交换活动才能顺利进行，市场才能健康发展。市场交换从现象形态上看是商品的易手和交换，而从社会关系上看则是一定商品的所有权或使用权的交换或转让。所有权和使用权都是一定法律所规定的权利，如果对它们没有明确的界定，或是缺乏统一的、人人必须遵从的交换规则亦即法规，市场就必然处于一种混乱状态。治是市场经济的内在要求，社会从人治社会到法治社会的转化也是与市场经济取代自然经济同步的。

不言而喻，在以市场经济为基础的时代，对主体的要求不同于前市场经济时代。在以往，例如在20世纪五六十年代，我们也宣传和强调法治意识，但是我们强调的重点是"守法"，那时的法律比较简单，主要是宪法和刑法。改革开放以来，我们大力进行普法教育，强调的是知法、守法，因为这时颁布了许多法律和法规，知法是守法的前提。这些当然都不错，但是它们没有概括出法治意识的完整内涵，甚至可以说是使用传统的思维模式来理解法的本质。在这种理解中，人们即公民只是被当作法律所规范的客体，最多也只是遵守法律的主体，法律对于公民还是一种外在的规矩。

造成这种情况的一个重要原因是，人们未能把自己当作法律的主人，把自己看作立法、护法、用法和守法的统一的主体。换句话说，只有在宣传、教育中将立法、护法、用法和守法统一起来，才算抓住了法治意识的根本，也才能使人们逐渐明白这四者统一的道理，从而树立起比较牢固的法治意识。

我们的国家是人民当家做主的国家，人民通过自己选举的代表即各级人大代表来执行立法,人大代表只能根据人民的意志和要求来确立法律、修改法律或废除某一法律。这一点在理论上不成任何问题,问题是要使人大代表与选举人即人民的关系明确化、公开化,要使人民能够真实地感觉到这些代表是代表他们的利益和意志的,他们有适当的办法来罢免那些他们认为不合格、不称职的代表。我们现在显然还未能做到这一点。随着市场经济的发展,随着各种法律与人们关系的日益密切,人们必然会关心立法问题,必然要求直接选举和有效监督人大代表。当人们真正感觉到法律是根据自己的利益和意志确立的这一点时,人们就会像保护自己的财产一样保护法律,因为任何对法律的破坏都是对自己利益的破坏,任何对法律的践踏都意味着对自己意志的践踏。在个体层面,一方面是自觉地遵守法律,因为这等于遵守自己的诺言,是信守自己与他人所订的"协议";另一方面,当自己的利益和权利遭受到他人的侵害时,就要诉诸法律,用法律保护自己的利益和权利。由此可见,法治意识就是人们关于立法、护法、用法和守法四者统一的意识,是自觉维护法制的尊严的意识。主体既需要用法律来明确地规定和保护自己应有的独立平等的地位,规定和保护自己的各种权利,同时也需要用法律来明确和规定各个主体应负的责任,各个主体就有义务履行法律规定的责任。法律既规定了公民应该享受的自由,也规定了公民自由活动的范围或界限。权利与责任、自由与限制的统一以法律的形式表现出来并固定下来,人们的主体地位就有了可靠的保障,主体意识就得到了稳固的发展和强化。

四

市场经济的发展、法治社会的形成,突出了利益关系和人们之间的权利—责任关系,相应地就淡化了传统社会中人与人之间的血缘亲情关系。过去我们把这一点完全归罪于资本主义,现在看来有点简单化了。在社会主义社会搞市场经济,也会伴随淡化血缘亲情关系的问题。过去我们把这种亲情关系的淡化看作一种恶,现在看来也有点片面性。因为传统社会浓厚的血缘亲情关系恰恰是法治社会形成的障碍,是遏制确立主体的平等独立地位和形成健康的主体意识的力量。在这种意义上讲,这种淡化应该说是一种善，是一种进步。这涉及价值观和道德观问题，我们在这里不可能系统地讨论这些问题，但可以肯定地说，市场经济时代的主体绝不能按照自然经济时代流行的道德来塑造，相反，他必须在扬弃封建道德的基础上确立新的道德意识，必须通过反思将道德置于理性基础之上。

封建道德以义与利、天理与人欲、利他与利己的僵硬对立为主线，以扬义抑利、存天理灭人欲、褒利他贬利己为基本特征，以成圣成贤为理想目标，它是封建统治阶级培养奴隶式顺民的重要工具。这种道德根本否定个人作为独立平等的主体的地位，根本否定个人主体的权利，根本否定个人物质生活需要的合理性；表面上是以高尚的理想来提升人们的道德境界，其实根本不切实际也从来就没有收到实际的效果，倒是严重损害了人性，培养出了许多不讲实话、心口不一的伪君子、假圣人。

合理的现代道德以规范人际关系为使命，但它把人际关系理解为平等的主体之间的关系，是作为主体的人之间的平等的互相对待关系，它首先是完善人的主体性，其次起维护社会秩序、社会安定的作用。主体既然是一定的社会角色的实际承担者，也是一定的权利和义务的实际承担者，所以自然就以权利和义务的统一为前提，而且用权利来定义义务。这种道德不是从抽象的人和抽象的理想出发，而是从现实的人和人的现实出发，它肯定人们争取自己的合法权益的合理性和正当性。它不期望人们去做那种断尘根、灭人欲的圣人，那是不可能的，它不是圣人道德而是常人道德，即要求人们做有益于社会的平常人的道德。在这里，为我为己并不是恶，只要不损人利己、不损公肥私就是好人，就是善人；有德之人不再高不可攀、可望而不可即，而是只要努力就可以做到的人。这是一种世俗道德、常人道德，也是一种符合现实的人的生活水平和思想觉悟水平的道德；它虽然不像以往道德在外观上显得那么"高尚"，但却切实可行，并行之有效；它好像是降低了善的标准，但却能培养出大量名副其实的善人。这种善人是真人，是能够理性对待和处理自我与他人、为我与为他之关系的人，是既能保持自己的尊严、坚守自己应享受的权利，又能勇于承担责任、切实履行应尽义务的主体。

市场经济的大潮，从生产方式、生活方式、社会交往方式、思维方式等方面促动着整个社会的变革，也促使人们的思想和价值观念发生巨大的变化。以市场经济为基础的社会既需要新的主体,又在改造和创造着新的主体,我们只能顺应这种趋势,自觉按照变化了的实际塑造、提高、完善自己的主体性。这种自我提高、自我完善的过程,既是人发展自身的过程,反过来又促进社会的发展,是社会发展和人自身发展的统一,也是社会物质文明和精神文明建设与人的价值实现的统一。

推进国家治理体系建设必须建立多主体间的互信机制[*]

十八届三中全会提出,全面深化改革的总目标是完善和发展中国特色社会主义制度,推进国家治理体系和治理能力现代化。在2014年2月17日省部级主要领导干部学习贯彻十八届三中全会精神全面深化改革专题研讨班开班的讲话中,习近平总书记强调,必须适应国家现代化总进程,提高党科学执政、民主执政、依法执政水平,提高国家机构履职能力,提高人民群众依法管理国家事务、经济社会文化事务、自身事务的能力,实现党、国家、社会各项事务治理制度化、规范化、程序化,不断提高运用中国特色社会主义制度有效治理国家的能力。这表明我们党对社会政治发展规律有了新的认识,在执政理念、改革目标和方向的把握方面有了新的提高,是中国共产党在总结执政经验的基础上对马克思主义国家理论的重要创新。

国家治理体系从治理对象、治理问题上分为政治、经济、文化、社会、生态等多个方面,从治理主体方面包括多个层次、多个主体,但无论哪一方面、哪一层次,要合理、有效地解决问题,都需要也依赖多个主体的协商和配合。很显然,要能够顺利进行这种协商和配合,需要有主体间的相互信任作为基础,有一套有利于彼此进行交流协商的制度和机制作为保障。

我们知道,传统的管理或统治,是建立在管理者—被管理者或统治

---

[*] 本文原载《光明日报》2014年11月29日,与宁全荣合作。

者—被统治者二元对立的基础上的,前者是主体,后者则是被管理、被统治的对象。前者制定了一定的纪律、规则和法律,但这些都是为了自己便于管理和统治后者而制定的,后者的地位和利益诉求不仅得不到尊重,而且总被当作一种异己力量来对待,结果就是管理成本越来越高,而效果和效率却日益恶化。正是由于这些事实和经验,企业管理和管理学才逐渐实现了从"管理"到"治理"的观念变革,也使得在整个社会形成了"治理""善治"这些观念。德国政府治理莱茵河污染就曾被当作这方面的经典案例。莱茵河全长1 300多公里,近一半在德国境内,20世纪50年代末,德国开始了大规模的战后重建工作,大批能源、化工、冶炼企业同时向莱茵河索取工业用水,同时又将大量废水排进河里。这就使得莱茵河水质急剧恶化,周边生态遭到毁灭性的打击,旅游业、葡萄酒业遭受重创。为了治理莱茵河污染,1963年包括德国在内的莱茵河流域各国与欧共体代表在保护莱茵河国际委员会范围内签订了合作公约,奠定了共同治理莱茵河的合作基础。控制河流污染源,避免未经处理的工业废水和生活污水排进河流是最重要的举措,而在德国境内莱茵河畔就有大小3 000多家企业,再加上各种城市生活污水,任务真可谓艰巨。为此,德国政府成立专门委员会,加强立法和监督,并通过与相关各个城市政府协商讨论,寻找解决问题的合理方案。以杜伊斯堡为例,这座德国最大的内陆港城市有许多企业,面对严峻的治污形势,市政府与各企业经过讨论商定,由政府与产生污水最多的三家大型企业合作建立一个大型污水处理厂,政府占33%股份,并派人管理,其余股份由三家企业分担,附近其他企业和社区则支付一定费用将工业与生活废水引入污水处理厂进行净化。这些企业和社区所承担的污水处理费用,比各自兴建污水处理系统要低得多,它们自然就乐意接受,而它们所交的污水处理费,以及处理后的净化水卖给园林公司所得的收入,就成了污水处理厂的利润。由于有利可图,这种合作模式得到许多企业和城市的认可,积极兴建了许多污水处理厂。很显然,这个治理方案是由相关主体协商确定的,各方面的利益都得到了适当照顾,大家就能齐心协力、各负其责,治污工程得以顺利而持续的开展,经过十几年努力,莱茵河恢复了生机。可以想象,如果德国的各级相关政府只是把排污企业和社区当作管制对象,只是按照管制、禁止和惩罚的思路处理,怕是很难收到这个效果。

国家治理、社会治理等都是现代民主法治理念在治理社会问题方面的具体表现。在现代民主社会，"以法治国"为"依法治国"所代替而成为基本理念，公民及其兴办的企业、成立的社会组织等，其地位和权益都得到法律的明确规定与有效保护，各自为自己的利益进行辩护以及相互间进行博弈都是合法的、合理的，即是说，多元主体的存在不仅成为一种基本的社会结构性事实，而且不同主体之间的竞争和合作成为社会发展与维护社会秩序的重要动力源。各种社会问题的背后都涉及不同主体之间的矛盾，而解决这些社会问题，也只能依靠彼此之间的互信和协商才能收到较满意的效果。在治理社会问题的过程中，政府无疑处于主导地位，但政府也必须承认和尊重其他公民组织、企业组织等的主体地位和权利。这种承认和尊重，直接表现为一种主观态度，深层则意味着对法律权威性的尊重和遵从，更是通过制度和体制形成的一种多元主体相互作用的社会运行机制。在这种运行机制中，虽然各种组织的作用有所不同，但它们作为主体的地位却是平等的，权责界限是清晰的，由此进行的协商才是真正意义上的协商。由于不同主体的利益诉求都能得到通畅的表达，不同甚至对立的意见都能得到真实的展现，解决问题的不同方案的合理性、公正性都须经受多方面的质疑和批评，结果就是在相互妥协的基础上形成一种照顾到多方利益从而多方都能接受的因而是比较公正的方案，然后大家齐心协力去落实、去执行。毫无疑问，通过这种协商来确定方案或政策往往是一个艰难的讨价还价过程。但同样毫无疑问的是，正因为艰难，其确定的方案和政策才能最有效地减少片面性，同时也提前消解了执行过程中的阻力，从而达到解决问题的目的。更为重要的是，正是在这种相互博弈的过程中，法律的权威性得到有效维护，社会组织的自我管理能力得到提高，政府的预见能力、领导协调能力得到充分展现，这就为规避和克服社会风险、形成更合理的秩序、保障社会的长治久安提供了坚实的基础。

在我们国家，一方面是社会主义市场经济体制发展的时间还比较短，另一方面是原先计划体制下全能政府的惯性作用，社会利益和阶层的分化正在急速进行，主体多元化的局面业已形成，各种社会组织的发展速度虽比较快，但发育水平还远没有达到成熟的程度。正是这种现实状况，人们对它们有不少意见，政府部门对它们不放心、不信任而限制多多，很难以一种平等的态度去对待，而它们对政府部门的不放心、不信任以及法律方面的缺乏保护也多有抱怨且很无奈。更要紧的是，在我们从上到下许多人的观念中，市场是"无形的手"，政府是"有形的手"，把这两只手用好就万事大吉，根本没有注意到更谈不上重视和发挥社会组织包括行业组织这只手的重要作用。实际上，考察国家治理机制比较完善、社会秩序比较好的国家，没有哪一个是能够缺少社会组织这只手的。道理很简单，没有各种社会组织的发育和成熟，社会的自我组织、自我管理能力就很低，许多社会公共事务和社会问题就只能依靠政府来管理，这就难以改变大政府小社会的局面，无法实现从社会管理到社会治理的转变。

我们是社会主义国家，社会主义本质上是人民群众自己解放自己的事业，人民群众既是社会主义国家的主体，也是社会主义社会的主体，这是马克思主义的基本立场和基本道理，是我们党相信群众依靠群众的理论基础。以习近平为总书记的党中央履新伊始，就在全党开展了群众路线教育活动，力图使党员干部都切实弄明白"权为民所授、权为民所用"的道理，弄明白脱离群众必然脱离实际的道理。在2月17日的讲话中，又把"提高人民群众依法管理国家事务、经济社会文化事务、自身事务的能力"与提高党依法执政水平、提高政府机构履职能力相提并论，作为推进国家治理体系和治理能力现代化的重要环节。这具有非常重要的意义。我们一定要明白，相信群众依靠群众与相信各种群众组织社会组织是一致的，人民群众管理经济社会文化事务的能力高低与这些群众组织社会组织的发育成熟水平是一致的。这些年我们出现的许多社会问题，既有我国经济社会快速发展矛盾集中爆发的客观原因，也与一些政府部门还是按照传统观念进行单纯管制，不是把群众组织社会组织当作治理主体而是当作管制对象的做法有关。结合我国当下的实际情况，我们认为，实现国家治理现代化的关键点在于，认真领会十八届三中全会精神和习总书记的讲话精神，真正转变观念，大力扶植和培育各种社会组织的发展，以法律的形式明确其权责界限，积极构建多主体间互信互动、协商监督的机制，并将之作为贯彻中国特色的协商民主、推进中国政治体制改革的重要内容，作为全面深化改革的重要抓手，认真研究、谋划和实施。

深化文化哲学研究需要正视并解决的三个问题[*]

中国文化哲学研究的勃兴,有着很深刻复杂的原因。随着中国经济持续快速发展,国家经济实力不断增强,作为世界第三大经济体,中国在国际事务中的地位和作用获得普遍重视与尊重。但不容讳言,与此相比,中国的文化实力、文化地位还明显偏弱一些,文化影响力与东方文化古国的地位还有不少很不相称的地方。在市场经济的影响下,中国的文化产业化和产业文化化相互激荡,文化生产力、文化消费和文化市场都有了相当的发展,并成为促进国家经济社会发展的重要力量,可与此同时,文化观的多元并存、文化市场的鱼龙混杂泥沙俱下的局面也引起许多人的很大担忧。一方面,中国人的文化生活与经济生活一样,发生了很大的变化;另一方面,文化理念、文化消费方式的多元化,尤其是国外文化的大举进入形成的强势姿态,使得维护中国文化完全成为一个真实的问题。一些人用"文化殖民化"来概括或许有失精准,有点夸大,但其中表现的焦虑却并非全无道理。中国文化哲学的兴起确实受到西方文化哲学的直接影响,想必无人能否定这个事实,但促使其迅速发展的最重要原因应该说还是中国自身的社会需要。中国的文化哲学研究近年来取得了很大成就,但也遇到相当程度的阻抗或排斥,原因固然很复杂,但在我看来,为深入文化哲学研究和扩大其影响计,下面几个问

---

[*] 本文原载《江海学刊》2010年第1期,原题目为"文化哲学研究三题"。

题是必须面对并需要着力解决的。

一、关于文化哲学的中国语境和问题

我们知道，西方文化哲学的出现经历了较长的酝酿时期，除了其他社会条件，比如说消费社会、文化工业等之外，从哲学层面看，有两点是值得特别注意的。第一点是价值哲学的影响。在一定意义上，可以说文化哲学与价值哲学具有某种同源性。这在新康德主义那里甚至基本上可以看作一回事，西方所谓的精神科学就是文化科学或文化哲学，最核心的也是与自然科学形成本质性区别的则是价值问题。西方针对的是科学主义的霸权，反对用自然规律那样的决定论范式来理解和解释社会历史现象，提倡的是一种文化视角或价值论视角，认为对与人直接关联的、由人的活动构成的社会历史现象只能从价值角度理解和解释。当然，对价值如何理解，西方有着多种很不相同的观点。

第二点是语言哲学转向的影响。经过语言哲学转向的洗礼，西方思想界至少是哲学界普遍超越了传统语言观对语言的直观性理解，克服了事物—意义（思想）—语言的线性联系的观念，语言不仅是思想的外壳，也不仅是指示事物的名称符号，它同时规约着人们的思想意识，规约着人们通过思想意识而形成的"世界秩序"；语言的世界就是人们面临的世界，或者说人们实际生活于其中的世界就是一个经过语言编码而形成的意义世界和知识世界，所以语言的界限就是世界的界限；各种事物的意义是人们通过语言的命名作用和使用过程所赋予的，而事物之（对人来说）"作为什么"而存在就依赖着它被赋予的意义；如此等等。

语言哲学与价值哲学之间的确存在着紧张和一定的对立，比如说一些人通过语言分析方法认定价值语言只是情感的表达，没有任何真实的对象，而搞价值哲学伦理学的一些学者则指责以语言分析为支持的所谓元伦理学研究败坏了伦理学，破坏了人们的意义感，等等。然而，它们毕竟在相互批评中促成了彼此的发展，而且使得价值、意义、语言、文化都内在地勾连起来。在西方学者那里，理解广义的文化概念没有一点问题，从文化的角度理解人、理解社会生活的各个方面自然也没有任何障碍。这个背景是非常重要的，西方人就是在这个背景下提出自己的问题、形成自己的共识的，西方的文化哲学一开始就是作为一种完整的、独立的哲学世界观而存在的。这个背景也为西方马克思主义的文化批判提供了重要的社会基础。

反观中国，我们虽然现在也面临着文化工业化、流行文化出现后的一些社会问题，但毕竟还没有西方那么严重和突出，我们的价值哲学与文化哲学的内在联系似乎并不是很紧密，而且其基本取向与西方思想界之间还有着很大差别，比如主流观点都反对价值主观论，主张从现实的主客体关系、主体间关系来理解价值问题，但最主要的还是缺乏语言哲学转向的影响这个重要环节。由于这个缘故，我们的语言观、文化观在相当程度上还属于传统的语言观、文化观。这就使得在对来自西方文化哲学和西方马克思主义文化批判理论的一些基本概念、基本原则、基本方法的接受上，形成了很大的阻抗，影响了文化哲学思想的认同和传播。中国的文化哲学发展，必须充分重视这个问题，特别是要加强关于语言观方面的补课，同时要促进哲学观的合理转变。我们特别需要针对当今中国人文化生活中的现实矛盾和困惑，针对当代中国面临的国际国内的文化形势和普遍存在的文化焦虑，针对我们传统的文化观念、日常生活和现实的文化发展战略理念方面的不足或缺陷，一句话，要根据中国的特殊问题和特殊语境，提炼出文化哲学研究的主题，在解决这些问题中深化文化哲学研究，发挥文化哲学的重要作用。

二、文化哲学与唯物史观及其文化观的关系问题

这个问题与第一个问题内在相关，或者说就被包含在其中，但它又不仅具有某种独立意义，而且在一定程度上比第一个问题更敏感、更尖锐因此也更艰难。因为它涉及文化哲学的基本定位，所蕴含的政治性意味更浓厚、更明显，但又无法回避，必须给出一种比较明确的说法。否则，文化哲学的形象就一直是模糊不清的，要获得较大程度的认同也是不太可能的。

唯物史观是马克思的伟大创造，是马克思主义哲学的核心内容，它揭示了社会历史发展的一般规律，是认识社会历史现象的科学的方法论。按照马克思的说法，他的观察方法的出发点是现实的个人，基本原

则是人们的社会实践、社会存在即社会物质生活决定了他们的意识;人们在一定的生产方式的基础上,形成一定的社会关系、政治关系和思想关系,观念的东西只是一定社会的物质生活的反映,受着社会物质生产的制约,因此,一切把哲学导向神秘主义的神秘东西都可以在对当时实践的合理理解中得到解释,即使是人们头脑中颠倒的、虚幻的东西也是当时的社会实践中出现了颠倒的结果。马克思把人的感性的实践活动看作现实世界生成的最深刻的基础,现实的世界就是人化的世界,是自然界对人的生成过程,因此必须结合人的实践活动来理解一切,离开了人和人的活动而讲的自然,对人来说就是无。这些观点都是我们熟悉的。用我们现在比较流行的话说,唯物史观意味着一种不同于其他学派的研究范式,而且不是一般的范式,从其创始人到其信奉者都认为,唯物史观的创立使对社会现象包括文化现象的研究成为科学、成为可能,并为之奠定了基础。也就是说,只有唯物史观才是一种科学的范式,这不仅是相对于马克思以前的哲学理论而言的,而且是相对于此后的各种理论而言的。正因为这个缘故、这个思维逻辑,它被当成了一种辨析、一种理论是否科学的标准,违背了唯物史观的原则和方法,直接就可以被看作错误的。这种情况构成了中国思想界的一个基本事实,是中国国情的一个重要方面。

现在文化哲学要展开,要获得认可,就得回答文化哲学与唯物史观是一种什么关系。比如,文化哲学视野中的"文化"与唯物史观视野中的"文化"是同一个概念吗?如果不是同一个概念,那么它们之间是什么关系?文化哲学意义上的"哲学"与以唯物史观为核心的马克思的"哲学"是什么关系?文化哲学是用唯物史观的基本方法集中考察文化现象的一种哲学理论、一个哲学分支,如政治哲学、经济哲学那样,还是为补充或克服唯物史观的不足或缺陷而提出的一种新的研究范式?用人化规定文化、把文化泛化为无所不包的普遍概念的思维方式能否与唯物史观的基本原则和方法相融洽?文化哲学的具体针对性是什么,其作为一种新的研究范式的特殊优越性体现在什么地方?等等。

这些问题都属于文化哲学的基本定位方面的问题。在西方,回答这些问题并不困难,但在中国就不同了,不仅有相当困难,甚至弄不好还有一定的危险。或许正是由于这个缘故,据我所接触的有限材料,许多研究文化哲学的学者在这些问题上都采取了回避或含糊其词的策略,结果就使文化哲学及其研究者处于一种很尴尬的局面。文化哲学研究者的本意是倡扬文化哲学是一种新的研究范式、新的研究视角，旨在克服现行哲学理论之唯科学为尊的偏颇，但由于回避与唯物史观的敏感关系，其所进行的文化哲学研究似乎只是一种在唯物史观指导下进行的对文化的专门性研究，如经济哲学、政治哲学那样的部门哲学。如是这样，其文化概念就应与唯物史观对文化的规定相一致，文化就是观念文化，但他们在运思中又竭力要突破这个界限，以普泛化的大文化概念为立论的根据。马克思曾说，理论要能说服人，就要彻底。依我看，这些年国内文化哲学研究中的一个很困扰人的问题就是不彻底，或不敢彻底、不能彻底，在一些要害问题或关键问题上总是有些犹豫不决、含糊其词。如何摆脱这个困境，恐怕还得费一些脑筋。

三、文化哲学研究必须超越传统哲学认知中心主义的局限，突出文化—价值的特殊视角的合理性

文化与价值的内在关联，规定了文化哲学与科学主义思路的重大差别。如前所说，价值哲学、文化哲学的兴起所针对的就是科学主义霸权的偏颇或弊端。科学主义的根本问题，不仅在于如国内一些人所说的那样，把自然科学的研究方法和原则搬到对社会历史现象、人文现象的研究中来，忽视了社会历史现象、人文现象的复杂性和特殊性，而且在于它是一种唯科学主义，把人类把握世界的多种多样的形式、丰富而复杂的景观强行地霸道地压缩到科学这一个平面上，只从科学这一个维度进行理解。我们知道，科学是人类认知活动的典型形态，也是其高级形态，而科学主义就是认知中心主义的强化形式。实际上，人与对象世界的关系、人对世界的观念掌握、人类的精神生活，除了认知之外，还有许多其他形式。马克思就讲过，艺术的掌握、宗教的掌握、理论的掌握和实践—精神的掌握，都是人把握对象的形式，这几种形式都有自己的特点和作用。这是从社会分工形式方面说的。从具体内容上看，则主要可分为两种，一种是认知，一种是评价，前者掌握的是对象的实际情况，对象是什么、为什么和会怎样，这些都属于认知的内容，都是认知要解决的任务。评价则把握的是价值，即一定对象对人的存在和发展的

深化文化哲学研究需要正视并解决的三个问题

意义。这二者虽然联系着，相互作用着，但实质上是很不相同的。总之，人类的精神生活、文化生活是很丰富的，理论的把握即认知或科学只是其中的一种形式、一个侧面，绝不能把它当作唯一的形式，绝不能只从这一个维度去解释，或认为这是唯一合理的解释。

我们传统的哲学观，也是当下许多人持有的哲学观，基本上就是按照科学认知模式而形成的理论哲学的哲学观，是一种认知中心主义的哲学观。在这种理论哲学的视野里，对象是世界，主体是人或人类，是抽象的、统一的理性主体，是没有立场差别、时代差别、利益差别的一心一意把握真理的人。从这个角度看，真理或真理性的知识，是对人类主体而言的，必然具有某种超时代、超民族、超阶级的特征，必然对所有人都具有同等的客观效应。在这个前提下，无论把主体当作先验主体还是当作经验主体，也无论把认知理解为理智的分析活动还是理解为情感的直觉性过程，总之，主体被固定化为一个抽象的认知点，正如眼睛是观察点一样。即使承认存在着不同的主体，强调的、突出的也是主体的共同性与一致性，是这种共同性与一致性的优先性和本质的真实性，主体间的差异和复杂关系是被遮蔽了的，甚至被当作非本质的东西抽象掉了的。正因如此，科学理论的差别主要就是对象方面的差别，是不同的研究对象的特殊性差别。我们通常理解的自然科学和社会科学的关系问题，就主要是从对象的差别方面着眼的。

这种科学主义和客体决定论的思路在国内学界包括文化哲学研究中仍然具有很大影响，甚至可以说占据主流地位。其特点就是强调与突出认知结果的统一性和确定性，而客观性不过是论证这种统一性和确定性的一个前提性的概念装置。实际上，这种思路是有问题的，是马克思所批评的只从客体方面而不懂得从主体方面去理解问题的具体表现。现代自然科学发展在一定意义上否定了这种思路，比如说，物理化学、化学物理、系统论、信息论都突出了研究角度在规定一门学科性质方面的决定性作用。社会科学发展也否定了这种思路，同样是社会现象，从社会学角度研究就不同于从经济学角度研究，知识社会学也不同于传统认识论，在这里起主要的决定性作用的还是研究角度和研究范式。因为视角不同，对象的规定性、对对象的看法等就不同。

文化哲学与价值哲学共享着同一个视角、同一种范式，即不同于认知与科学的另一种视角和范式。它们突出的首先是社会历史现象、人文现象因价值的渗入而表现出的特殊的复杂性，原因则是不同主体间的差别性，是这种差别性的存在论意义的不可归结、不可还原性，亦即这种差别性的终极性性质，价值的多元性就是由此决定的，从而也就消解了对客观性的那种只能定于一尊的绝对化理解，瓦解了对统一性和确定性进行简单化理解的基础。这种角度和范式，并不简单地否定科学认知的作用，而是要揭示和划定其应有的界限，它要破除的就是认知中心主义的片面性和绝对性。

我以为，文化哲学研究要深入下去，获得更多的人的认同，产生更大的社会影响，恐怕首要的一个任务就是要把这个问题搞清楚，大力倡扬这种研究视角在理解和解释社会历史现象、人文现象中的合理性与有效性，揭示科学认知方法的界限，防止科学主义僭越，而不是按照科学认知模式对待文化问题，比如先把文化泛化为包罗一切的概念，然后从对文化的研究中找到一个能解释一切社会历史现象、人文现象的模式，或是试图发现或找到一个关于人生意义的所谓客观的、科学的、统一的也是最终的解释。

毫无疑问，在马克思主义哲学中，从现实的个人出发，注重从主体性角度理解问题，是包含了克服或超越科学主义的可能维度的。但同样毫无疑问的是，在马克思那里，更强调的还是科学的维度、科学的视角，而且这个科学的、认知的维度与价值的、文化的维度之间是存在着一定的紧张或张力的。过去我们一味强调科学的原则，把马克思主义哲学当作一种科学，从而论证其具有最高的权威，这是有片面性的。现在我们说，真理与价值的统一、真理观与价值观的统一，是马克思主义哲学的基本原则，显然比过去全面了。但光讲原则还不够，因为如果对二者的差别、界限以及二者之间的紧张没有足够的揭示和认识，那就根本无法真正探索到实现二者统一的途径和方式，坚持二者的统一就只能是一句空话。

文化哲学研究、价值哲学研究，当然需要在唯物史观的指导下进行，但同时需要克服以往理解的片面性，把主体性、主体间的差异性突出出来，把文化和价值的内在关联、它们的多样性和异质性彰显出来，把现实人们的现实生活中文化的内容和价值的作用揭示出来，把价值观念、评价性因素在生活选择中和历史发展中的作用揭示出来，使我们对世界、人生、现实的理解更丰富、更全面、更符合客观实际及价值实际。

超越民族主义立场,共建全人类价值理念[*]

如果说全球性问题的存在以及解决这些问题必须各国通力协作的现实需要,从反面突出了人类共同主体和共同价值的问题,那么,经济全球化以及难以避免的全球性的文化交流和融合,则从正面把建立全人类价值理念的任务提到了人们面前。文化的融合和冲突是一个一体两面的问题,通过冲突走向融合,融合中包含着差别和冲突。建立全人类价值理念并不意味着全世界只能有一种单一的价值观,而是说要注意从人类主体和全人类发展的角度来考虑许多问题,来反思和重新审视我们过去习以为常的许多观念,重新谋划人类的未来。

一

早在19世纪中期,马克思就注意到了资本主义生产和贸易的国际化对整个人类文明发展的影响,提出了"世界历史时代"概念。20世纪中叶以来,借助科技革命的浪潮,经济全球化的趋势日益强劲和明显,特别是冷战时代结束、消除了一些人为的阻隔之后,跨国界的、全球性的经济交往和合作更是频繁与密切,各种地域经济共同体和跨国公司在经济发展中的作用更为突出,整个地球已然成为一个"村落"。尽

---

[*] 本文原载《价值之思》(中山大学出版社,2003)。

管人们由于立场不同，对这种经济全球化带来的影响见智见仁，但经济全球化已经成为一个基本的经验事实，恐怕是谁都无法否认的。经济全球化带动了各个民族国家之间在物质、信息、金融和人才方面的交流与互换，也促进了各民族文化之间的融合。我们如果承认经济是社会存在的根本方面，那么就必须承认，经济全球化必然会在政治上有所反映，国际性组织和国际性条约的约束力将会相应加强，从而使得文化全球化，形成一种世界性的、全人类的文化。

人类正面临着一个新的发展时代。这个时代不同于以往时代的地方，就是交往活动和交往方式的世界化、间接化。在以往时代，大部分的交往行为主要是主体之间面对面的直接行为，时间的"同时"必须以空间的"同地"为前提，所以地域空间的间隔极大地限制了交往的范围和频率，不仅不同民族在不同的地域孤立地发展着，而且同一民族的各个部分也只具有松散的联系。虽然人们可以借助文字实现文化和经济信息的交流，但这种交流却必须采取延时性的形式，比如一本书从出版到读者阅读必须经过一定的时间间隔，一封信件必须经过一定的时间才能实现在不同主体间的往返。如果说，电话、电报、电视等的发明都以尽量缩短信息传播的时间为目的，那么互联网的出现就集它们的功能为一身，使人类实现了交往媒介的一次革命，造就了新的交往手段，构筑了新的交往平台。互联网消除了交往主体的地域间隔和空间距离，使得不同地域、不同民族国家的人们能够同时在一个平台上进行合作和交流。面对面的直接交往日益为不见面的间接交往所替代，"在场"与"不在场"之间已经失去了至少是大大降低了原来的意义。这种新的交往媒介的出现，就为扩大交往领域提供了技术性支持，使得全球性的密切交往成为可能。互联网就是一个全球性的交往平台。

在这种新的交往平台上，不同公司可以异地而同时地进行交往和合作，进行各种经济活动，子公司和母公司之间可以相隔万里而召开会议，共同商议发展计划、安排各种商业业务；任何个人的新观念、新创造、新发明、新产品都可以通过互联网而为全世界所知；任何个人都可以通过互联网向全世界求助而获取自己需要的信息和商品，可以通过互联网在全世界范围内寻找自己的合作者，包括商业伙伴、生活伴侣；等等。快速的、多信源的信息生产和交流，种类繁多的、超大规模的信息储存和迅捷地检索，为人们创造出了比以往多得多的发展机遇，提供了进行各种选择的众多机会。电子商务、网络交易、电子货币、电子信件、电子图书馆、网络远程教育等，这一切在为人们提供极大的便利的同时，也为个人的发展和选择提供了极大的空间。特别是电子信件、电子图书馆和网络远程教育的出现，意义非常深远巨大。中国的青年可以通过网络成为几万里之外的剑桥大学或哈佛大学的学生，南美洲的居民可以通过网络而学习和大量了解中国文化，个人日益成为世界性公民，可以借助人类创造的各种财富丰富自己、发展自己。与此相应，在个人和类之间的各种存在形式如家庭、社群、阶级、阶层、民族、国家等都将由此而逐渐淡化，人的个体性存在和类存在之间的传统差距在逐渐缩小，人类主体、人类共同利益、人类共同价值都不再仅仅是一种观念而成为直接的经验现实。

这是一个新的时代。对此，人们用"知识经济时代""信息时代""后工业社会"等概念来称呼和表征，这些概念更多地强调和突出了这个时代的技术性特征，而对于这个时代在人类发展过程中的重要意义，似乎还缺乏应有的注意和较充分的揭示。这也说明，人们对于自己所面临的这个时代还缺乏一定的思想准备，或者说，许多人还是也只能从传统的一些观念出发来理解这个时代。这里，我们主要讨论传统的民族主义观念以及它带来的一些问题。

二

在世界历史时代之前，人类历史主要是一种地域性的、民族性的历史，形成的就是一种地域性的民族文化和文明。各个民族孤立地在互不交往或很少交往的地域条件下发展着，各自形成了一套应对环境进行生活的方式，这些方式各有自己的特色和优长之处。各个民族借助自己独特的民族文化，使民族成员实现自己的文化认同和身份认同，维护一定的社会秩序，增强民族的凝聚力。民族是文化的载体和承担者，民族文化是民族的精神生命；一定的民族消失了，灭绝了，其文化也就瓦解了，湮灭了；一种民族文化为别的民族的文化所征服和同化了，这个民族基本上也就等于消失了，尽管它的成员还存在着、延续着。正是由于这个缘故，各个民族都非常重视自己的文化特异性，侧重自己的文化个性。人类文化的大花园就是由各个民族独具特色的文化奇葩所构成的，各种文化各有自己存在的合理性和必要性，从这个意义上讲，它们之间并不存在孰高孰低、孰优孰劣的问题。

但若是从另一个角度看，在这个时代所形成的民族文化又具有一些共同的特征，比如封闭性、排他性和自我优越感。封闭性是指它自成一个系统，具有一定的自足性，涉及生活的各个领域，在各个方面都有自己的一套价值观念和方法，借以解决人们在实际生活遇到的各种问题。生活在这种文化环境中的人们，自小就受其熏陶和习染，形成了一整套根深蒂固的思维方式、行为方式和情感方式，他们对世界的理解、对社会人生的看法、对各种意义的诠释，都是在这种文化环境中发生的，也只有在这个范围内才能得到合理的辩护和理解。由于长期生活在这种文化环境中，人们便易于把自己的这套观念、这套方式看作天经地义的、唯一合理的。从正面说，这就形成了一种自我优越感，觉得自己民族的这套东西是很好的，甚至是最好的，即使在个别方面不太好，但总体上、根本上是很好的。从反面讲，这就是一种排他性，对于其他民族与自己不同的价值观念和生活方式往往不理解、看不惯，自觉不自觉地贬低与排斥来自其他民族的这些价值观念和生活方式，即使对之有所吸收和汲取，也得编织出充足的理由，以保持自己的民族尊严，以维护自己的心理平衡。这一点，对于发达的民族和不发达的民族都是一样的，只是在表现形式和程度上有所不同。一般说来，越是落后的民族，在世界性竞争中越是处于弱势地位的民族，越是容易倾向于强调自己传统文化的优越性，强化自己民族文化的独特性，以抗衡发达民族的文化对自己的渗入，而发达民族则倾向于把自己的那套价值观念看作先进的、普遍适用的，看作一种普世主义文化，借助经济优势向其他民族推行自己民族的价值观，甚至推行文化霸权主义或文化殖民主义政策。二者表现虽异，但实质同一，均是民族主义作祟的结果。

这里所说的民族主义，是指在前世界历史时代就已经形成、在以民族国家为主体的国际交往中得到强化的民族中心主义立场。其具体的表现为：（1）将本民族国家的利益看作最高利益，在制定对内对外政策时优先考虑本民族本国家的利益，并将之作为一种自明的、绝对的前提，对于人类共同体的利益，或是将之视为虚幻抽象的东西，或是将之看作第二位第三位的东西。（2）将个人首先不是看作一个人，看作人类的一员,而是首先将之区分为和看作某个民族的成员,看作某国人,一如在过去时代首先将个人归于某个家族或某个种姓。如果说后一种观念在现代社会已经遭到普遍的否定,那么前者则还受到许多人的推崇,这些人至少并不认为这有什么不合理之处。历来为人们所珍重的以爱国主义形式出现的忠于民族、忠于国家、为国家争光、为民族争气的传统理念,将人格与国格相连带而论的逻辑理式,其实都与此有着密切的关联。(3)将文化艺术产品首先看作民族的艺术作品,首先从民族的角度进行理解、欣赏,一部作品在国际上得了奖,不是将之视为人类审美共同性显现的结果,而是将之看作民族文化优越性的证明。(4)过分强调与张扬民族感情和国家主权问题,将之看作神圣不可侵犯的领域,国际社会和其他民族的任何批评性议论都会引起抗议,认为干涉了自己的内政,伤害了自己的民族感情,如此等等。总之,这里所说的民族主义,是一种仅仅局限于民族的立场,不肯做任何观念的超越,不能从人类主体的角度来审视自己的价值观。

毫无疑问,在当今国际交往中,民族国家仍是交往活动的主体,也是各种责任和权利的基本承担者。作为主体,各民族国家从自己的利益出发来评价各种事物和事件,以此来确定自己的内外政策,这些都是无可厚非的,也是具有一定合理性的。现在的问题是,交往所产生的共同利益、共同价值同样是一种现实的存在。全球性问题的出现,与其说是现代科技发展的结果,不如说是不合理地运用现代科技的结果,而这种不合理地运用科技成果的动机和根源则是企图竭力扩展自己的民族利益,增强自己国家的经济实力和军事实力。所以,当一些人把全球性问题归罪于人类中心主义观念的时候,可以说这是找错了地方,不是人类中心主义,而是民族中心主义,主要不是站在人类立场上简单地将自然看作征服对象,而是站在民族主义立场上将其他民族当作自己的假想敌,是竭力争夺国际市场获得超额利润的现实需要推动着各个民族国家在经济和军事的竞赛场上狂奔。现代社会的许多冲突,国家间的、地区间的、民族间的,经济的、政治的、文化的,之所以难以得到合理的解决,都与这种狭隘的民族主义情结有着内在的联系。这些都说明,世界历史时代民族主义观念将日益显现出自己的局限性和不合理性,已经成为阻碍地域文化、民族文化融合为人类文化的因素。政治霸权主义和文化殖民主义,以及作为其对立面并与其抗争的、强化民族性的文化保守主义,都不过是这种民族主义的具体表现形式。现在到了反思民族主义、超越民族主义立场的时候了。

三

罗马俱乐部的报告《增长的极限》,以确凿的数据材料论证了现存发展方式的局限性和危险性,为各国的人们敲响了警钟。围绕这个报告而展开的所谓"乐观主义"和"悲观主义"的争论姑且不论,联合国组织关于"可持续发展"的倡议,被许多人认为提供了解决问题的良方。但是,进行深层考察,我们就会发现,可持续发展只是对现存发展方式提出了一定的限制性条件,主要作用也就是增加了现有发展模式的持续时间。但是,我们必须看到,即使我们能够延长现存发展模式的时间,延长一百年、二百年,这在人类历史上也是非常有限的。如果不能从根本上改换发展模式,那么随着时间的推移,这种模式累积的问题就会更为尖锐和突出。而要改换发展模式,就必须超越现在盛行的人们都认为是正当合理的民族主义立场,从人类共同主体的高度反思既有的文明方式,重新认识和规定幸福生活的目标及其所需要的条件,重新审视人类发展的道路。

比如说庞大的军费开支问题,各个国家都感到这是一种巨大的压力,可是又不能不予以保障。当今之世真有必要使军费保持那么大的规模吗?到底是谁在威胁着当今世界各个民族国家的安全,是什么因素制造了民族国家之间的紧张局势?如果彼此能够抛弃传统以武力为后盾的外交观念,用对话代替对抗,大家坐下来理性地商量着解决一些原本认为无法解决的问题,大家都祈愿的世界和平不就来临了吗?假如能把这笔庞大的资金剩下来用于解决其他方面的问题,该能解决多少社会问题?我们为什么就不能明智一些,而非要把钱花到那些根本不必花的地方,制造那些恐怕谁都用不着的先进武器?

再比如,什么是物质生活的富裕?人们的物质生活需要肯定有一个基本底线,但是有无一个高限?在一些发达国家,富裕与贫困已经脱离了原初的含义,而成为一种严重异化的概念,别人有100万存款,我只有50万存款,别人住300平方米的豪宅,我的住宅只有100平方米,这就意味着我不是富裕的而是贫困的。大家都这么比拼着竞富，把人生的主要精力都花在这种竞赛上，这值得吗？民族国家之间也这么比拼着竞富，不惜大量耗费地球上有限的资源，这合理吗？据有关人士统计，美国人口只占全世界人口的1/30，但美国人所耗费的能源却占世界能耗总量的40%，假如全世界都达到美国的这种水平，地球上的能源几十年后就会枯竭，既然如此，那么美国的这种高能耗的生活方式和生产方式还值得推崇、值得模仿吗？我们应该反思，在我们现在所谓的生活需要中究竟有多少是真实需要，有多少是厂商的广告宣传造成的虚假需要？人对物的高度依赖造成了严重的异化现象，如何才能使人返回自己的本真状态？幸福生活到底应该如何界定？人类的生活目标到底应该是什么？

互联网为人类普遍交往提供了新的手段，构筑了新的平台，但是，如果不能摆脱狭隘的民族主义立场，这个新的平台就将不是民族对话和理解的新的场所，而成为民族对抗的新的战场。目前，许多国家都注意到了网络安全问题，为解决这个问题，势必得投入大量的人力、物力和财力，建立自己的网络"麦克马洪线"，力图保护自己国家的军事、金融、经济和政治秘密，力图阻隔和过滤掉那些不利于自己国家的信息，删除掉自己认为是落后的或腐朽的生活方式和价值观念的信息。网络的本性是"通"，是信息共享，可民族国家之间互不信任、互相设防，彼此正在建立新的"墙"、新的阻隔。这种"内耗"实际上已经形成了大量的资源浪费和人才浪费，并且不断地造就和培养着互不信任、互相提防的后代。

人与自然的关系制约着人与人的关系，而人与人的关系同样制约着人与自然的关系。如果说，人类经过几千年的努力，在解决人与自然的矛盾方面取得了长足的进步，发展出了足够满足自己生存需要的能力即生产力的话，那么，人类在解决人与人的关系方面却并没有取得相对应的进步。生产力与交往方式之间的矛盾依然是当今世界的基本矛盾，阶级矛盾和民族矛盾都是其具体的表现形式。解决这些矛盾固然不能只靠观念的力量，但通过反思人类既往的历史，总结经验教训，超越民族主义的立场，确立一些全人类的价值理念，对于缓解和解决人类发展中的许多问题肯定是有重要的积极意义的。相对于一些人提出的破除人类中心主义，建立"民胞物与"的生态伦理观念，超越民族主义立场、建立全人类价值理念的方案可能更为现实,也更为切中时弊。

毫无疑问,超越民族主义立场不是一件容易的事情。一些政治家受权力的巨大诱惑,一些实业家受超额利润的强力制约,决然不肯放弃自己已经获得的优势地位,或正在图谋获取某种优势地位。在这个方面,各国的文化精英、思想家和学者,需要担负起更大的责任,也能够起到十分重要的作用。这就要求这些思想家和学者,首先得顺应时势,高瞻远瞩,超越自己多少年来习惯化了的民族主义立场,抛弃冷战时代形成的思维模式,增加对话,增强信任,从人类利益高度重新考虑人类发展的问题和未来走向,重新思考人的自由、平等、和平与生活幸福的问题,共同努力,求同存异,建立一些全人类价值理念,并积极地向无暇思考这些问题的政治家、企业家宣传这些价值理念,向所有人特别是少年儿童宣传这些价值理念。坚持既久,人类的"巴比伦塔"就可以建成。

繁荣发展哲学社会科学在中华民族伟大复兴中的战略地位[*]

——学习十九大报告精神的几点体会

巩固加强马克思主义在意识形态领域的指导地位,繁荣发展中国特色哲学社会科学事业,是中国共产党的一贯方针。党的十八大以来,以习近平为核心的党中央更是高度重视哲学社会科学的发展,2016年专门召开"哲学社会科学工作座谈会",听取专家代表意见,谋划哲学社会科学的发展。习近平在座谈会上发表了重要讲话,从如何巩固全国人民的共同思想基础、如何面对新常态落实新发展理念、如何推进国家治理体系和治理能力现代化、如何增强国家软实力和国际话语权、如何不断提高党的执政水平和领导水平五个方面,指出"迫切需要哲学社会科学更好发挥作用","总之,坚持和发展中国特色社会主义,统筹推进'五位一体'总体布局和协调推进'四个全面'战略布局,实现'两个一百年'奋斗目标、实现中华民族伟大复兴的中国梦,我国哲学社会科学可以也应该大有作为"[①]。这些观点都是习近平新时代中国特色社会主义理论的重要内容。在党的十九大报告中,习近平总书记明确指出:"中华民族伟大复兴,绝不是轻轻松松、敲锣打鼓就能实现的。全党必须付出更为艰巨、更为艰苦的努力","实现伟大梦想,必须进行伟大斗争","必须建设伟大工程","必须推进伟大事业"。无论是深入研究新时代出现的各种新问题、新矛盾,提高我们党的斗争本领和领导能力,

---

[*] 本文系"北京高校中国特色社会主义理论研究协同创新中心(中国人民大学21世纪中国马克思主义研究协同创新中心)阶段性成果"。

① 习近平. 在哲学社会科学工作座谈会上的讲话. 新华网,2016-05-18.

还是激发全民族文化创新、创造能力,建设社会主义文化强国,更好、更全面地满足人民群众日益增长的美好生活需要,无论是认识和预判中国崛起中华民族复兴过程中在国际国内可能遭遇的各种风险、各种困难,提前谋划各种对策,还是培育各种人才赢得国际竞争的战略资源,我们都需要充分认识繁荣发展哲学社会科学的战略地位和极端重要性。

一、中华民族伟大复兴必须以哲学社会科学作为支撑

在当今时代,经济、政治和文化的全球化成为一个基本趋势,任何一个民族的发展都与整个世界其他民族密切联系,都是世界历史进程中的一个部分。中国作为一个占全世界人口总量近四分之一的社会主义大国,中华民族作为一个具有悠久文明的东方民族,其内政和外交活动的各种举动,其经济发展和社会稳定都具有非常巨大的世界性影响力。中国改革开放取得了重大成就,中国和平崛起引起了世界各国的密切关注,一些国家处于自己全球性战略利益的考虑,想方设法遏止中国的发展,那些对社会主义持有敌对倾向的势力,一刻也没有放弃其对中国进行"西化"和"分化"的战略图谋。在我们前进的道路上,必然存在着各种困难和风险,我们必然会遇到各种阴谋和陷阱,中华民族复兴的道路决然不会是平坦的通途,我们一定要有充分的思想准备。

哲学社会科学作为对人类社会历史发展经验的总结,作为对人类社会发展规律的科学探索,作为对各种社会问题来龙去脉的求知、求解过程,历来对于合理地把握社会发展的趋向、制定合理的应对之策起着重要的作用。这对各个国家都是相同的,也是带有普遍性的。但是,人类社会的发展具有普遍的、共通的规律,同时人类社会又是由众多民族构成的,不同民族的发展道路、发展经验、制度传承和文化传统,又都具有自己的特点,有自己独特的地方。不仅如此,不同的民族国家之间也不是平行不悖地发展着,而是存在着交往、交叉、交集,又正通过这些交往而发展,这就必然存在着利益的差别和冲突,存在着或明或暗的各种博弈和较量,这就决定了各自的价值立场和价值观念会不相同,有些甚至会冲突。因此,哲学社会科学不同于自然科学的一个显著特点就是,它总是体现着一定的价值立场、承载着一定的价值观念、承担着一定的

繁荣发展哲学社会科学在中华民族伟大复兴中的战略地位

思想教化和文化整合的作用，具有意识形态的功能。如果说，自然科学在一定意义上是全人类探索自然奥秘的共同财富，是没有国界的，是"价值中立"的，那么哲学社会科学从一开始就具有双重性：一方面具有科学性，另一方面则表现为一种价值观念的体系，即具有阶级性和民族性。阶级性和民族性本质上都是价值主体性的表现形式。

马克思主义从创立之日起，就公开地宣称自己是无产阶级的世界观和方法论，是无产阶级的"头脑"，是广大受苦群众利益的代言人。它深刻地揭示了一个基本真理：以往各种哲学的、法律的、政治的理论虽然打着人类的旗号，但实质上都不过是在经济与政治上占统治地位的阶级的思想和理论，是以某一个阶级甚至一个阶层的价值观念冒充全人类普遍认同的观念。这当然不是说这些理论中根本不存在科学性的、合理性的因素，更不是说它们全是欺骗。如果这样理解，那就完全歪曲了马克思的意思。而只是说，这些理论获得了较强的话语权，是以理论持有者的经济权力、政治权力为依托的，它们代表的是统治阶级的利益，它们反映的是在一定阶级偏见和历史偏见的"透视镜"下显示的现实。[①] 马克思的这种批判，其彻底性和穿透力无疑是十分巨大的。马克思相信，在未来的无产阶级成为统治阶级的社会中，理论的科学性与阶级性达到了合理的统一。在马克思那里，无产阶级革命只有作为世界无产阶级的共同行动才可能取得胜利，在胜利之后，民族问题基本上得到了解决。他的立足点是人类社会或社会的人类。[②] 但后来的现实是，社会主义革命并没有按照马克思的预见进行，倒是先行在那些经济、文化都比较落后的国家发动，与争取民族独立、民族解放的革命相结合并取得了胜利。社会主义（国家）与资本主义（国家）之间也不是一种简单的、历时态的先行继起关系，社会主义需要经过与资本主义的长期的、同时态的共存和竞争才能最后实现对资本主义的历史扬弃。民族性问题及其影响也比马克思设想的复杂得多。正是由于这种种情况，特别是在冷战结束以后，在社会主义与资本主义作为阶级的意识形态之争趋于淡化的同时，基于不同文化传统和现实利益而形成的民族性价值观念开始成为意识形态的主要内容，换言之，在当今世界的文化冲突和文化发展战略中，民族性价值观念开始扮演主要或重要的角色。在我们强

---

① 马克思恩格斯选集：第1卷. 北京：人民出版社，1995：98-99.
② 同①57.

调马克思主义与中国实际相结合的中国化理论成果的时候，一定要注意到这其中发生的重大变化。

中华民族的伟大复兴，不单是经济发展、政治发展和科学技术现代化的问题，同时也是建立与整个人类社会的现代发展要求相适应的现代文化、现代价值观念的问题，从根本上是中国人的现代化，是中华民族自立于现代民族之林的问题。在这个过程中，中国的哲学社会科学既是中国现代化的一个重要组成部分，也对推进中国社会的现代化起着相当重要的作用。正如习近平所指出的那样，"一个国家的发展水平，既取决于自然科学发展水平，也取决于哲学社会科学发展水平。一个没有发达的自然科学的国家不可能走在世界前列，一个没有繁荣的哲学社会科学的国家也不可能走在世界前列"①。"面对社会思想观念和价值取向日趋活跃、主流和非主流同时并存、社会思潮纷纭激荡的新形势，如何巩固马克思主义在意识形态领域的指导地位，培育和践行社会主义核心价值观，巩固全党全国各族人民团结奋斗的共同思想基础，迫切需要哲学社会科学更好发挥作用。面对我国经济发展进入新常态、国际发展环境深刻变化的新形势，如何贯彻落实新发展理念、加快转变经济发展方式、提高发展质量和效益，如何更好保障和改善民生、促进社会公平正义，迫切需要哲学社会科学更好发挥作用。面对改革进入攻坚期和深水区、各种深层次矛盾和问题不断呈现、各类风险和挑战不断增多的新形势，如何提高改革决策水平、推进国家治理体系和治理能力现代化，迫切需要哲学社会科学更好发挥作用。面对世界范围内各种思想文化交流交融交锋的新形势，如何加快建设社会主义文化强国、增强文化软实力、提高我国在国际上的话语权，迫切需要哲学社会科学更好发挥作用。面对全面从严治党进入重要阶段、党面临的风险和考验集中显现的新形势，如何不断提高党的领导水平和执政水平、增强拒腐防变和抵御风险能力，使党始终成为中国特色社会主义事业的坚强领导核心，迫切需要哲学社会科学更好发挥作用。"② 因为如果没有哲学社会科学发展所提供的理论支持和价值观念导引，我们就会在纷繁复杂的国际斗争中丧失理性的判断能力，就难以形成必要的民族认同感和民族自豪感，就会缺乏文化自信，就可能患上民族文化失语症而跟在别人后面人云亦

---

① 习近平. 在哲学社会科学工作座谈会上的讲话. 新华网，2016-05-18.
② 同①.

云，就难以正确应对国际反华势力的西化和分化的图谋；我们对于自己面对的各种经济、政治、文化、社会、生态环境方面的问题就难以有科学的把握，难以形成现代化的国家治理体系和治理能力。一句话，没有中国特色哲学社会科学的繁荣发展，没有它为中国现代化提供的重大助力，中国就难以成为现代化的富强、文明、民主、和谐、美丽的强大国家，中华民族复兴就不太可能。只有从这个高度理解哲学社会科学的地位，我们全党上下才能真正尊重、重视和支持哲学社会科学的发展，为繁荣发展哲学社会科学提供良好的政治条件。

二、繁荣哲学社会科学对于建设伟大工程的基础性作用

中国的事情只能依靠中国人办，中国的问题也只能依靠中国人解决，而在中国这样人口众多、幅员广阔的国家，在当前激烈竞争的国际形势下，若无一种能够全面谋划中国的发展、统筹协调各种利益矛盾、领导各个民族各个地区的核心力量，中国的事情是决然办不好的。在现代中国的政治版图上，中国共产党作为执政党的地位为各族人民所共同认可，没有哪一种势力能够撼动。这是一个基本事实，也是中国发展的需要，是中华民族伟大复兴的需要。中国现代化和中华民族伟大复兴需要中国共产党作为领导力量，历史已经并将继续证明，没有中国共产党的领导，民族复兴必然是空想。现在的问题是，共产党必须加强自身建设，必须自身过硬。党的十九大报告明确指出，"实现伟大梦想，必须建设伟大工程。这个伟大工程就是我们党正在深入推进的党的建设新的伟大工程"。"我们党要始终成为时代先锋、民族脊梁，始终成为马克思主义执政党，自身必须始终过硬。"我们党一方面要勇于直面问题，敢于刮骨疗毒，消除一切损坏党的先进性和纯洁性的因素，清除一切侵蚀党的健康机体的病毒；另一方面要大力提高自己的执政能力，包括对国际国内形势发展的判断能力、对各种自然风险与社会风险的预测和应对能力、协调各种利益冲突和化解各种社会矛盾的能力，特别是通过制度创新、制度安排，推动国家治理体系和治理能力的现代化来合理解决各种问题的能力，等等。总之，不断增强党的政治领导力、思想引领力、群众组织力、社会号召力，确保我们党永葆旺盛生命力和强大战斗力。

要建设好伟大工程，就得特别重视和加强我国哲学社会科学研究，用好、用足哲学社会科学者的智慧，用好、用足哲学社会科学的各种研究成果，包括建立各种层次的智库，形成高效有力的"外脑"或"参谋部"，使党和国家的重大决策都建立在科学化、民主化的基础上，建立在既符合社会发展的客观规律又符合中国人民最大利益的基础上。

中国特色哲学社会科学研究的基本任务或基本使命就是，坚持马克思主义指导，探索社会历史发展各个方面、各个领域的规律，对各个领域的特殊性以及彼此相互关联的复杂性和互动性，包括党的建设与社会发展的辩证关系，新时代新的复杂条件下如何有效改善党的领导才能真正加强党的领导，形成理论性认识。如果说，在近代以前的中国社会，社会各个方面的交往和联系都比较简单，发展速度也比较缓慢，依靠经验进行决策就能够应付的话，那么，在现代社会，在经济全球化、政治多极化、文化多元化的条件下，社会实践的复杂性无疑是大大增加了，社会实践的探索性和风险性比以往任何时候都要突出。在中国这么一个具有14亿人口、地区发展不平衡、经济总量居世界第二位的大国，情况更是如此。在这种情况下，再依靠经验性决策，就根本无法应付，也增大了失误的可能，必须依靠科学研究得出来的结果，依靠各种社会智库提供的问题分析和决策建议，依靠不同意见的激烈争论，最后再经过决策层的反复比较和权衡，才能将决策建立在科学的基础上。这是一种时代的要求，也是在新时代、新形势下保障和扩大人民群众根本利益的要求，是党的建设的要求，是中华民族复兴的要求。正是这个国家决策越来越依赖哲学社会科学研究水平和成果的形势，使中国的哲学社会科学研究彰显出在实现中国现代化、实现中华民族伟大复兴的事业中的伟大作用。

总结我国社会主义建设经验，其中非常重要的一点就是，在我们党能够集中全社会、全民族的智慧，特别是哲学社会科学理论工作者的智慧的时候，在制定重大决策能够广泛听取哲学家、经济学家、法学家、社会学家等理论工作者的意见的时候，一般就能保持决策的科学性、降低失误的风险；反之，在不尊重哲学社会科学的研究成果，不肯虚心听取哲学社会科学理论工作者的意见，主要领导人头脑一热、凭感觉经验先做出了决定然后再叫理论家们予以论证，宣传部门大力宣传颂扬的时候，往往就容易导致重大失误。"文化大革命"前的许多重大失误都与此有关。改革开放以来，特别是党的十八大以来，国家对哲学社会科学发展加大了支持和投入力度，我国哲学社会科学事业有了相当大的发展，取得了很大的成就，对于促进全面深化改革，改变发展理念，献计献策，做出了很大的贡献，为决策的科学化、民主化提供了重要的理论支持。21世纪头几十年，中国特色社会主义发展的新时代，我们国家处于重大战略机遇期，也是各种矛盾集中突现期，如何在国际国内复杂多变的形势下，保持决策的科学性，权衡利弊，因势利导，通过观念性引导和制度性建设来规范各种力量、化解各种矛盾，增加动力、减少阻力，增加凝聚力、减少离心力，是摆在我们党面前的一个重大而艰巨的历史性任务，是关乎我们的目标能否实现的关键环节，也是对我们党的执政能力和战略定力的严峻考验。所以，我们必须把繁荣发展哲学社会科学当作提高党的执政能力的基础性工作，当作关系到党和国家前途命运的大事来考虑、来对待，抓紧抓好。广大哲学社会科学工作者要有这种自觉意识，要有这种社会责任感和历史责任感，努力做出自己的贡献。

三、繁荣哲学社会科学是增强国家软实力和战略优势的需要

当今世界是竞争非常激烈的世界，中国和平崛起自立于世界民族之林，既要靠经济、军事等硬实力，也要靠国民素质、凝聚力、信心信念这些软实力，还要靠人才培育、人才生产、人才储备这些方面的所谓潜实力。中国是一个人口大国，人口压力表现在各个方面，如果我们能够把人口多、压力大的劣势变成人才众多的优势，把人口压力变成丰富的人才资源的战略优势，这将是一件非常了不起的事情。我们党提出的人才强国战略，就是立足于这种战略性的长远考虑的。习近平在哲学社会科学座谈会上的讲话中指出，"要实施以育人育才为中心的哲学社会科学整体发展战略，构筑学生、学术、学科一体的综合发展体系。要实施哲学社会科学人才工程……构建种类齐全、梯队衔接的哲学社会科学人才体系"[①]。党的十九大报告进一步强调，"人才是实现民族振兴、赢得

---

① 习近平. 在哲学社会科学工作座谈会上的讲话. 新华网，2016-05-18.

国际竞争主动的战略资源。要坚持党管人才原则，聚天下英才而用立，加快建设人才强国"。实现人才战略、建设人才强国的枢纽和关键，在于搞好教育，改革一切不适合人才成长和发挥才能的教育体制、科研体制、社会体制。对此，人们大概是没有异议的。现在的问题是，如何才能搞好教育，如何才能把人才生产、人才使用、人才交流、人才评估和晋升的体制改革好。显而易见，这必须依靠哲学社会科学的研究，依靠繁荣哲学社会科学。

哲学社会科学的发展，一方面为教育提供了现代的社会知识，提供了现代化教育的重要内容，另一方面为我们认识现代社会的人才成长规律、了解我国人才生产体制中还存在哪些问题，通过深化改革来解决这些问题，提高人才生产和使用的效率，提供重要的理论根据。在现代化的人才教育中，哲学社会科学与自然科学确实同样重要。缺了哲学社会科学这条腿，我们的教育是难以现代化的。我们的现代化建设，不仅需要大量具有现代自然科学和技术方面的知识的人才，而且需要大量懂得社会发展规律和管理知识的人才，而无论自然科学和技术方面的人才，还是社会科学和管理科学方面的人才，都得具备正确的世界观、人生观和价值观，都需要有相当的人文素养。这些内容、这个任务，都是靠哲学社会科学承担的。

当今世界的竞争，有经济的竞争、科技的竞争、金融的竞争、军事的竞争等，但关键和核心是创新能力的竞争，是人才的竞争。人才优势是战略优势，是长久性的、可持续发展的优势。任何方面的工作都需要人去做，需要人才去领导、去实干、去创新、去超越。没有人才，人才不够，再怎么强调其重要，再怎么重视，都是空喊口号，因为根本落实不下去。人才有各式各样的人才，各个方面的人才，但共同点是创新能力。在一定意义上说，当今人才的培养，核心的东西、最重要的东西就是创新能力的培养和激发。正因如此，党的十九大报告中提出要"激发全民族文化创新创造活力"，要"深化马克思主义理论研究和建设，加快构建中国特色哲学社会科学"。与自然科学一样，哲学社会科学的发展过程，本身就是不断创新的过程，是不断提出新的理论、新的观点、新的方法的过程，也是体现、锻炼、提高人们的创新能力的过程。哲学社会科学具有意识形态性质，并且不可能像自然科学那样具有很强的经验检验特征，这些使哲学社会科学在如何看待理论创新、如何解决不同观点的争论上具有特别的复杂性和风险性。这就不仅需要区分政治问题和学术问题，而且要对创新过程中的失误、错误有宽容心态，更要以法治的方式设置必要的界限和处理争端的机制。唯有如此，创造出有利于创新的良好的学术研究氛围和宽松的学术环境才是现实的。

中华民族复兴与社会主义现代化是内在地联系在一起的，是需要几代人甚至十几代人才能完成的事业，这就需要我们的人才除了具备各种专业知识，还必须具有坚定的社会主义信念、强烈的爱国主义精神、宽广的人文情怀、健康合理的道德自律意识，需要有现代公民所应具备的公共精神、法治意识、社会责任感，等等。在这些方面，离开了哲学社会科学都是不可想象的，也是哲学社会科学发挥其独特作用的地方。哲学社会科学一方面承担着培养人才的人文精神和理想信念的任务，另一方面承担着文化传承和积累的历史使命，正是这种文化的代代相传形成了中华民族命脉的延续，构成了中华民族的特征，是形成民族凝聚力和民族自豪感的最深厚的根源。

这些年来，如同在经济领域和科技领域一样，我国的哲学社会科学得到了长足的发展，任何忽视和低估这些成就的观点都是片面而有害的。但也不容否认，我国的哲学社会科学发展中还存在着一定的缺陷，比如原创性成果还不多，在一些具有可比性的领域我们还与西方国家存在不小的差距。一个更严重的问题是，我们的一些哲学社会科学研究者、一些理论工作者，对于我国当下的社会主义现代化建设实践，对于我国人民在党的领导下改革开发的伟大经验，对于作为这些伟大实践经验之升华和总结的理论成果——中国特色社会主义理论体系，还缺乏相应的政治热情和理论热情。崇洋心理有所发展，言必称希腊、文必引西方的风气有所泛滥，而且将之当作有学问和符合学术规范的表现。这种风气，在相当程度上影响了青年一代学人，这体现为：对现代西方的流行思潮尊崇有加，而对马克思主义理论则采取一种鄙视态度，对中国传统文化更是视若敝履。这种情况确实应该引起高度关注，任其泛滥，必然会引起严重的思想混乱和认同危机，影响中国哲学社会科学和中国文化的健康发展。忽视乃至不承认这些问题，肯定是非常有害的。但也不能过分夸大这些问题，过度敏感，上纲上线，认为我们的高校、我们的哲学社会科学理论界已经被敌对势力严重渗透，一些学科已经"失陷"，甚至相当一部分领域、单位的领导权已经被掌握在非马克思主义者手里。这种对形势的错判和误判，必然产生对广大哲学社会科学知识分子的严重不信任，很容易轻车熟路地走上利用行政命令方式设禁区、划界限、点名批判、草木皆兵的老路，结果就是极大地挫伤和打击广大哲学社会科学知识分子认真研究、积极创新的积极性，严重影响哲学社会科学的健康发展，严重影响建设人才强国、实现中华民族伟大复兴的伟大事业。我们必须正视哲学社会科学发展中的这些问题，防止"左"的和右的两种偏向，从中华民族伟大复兴的全局高度，审视和谋划我国的哲学社会科学事业，为广大哲学社会科学工作者创造良好的理论氛围和社会环境。每一个哲学社会科学工作者，都应怀有高度的民族责任心和历史使命感，把自己的工作与民族复兴的伟大事业联系起来。我们相信，有以习近平为核心的党中央的英明领导和真诚重视，有国家经济发展提供的财力、物力为基础，有中国几十年改革开放和社会主义市场经济的伟大实践经验的丰富资源，有马克思列宁主义、毛泽东思想、邓小平理论、"三个代表"重要思想、科学发展观、习近平新时代中国特色社会主义思想为指导，经过广大哲学社会科学理论工作者的共同努力，我国的哲学社会科学事业一定会得到空前的繁荣发展，也一定会不辱在中华民族伟大复兴中所承担的历史使命。

重视人文社会科学在推动社会
进步中的作用[*]

在现代社会，随着分工的深化和交往的发展，社会结构更加复杂，社会各部分之间的内在联系和互动性越来越突出地表现出来。人类改造自然和改造社会的实践能力日益增强，人类行为所产生的影响日益广泛和深远，使得预见其行为后果特别是远期后果变得越来越困难。社会实践的现代发展，对于社会管理层的预见能力、决策能力和管理调控能力都提出了更高的要求。这些都从客观上要求用科学的决策代替传统的经验决策，用现代的社会管理方式代替传统的管理方式，使社会各方面能够协调有序地发展。实现这种代替的重要条件之一就是，重视和大力发展人文社会科学，依赖人文社会科学的研究成果，将决策和管理建立在科学的基础上。可惜的是，对于这一点，我们许多人至今仍没有形成明确的认识和应有的自觉，所以还有论述的必要。

一

科学的发展从来都是与社会实践的要求相适应的，恩格斯对此曾做过很好的说明。人文社会科学的研究在总体上要晚于和落后于自然科学

---

[*] 本文是作者 2002 年秋在中国人民大学组织的"学习江泽民两个同等重要讲话"会议上的发言。

的研究，造成这种情况的原因有两个方面：一方面与人类的对象意识总是先于、早于自我意识有关。人文社会科学属于人类对自身行为的研究，如果说对自然的研究属于对象意识，那么人文社会科学就属于人类的自我意识。另一方面，也是更为主要的方面，是社会实践对人文社会科学的要求在相当长的时期内不很迫切，至少没有像对自然科学那样来得直接和迫切。

在传统社会，生产方式以自给自足的农业生产为主导，对于经济管理和社会管理方面都没有太强烈的要求，只靠一般的经验，最多再借助前人的经验，基本就都能应付。到了商品经济成为社会主导的经济形式以后，情况就发生了很大的变化。各个部类的生产之间必须保持一定的比例和平衡，各种行业之间必须服从一定的规矩，包括技术上的规矩和交往行为上的规矩，如此各种交换和交往才能顺利进行；个人走出家庭成为社会人，使得人与人之间亲情淡化，彼此间的冲突大量增加，就需要各种规范来约束和调节。社会各个方面都在快速的变化中发展着，同时也蕴藏着巨大的矛盾和危险，经济危机就是比例失调之后的具体表现。经济运行自身的矛盾、经济与政治之间的矛盾、各种群体之间的利益冲突和观念冲突、一个民族国家与其他民族国家的矛盾，等等，都以显化的形态表现出来。国家的经济管理职能和社会管理职能都明显地强化了，在处理各种矛盾、协调各方面发展中的作用明显加强了。国际间的竞争，更是突出了国家决策和管理的重要作用。经济学、政治学、社会学、法学、人口学等学科都是适应这种形势而出现的，再后来，经济管理、人力资源管理、金融管理、行政管理等也都发展起来。任何学科都有不同的观点、不同的理论在竞争，各个学科又都在发展中分化着，派生出更多的学科分支，形成了庞大的人文社会科学群落。这些人文社会科学的出现表明，人类已经从自然地经验地考虑问题和进行行动、进行管理的时代，进化到理性地深思熟虑地考虑问题和进行行动、管理自己的时代。无论人文社会科学发展还有多少不足，这种时代性的转化都是有着重要的历史意义的。

如果说现代实践强化了国家的经济管理职能和社会管理职能，那么对社会主义国家来说，这种要求就更为直接和突出。不幸的是，我们过去只从阶级斗争的观点单维度地看待国家职能问题，在这种框架内理解人文社会科学的地位，这表现在，一方面把西方国家人文社会科学的研究成果仅仅看作资产阶级的意识形态而加以拒斥和批判，而看不到这些研究在人类自觉认识自身活动、揭示现代社会运行规律方面的意义，另一方面则是误解马克思主义理论，在相当一些人的思想中，马克思主义理论已经揭示了社会发展的规律，解决了人文社会科学的问题，给我们绘制好了社会主义的"蓝图"，剩下的任务就是学习、利用马克思主义理论来消除各种错误理论的影响，宣传马克思主义理论、教育人民并按照它去实践去建设的问题了。这是我们长期教条主义地理解社会主义的重要思想根源，也恰恰证明我们仍然停留在自然经济时代的思维水平和对社会管理的经验理解水平上。这并不是说西方国家的社会科学研究不带有资产阶级的意识形态功能，更不是说对这些理论不需要进行批判，而是说这些研究及其成果除了带有意识形态功能，还有作为科学理论的方面，包含了对现代社会运行规律的一些客观认识，是具有普遍意义的，也是我们必须接受和掌握的理论。马克思恩格斯就是在充分吸取当时各种社会科学的合理因素基础上创立了无产阶级的科学的世界观和方法论。

这种认识的偏误和不正确的做法给我们国家带来了巨大损失是人所公知的，也是带有必然性的。我们国家承担着管理整个社会的巨大任务，可我们国家的许多重大决策却是缺乏科学根据的，至少是缺乏科学论证的。假如我们当年能够理性地对待马寅初关于人口问题的建议，能够正确地对待孙冶方关于价值规律的理论，能够正确对待一些理论家在国家政治制度和法制建设方面的一些观点，特别是，如果我们能够对人文社会科学有一个合理的定位，组织一些社会科学家对一些重大战略问题进行专门研究，对一些重大决策进行必要的科学论证，我们就一定会少犯许多错误。党的十一届三中全会废止了"以阶级斗争为纲"的路线，实现了工作重点的战略转移，中国迎来了改革开放的春天，但不容否认，这条长达几十年的错误路线所赖以存在的理论基础，它所形成的思维惯性和"传统"，都不是短时间内所能消除的。这条路线对中国人文社会科学造成的"内伤"，也绝不是短时间内所能治愈的。改革开放以来中国人文社会科学发展中的风风雨雨就是明证。

二

"科技兴国"是我们在新时期明确提出的治国方略，也是近年来叫得最响的口号，由此还派生出许多口号，如"科技兴省""科技兴市""科技兴县"，甚至"科技兴镇"等，这表明，依赖科技求发展的观念已经深入人心。但问题是，在我们许多强调科技之重要性的人的头脑中，"科技兴国"中的"科"专指自然科学，不包括人文社会科学在内。这是一个极大的误解。这表明在我们许多人特别是一些领导人的头脑中，人文社会科学的"科学性"地位还是没有得到承认，至少是没有得到明确的确立。

人文社会科学的科学地位问题，确实是一个比较复杂的问题，但其中最主要的是两个方面。第一个方面，人文社会科学研究成果没有自然科学定理那样的普遍性和精确性。自然科学研究的是自然现象，其变化的规律具有一定的恒定性，只要具备了相应的条件，就可以重复出现。一般说来，这些对象都可以进行定量化描述，所以能够进行准确的研究和预测。而作为人文社会科学研究对象的社会现象，则是人自身的活动，变动性比较快，个案性比较强，这就使得社会规律表现出与自然规律不同的特征，又难以进行量化处理，难以进行准确的把握和预测。人文社会科学也是以揭示规律作为自己的任务的，但社会规律具有特殊性，又无法通过实验室的实验予以证实，人们就容易对人文社会科学结论的科学性产生怀疑。就是在西方理论界，对于人文社会科学有不少人也是不予承认的。但在我们看来，这只是科学具体门类的特殊性和发展成熟度的问题，不能作为否认人文社会科学的科学性的根据。

第二个方面，也是主要的方面，即人文社会科学的求真功能、描述功能和意识形态功能的问题，或者说是人文社会科学理论作为事实描述、事实判断和价值判断的关系问题。自然科学所谓的"自然"，是"非人为"的意思，是与"人为"相对应的。自然科学家研究自然现象，是站在人类主体的立场，他们揭示的自然规律，对于各个民族、各个阶级都具有同等的效应。在这个意义上，人们说自然科学没有民族性和阶级性，对全人类都是通用的。与此不同，人文社会科学研究的社会现象，总是一定时期的人们的活动及其结果，是一定的社会事件和历史运动，研究者总是站在一定民族、一定阶级、一定阶层的立场上进行研究，总避免不了渗入自己的价值判断。也就是说，在人文社会科学理论中，事实判断与价值判断总是纠缠在一起，在对事实的描述和解释中总渗透着一定的价值判断因素。因此，人文社会科学理论具有民族性和阶级性，属于社会意识形态。自然科学发展中也有不同的派别，各自坚守着不同的"范式"，互相批判、互相否定，但由于自然科学理论只涉及对自然对象的解释，所以不存在政治问题，政治一般不会干涉这些争论。而在人文社会科学领域，不同的理论解释总是涉及一定的社会政治理念和社会价值理念，包含着一定的政治意味和态度。所以，人文社会科学自身的科学性要求就与社会赋予它的意识形态功能要求之间存在一定的矛盾，在学术问题与政治问题之间也不容易划清界限。我们过去在这个问题上的失误，就在于夸大人文社会科学意识形态性的一面而削弱其作为科学理论的一面，突出政治宣传的意义而忽视学术意义，甚至完全把人文社会科学部门当作宣传部门对待。一些投机者借时造势，借自己掌握的权力整治与自己持不同观点的人士，造成了对人文社会科学发展的严重损害。中国的人文社会科学原本就先天不足，注经卫道的传统原本就比较浓厚，再加上不太正常的政治环境，自然就难有像样的发展了。

人文社会科学的不发展，对现代社会运动中诸多关系、诸多问题的认识不清，直接造成了人们思想上的暗昧；人文社会科学理论的落后，缺乏一定的理论储备，使得社会管理者和决策者在急需依靠理论支持的时候只能依赖经验进行管理和决策。从创设制度到确立一定的政策，从确定改革方针到制定实施方案，都存在这个问题。政治家们在责备我们的社会科学研究理论脱离实际的时候，其实又何尝不包含对于缺乏理论指导和备选方案、难以择善而从的决策尴尬处境的艾怨。社会决策与社会科学研究的分离，造成了中国特有的一种矛盾：一方面是理论脱离实际，越是具有政治敏锐性和巨大社会效应的领域，理论家们越是疏远，或是以学者的身份重复一些具有经典根据的、永远也不会错的空话和套话；另一方面是实际脱离理论，现实的政治经济决策只能经验性地摸索着进行，总结经验总是以付出相当的代价为前提。社会科学理论的探索性功能、预见性功能被卸载，至少也是被大大削弱，残剩的主要是一种为当前政策论证的功能，理论家的创新思维和劝谏性职能被禁止，从事的多是一些宣传性、说明性的工作。于是，大量的智力资源被浪费，大量的文化资源被闲置，极大地影响了中华民族的发展。

改革开放以后，人文社会科学发展的社会政治环境大大改善，各级政府部门都制定了一定的人文社会科学研究计划，国家的资金投入力度逐渐加大，人文社会科学研究与社会决策的关系逐步摆脱了以前的恶性循环状态，人文社会科学成为为中国现代化发展提供智力支持和人才支持的重要方面。这是我们社会的重大历史进步，也是我们逐步跨入现代化社会的重要表征。但我们也必须看到，我们的人文社会科学发展水平与国际上许多国家相比在整体上还是不高的，这种落后的现状与它所应承担的社会功能是很不适应的，阻碍其发展的因素还有很多，比如，人文社会科学的科学地位问题在一些人那里还没有得到很好的解决，在学科分布、人才培养、研究体制、投入体制、激励机制等方面都还需要深化改革。总之，社会改革的复杂性和发展的迫切性提出了重视与加强人文社会科学的要求，也只有大力发展人文社会科学，弄清国内国际的各种事实，揭示出社会发展和社会管理中的一些规律性的东西，科学决策才能有所凭借，才能避免和减少一些弯路。

我们现在都在谈创新，制度创新和科技创新，以此来有效地实现两个转化，增强整个民族的发展活力。但我们必须认识到，如果没有人文社会科学对各种社会关系和人的活动规律的深入研究，制度创新势必就缺乏可靠的理性基础，而没有制度创新，科技创新也将缺乏持久的内在动力。科学技术是第一生产力，这是对现代经济运动的一个科学概括，而管理因素在经济发展和社会进步中也是非常重要的一个因素。通过制度创新持久地刺激科技创新，有效而迅速地将科技成果转化为生产力，有效地防止现代科技应用所带来的巨大负面效应，合理地将经济发展与社会进步统一协调起来，都是离不开对科技管理、经济管理和社会管理的科学研究的。研究这些问题，就是人文社会科学的重要内容和任务。至于那些与生产力发展比较远、难以直接产生经济效益的人文社会学科，也是社会文化发展和满足人民群众精神生活所需要的，是塑造一个民族的文化精神面貌所需要的。像中国这样的大国，要想真正在国际经济舞台、政治舞台和文化舞台上占有一席之地，无论从哪一方面说，都绝对不能忽视人文社会科学的发展和繁荣。

三

我国经济的快速发展，社会主义市场经济体制的建立，对发展人文

重视人文社会科学在推动社会进步中的作用

社会科学提出了迫切要求，也为之提供了重要动力。首先，国家随着经济实力的增强，可以拿出较多的资金来扶植和发展人文社会科学，一些有远见的企业、基金会也会为发展人文社会科学提供一些赞助，特别是赞助那些具有较强的应用性的学科。其次，人民的物质生活水平提高之后，精神文化的需要就会得到较快的增长，这将为人文社会科学的发展提供广阔的市场。社会高等教育规模的扩大，包括各种民办大学的兴起和远程教育的发展，更为人文社会科学发展提供了重要条件。最后，从计划经济到市场经济的转轨，意味着传统的政治经济一体化的社会运行模式的终结，也即意味着政治—意识形态与社会经济活动的相对疏离和市民社会的形成。如果说，在计划经济时代，政治对经济的强制约作用总是需要意识形态的配合，意识形态方面的争论和不同声音容易造成人们思想的混乱，从而对经济运行形成严重障碍，这就使得国家根本无法放松也不敢放松对社会意识形态的控制，那么，在市场经济时代，政治与经济的相对疏离就为减弱意识形态争论对整个社会经济运行的严重影响提供了重要条件，使形成比较宽松的社会思想环境成为可能。没有这种比较宽松的社会思想环境，人文社会科学的顺利发展就是不大可能的。从这个意义上说，市场经济的实践为发展我国的人文社会科学提供了重要的社会条件。

当然，市场经济对人文社会科学发展也具有一定的负面影响，最主要的是，受眼前利益和经济效益的驱动，读者更倾向于购买那些实用性、应用性和娱乐性的报刊书籍，出版部门只愿出那些契合市场热点、能够带来较大利润的图书，学术类图书出版遇到相当困难；学生上大学更愿报考那些好分配、待遇高、挣钱多的应用性专业，高等院校也把重点放在发展这些应用性强、容易招生的专业门类，基础性学科成为冷门；受社会风气的影响，理论研究者滋生了相当的浮躁心理，肯坐冷板凳刻苦钻研学问的越来越少，攒写畅销书籍的日渐增多；如此等等。近年来学界关于人文精神失落的讨论，对学术规范的呼吁和对学术腐败的揭露，对快餐式文化和垃圾文化的批判，都是抵制这些负面影响的表现。我们绝不能轻视这些负面影响，必须制定相应的对策，从民族文化发展的高度，对那些难以产生经济效益但又必不可少的学科，在资金投入、出版等方面予以重点扶植和保障。国家有关部门已经做出决定，在自然科学基础学科领域设立重奖，鼓励在这些方面的研究，在人文社会科学方面也应有相应的举措。

市场经济本质上是一种法治经济，它要求整个国家成为法治国家，在各个方面都要依法办事。市场经济体制在我国实行没有几年，依法治国已经成为全国上下的共同观念，深入人心。依照法律规定和法定程序进行社会各个方面的管理，是现代社会的一个基本要求，也被证明是一种有效的社会管理方式。近年来，人们提出要"依法治林""依法治水""依法治税"等，那么，对人文社会科学是否也要"依法"管理？回答应该是肯定的。希望国家尽快颁布《新闻出版法》以及相关的一些法律，使宪法规定的公民言论自由、出版自由等基本权利落到实处，使令许多理论研究者长期困扰也总是心有余悸的学术问题和政治问题的界限得以合理解决，真正激励与保护社会科学工作者的科学探索精神和创新性思维。这是繁荣我国人文社会科学研究的一个根本性措施，也是最为必要、最为急迫的一个措施。这个问题解决了，人文社会科学研究成果的社会化"出口"就畅通了，同时也将有效地改变把人文社会科学研究仅仅当宣传部门的事情来对待、来管理的传统积习，使"双百"方针得到法律的有效保障。

人文社会科学的发展和繁荣本身就是社会全面进步的重要组成部分，同时对于推进社会的全面进步又具有重要作用。我们强调要两个文明一起抓，要科技兴国，要建立一个富强、民主、文明的社会主义现代化国家，无论在哪个方面都不能离开人文社会科学的发展和繁荣。现代化根本上还是人的现代化，提高全民族的科学文化素质，自然科学很重要，人文社会科学也很重要，正如一位中央领导人最近所讲的，人文社会科学与自然科学是"车之两轮、鸟之两翼"，彼此补充，相互促进，缺少了任何一个方面都是不行的。21世纪是中华民族崛起的世纪，也是中国文化发扬光大为世界各国所瞩目的世纪，而没有人文社会科学的大发展，中国文化的光芒就必然是微弱的，是持之不久也照之不远的。

结语　转变理念、以和为贵，努力走好中国道路[*]

中国梦是中华民族的复兴之梦，也是中国的现代化之梦。现在是我们离实现一百多年来的中国梦距离最近的当口，也是危机和挑战最为严峻的时刻，我们需要创造性地将马克思主义与中国传统智慧相结合，以和为贵，走好中国道路，为现代化的推进以及人类和平、和谐发展做出更大的贡献。

一、"和为贵"的中国智慧的当代理解

中华民族是一个伟大的民族，在应对各种挑战、处理各种矛盾的历史过程中，通过总结实践经验提出了许多非常智慧的思想和方法，其中，"和为贵"的思想就是中国智慧宝库中的一颗明珠。

西周末年，史伯批评周幽王喜欢歌功颂德而宠爱献媚拍马的小人，厌恶、排斥有德之臣和贤明之相的忠言直谏，认为这是一种"去和而取同"的做法。在史伯看来，"夫和实生物，同则不继"（《国语·郑语》），只有鼓励批评和听取不同意见，才能防止片面和昏庸，使政治清明。稍后，齐国的晏婴提出要实行和政，"君所谓可而有否焉，臣献其否以成其可；君所谓否而有可焉，臣献其可以去其否，是以政平而不干民无争

---

[*] 本文原载《社会科学辑刊》2014年第1期，与乔瑞华合作。

心"(《左传·昭公二十年》)。就是说，臣子要从各个不同的角度、层面提出各种不同的意见，而后加以整合总结，才能形成"和"。孔子讲"君子和而不同，小人同而不和"(《论语·子路》)，也是赞成"和"而反对"同"。但孔子把"和"与"同"的适用范围扩大了，在他这里，"和"与"同"不再仅仅限于处理君臣关系或政务关系，而变成了一种合理处理人与人之关系的原则和规则。"和为贵"是孔子的弟子有子提出的，他说："礼之用，和为贵，先王之道斯为美。小大由之。有所不行，知和而和，不以礼节之，亦不可行也。"(《论语·学而》)礼的作用就在于维持秩序，达到"和"，或者说秩序就意味着"和"，大事小事都是一个道理。尊崇"和"，以"和"为贵，可这"和"又有一定的原则，不能为"和"而"和"。如果不讲原则，不以礼节之，那"和"就是一种"乡愿"。"乡愿"是孔子坚决反对的，他称之为"德之贼"。有子的这个观点应该看作对孔子思想的一种发挥和延展。在孔子那里，"和而不同"主要是君子行事的原则，而有子将"和"与"礼"联系起来，"小大由之"，就主要是从社会治理方面来着眼的。

这种重视"和"的思想，如强调"和平""和解""和睦""和谐""和乐""和气""和合""和祥"等，并不限于儒家，而是遍见于各家各派，可将之看作一种普遍的思想，是中国传统文化的核心思想之一。这种思想，概括地说，就是重视"和"、推崇"和"，以"和"为贵、以"和"为高。这里的"贵""高"，本质上都属于价值概念，以和为贵是一种价值观念和价值判断，也是总结人们的生活实践经验并从中得出来的结论。但那时以及后来的思想家都未能自觉地将价值与事实、价值判断与事实判断区分开来，因此，一些思想家为了强调和论证这种"和为贵"价值命题的合理性或正当性，就试图寻找一种本体论的证明或根据，比如说以"和"为"天下之达道"以及万事万物发生发展的规律。若是沿着这种逻辑去论证，那么相反的道理大概也能成立。比如，在中国传统哲学中，阴阳是一对基本的矛盾，太极分阴阳，阴阳就是既相反又相成的两种质料（气），也是既相反又相成的两种能量或两种运动趋势。如果说"和"强调的是阴阳"相成"的一面，那么与之相反的那一面，即相互分离、相互克服、相互竞争的那种倾向，也是始终存在并起着重要作用的。用现代哲学的范畴讲，斗争性和同一性是矛盾的两种基本属性，斗争性离不开同一性，同一性也离不开斗争性，"合"离不开

结语 转变理念、以和为贵，努力走好中国道路

"分"，"和"离不开"争"，和、合、同一性有其自身的作用，分、争、斗争性也有它们的作用。无论就其存在的时间长短来说，还是从其作用的大小方面来说，实在都难分高下，得不出孰轻孰重、孰贵孰贱的结论。不仅如此，即使就事实描述方面来说，就事物的产生过程方面来说，将事物产生的原因都归结为"和"或"合"，显然也是有问题的。

推本溯源，史伯和晏婴所讲的"和"，是与"同"相区别、相对立的那种"和"，一开始就不是作为一种宇宙论、本体论意义的范畴，而是作为一种实践论的、方法论的概念。就是孔子讲的"君子和而不同，小人同而不和"，有子的"礼之用，和为贵"，也都限于人事，他们侧重的是对"和"的价值评价。"和"之所以为"贵"，之所以要贵"和"而贱"同"，扬"和"而贬"同"，无非是说坚持"和"才能做到兼听则明，才能防止偏听偏信，君子坚持"和而不同"原则才能既保持自己的独立性又能明智地以礼相节制从而处理好不同的独立人格之间的关系。孔子提倡"君子不党"，反对"党同伐异"，讲的其实也是这个道理。社会的礼法制度，都是为了维持和维护一定的秩序而设立的，任何一个共同体，为了不至于因内部的过度纷争而趋于解体，都需要形成一定的秩序，都需要确立一定的礼法制度。这些礼法制度，作为人们的行为规范和规则，也作为一定的社会评价尺度，即规定社会性的是非对错的标准，既以承认人们之间存在不同和差别并由此会引起一定的纷争和冲突为前提，又以缓解和减少这些矛盾并能够形成较好的合作互助与和谐共处为目的。由于确立了这些礼法制度，人们才能够有效地"定分息争"，从而各安其位、各守其分、各得其所，这就是所谓的和谐、和美的社会。反过来说，制定政策和确立礼法制度，得考虑到不同的人们、不同的阶层、不同的集团都有自己的利益诉求，得照顾到各个方面的不同意见和观点，得明白之所以确立这些礼法制度，终究还是为了"和"，为了人们能合作互助、和谐共处。

礼法制度提供了社会秩序的基础，但仅靠礼法制度又是不够的，原因在于这些制度是刚性的，还需要柔性的情感起润滑作用。在人们社会生活的许多方面，在处理人际关系的许多场合，都不能只讲理，不能只论是非对错，还有一个情感问题掺杂其中。中国人爱讲"合情合理"。如果说"合理"主要是指合乎社会的礼法制度，有时也说成"合理合法"，那么"合情"就有一种补充礼法制度之不足的意思。"和为贵"的

价值导向作用在这方面也是非常突出的，甚至可以说在相当程度上形塑了中国人的心理和性格特征。人们日常相处，难免有误会，有矛盾，有不满或怨气，但由于有"和为贵"观念起作用，人们都尽量克制和忍让。朋友之间、同事之间、生意伙伴之间也都遵循这个道理，即使彼此间已经心存芥蒂，心里不"和"了，可还尽量"不伤和气"，这就为以后的继续交往或合作留下了足够的空间，或者说为将来可能存在的合作保留了一定的条件。

总而言之，无论是作为善于听取不同意见兼听则明以俾政治清明的"和"，还是作为保持人际关系友善状态的"和"，无论是作为较低层次的以利于继续合作交往的"和"，还是作为较高层次水平的君子之间的"和"，"和"都是一种正价值，是"贵"，相反的"同""不和"则是一种负价值，是需要避免和防止的。之所以以和为贵，是因为它有利于做出正确的决策，有利于人们之间的交往合作、互助互惠，有利于实现双赢或多赢，有利于君子间的友谊长存和人格提升。这些道理都不是什么神秘的东西，而是从总结生活实践经验中得出的，也是能够通过生活中的具体事例来说明的。

二、基于历史经验基础上的理念转换

中国历史进入近代，尤其是 19 世纪末到 20 世纪中叶，社会矛盾极端尖锐化，各种势力集团在中国政治舞台上大展谋略，军事斗争被推到了前台。整个中国社会成为一个非常态社会，或者说处于历史发展的非常态时期，是一个"乱世"，如同中国历史上的朝代更替时期一样。但这个"乱世"又不同于历史上的"乱世"，因为脱离了以往改朝换代的循环模式而带有向现代文明跃迁的倾向和特征，同时政党政治从发轫到成型越来越成为政治斗争的主导方面。这个时期最具普遍影响力的一种观念和思潮，就是"革命"。由于专制的当权者刚愎自用，不仅听不进各种改良政治的意见，反而将之视为异端和敌对力量，不只用武力镇压、格杀勿论，而且宁肯错杀三千也不放过一个。这就造成官逼民反的态势，革命者只能以暴制暴，即以"武装的革命反对武装的反革命"。革命者组织革命政党，进行宣传和鼓动，革命越来越被赋予了某种神圣的光环，革命就是起义，革命就是进步，革命就是正义，革命是救亡图存的不二法门；革命者在起义中英勇牺牲，以烈士的头颅和鲜血来激发民众的同情与义愤，争取更多的民众首先是青年学生参加到革命的队伍中来。

宣传革命需要一套革命的理论和纲领，需要一种"革命思维"。这种革命思维具有三个显著特征。（1）这种革命思维强调"斗争"，把斗争的作用绝对化，而且这种斗争不是一般的斗争，而是毫不妥协的、你死我活的残酷斗争。（2）这种革命思维强调要有明确的斗争对象，即谁是我们的敌人这个问题是革命的首要问题。也就是说，要以敌我作为估量形势和判别阵线的基准，作为坚持革命立场的根据。一旦划定谁为敌人，就一定得对之仇恨，来不得半点温情，不能对敌人说一点好话，否则就是立场不坚定、斗争性不强。（3）这种革命思维崇尚暴力，煽动仇恨。敌人依靠暴力镇压，我们也只有通过暴力斗争才能解决问题。暴力斗争当然是残酷的，同时也为残酷赋予了合理性和正当性。革命的目的和任务是以暴力打碎旧世界，消灭敌人，夺取政权，为此可以无所不用其极，因为可以用目的的正当性证明手段的正当性。如果说，当时中国的历史条件决定了只能采取暴力革命的道路，那么这同时也决定了这种革命的特殊性以及时间边界的有限性。但由于思维固有的惯性作用或所形成的路径依赖，革命者在革命胜利取得政权后依然沿用革命的逻辑，容不得反对力量和反对意见的存在，依靠暴力镇压来巩固自己的政权。

革命思维本是革命时代的产物，其合理性仅仅属于和限于革命时代。革命胜利，中国共产党成了执政党，进入了一个建设新世界、新社会的时期，先前那种为了革命而煽动阶级仇民族恨的做法、那种为了打碎旧秩序而有意破坏社会制度的做法就应该终止，代之以和为贵、以法为规、团结一切力量努力实现国家现代化的思路。可惜的是，我们党未能及时地、自觉地实现这种从革命党到执政党的理念转变，未能实现从革命思维到现代化思维或建设思维的转变，还是按着革命战争年代的那一套经验和思路组织国家政治生活，认为马克思主义哲学就是"斗争哲学"，脱离国情实际，坚持"以阶级斗争为纲"、"继续革命"，费尽心思到处寻找敌人，实际上是不断地制造敌人。谁不赞成这种做法，谁就是修正主义分子，就是危险的敌人。不断地搞运动，不断地自我折腾，直至发生"文化大革命"这样的民族浩劫。这些瞎折腾，不仅使中国错过了第三次科技革命带来的促进国家现代化的良机，而且极大地损伤了中华民族的元气。

党的十一届三中全会终结了这条在党内占统治地位长达二十多年的极左路线，实现了党的工作重点的转移，开始了改革开放，为中国社会主义的航船拨正了方向。这是一个巨大的历史性转折，是一次伟大的拨乱反正。拨乱反正首先是思想路线和治国方针层面的，实际也包括思维方式和价值观念方面。恢复实事求是的思想路线，停止使用"以阶级斗争为纲"的口号，全面对"文化大革命"中造成的各种冤假错案进行平反昭雪，对"文化大革命"前甚至延安时期和江西时期的各种冤假错案进行甄别平反，积极纠正对知识分子、资本家、地主及其子女的错误政策，郑重提出坚持依法治国、法律面前人人平等的方针，重新建立各种社会秩序。在国际方面，放弃输出革命和以意识形态划界的方针，主张处理国际矛盾以对话代替对抗，在平等互利的基础上与各个国家进行经济、政治、文化交流，与周边国家通过和平谈判解决历史遗留问题，积极与其他国家的共产党、社会民主党等修好关系，为中国的现代化事业争取一个较好的和平国际环境。可以这么说，正是在治国理念、治国方针层面的从以斗为高到以和为贵的转变，才可能摒弃将计划体制与市场体制决然对立的思路，提出中国特色社会主义市场经济的观念，才可能有三十多年来经济社会持续高速发展的世界性奇迹的出现，才使得中国道路得到广泛的关注和讨论。

三、"和为贵"理念的世界性意义

中国特色社会主义理论，在相当程度上，是在重新理解和认识马克思创立的科学社会主义理论的基础上，深刻总结以往社会主义建设中和共产国际运动中一味强调斗争、一味鼓吹"对着干"的教训，吸取中国传统的"和为贵"智慧，实事求是地估量当今国际形势和全球化浪潮的发展趋势，深入研究中国的现实国情和历史定位后提出来的。从直接方面看，是要摆脱苏联社会主义模式的强大影响和约束，按照中国的实际国情和历史方位，以和为贵，团结一切可以团结的力量，吸取各个国家和民族的经验，脚踏实地搞好我们的经济、政治、文化，努力实现中国

结语 转变理念、以和为贵，努力走好中国道路

的现代化。从更深层的意义上讲，就是改变多少年来一直存在的把社会主义与资本主义简单对立起来的思维、改变对实现社会主义和共产主义过程中的"急性病"与浪漫主义情结，承认社会主义代替资本主义是一个相当漫长的历史过程，是需要几代人甚至十几代人的努力才能实现和完成的历史事业。也就是说，社会主义与资本主义不仅可能在一个很长时期内共同存在，而且在相当大的程度上和相当长的时期内社会主义都处于弱势地位，需要向资本主义学习，吸取其一切积极成果，这正是社会主义具有生命力和历史优越性的表现。在这种现实条件下，我们必须淡化意识形态之争和以意识形态划线的外交政策，按照和平共处原则在既有国际规则的框架内同西方资本主义发达国家和各个发展中国家进行经济、科技、文化的交往与交流，以最大的发展中国家的身份融入国际社会，承担起自己的国际责任和义务，吸取和利用现代文明的各种积极成果，在处理全球性问题和国际事务中以对话与合作代替对抗，改善和重塑中国的国际形象。

近年来，随着中国经济的持续高速发展，中国成为世界第二大经济体，中国的崛起已经成为一个基本事实。国际上时不时地交替出现"中国威胁论"和"中国崩溃论"，表现出国际社会对中国崛起的一种担忧和焦虑。当然不排除一些国家、一些集团对中国崛起怀有敌意，但若过分突出和夸大这一点，恐怕也还是以意识形态划线的冷战思维、革命思维以及夸大"敌情"的表现。面对像中国这样的大国的崛起，不少人有担忧、有焦虑是很正常的，不应该将这些人都当作"敌人"来看待。因为从历史的经验来看，一个大国的崛起，常常意味着世界军事、政治力量对比的变化，往往伴随着战争，以战争来强行形成新的秩序。所以，人们担心的与其说是中国的崛起，不如说是和平局面的破坏，毕竟两次世界大战给人们留下的阴影太严重了，给人类和平发展造成的破坏太惨烈了。正因如此，面对人们的担忧和焦虑，我们的一个重要任务就是，突出和强调中华文明"和为贵"价值观念的合理性，从多方面证明中国崛起是一种和平崛起，中国发展给世界和平带来的不是威胁而是有力的保障，发展的中国、强大的中国是维护世界和平的重要力量。

改善中国形象要依靠外交，但更重要的还在于内政方面，即看处理国内各种社会矛盾所显示出的社会基本走向。在这一方面，我们绝不能低估过去几十年形成的革命思维的顽固性，绝不能低估从革命思维向

"和为贵"的建设思维转变的艰难性、曲折性。随着中国市场经济的发展以及世界性交往的普遍化,整个社会从经济到政治到思想观念都从计划体制时代一切都竭力求同、求纯、求统一的"大一统"局面,转变为多元化的、异质化的、彼此不同甚至对立但又密切联系共生共存的复杂局面。各种主体之间的利益矛盾和观念矛盾越来越显化,人们的公民意识、维护法律赋予的合法权益的意识亦即民主法治意识越来越强烈,与此相应,各种群体性抗议事件越来越多,人们似乎越来越"刁"了,越来越不好"管"了。这种局面和形势,在一些依然坚持传统革命思维的人看来,是市场化取向的改革和资产阶级自由化影响的结果,是革命政权的最大威胁。国内外的敌对势力以"普世价值""宪政"等为幌子,力图使这种局面合法化、常态化,从而实现其分化、西化的阴谋。因此,我们若不能旗帜鲜明地与之对着干,坚决打击和镇压各种敌对势力及其追随者,政权就会易手,苏联的悲剧就会重演。这些人看似比谁都革命,坚持社会主义立场比谁都坚定,实则是要开改革开放的倒车,是夸大敌情甚至是制造敌人扩大打击面从而削弱共产党执政的社会基础,结果只能是丑化中国的国际形象,恶化中国共产党与人民群众的关系,阻碍和谐社会建设,阻碍中国走向现代化,阻碍中国融入人类现代文明。

在我们看来,经过血的教训实现了从革命党到执政党转变的中国共产党,必须认真防止"左"倾幼稚病和急躁病,必须深刻认识到这种利益多元化、价值观念多元化是正常的社会现象,从而承认各种主体的正当利益诉求的合法性,各种主体表达自己利益诉求的必然性及正当性,充分认识到依宪行政、依法治国、尊重和保护人权是人类现代文明的普遍要求,也是真正保障国家长治久安的根本途径。我国的宪法和各种法律都是中国共产党领导制定的,中国共产党应该带头维护宪法和各种法律的权威与尊严,按照法律规定和程序管理各种社会事务,公正地处理各种矛盾,以实现矛盾双方的和解与双赢。我们坚持以人为本、统筹兼顾的科学发展观,构建和谐社会,建立一个富强、民主、文明、和谐的现代化国家,需要党和政府率先垂范"和为贵"的精神,依法行政、依法管理,妥善解决好各种社会矛盾,从而获得人民群众的拥护和支持,这才是立于不败之地的根本。我们一定要明白,民主梦、宪政梦、富强梦都是中国梦的一部分,都是民族复兴梦的具体内容,它们之间虽有区

结语 转变理念、以和为贵，努力走好中国道路

别、有不同，但绝不是对立的，相反是一种和而不同的关系，是相互支持、相互促进的。

毫无疑问，以和为贵，走好中国道路，肯定不是一帆风顺的。国际上总有一些势力会为中国的发展设置各种障碍，国内的各种矛盾和冲突需要妥善解决，稍有不慎，就可能酿成危机。所以，以和为贵，构建和谐社会、和谐世界，并不意味着放弃斗争，一味地妥协退让；但我们也必须明白，这种斗争必须坚持有理、有利、有节的原则，必须在宪法和法律的轨道上以及遵照国际交往规则来进行。社会主义从本质上属于高于资本主义的历史阶段，是人类文明发展到现代阶段后的积极成果，是一种以人的自由全面发展、自由个性为目标的，从而更加人性、更加人道、更加公正合理地处理各种社会矛盾的社会，是更加民主、自由和平等的社会，所以必然是能够获得全世界最广大人民群众的拥护和支持的社会。如果说在社会主义的发展过程中，在国际共产主义运动的过程中，由于各种原因，走了一段弯路，扭曲了、丑化了社会主义的形象的话，那么中国特色社会主义的理论和道路就是一种拨乱反正、改弦更张，也是重塑社会主义在人们心目中的形象的一次努力。我们相信，这种经过东西方文明的融合、传统智慧与现代科技的融合、马克思主义与中国实际相结合的中国特色社会主义，不仅有助于、有利于实现中国的现代化和中华民族的复兴梦，而且将以一种新的方式重写现代性，为人类发展和人类解放开出一条新的道路。这条道路的世界历史意义，将会随着时间的推移和实践的发展越来越得到证明，越来越为人们所认识、理解和赞同。

图书在版编目（CIP）数据

马克思主义哲学新形态探索/马俊峰著.—北京：中国人民大学出版社，2019.3
（再读马克思．文本研究与哲学创新系列）
ISBN 978-7-300-26397-7

Ⅰ.①马… Ⅱ.①马… Ⅲ.①马克思主义哲学-研究 Ⅳ.①B0-0

中国版本图书馆 CIP 数据核字（2018）第 248432 号

国家出版基金项目
再读马克思：文本研究与哲学创新系列
郭　湛　主编
马克思主义哲学新形态探索
马俊峰　著
Makesi Zhuyi Zhexue Xinxingtai Tansuo

出版发行	中国人民大学出版社			
社　址	北京中关村大街 31 号		邮政编码	100080
电　话	010-62511242（总编室）		010-62511770（质管部）	
	010-82501766（邮购部）		010-62514148（门市部）	
	010-62515195（发行公司）		010-62515275（盗版举报）	
网　址	http://www.crup.com.cn			
	http://www.ttrnet.com（人大教研网）			
经　销	新华书店			
印　刷	涿州市星河印刷有限公司			
规　格	160 mm×235 mm　16 开本		版　次	2019 年 3 月第 1 版
印　张	30 插页 3		印　次	2019 年 3 月第 1 次印刷
字　数	466 000		定　价	108.00 元

版权所有　侵权必究　印装差错　负责调换